fit fürs abi

So klappt das Abi!

Klausur Guide

www.fit-fuers-abi.de

Digitales Methodentraining für deine Abiturprüfung in Biologie

Unsere **E-Learning-Plattform** *Fit fürs Abi KlausurGuide* führt dich Schritt für Schritt durch **typische Klausuraufgaben** und zeigt dir, worauf du achten musst.

Verständliche Lernvideos von **erfahrenen Oberstufenlehrkräften** unterstützen dich dabei, die Aufgaben eigenständig zu lösen.

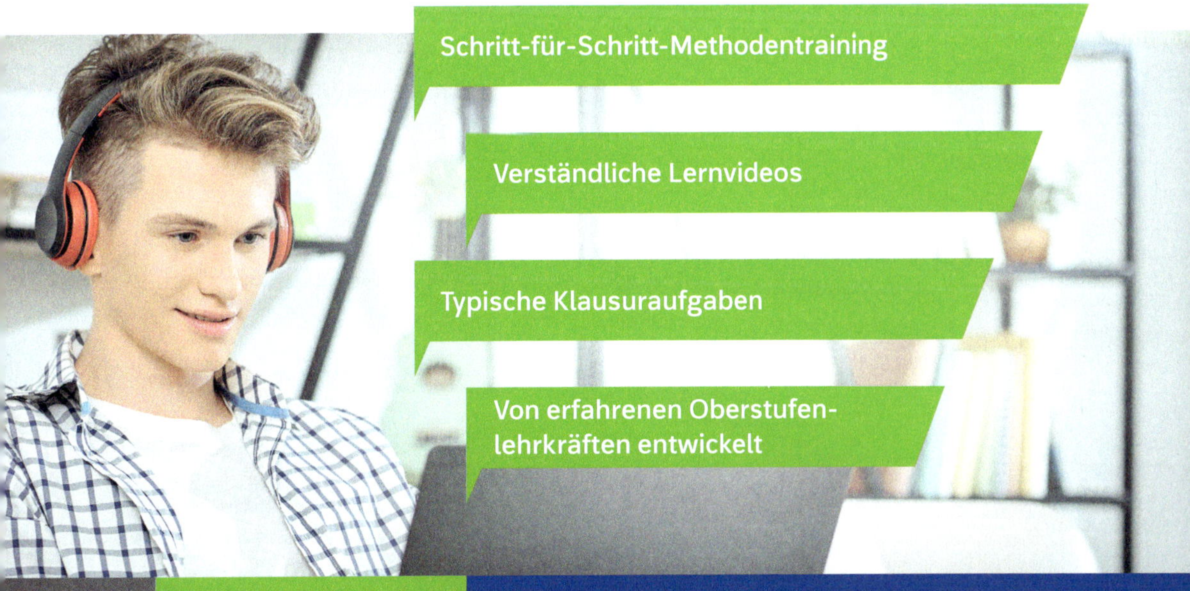

Abiwissen in Bestform

Mit **Fit fürs Abi** hast du das **optimale Rundum-Sorglos-Paket** für deine **Abiturvorbereitung**.

Bücher

Das **Fit fürs Abi Oberstufenwissen** gibt es für Biologie, Chemie, Deutsch, Englisch, Erdkunde, Erziehungswissenschaften, Geschichte, Mathematik, Physik, Musik, Politik und Wirtschaft.

Nutze auch das **Fit fürs Abi Klausur-Training**. Es bietet realistische Klausuraufgaben mit Lösungen zu wichtigen Prüfungsthemen der Fächer Biologie, Chemie, Mathematik und Physik.

Als Lernskript für den Endspurt empfehlen wir **Fit fürs Abi Express.**

Apps

In unserer **Glossar-App** findest du viele Fachbegriffe leicht verständlich erklärt. In unserer **Express-App** warten pro Fach 100 interaktive Test-Aufgaben auf dich.

Lernzettel

Die praktischen **Lernzettel** enthalten die wichtigsten Inhalte aus jedem Kapitel. Du kannst sie zum Lernen ausdrucken oder auf deinem Handy nutzen, wenn du das Buch nicht dabei hast.

Alexa Skill

Teste dein Wissen mit dem **Fit fürs Abi Alexa Skill:** In den Fächern Biologie, Deutsch, Mathematik sowie Politik und Wirtschaft warten über 200 Fragen auf dich.

Videos zur mündlichen Prüfung

Das Abitur ist eine Ausnahmesituation – speziell die mündliche Prüfung. **Julias Videos** helfen dir dabei, den bestmöglichen Auftritt hinzubekommen.

Unser vielfältiges und kostenloses digitales Angebot zu den Büchern findest du auf **www.fit-fuers-abi.de**

fit fürs abi

Oberstufenwissen

Biologie

fit fürs **abi** Oberstufenwissen **Biologie**

Autoren:

Michael Walory ist Herausgeber und Autor verschiedener Unterrichtswerke für die gymnasiale Oberstufe. Er verfügt über langjährige Unterrichtserfahrung und war lange Zeit mit der Entwicklung und Beurteilung von Abituraufgaben betraut.

Karlheinz Uhlenbrock ist Autor verschiedener Lernhilfen für die gymnasiale Oberstufe. Er besitzt langjährige Unterrichtserfahrung in der gymnasialen Oberstufe und in der Konzeption und Durchführung von Abiturprüfungen. Neben der Arbeit in der Schule war er viele Jahre in der Lehrerausbildung tätig.

Druck A[1] / Jahr 2024
Alle Drucke der Serie A sind im Unterricht parallel verwendbar.

Redaktion: imprint, Zusmarshausen; Alexander Eberle
Kontakt: lernhilfen@westermanngruppe.de
Umschlaggestaltung und Layout: Janssen Kahlert Design und Kommunikation GmbH, Hannover
Umschlagfoto: iStockphoto.com, Calgary: Colin Davis
Druck und Bindung: Westermann Druck GmbH, Georg-Westermann-Allee 66, 38104 Braunschweig

ISBN 978-3-07-**003142**-6

Liebe Abiturientin, lieber Abiturient,

das Abitur rückt näher und du möchtest dich auf deine Prüfungen vorbereiten? *Fit fürs Abi* hilft dir dabei. Du findest hier alle Inhalte, die du für dein Abitur brauchst. Du musst dazu aber nicht das ganze Buch von vorne bis hinten durchlesen.

- Finde zunächst heraus, welches die **Prüfungsthemen** für deinen Jahrgang sind. Frage dazu deine Lehrkraft oder schaue im Internet die aktuellen Prüfungsvorgaben deines Bundeslandes nach.
- Wähle dann die **Kapitel im Buch** aus, die du bearbeiten möchtest. Du könntest so vorgehen:
  - Welche Themen sind besonders wichtig?
  - Wo hast du die größten Lücken?
- Mache einen **Plan** und teile dir die Zeit gut ein, wann du welches Kapitel durcharbeiten möchtest.
- Arbeite die **Inhalte** dann nach deinem Plan durch.
- Am Ende des (Teil-)Kapitels findest du praktische **Lernzettel**, auf denen das Wichtigste noch einmal zum Lernen zusammengefasst ist. Die Lernzettel gibt es auch als **Download** auf www.fit-fuers-abi.de. Du kannst sie auf dein Handy laden oder ausdrucken und auch dann damit lernen, wenn du dein Buch nicht dabeihast.
- Alle wichtigen **Fachbegriffe** findest du am Ende des Buchs im **Glossar** zum Nachschlagen und zum Lernen. Das Glossar gibt es auch als **kostenlose App**. Einfach im *Apple Store* oder bei *Google Play* „Fit fürs Abi“ eingeben!
- Wenn du den Stoff durchgearbeitet hast, ist es Zeit für **Aufgaben**. Dazu empfehlen wir dir als Ergänzung zu diesem Band das *Fit fürs Abi Klausur-Training*. Es bietet dir Aufgaben, mit denen du dich gezielt auf deine **Klausur** oder deine **mündliche Prüfung** vorbereiten kannst – mit vielen Tipps, wie du die perfekte Lösung findest!
- Außerdem kannst du dich auch **digital** auf deine Abi-Klausur vorbereiten: Der *Fit fürs Abi KlausurGuide* zeigt dir **Schritt für Schritt**, wie man eine Abituraufgabe knackt. Du findest den *KlausurGuide* auf www.fit-fuers-abi.de.
- Auf www.fit-fuers-abi.de findest du noch weitere hilfreiche Informationen und Tipps zum Thema Abi.

So gehst du perfekt vorbereitet in die Prüfung.
Wir wünschen dir viel Erfolg!

Dein Fit-fürs-Abi-Team

Lernzettel

Glossar, als gratis App

Inhalt

1

Bau- und Inhaltsstoffe der Zelle

In diesem Kapitel werden die wesentlichen Inhaltsstoffe der Zelle, deren Aufbau sowie deren Funktion in Grundzügen beschrieben. Die chemischen Strukturen von Kohlenhydraten, Lipiden und Proteinen werden dabei ebenso behandelt wie die der Nucleinsäuren DNA und RNA.

1.1 Wasser – Grundlage des Lebens

Zellen bestehen chemisch betrachtet aus Wasser, Biomolekülen und Salzen. Biomoleküle sind organische Verbindungen, die in Lebewesen vorkommen. Zu ihnen zählen Kohlenhydrate, Lipide, Proteine und Nucleinsäuren.

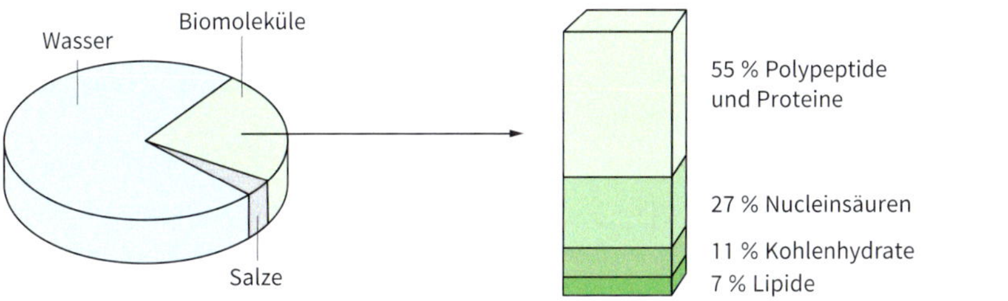

Abb. 1.1: Chemische Zusammensetzung von Zellen

Dipolcharakter des Wasser-Moleküls

Wasser dient unter anderem als Löse- und Transportmittel sowie als Reaktionspartner. Die Wasserstoff-Atome des Wasser-Moleküls bilden einen Winkel von 105°. Bindende Elektronenpaare werden vom Sauerstoff-Atom stärker als vom Wasserstoff-Atom angezogen. Durch diese ungleiche Ladungsverteilung wird das Sauerstoff-Atom partiell negativ, die Wasserstoff-Atome partiell positiv. Das Wasser-Molekül wird zum **Dipol**.
Der Dipolcharakter des Wassers bedingt sein Löslichkeitsverhalten: Polare Stoffe lösen sich im polaren Lösemittel Wasser, unpolare Stoffe nur in unpolaren Lösemitteln („Gleiches löst sich in Gleichem“).

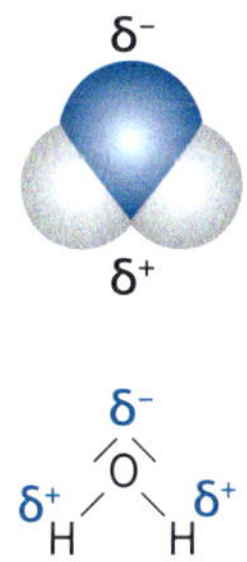

Abb. 1.2: Ladungsverschiebung im Wasser-Molekül

Ionen und Moleküle mit polaren Gruppen wie Hydroxy-Gruppen (–OH), Carboxy-Gruppen (–COOH) oder Amino-Gruppen ($-NH_2$) sind **hydrophil** („wasserliebend“). Überwiegen unpolare Gruppen wie Kohlenwasserstoffketten, so sind die entsprechenden Moleküle **hydrophob** („wassermeidend“).

1.2 Kohlenhydrate

Allgemeine Formel: $C_n(H_2O)_n$

Kohlenhydrate sind wichtige Bau- und Betriebsstoffe. Sie enthalten als kleinste Baueinheit die Monosaccharide (Einfachzucker). Die Verknüpfung zweier Monomere führt zu Disacchariden. In Polysacchariden sind mehrere tausend Monomere miteinander verbunden.

Monosaccharide (Einfachzucker)

Monosaccharide gr. *monos* = einzeln *sakcharon* = Zucker

Je nach der Anzahl der Kohlenstoffatome im Molekül unterteilt man Monosaccharide in **Hexosen** (sechs C-Atome) oder **Pentosen** (fünf C-Atome).

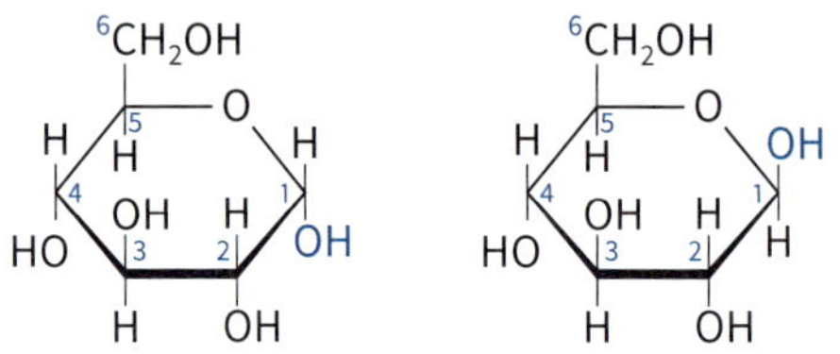

Abb. 1.3: α-Glucose (links) und β-Glucose (rechts)

Glucose (Traubenzucker) ist ein wichtiger Vertreter der Hexosen. Seine Summenformel lautet $C_6H_{12}O_6$.
Fünf der sechs Kohlenstoff-Atome bilden zusammen mit einem Sauerstoff-Atom einen sechsgliedrigen Ring. Die Position der Kohlenstoff-Atome wird durch Ziffern markiert. Nach der Stellung der Hydroxy-Gruppe (–OH-Gruppe) am C-1-Atom unterscheidet man α- und β-Glucose.

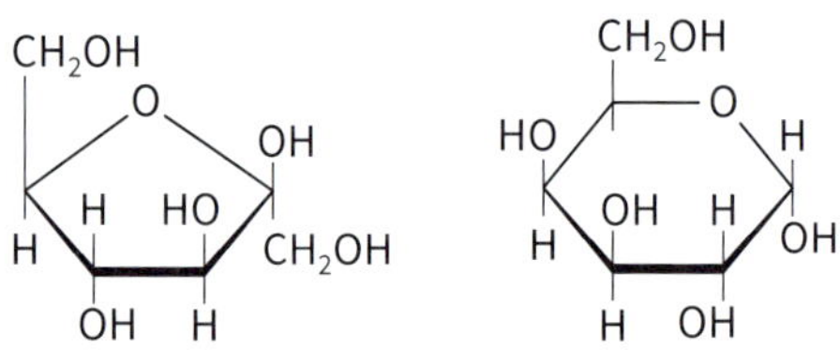

Abb. 1.4: Fructose (links) und Galactose (rechts)

Weitere wichtige Hexosen sind Fructose (Fruchtzucker) und Galactose. Fructose ist in den meisten Früchten enthalten, Galactose ist Bestandteil des Disaccharids Lactose (Milchzucker). Glucose und Galactose besitzen die gleiche Summenformel, unterscheiden sich aber in ihren Strukturformeln und besitzen daher andere Eigenschaften. Solche Moleküle nennt man **Isomere**.

Bausteine der Nucleinsäuren

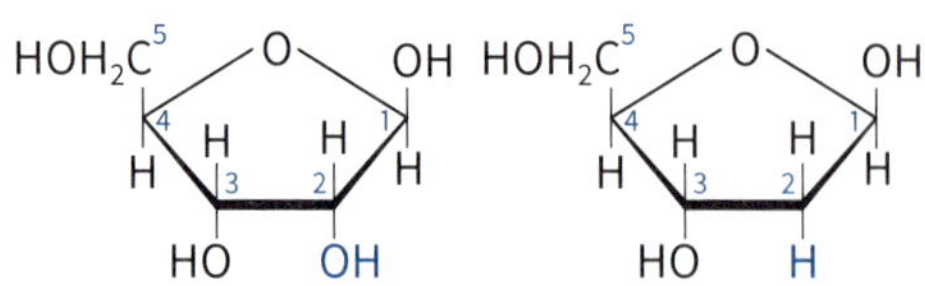

Abb. 1.5: Ribose (links) und Desoxyribose (rechts)

Wichtige Vertreter der Pentosen sind **Ribose** und **Desoxyribose**. Beide Monosaccharide unterscheiden sich lediglich am C-2-Atom: Ribose besitzt hier eine OH-Gruppe, die bei Desoxyribose fehlt. Ribose ist Bestandteil der Ribonucleinsäure (RNA), Desoxyribose findet sich in der Desoxyribonucleinsäure (DNA).

Disaccharide (Zweifachzucker)

Zwei Monosaccharide reagieren unter Wasserabspaltung zum Disaccharid. Die entstehende Bindung nennt man **glykosidische Bindung**. Saccharose (umgangssprachlich Haushaltszucker) ist das Disaccharid aus α-Glucose und β-Fructose. Maltose besteht aus zwei Glucose-Molekülen, Lactose (Milchzucker) aus einem Glucose- und einem Galactose-Molekül.

Disaccharid
gr. *diploos* = zweifach

Saccharose:
Glucose + Fructose

Lactose:
Glucose + Galactose

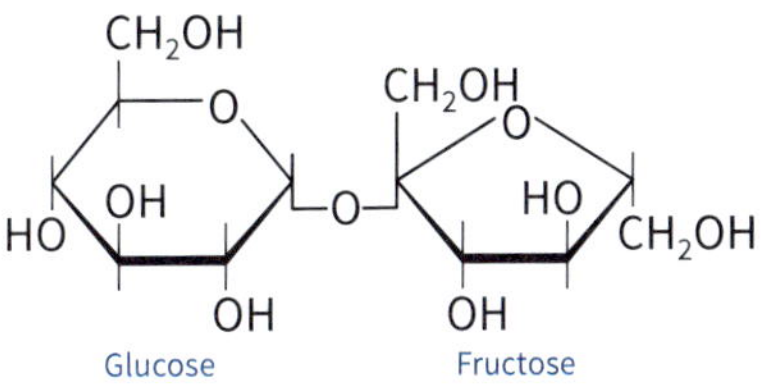

Abb. 1.6: Strukturformel der Saccharose

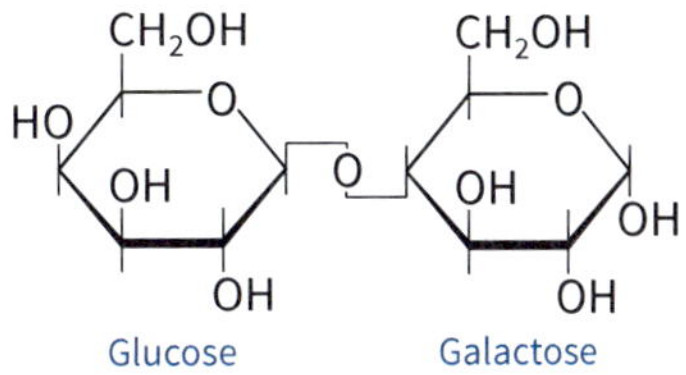

Abb. 1.7: Strukturformel der Lactose

Polysaccharide (Vielfachzucker)

Polysaccharide bestehen aus über zehn bis zu mehreren tausend Monosacchariden. Stärke, Glykogen und Cellulose sind typische Vertreter.

Polysaccharide:
gr. *polys* = viel

Bei **Stärke**, dem wesentlichen Reservekohlenhydrat höherer Pflanzen, kann man zwischen zwei Formen unterscheiden: Amylose und Amylopektin. Amylose besteht aus einer schraubigen unverzweigten Kette aus mehreren hundert Glucose-Molekülen. Amylopektin setzt sich aus mehreren tausend Glucose-Molekülen zusammen. Sie ist zudem verzweigt. **Glykogen** ist der entsprechende Reservestoff tierischer Zellen („tierische Stärke“).

Stärke:
Amylose + Amylopektin

Glykogen =
tierische Stärke

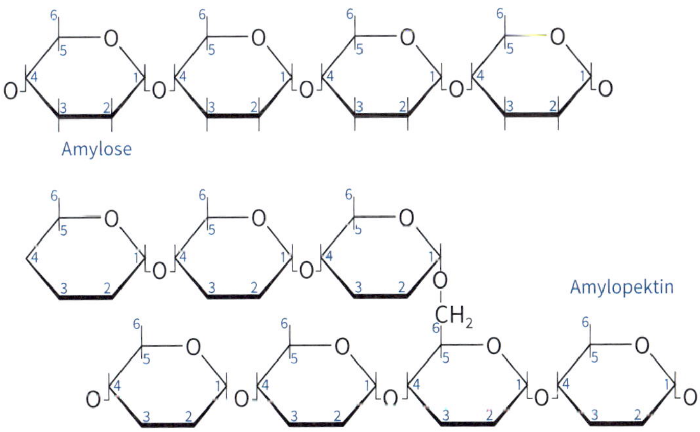

Abb. 1.8: Amylose und Amylopekin, unterschiedliche Formen eines Stärke-Moleküls

Cellulose besteht aus langen unverzweigten Ketten von Glucose-Molekülen, die nebeneinander angeordnet sind. Dieses Polysaccharid ist Hauptbestandteil pflanzlicher Zellwände.

1.3 Lipide

Zu den Lipiden zählen chemisch sehr verschieden gebaute Stoffe wie **Fette**, **Phospolipide** und **Steroide**. Alle Lipide besitzen unpolare Molekülabschnitte. Dadurch erklärt sich ihre Gemeinsamkeit: Sie sind in unpolaren Lösungsmitteln wie Benzin gut löslich, im polaren Lösungsmittel Wasser hingegen unlöslich.

Reagiert Alkohol unter Wasserabspaltung mit einer organischen Säure, entsteht ein **Ester**. **Fette** sind Ester aus Glycerin (Alkohol mit drei —OH-Gruppen) und drei Fettsäuren. Letztere können gesättigt oder ungesättigt sein, also C—C-Einfachbindungen oder C=C-Doppelbindungen zwischen den Kohlenstoff-Atomen besitzen. Fette bezeichnet man wegen ihres chemischen Aufbaus auch als **Triglyceride**. Sie spielen eine wichtige Rolle als energiereiche Speichersubstanz.

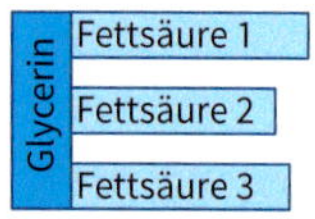

Abb. 1.9: vereinfachtes Modell eines Fettmoleküls

Phospholipide wie etwa Lecithin bilden die Grundbausteine von Biomembranen. Bei ihnen sind zwei hydrophobe Fettsäure-Moleküle mit einem hydrophilen Molekülabschnitt verbunden. Dieser besteht aus dem Glycerin- und einem Phosphorsäure-Molekül sowie einem organischen Rest. Das Gesamt-Molekül besitzt dadurch ein hydrophiles Kopf- und ein hydrophobes Schwanzteil.
Im Wasser lagern sich Phospholipide spontan zusammen und bilden kugelförmige Aggregate, etwa einschichtige Micellen oder doppelschichtige Liposomen. Dabei tritt immer der hydrophile Molekül-Bereich mit dem Wasser in Wechselwirkung.
In Biomembranen liegen Phospholipide stets in Doppelschichten vor.

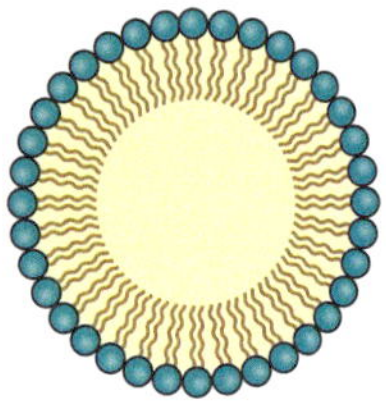

Abb. 1.11: Micelle

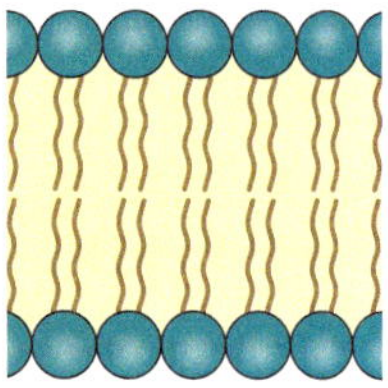

Abb. 1.12: Lipiddoppelschicht

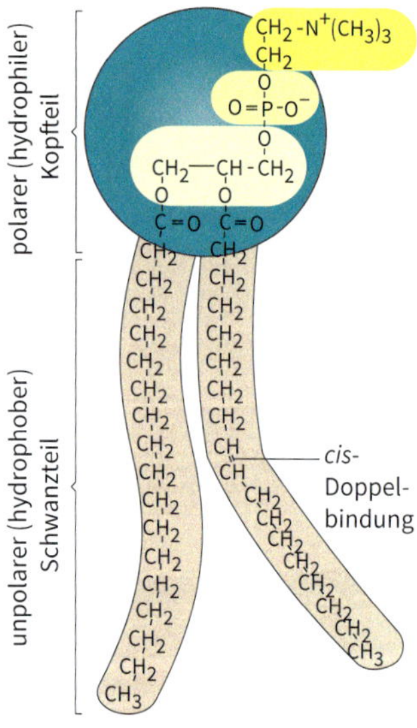

Abb. 1.10: Struktur eines Phospolipids (Lecithin)

Steroide unterscheiden sich grundlegend in ihrem chemischen Aufbau von Fetten und Phospholipiden. Sie sind Bestandteil der Zellmembran und bilden das Grundgerüst vieler Hormone und Vitamine.
Im tierischen und im menschlichen Organismus ist **Cholesterin** das wichtigste Steroid. Es ist Grundbaustein von Hormonen wie Testosteron und Östrogen.

1.4 Proteine

Funktion

Proteine oder Eiweiße haben vielfältige Funktionen:

Protein
gr. *proteios* = vorrangig

- Katalyse chemischer Reaktionen (Enzyme, z. B. α-Amylase)
- Bewegung (z. B. Aktin- und Myosinfilamente im Muskel)
- Gerüstsubstanz (in Haut, Haaren, Horn und Federn, z. B. Keratin und Kollagen)
- Transport (z. B. von Atemgasen im Blut durch Hämoglobin)
- Immunität (Antikörper)
- Nährstoff (z. B. Hühnereiweiß)

Aufbau

Proteine sind sehr große kettenförmige Moleküle. Ihre Grundbausteine sind die **Aminosäuren**. Es werden 20 natürlich vorkommende Aminosäuren unterschieden. Diese sind stets nach dem gleichen Grundschema aufgebaut: An ein zentrales Kohlenstoff-Atom (α-C-Atom) sind ein Wasserstoff-Atom, eine Aminogruppe ($-NH_2$), eine Carboxy-Gruppe ($-COOH$) und ein organischer Rest (Abkürzung: R) gebunden. Nur in dem organischen Rest unterscheiden sich die verschiedenen Aminosäuren. Der Rest verleiht jeder Aminosäure charakteristische Eigenschaften: Man unterscheidet Aminosäuren mit polarem oder mit unpolarem Rest. Bei den Aminosäuren mit polarem Rest gibt es neutrale, saure und basische Aminosäuren.

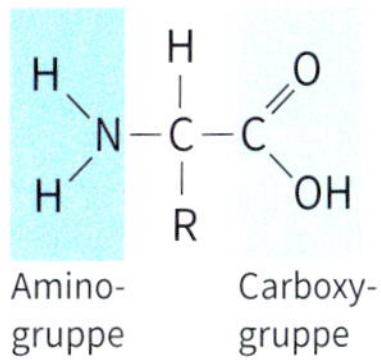

Abb. 1.13: Grundstruktur einer Aminosäure

Die Verknüpfung zweier Aminosäuren führt zum **Dipeptid**. Dabei reagiert die Carboxy-Gruppe einer Aminosäure mit der Aminogruppe der anderen Aminosäure unter Abspaltung eines Moleküls Wasser. Die so entstandene **Peptidbindung** ist das grundlegende Bauprinzip aller Proteine.

Bezeichnung	Anzahl der Aminosäuren
Dipeptid	2
Oligopeptid	bis 10
Polypeptid	über 10
Protein	über 100

Bei Verknüpfung von drei bis zehn Aminosäuren wird von einem Oligopeptid gesprochen, bei mehr als zehn Aminosäuren von einem Polypeptid. Proteine sind Polypetide, die aus mehr als 100 Aminosäuren bestehen.

Die Vielfalt der Proteine wird durch die verschiedenen Reste der einzelnen Aminosäuren und deren Abfolge bestimmt. Diese lineare Abfolge der einzelnen Aminosäuren, die **Aminosäuresequenz**, wird als **Primärstruktur** bezeichnet. Sie ist von zentraler Bedeutung für die Funktion eines Proteins. Der Austausch nur einer Aminosäure innerhalb eines Proteins kann bereits gravierende Folgen haben, da dies die räumliche Struktur des Proteins beeinträchtigen kann.

Primärstruktur = Aminosäuresequenz

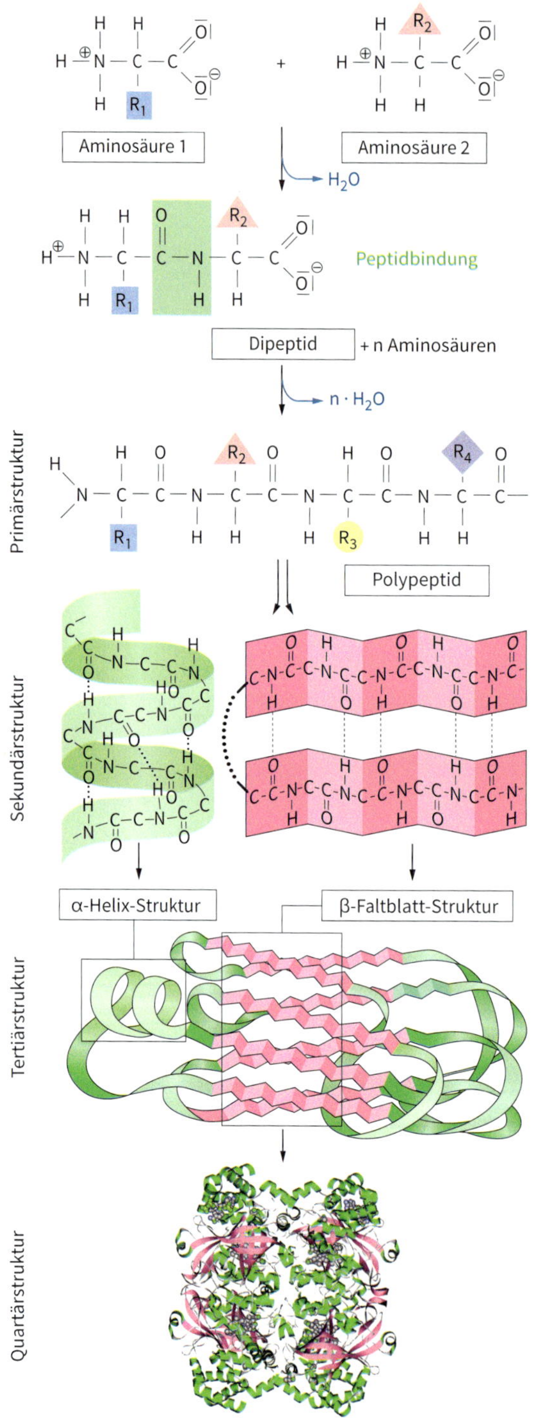

Abb. 1.14: Strukturen der Proteine

Räumliche Gestalt

Die Polypeptidkette kann in charakteristischer Weise räumlich angeordnet sein. Man unterscheidet verschiedene Strukturen/Ebenen:

- **Sekundärstruktur**: symmetrische, dreidimensionale Anordnung der Polypeptidkette. Neben der schraubig gewundenen **α-Helix** (Stabilisierung durch Wasserstoffbrücken innerhalb einer Molekülkette) gibt es die **β-Faltblatt-Struktur** (Stabilisierung durch Wasserstoffbrücken zwischen mehreren Polypeptidketten).
  Beispiele: Die α-Helix ist bestimmendes Strukturmerkmal von Haaren, das β-Faltblatt tritt gehäuft in Seide auf.

- **Tertiärstruktur**: asymmetrische, dreidimensionale Anordnung, die neben ungeordneten Abschnitten auch α-Helix- und β-Faltblatt-Strukturen enthalten kann. Die Stabilisierung erfolgt über Wasserstoffbrücken, VAN-DER-WAALS-Bindungen, Ionenbindungen sowie Elektronenpaarbindungen zwischen den Resten der unterschiedlichen Aminosäuren. Reagieren zwei Cystein-Aminosäuren mit SH-Gruppen in ihrem organischen Rest, so entsteht eine besonders stabile Elektronenpaarbindung, die Disulfidbrücke (—S—S—).
  Beispiel: Myoglobin.

- **Quartärstruktur**: geordnete, dreidimensionale Anordnung, die aus mehreren Polypeptidketten besteht. Die einzelnen Ketten bezeichnet man als Untereinheiten.
  Beispiel: Hämoglobin mit zwei identischen Polypeptidketten (α_2, β_2). Hinzu kommt die Hämgruppe, die den Sauerstoff bindet.

1.5 Nucleinsäuren

Es werden zwei Typen von Nucleinsäuren unterschieden: **DNA** (Desoxyribonucleinacid) und **RNA** (Ribonucleinacid).

DNA ist Träger der genetischen Information. Sie findet sich bei Eukaryoten im Zellkern, in Mitochondrien sowie in Chloroplasten. Bei Prokaryoten werden die größten DNA-Moleküle Bakterienchromosomen genannt. Im Cytoplasma mancher Prokaryoten finden sich kleinere ringförmige DNA-Moleküle, die Plasmide.

RNA findet sich im Kernplasma, in Ribosomen sowie im Cytoplasma. Sie ist u.a. wichtig für die Proteinbiosynthese (→ Seite 62).

Bausteine der DNA

Die DNA enthält verschiedene Bausteine:

- Phosphorsäure-Moleküle
- Zucker-Moleküle (Desoxyribose)
- stickstoffhaltige, organische Basen

Die Basen lassen sich in zwei Gruppen einteilen: **Purinbasen** bestehen aus einem größeren Doppelringsystem. Zu ihnen gehören Adenin und Guanin. **Pyrimidinbasen** enthalten einen einfachen Sechserring. Hierzu zählen Cytosin und Thymin.

Verknüpfung der Bausteine

Die drei Bausteine der DNA werden zu größeren Bausteinen, den Nucleotiden verknüpft. In einem Nucleotid ist die Base stets an das C-1-Atom und die Phosphatgruppe an das C-5-Atom des Zuckers gebunden.
Wird das C-5-Atom eines Nucleotids über die Phosphatgruppe mit dem C-3-Atom eines zweiten Nucleotids verbunden ersteht ein Dinucleotid. Die Verknüpfung vieler Nucleotide führt zum Polynucleotid.

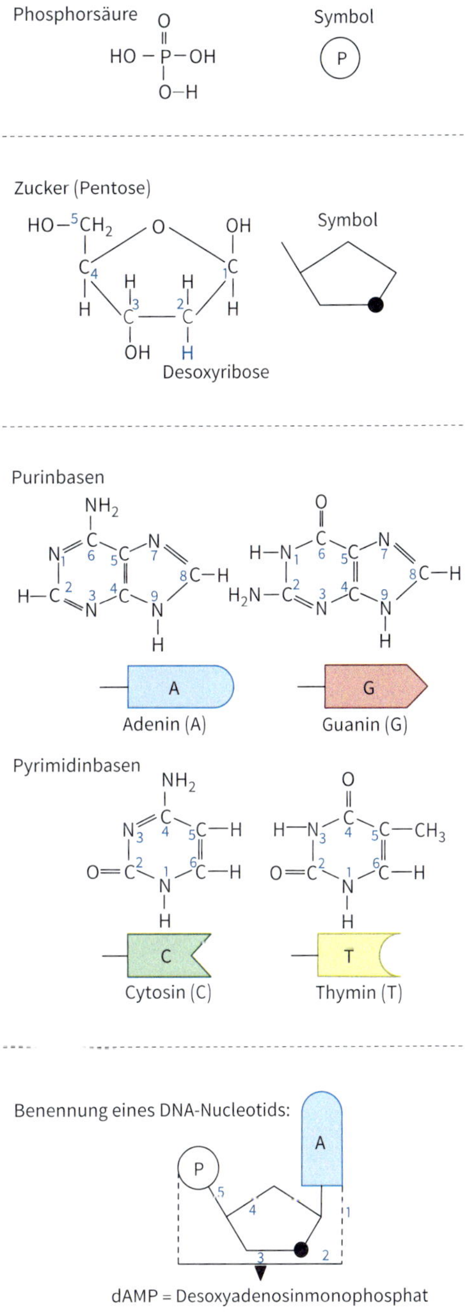

Abb. 1.15: Bausteine der DNA

Räumliche Struktur der DNA

Merkmale des DNA-Modells nach WATSON und CRICK sind:

- Zucker-Phosphat-Bänder außen, Basen innen (Strickleitermodell)
- komplementäre Basenpaarung durch Wasserstoffbrücken: Adenin paart mit Thymin (zwei H-Brücken), Cytosin paart mit Guanin (drei H-Brücken)

A = T
G ≡ C

- zwei gegenläufige Polynucleotidstränge (ein Strang mit 5′ → 3′-Richtung, der andere Strang mit 3′ → 5′-Richtung)
- strickleiterartige Verdrehung der beiden Polynucleotidstränge führt zur **Doppelhelix**
- Die Abfolge der Basen (Basensequenz) bestimmt die genetische Information.

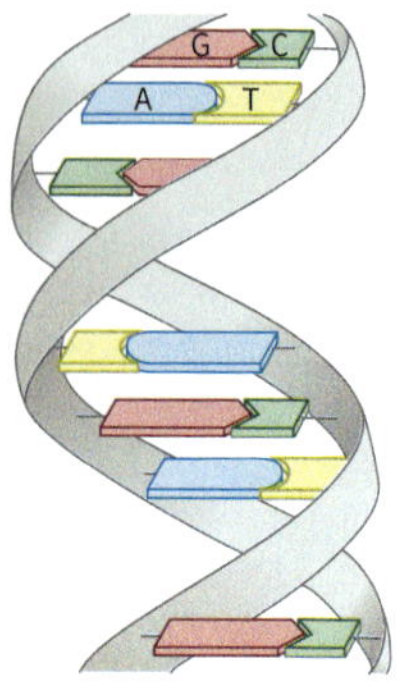

Abb. 1.17: Räumliches Modell der DNA

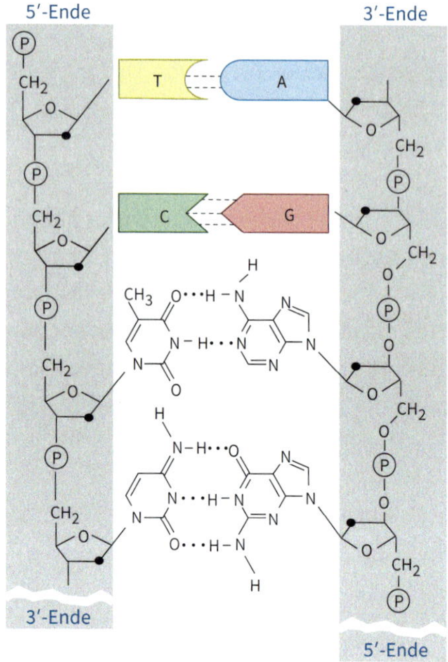

Abb. 1.16: Aufbau der DNA

Bau und Raumstruktur der RNA

RNA enthält im Gegensatz zur DNA als Zucker Ribose (→ Seite 10) anstelle von Desoxyribose und die Base Uracil anstelle von Thymin. Uracil zeigt eine komplementäre Basenpaarung mit Adenin (A).

In Zellen findet man drei Typen von RNA:

- **mRNA** (messenger-RNA). Die mRNA liegt als einzelner, ungepaarter Polynucleotidstrang vor, der aus einigen bis über zehntausend Nucleotiden bestehen kann. Die mRNA überbringt dem Proteinbiosyntheseapparat am Ribosom eine Abschrift des jeweiligen Polynucleotidstranges (→ Seite 62).
- **tRNA** (transfer-RNA). Diese Nucleinsäure besteht aus einem Einzelstrang mit 80 bis 90 Nucleotiden, der durch Basenpaarungen innerhalb des Moleküls zu einer charakteristischen Kleeblatt-Struktur geformt ist. Die tRNA überträgt Aminosäuren zu den Ribosomen der Zelle (→ Seite 62).
- **rRNA** (ribosomale RNA). Diese RNA ist am Aufbau der Ribosomen und an ihrer enzymatischen Aktivität beteiligt.

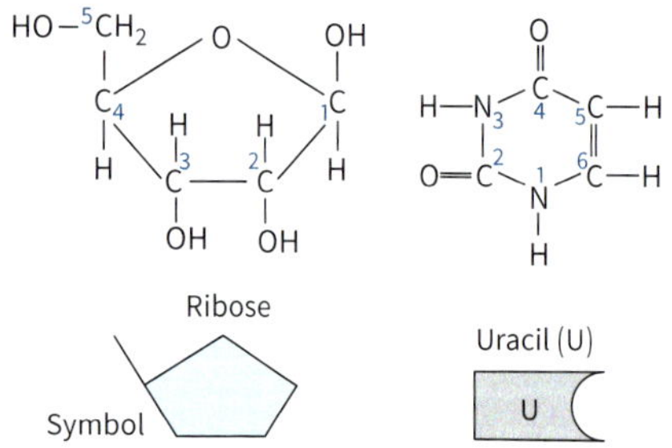

Abb. 1.18: Bausteine der RNA

Bau- und Inhaltsstoffe der Zelle

1

WASSER

- Dipol
- Wasserstoffbrücken
- Dichteanomalie

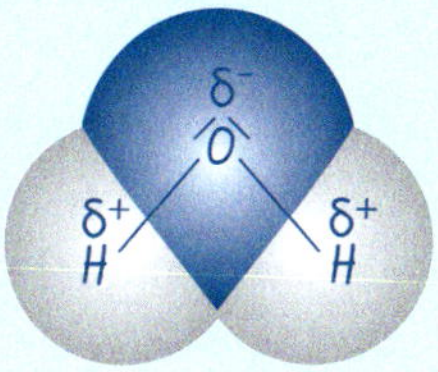

LIPIDE

- Fette: hydrophobe Moleküle aus einem Glycerin-Rest und drei Fettsäure-Resten
- Phospholipide: Membranbestandteile mit hydrophilem und hydrophobem Molekülabschnitt
- Steroide: Grundbausteine bestimmter Hormone

KOHLENHYDRATE

- Monosaccharide: Glucose, Fructose, Galactose
- Disaccharide: Saccharose (Glucose + Fructose), Maltose (Glucose + Glucose), Lactose (Glucose + Galactose)
- Polysaccharide: Stärke, Glykogen, Cellulose

PROTEINE

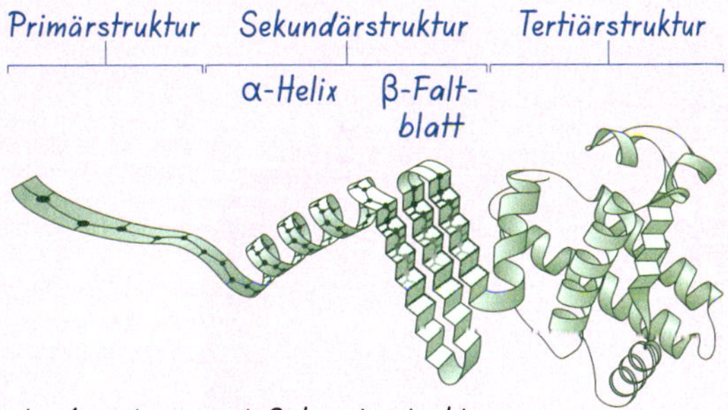

- 20 verschiedene Aminosäuren
- Peptidbindung
- Dipeptid, Oligopeptid, Polypeptid, Protein
- Primärstruktur = Aminosäuresequenz
- Sekundärstrukturen: α-Helix, β-Faltblatt
- Tertiärstruktur = asymmetrische, dreidimensionale Anordnung mit Sekundärstrukturen
- Quartärstruktur = mehrere Polypetidketten

NUCLEINSÄUREN: DNA

- Bausteine: Base, Zucker, Phosphat
- Doppelhelix aus zwei Polynucleotiden
- komplementäre Basenpaarung: A═T; G≡C

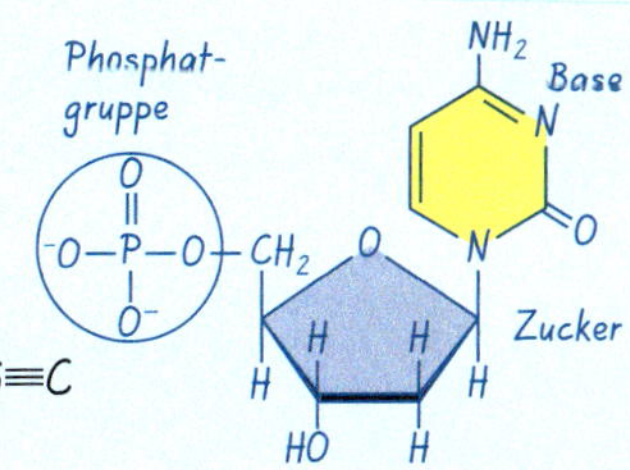

NUCLEINSÄUREN: RNA

- Ribose statt Desoxyribose, Base Uracil statt Thymin
- mRNA, tRNA und rRNA

2 Zellbiologie

Die Lebewesen der Erde werden in zwei große Gruppen unterteilt, die Prokaryoten und die Eukaryoten. In diesem Kapitel erhältst du einen Überblick über deren unterschiedlichen Aufbau sowie eine Beschreibung ihrer unterschiedlichen Zellbestandteile. Die Grundlagen der Endosymbionten-Theorie werden dabei ebenso besprochen wie der Aufbau von Biomembranen. Daneben werden zentrale Mechanismen des Stofftransports durch Biomembranen thematisiert.

2.1 Prokaryoten und Eukaryoten

Traditionell werden in der Biologie zwei Zelltypen unterschieden: die **Procyte** und die **Eucyte**. Bei der einfacher gebauten Procyte liegt die DNA frei im Plasma, ein Zellkern fehlt. Die Eucyte hat einen Zellkern (Karyon), der von einer Membran umschlossen ist. Organismen ohne Zellkern werden **Prokaryoten** genannt. Zu ihnen zählen die Bakterien und die Archaeen. Letztere unterscheiden sich von Bakterien im Aufbau einzelner Zellbestandteile. Alle aus Eucyten aufgebauten Organismen werden als **Eukaryoten** bezeichnet. Zu ihnen zählen Einzeller, Algen, Pilze, Pflanzen, Tiere und Menschen.

gr. *archaios* = uralt, ursprünglich

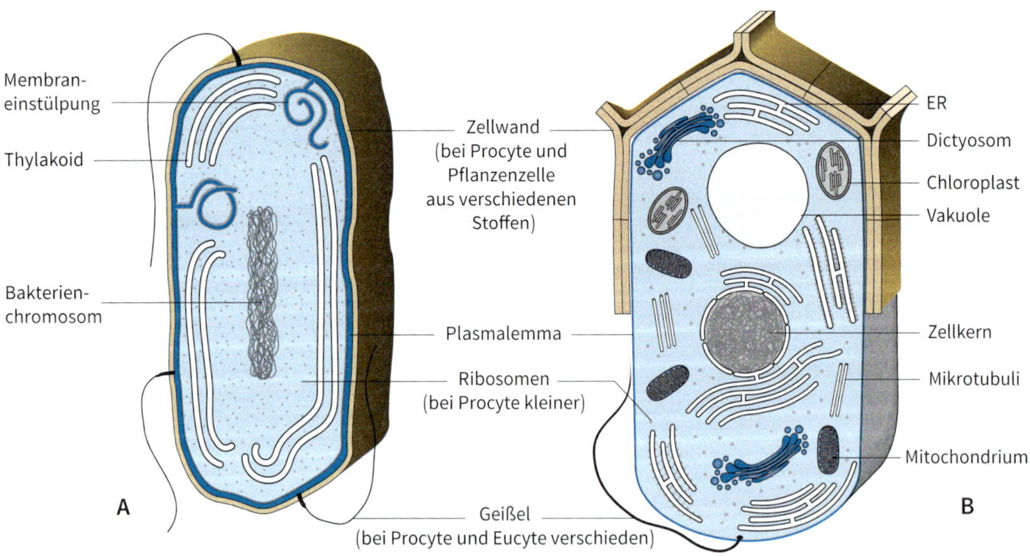

Abb. 2.1: Vergleich Procyte mit Eucyte; **A** Bakterienzelle; **B** Pflanzenzelle oben, Tierzelle (unten)

Merkmale der Prokaryoten

- Bakterienchromosom mit ringförmiger DNA, ohne Kernhülle und ohne Proteine, haploid
- Plasmide = kleine ringförmige DNA-Moleküle bei manchen Bakterienarten
- mehrschichtige Zellwand aus Murein
- bei einigen Arten Geißeln zur Fortbewegung, Pili zum Anheften an Substrat oder andere Zellen
- nur kleine Ribosomen, andere Organellen fehlen

Prokaryot
gr. *pro* = vorher
karyon = Kern

Merkmale der Eukaryoten

- echter Zellkern mit Kernhülle; diploid
- Bildung getrennter Reaktionsräume durch Membranen = **Kompartimentierung**
- zahlreiche Organellen mit spezifischer Funktion, beispielsweise Mitochondrien zur Energiegewinnung
- größere Ribosomen, Mikrotubuli und Mikrofilamente

Eukaryot
gr. *eu* = wahr, echt

In der Pflanzenzelle finden sich – zusätzlich zu den Elementen der Tierzelle – folgende Bestandteile:

- Zellwand aus Cellulose
- Vakuole als Speicher für Reservestoffe oder Endlager für Exkrete
- Chloroplasten und andere Plastiden (Leukoplasten, Chromoplasten)

Endosymbionten-Theorie

Nach dieser heute allgemein anerkannten Theorie haben sich die Zellorganellen Mitochondrien und Chloroplasten aus ursprünglich frei lebenden Bakterien entwickelt. Vermutlich wurden die Bakterien von Ur-Eukaryoten durch Endocytose aufgenommen. Hier wurden sie jedoch nicht verdaut, sondern lebten in ihnen weiter. Im Laufe der Evolution wurden die aufgenommenen Bakterien und die eukaryotische Zelle voneinander abhängig, es bildete sich eine **Endosymbiose**.

Endosymbiose
gr. *endo* = innen
symbiosis = Zusammenleben

Belege für die Endosymbionten-Theorie:

- Die Größe von Mitochondrien und Chloroplasten entspricht der kleiner Bakterien, sie sind von zwei Membranen umgeben.
- Beide Zellorganellen enthalten eine eigene DNA, die wie bei Bakterien ringförmig ist.
- Beide Zellorganellen teilen sich unabhängig von der übrigen Zellteilung.
- Beide Zellorganellen verfügen über eigene Ribosomen, können also eigenständig Proteine herstellen.
- Die Ribosomen von Mitochondrien und Chloroplasten gleichen denen von Prokaryoten.

2.2 Die eukaryotische Zelle

Zellorganell	Bau/Bestandteil	Funktion
Zellkern (Nukleus) 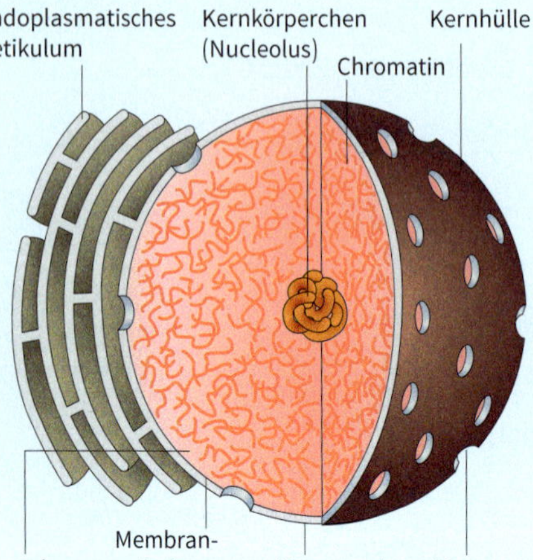	➲ Chromatin (DNA + Protein) ➲ Kernplasma ➲ Kernkörperchen (Nukleolus) ➲ Kernhülle mit Kernporen	➲ Steuerzentrale der Zelle ➲ Träger der Erbinformation
Endoplasmatisches Retikulum (ER) 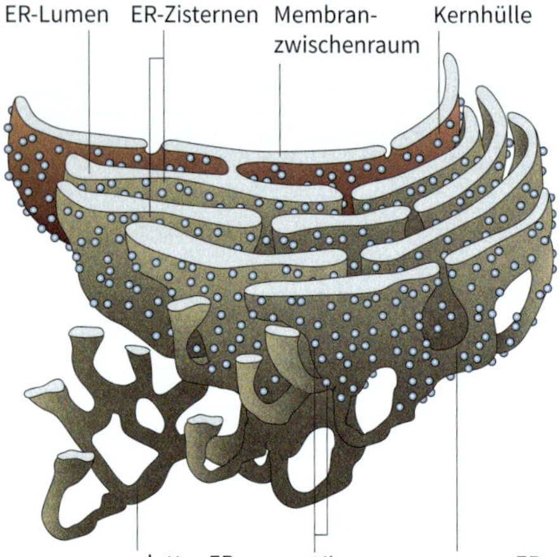	➲ membranumschlossenes Hohlraumsystem ➲ Zisternen = Hohlräume, Röhren oder Bläschen des ER ➲ Lumen = Inneres des ERs ➲ raues ER mit Ribosomen ➲ glattes ER ohne Ribosomen	➲ Transport ➲ Stoffumwandlung
Ribosomen 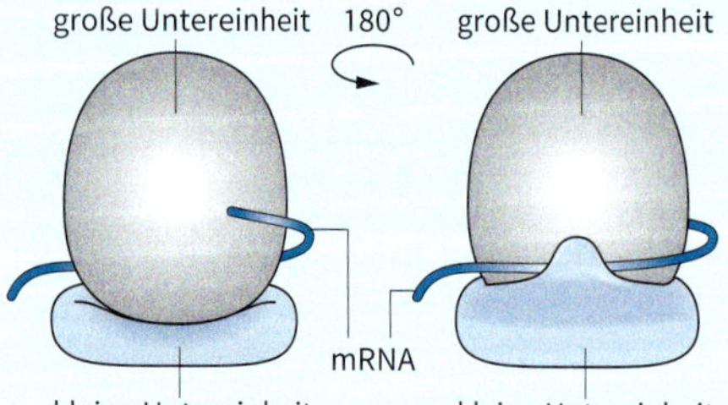	➲ große und kleine Untereinheit, bestehend aus Protein und rRNA ➲ Untereinheiten bei Eukaryoten größer und schwerer als bei Prokaryoten ➲ Polysomen = viele Ribosomen hintereinander	➲ Ort der Proteinbiosynthese

Zellorganell	Bau/Bestandteil	Funktion
Dictyosomen/Golgi-Apparat 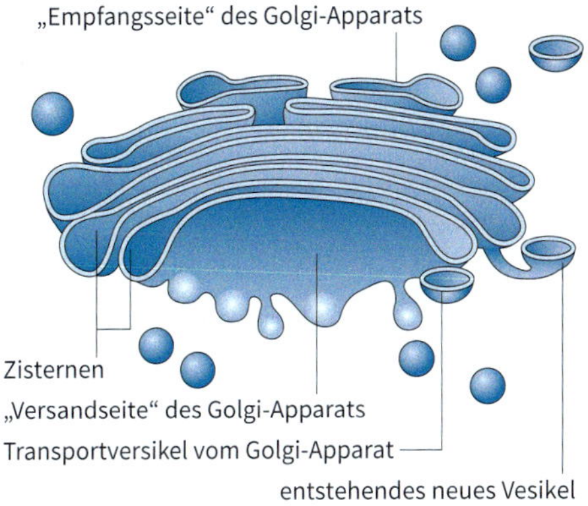 	• Zisternen (membranumschlossene Scheibchen) • Transport-Vesikel (membranumschlossene Bläschen) • Golgi-Apparat = Summe aller Dictyosomen einer Zelle	• Bildung der Zellmembran und Zellwand • Verpackung von Lipiden und Proteinen aus dem ER
Mitochondrien (→ Seite 33) 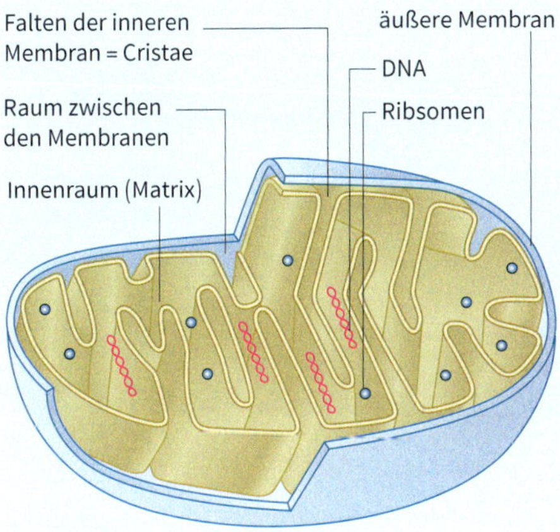 	• glatte äußere und stark gefaltete innere Membran • Christae = Falten der inneren Membran • Matrix (Innenraum) • DNA • Ribosomen	• Kraftwerke der Zelle • Bildung von ATP bei der Zellatmung • Fettsäure- und Aminosäureabbau
Chloroplasten (→ Seite 41) 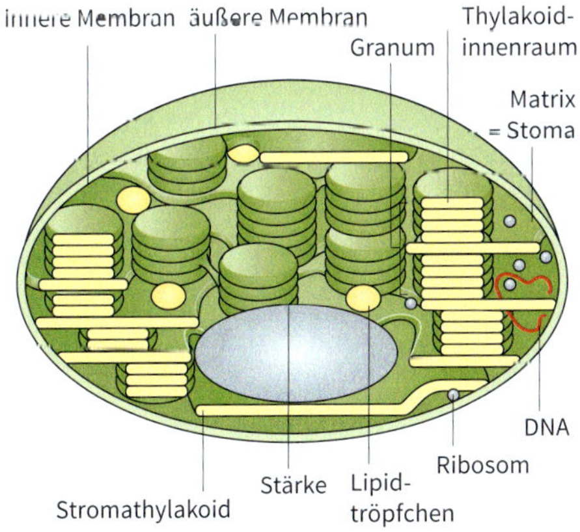 	• äußere Membran • innere Membran mit zahlreichen, lamellenartigen Membransäckchen = Grana • Stroma-Thylakoide • Stroma (Matrix) • DNA • Ribosomen	• Ort der Fotosynthese

2.3 Biomembranen

Membranen grenzen Zellen bzw. Zellorganellen nach außen hin ab. Ein unkontrollierter Stoffaustausch wird dadurch verhindert. Es entstehen voneinander abgegrenzte Reaktionsräume, die **Kompartimente**.

Membranaufbau und Membranmodell

Membranen bestehen aus Lipiden, Proteinen und in geringen Mengen auch aus Kohlenhydraten. Bei den Membranlipiden handelt es sich um **Phospholipide**. Sie besitzen einen hydrophilen und einen hydrophoben Molekülbereich. In der Membran sind sie in einer Doppelschicht angeordnet: Die hydrophilen Bereiche der Phospholipide sind nach außen zum Wasser, die hydrophoben Bereiche nach innen gerichtet. Es entsteht eine **Phospholipid-Doppelschicht**.

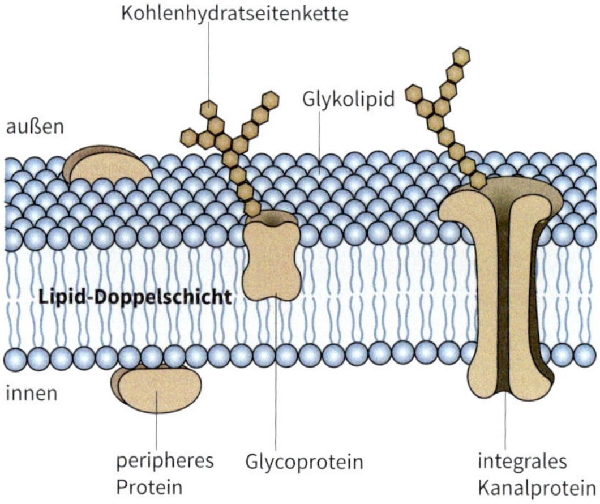

Abb. 2.2: Fluid-Mosaic-Modell der Zellmembran

Nach dem **Fluid-Mosaic-Modell** (SINGER und NICOLSON, 1972) besteht eine Biomembran aus einer mehr oder weniger flüssigen Phospholipid-Doppelschicht, in die Proteine mosaikartig eingelagert sind. Die Proteine können sich durch die besonderen Eigenschaften der Phospholipid-Doppelschicht in der Membran frei bewegen. Sie schwimmen darin unregelmäßig verteilt, wie Eisberge im Meer. Manche Proteine sind lose an die Membranoberfläche gebunden und werden dann als **periphere Proteine** bezeichnet. **Integrale Proteine** dringen unterschiedlich tief in die Lipid-Doppelschicht ein. Sie können sich ganz durch diese hindurchziehen und so Kanalproteine bilden. Membranproteine dienen dem Stofftransport sowie der Verknüpfung von Zellen. Je nach spezifischer Funktion kann ihr Anteil in einer Membran beträchtlich variieren.

An der Außenseite von Biomembranen können Kohlenhydrate und Proteine an Phospholipide gebunden sein. Solche Glycoproteine beziehungsweise Glycolipide spielen eine wichtige Rolle bei der Zell-Zell-Erkennung und der Blutgruppenzuordnung.

2.4 Stofftransport durch Biomembranen

Der Stofftransport durch Biomembranen kann auf unterschiedlicher Weise erfolgen: Bei der freien Diffusion gelangen Stoffe direkt durch die Lipid-Doppelschicht. Proteine sind nicht beteiligt. Bei der erleichterten Diffusion verfügt die Zelle über besondere Proteine, die Kanalproteine und Carrierproteine. Treibende Kraft beider Transportformen ist ein bestehendes Konzentrations- oder Ladungsgefälle. Ein solcher Transport ohne zusätzlichen Energieaufwand heißt **passiver Transport**.

Freie Diffusion

Charakteristisch für die freie, das heißt ungehinderte Diffusion ist:

- Transport ohne Energieaufwand in Richtung des Konzentrationsgefälles
- Transfer durch die Lipid-Doppelschicht
- unspezifisch, das heißt nicht selektiv
- nur unpolare Moleküle wie Sauerstoff und Kohlenstoffdioxid können durch die Membran diffundieren
- Ausnahme: polare Wasser-Moleküle können die Membran aufgrund ihrer geringen Größe passieren
- linearer Zusammenhang zwischen der Transportgeschwindigkeit und dem Konzentrationsunterschied

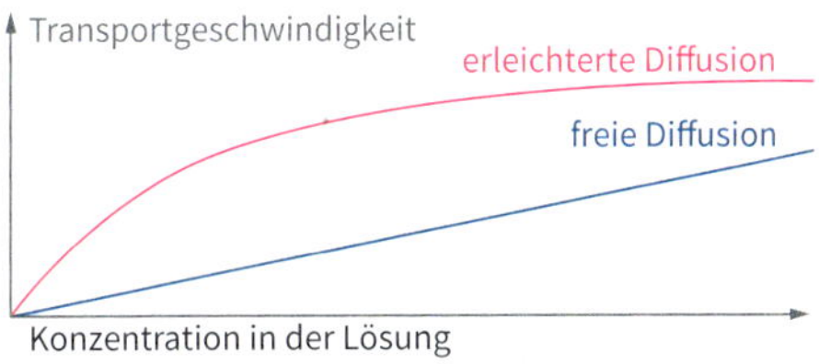

Abb. 2.3: Freie Diffusion und erleichterte Diffusion

Erleichterte Diffusion

Typisch für diesen Transport ist:

- Transfer nur in Richtung des Konzentrationsgefälles ohne Energieaufwand
- spezifischer Transfer
- schneller als die freie Diffusion
- Transport über **Kanalproteine**
- Diffusion durch den Kanal eines Membranproteins = **kanalvermittelte Diffusion**
- Diffusion von Ionen durch Kanalproteine, die erst erst durch ein bestimmtes Signal öffnen oder schließen = **gesteuerte Ionenkanäle**
- Transfer von Wasser-Molekülen durch bestimmte Kanalproteine, die Aquaporine
- Transport über **Proteincarrier**: reversible Änderung der Carrier-Gestalt bei Substratbindung, langsamer als kanalvermittelte Diffusion
- Transfer auch großer, polarer Stoffe (Beispiel: Glucose)

Aktiver Transport

Sollen Ionen oder Moleküle vom Ort niedriger Konzentration zum Ort höherer Konzentration befördert werden, so ist dafür Energie notwendig. Nach der Art der Bereitstellung der Energie wird zwischen **primär aktivem** und **sekundär aktivem Transport** unterschieden: Beim primär aktiven Transport werden Stoffe unter ATP-Spaltung direkt transportiert. Es wird dadurch ein Stoff- bzw. Ionengradient erzeugt. Bei der Rückdiffusion dieser Stoffe werden andere Moleküle gegen deren Konzentrationsgefälle mittransportiert (sekundär aktiver Transport).
Häufig erfolgt auch der Transport von Protonen (H^+-Ionen) durch die Membran primär aktiv. Die Protonenpumpen schaffen so die Voraussetzung für einen folgenden sekundär aktiven Transport von Ionen.

Charakteristisch für den aktiven Transport ist:

- Transfer gegen das Konzentrationsgefälle unter ATP-Verbrauch
- spezifischer Transfer durch Carrierproteine
- Transport polarer Stoffe (Beispiel: Na^+- bzw. K^+-Ionen)

BEISPIEL

Die **Natrium-Kalium-Pumpe** ist ein Membranprotein, bei dem die Spaltung von ATP zum gleichzeitigen Transport von zwei K^+-Ionen ins Zellinnere und drei Na^+-Ionen nach außen führt. Als Folge dieses primär aktiven Transports entsteht ein Konzentrationsgradient. Dieser kann als Energiequelle für den Transport von Glucose ins Zellinnere genutzt werden. Der sekundär aktive Transport bringt damit Glucose vom Ort der niedrigen Glucose-Konzentration zum Ort der hohen Konzentration.

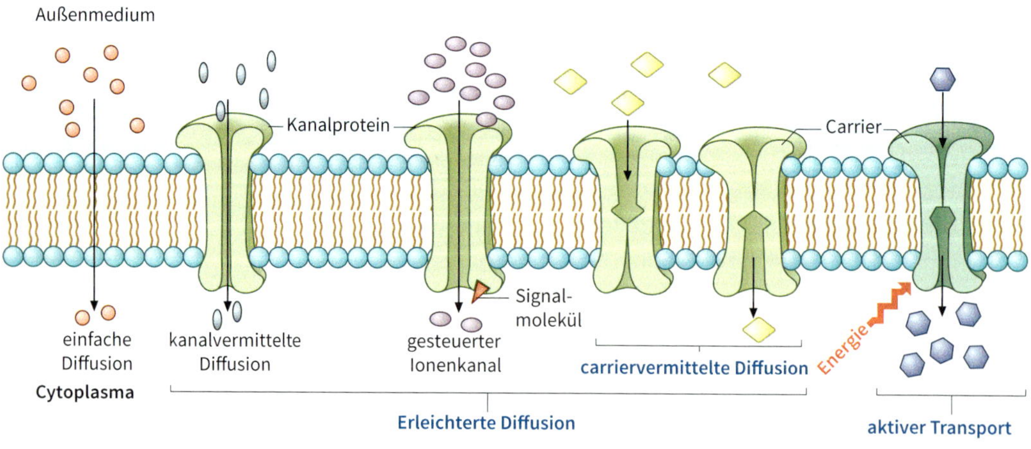

Abb. 2.4: Modellhafte Darstellung verschiedener Transportformen

Zellbiologie

– Aufbau von Pro- und Eukaryoten
– Biomembranen und Stofftransport

2

VERGLEICH VON PRO- UND EUKARYOTEN

	Prokaryoten	Eukaryoten
Zellkern	nicht vorhanden	vorhanden
Zellwand	bei Bakterien aus Murein, bei Archaeen nicht aus Murein	bei pflanzlichen Zellen aus Cellulose, fehlt bei tierischen Zellen
Chromosomen	ein ringförmiges Bakterienchromosom, zusätzlich Plasmide möglich	mehrere stäbchenförmige Chromosomen
Zellorganellen	nur Ribosomen, keine weiteren Zellorganellen	verschiedene, von Membranen begrenzte Zellorganellen
Ribosomen	kleine Ribosomen	große Ribosomen
Beispiele	Bakterien, Archaeen	Einzeller, Algen, Pilze, Pflanzen, Tiere, Menschen

ENDOSYMBIONTEN-THEORIE

→ Mitochondrien und Chloroplasten sind aus Prokaryoten hervorgegangen, die von Ureukaryoten als Symbionten aufgenommen wurden

ZELLORGANELLEN

→ **Zellkern** mit Chromatin und Kernkörperchen, Kernhülle aus innerer und äußerer Membran; Träger der Erbanlagen; Funktion: Steuerzentrale

→ **Mitochondrien** mit DNA und Ribosomen in der Matrix, äußere und innere Membran; Funktion: Zellatmung

→ **Chloroplasten** mit DNA und Ribosomen im Stroma, äußere und innere Membran, Grana- und Stromathylakoide; Funktion: Fotosynthese

→ **Ribosomen** mit kleiner und großer Untereinheit; Funktion: Proteinbiosynthese

2 Zellbiologie

BIOMEMBRAN

- → Bestandteile: Phospholipide, Proteine, Kohlenhydrate
- → Kompartimentierung
- → Fluid-Mosaic-Modell: flüssige Phospholipid-Doppelschicht mit mosaikartig eingelagerten peripheren und integralen Proteinen

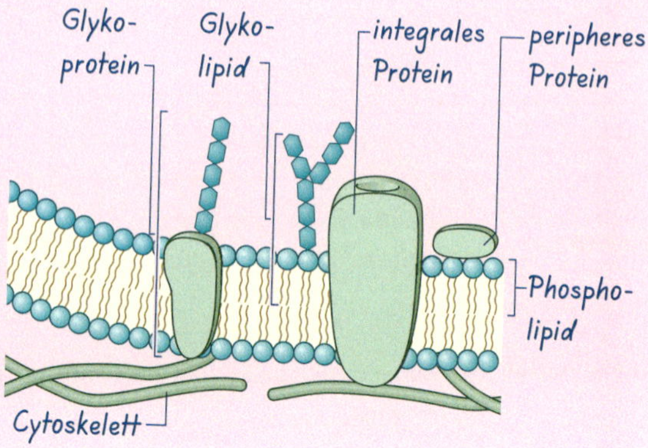

STOFFTRANSPORT

	passiver Transport			aktiver Transport
	einfache Diffusion	erleichterte Diffusion		
Membranproteine		Kanäle	Carrier	Kanäle und Carrier
Stoffe	kleine, lipophile Moleküle	Wasser, Ionen, große Moleküle	Ionen, große Moleküle	Ionen, große Moleküle
treibende Kraft	Konzentrations-gefälle	Konzentrations- oder Ladungsgefälle	Konzentrations- oder Ladungsgefälle	Energiezufuhr
ATP-Verbrauch	×	×	×	✓
Spezifität	×	✓	✓	✓
Hemmbarkeit	×	✓	✓	✓
Sättigungswert	×	✓	✓	✓

Stoffwechsel

3

In diesem Kapitel erhältst du Informationen zu Enzymen, ihren Eigenschaften sowie deren Beeinflussung durch Hemmstoffe. Ein weiterer Schwerpunkt des Kapitels ist der Stoffabbau bei der Zellatmung. Hierbei werden die zentralen Abschnitte des Glucoseabbaus wie Glykolyse, Citratzyklus und Atmungskette thematisiert.
Den Abschluss des Kapitels bildet der Stoffaufbau bei der Fotosynthese.

3.1 Enzyme

Enzyme wirken als Katalysatoren

Enzyme (Fermente) sind Proteine, die für biochemische Reaktionen unentbehrlich sind. Sie

- erniedrigen die Aktivierungsenergie und ermöglichen damit Reaktionen, die sonst nicht oder nur äußerst langsam ablaufen würden,
- wirken spezifisch, können also nur für bestimmte chemische Reaktionen die Aktivierungsenergie senken,
- gehen aus der Reaktion unverändert hervor.

Stoffe mit diesen Eigenschaften nennt man **(Bio-) Katalysatoren**.

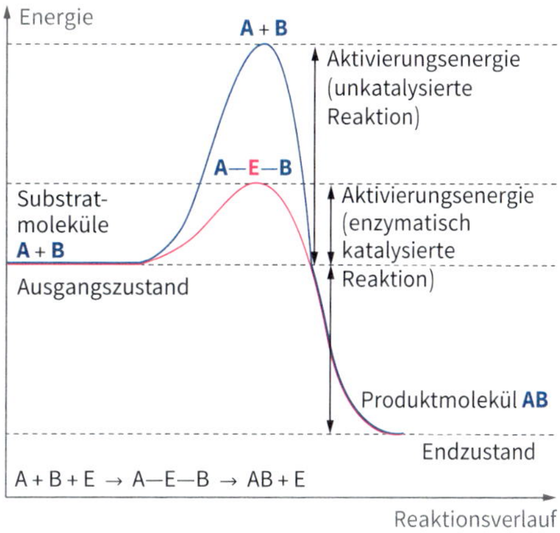

Abb. 3.1: Enzyme erniedrigen die Aktivierungsenergie

Substratspezifität

Enzyme setzen jeweils ganz bestimmte Moleküle um. Diese nennt man bei enzymatischen Reaktionen Substrate. Sie binden spezifisch an eine Vertiefung des Enzyms, das **aktive Zentrum**. Modellhaft kann man sich vorstellen, dass ein Substrat-Molekül in das aktive Zentrum des Enzyms passt, wie ein Schlüssel in das zugehörige Schloss (**Schlüssel-Schloss-Modell**). Substrat- und Enzym-Molekül beeinflussen sich jedoch wechselseitig. Sie verändern jeweils ihre Raumstrukturen, sodass sie danach exakt zusammenpassen (**Modell der induzierten Passform**).

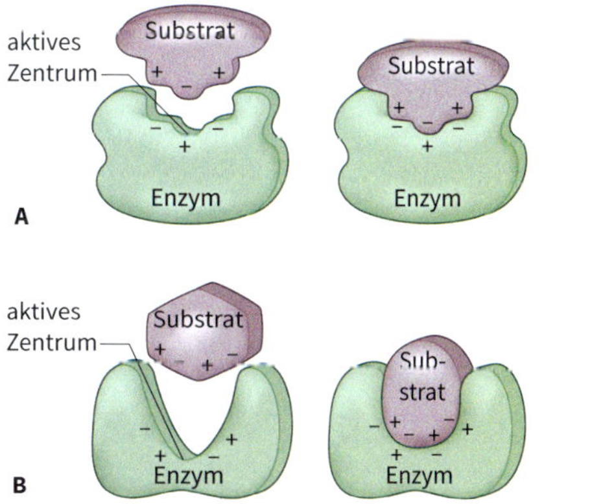

Abb. 3.2: Substratspezifität. **A** Schlüssel-Schloss-Modell; **B** Modell der induzierten Passform

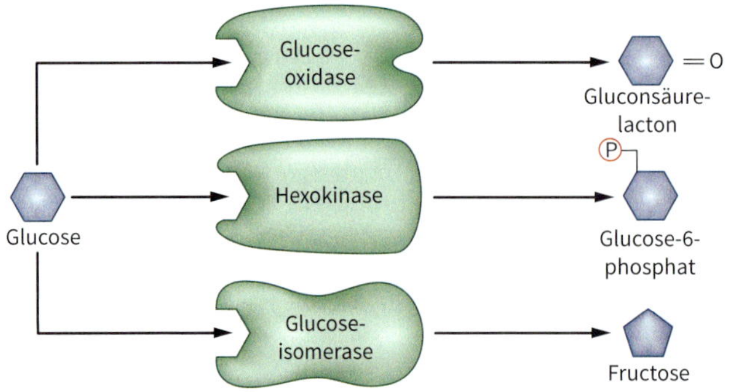

Abb. 3.3: Wirkungsspezifität

Wirkungsspezifität
Durch die Bindung des Substrat-Moleküls an das aktive Zentrum des Enzym-Moleküls entsteht ein Enzym-Substrat-Komplex. In diesem ist das Substrat-Molekül in einem instabilen Zustand und kann nun leichter chemisch verändert werden, etwa gespalten oder oxidiert werden.

Das Enzym hat also eine spezifische Wirkung auf das Substrat-Molekül. Es katalysiert dabei jeweils eine ganz bestimmte Reaktion. Enzyme sind also **wirkungs-** oder **reaktionsspezifisch**. So kann etwa das Enzym *Glucoseoxidase* nur die Oxidation von Glucose zu *Gluconsäurelacton* katalysieren. Für weitere mögliche Reaktionen der Glucose, etwa die Umwandlung zu Fructose, ist ein anderes Enzym spezifisch.

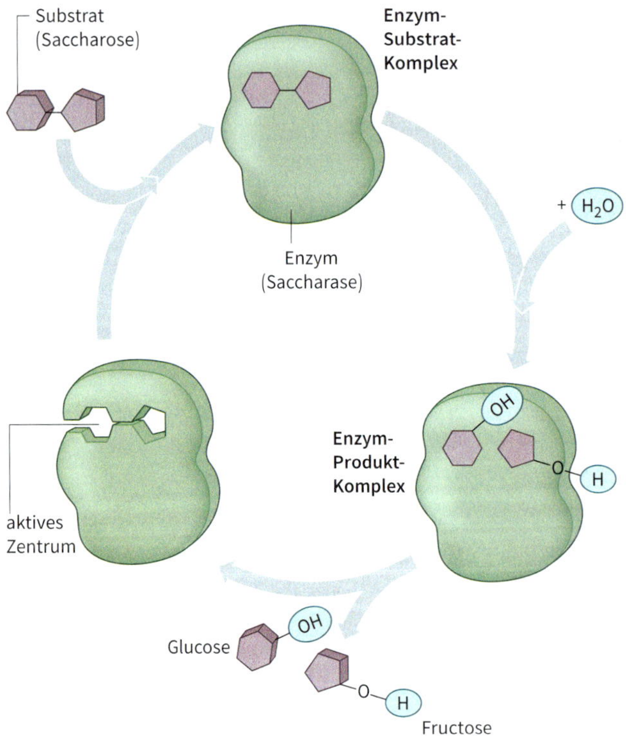

Abb. 3.4: Ablauf der Enzymreaktion

Ablauf der Enzymreaktion
Durch die Bindung des Substrat-Moleküls an das aktive Zentrum des Enzym-Moleküls entsteht der **Enzym-Substrat-Komplex**. Nach der chemischen Veränderung des Substrat-Moleküls liegt ein **Enzym-Produkt-Komplex** vor. Durch die Freisetzung des Produkt-Moleküls nimmt das Enzym-Molekül wieder seine ursprüngliche Raumstruktur an, es geht unverändert aus der Reaktion hervor und steht dann wieder für die Umsetzung neuer Substrat-Moleküle zu Verfügung. Deshalb genügen kleinste Enzymmengen, um große Substratmengen umzusetzen. So kann etwa ein einziges Molekül des Enzyms Saccharase innerhalb einer Sekunde mehrere tausend Moleküle des Substrats Saccharose in Glucose und Fructose spalten.

Beeinflussung der Enzymaktivität

Trägt man die Enzymaktivität gegen die **Temperatur** auf, so erhält man eine charakteristische Optimumkurve: Mit steigender Temperatur wächst die Teilchenbewegung (BROWN'sche Bewegung). Das zufällige Zusammentreffen von Enzym und Substrat wird so begünstigt, die Enzymaktivität steigt. Gewöhnlich verdoppelt bis verdreifacht sich die Reaktionsgeschwindigkeit bei einer Erhöhung der Temperatur um 10 °C (**Reaktionsgeschwindigkeits-Temperatur-Regel**, kurz **RGT-Regel**). Ab einer bestimmten Temperatur führt eine weitere Temperaturerhöhung zur Denaturierung des Enzyms.

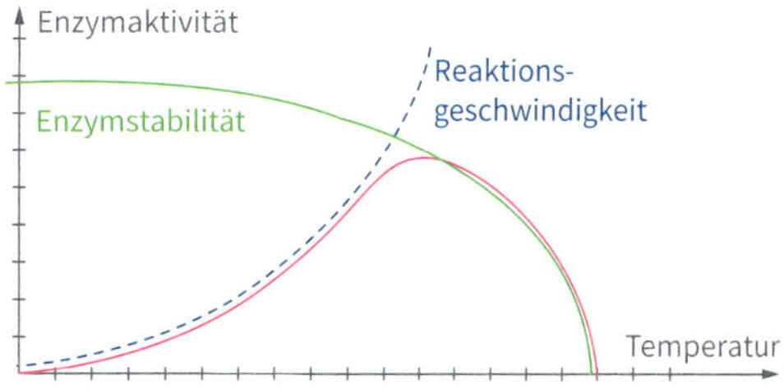

Abb. 3.5: Abhängigkeit der Enzymaktivität von der Temperatur

Trägt man die Enzymaktivität gegen den **pH-Wert** auf, so erhält man ebenfalls eine Optimumkurve mit den drei Kardinalpunkten pH-Minimum, pH-Optimum und pH-Maximum. Die meisten Enzyme haben ihr pH-Optimum bei einem pH-Wert von 7. Eine Abweichung von diesem pH-Optimum beeinflusst die stabilisierenden Wechselwirkungen innerhalb des Proteinmoleküls und damit dessen Tertiärstruktur. In der Folge sinkt die Enzymaktivität.

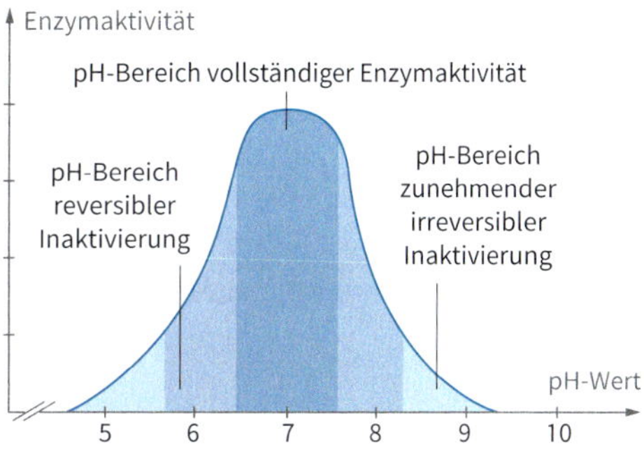

Abb. 3.6: Abhängigkeit der Enzymaktivität vom pH-Wert

Reaktionsgeschwindigkeit und Hemmung der Enzymaktivität

Trägt man die Reaktionsgeschwindigkeit v einer enzymkatalysierten Reaktion gegen die Substratkonzentration auf, so erhält man eine typische Sättigungskurve. Bei niedriger Substratkonzentration (① in nebenstehender Grafik) sind noch zahlreiche Enzym-Moleküle frei, die Reaktionsgeschwindigkeit ist entsprechend hoch. Mit steigender Substratkonzentration (②) nimmt die Zahl der gebundenen Enzym-Moleküle zu, bis schließlich alle Enzyme belegt sind (③). Dann ist die maximale Reaktionsgeschwindigkeit v_{max} erreicht. Eine weitere Erhöhung der Substratkonzentration bewirkt keine Steigerung der Geschwindigkeit, denn jedes Enzym-Molekül benötigt eine bestimmte Zeit, um ein Substrat-Molekül im aktiven Zentrum umzusetzen.

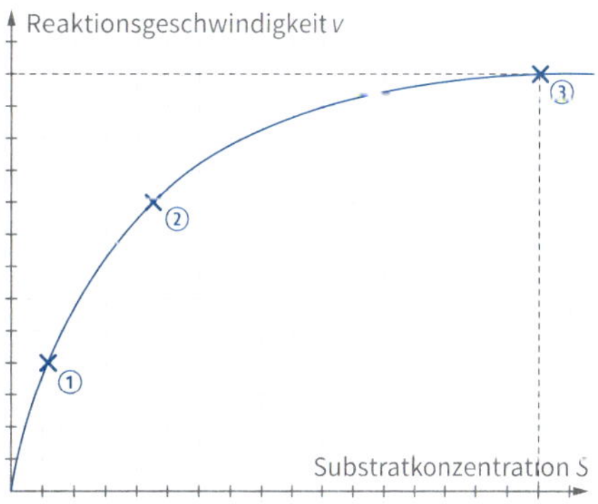

Abb. 3.7: Verlauf einer ungehemmten Enzymreaktion

Die Enzymaktivität wird durch **Hemmstoffe** oder **Inhibitoren** reguliert. Es werden zwei Typen reversibler (also umkehrbarer) Hemmung unterschieden:

kompetitiv lat. *competere* = zusammen etwas begehren

- **Kompetitive Hemmung**: Der Hemmstoff ähnelt in seiner chemischen Struktur dem Substrat und konkurriert mit diesem um die Besetzung des aktiven Zentrums. Ein gebundener Hemmstoff wird nicht umgesetzt und löst sich wieder aus dem aktiven Zentrum. Er verringert dadurch die Geschwindigkeit der Enzymreaktion. Eine Erhöhung der Substratkonzentration führt zur Verdrängung des Hemmstoffs. Bei hoher Substratkonzentration wird daher die maximale Reaktionsgeschwindigkeit trotz des Hemmstoffs erreicht.

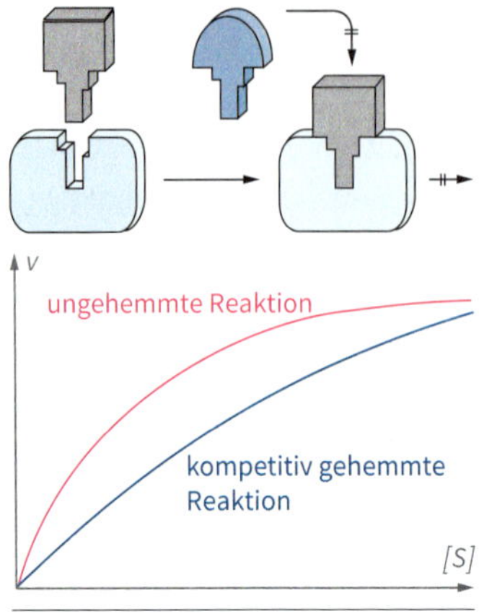

Abb. 3.8: Kompetitive Hemmung der Enzymreaktion

- **Nichtkompetitive Hemmung**: Bei dieser Hemmung lagert sich der Hemmstoff außerhalb des aktiven Zentrums an das Enzym. Dies führt zu einer Veränderung der dreidimensionalen Struktur des Enzyms; die Form des aktiven Zentrums verändert sich, Substrat-Moleküle können nicht mehr binden. Auch wenn sich der Hemmstoff ablöst, bindet er sofort an einem anderen Enzym-Molekül. Da hierdurch die Zahl aktiver Enzyme verringert wird, kann die maximale Reaktionsgeschwindigkeit einer ungehemmten Reaktion nicht erreicht werden. Eine Erhöhung der Substratkonzentration kann die Hemmwirkung nicht beeinflussen, da Hemmstoff und Substrat nicht um das aktive Zentrum konkurrieren.

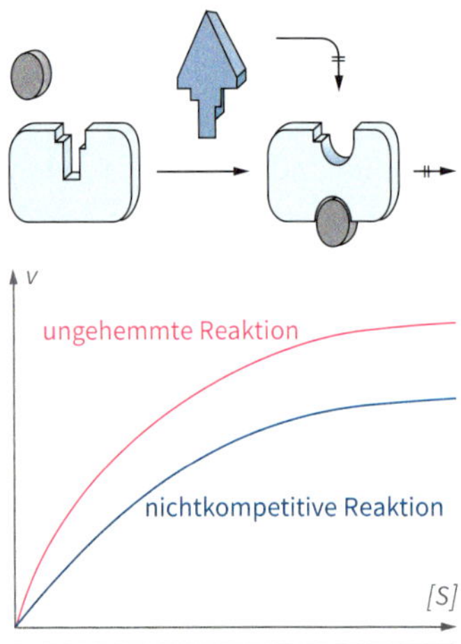

Abb. 3.9: Nichtkompetitive Hemmung der Enzymreaktion

Binden kompetitive oder nichtkompetitive Hemmstoffe dauerthaft an Enzymen, so liegt eine **irreversible Hemmung** vor.
Beispiele: Bestimmte Antibiotika und Schwermetall-Ionen. Sie binden dauerhaft entweder am aktiven Zentrum des Enzyms oder außerhalb davon. In der Folge werden die Enzyme funktionslos.

Cofaktoren – Coenzyme

Für die Katalyse benötigen bestimmte Enzyme neben dem eigentlichen Substrat noch zusätzliche Stoffe, die **Cofaktoren**. Hierzu zählen etwa Metall-Ionen, die die Raumstruktur der Enzyme stabilisieren. Stoffe wie ATP und NAD⁺ lagern sich vorübergehend mit dem Substrat an das aktive Zentrum und werden dabei chemisch verändert. Sie wirken als **Coenzyme**. Da sie direkt an der chemischen Reaktion beteiligt sind und dabei verändert werden, nennt man Coenzyme auch **Cosubstrate**.

Energietransport durch ATP

Das Cosubstrat **A**denosin**t**riphos**p**hat (**ATP**) hat die Aufgabe, chemische Energie zu speichern und zu übertragen. ATP besitzt drei Phosphatgruppen. Bei der Abspaltung einer Phosphatgruppe entsteht Adenosin**d**iphosphat (**ADP**). Wird von einem ADP-Molekül eine weitere Phosphatgruppe abgespalten, entsteht Adenosin**m**onophosphat, kurz **AMP**. Bei diesen exergonischen Reaktionen wird Energie frei, die für andere energiebedürftige endergonische Reaktionen genutzt werden kann. Durch andere energieliefernde exergonische Reaktionen können AMP und ADP wieder zu ATP regeneriert werden.

ATP = universelle Energiewährung der Zelle

Wasserstoff- und Elektronentransport durch NAD

Bei Oxidations- und Reduktionsvorgängen erfolgt der Wasserstofftransport über Cosubstrate. Das Cosubstrat **N**icotinamid-**A**denin-**D**inucleotid (**NAD**) kann als NAD^+ oder $NADH + H^+$ vorliegen: NAD^+ bindet reversibel ein Wasserstoff-Atom eines H_2-Moleküls und zwei Elektronen und wird so zu NADH reduziert.

Zur Erinnerung: Oxidation = Elektronenabgabe Reduktion = Elektronenaufnahme

$$NAD^+_{ox.} + H{-}H \rightarrow NADH_{red.} + H^+$$

In einer Folgereaktion gibt es das Wasserstoff-Atom und die Elektronen wieder ab und wird so zu NAD^+ oxidiert. Die gleiche Funktion übernehmen an anderer Stelle im Stoffwechsel die Cosubstrate $NADP^+/NADPH + H^+$ und $FAD/FADH_2$.

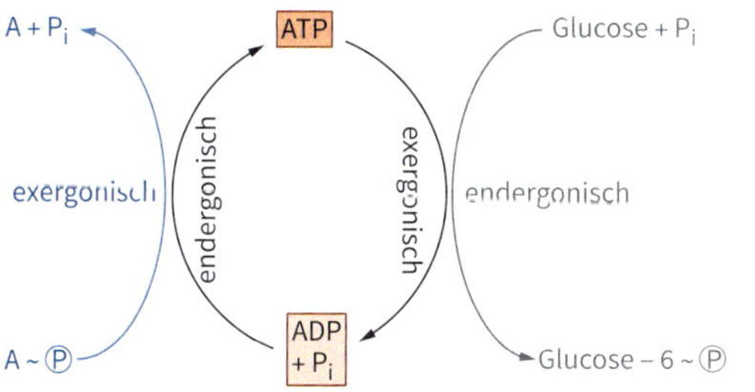

Abb. 3.10: Energieübertragung durch ATP

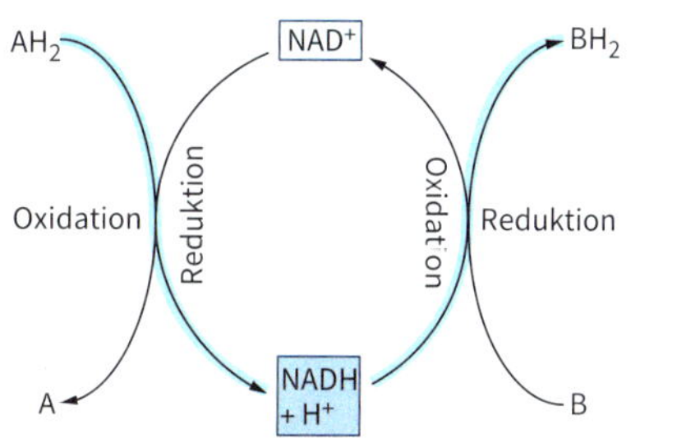

Abb. 3.11: Wasserstoff- und Elektronentransport durch NAD

3.1 Enzyme

- allgemeine Merkmale
- Hemmung

1 ENZYME SIND BIOKATALYSATOREN

→ Enzyme erhöhen die Geschwindigkeit chemischer Reaktionen, indem sie deren Aktivierungsenergie herabsetzen.

→ Enzyme sind substratspezifisch.
Das aktive Zentrum eines Enzym-Moleküls und ein bestimmter Bereich des Substrat-Moleküls sind zueinander komplementär.

→ Modellvorstellungen
Schlüssel-Schloss-Modell:

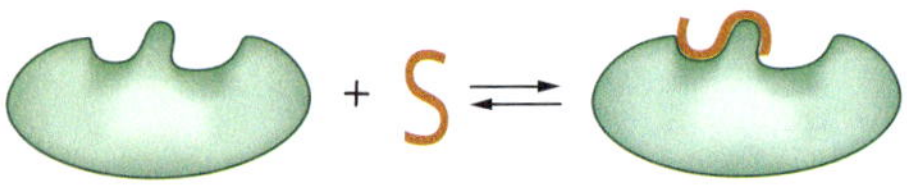

Modell der induzierten Anpassung:

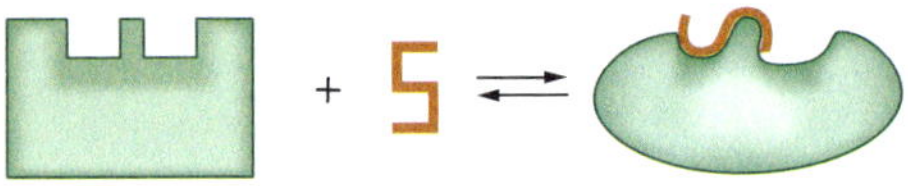

→ Enzyme sind wirkungs- oder reaktions-spezifisch.
Jedes Enzym hat eine spezifische Wirkung auf sein Substrat.

→ Enzyme sind von Temperatur und pH-Wert abhängig. Temperatur und pH-Wert beeinflussen die Raumstruktur der Enzym-Moleküle und somit ihre Aktivität.

2 ENZYMHEMMUNGEN

→ Kompetitiv, reversibel:
Der Hemmstoff
- konkurriert mit dem Substrat-Molekül um die Bindung an das aktive Zentrum.
- wird nicht umgesetzt und löst sich wieder ab.
- blockiert zeitweise das aktive Zentrum.

→ Nicht kompetitiv, reversibel:
Der Hemmstoff
- setzt sich reversibel an das Enzym-Molekül.
- verursacht eine Veränderung des aktiven Zentrums, sodass zeitweise keine Substrat-Moleküle binden.

→ Irreversibel:
Das Hemmstoff-Molekül löst sich nicht wieder vom Enzym-Molekül.

3 COENZYME – COSUBSTRATE

→ lagern sich vorrübergehend mit dem Substrat-Molekül an das aktive Zentrum des Enzyms.

→ übertragen Elektronen, Protonen, Atomgruppen.

→ werden in anderen Reaktionen regeneriert; Beispiele: ATP, NAD^+.

3.2 Stoffabbau – Zellatmung

Überblick

Die Umwandlung energiereicher körpereigener Stoffe in energieärmere Stoffe wird als **Dissimilation** bezeichnet. Dabei wird Energie freigesetzt. Ist für diese Umwandlung Sauerstoff notwendig, wird von **Zellatmung** gesprochen.

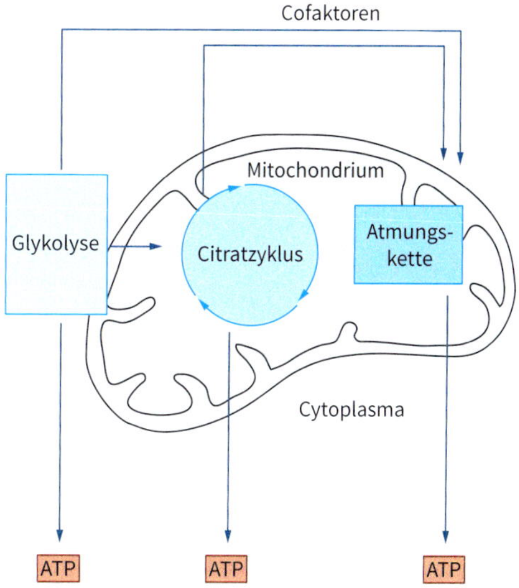

Abb. 3.12: Vereinfachtes Schema der Zellatmung

Bei der Zellatmung wird die energiereiche Verbindung Glucose vollständig zu Kohlenstoffdioxid und Wasser oxidiert: $C_6H_{12}O_6 + 6\,O_2 \rightarrow 6\,CO_2 + 6\,H_2O$ + Energie
Die chemische Energie der Glucose wird dabei in mehreren Teilschritten abgegeben und in Form von ATP gespeichert. Dieses kann dann von Organismen genutzt werden, um Arbeit zu leisten.

Die Teilschritte des Glucoseabbaus sind:

- Glykolyse
- Citratzyklus
- Atmungskette

Bei der Glykolyse, die im Cytoplasma stattfindet, wird der C_6-Körper Glucose zunächst in zwei C_3-Körper zerlegt. Nur ein kleiner Teil der dabei gebildeten Energie wird in Form von ATP gebunden. Frei werdende Elektronen gelangen zusammen mit Wasserstoff als NADH + H^+ in die Mitochondrien. Hier erfolgt im Verlauf des Citratzyklus der vollständige Abbau der C_3-Körper zum C_1-Körper Kohlenstoffdioxid. Erneut werden ATP gebildet und Elektronen zusammen mit Wasserstoff auf NAD^+ übertragen. Es entsteht NADH + H^+. Die reduzierten Cofaktoren NADH + H^+ aus der Glykolyse und aus dem Citratzyklus werden in der Atmungskette zur Energieerzeugung verwendet. Der überwiegende Teil der ATP-Bildung erfolgt also in den Mitochondrien („Kraftwerke der Zelle“).

Zellatmung:
- aerob
- vollständige Oxidation
- hoher Energiegewinn

Bei **Abwesenheit von Sauerstoff** können bestimmte Organismen Glucose zu Ethanol und Kohlenstoffdioxid oder zu Milchsäure vergären. Diese unvollständige Oxidation von Nährstoffen mit dem Ziel, ATP zu gewinnen, nennt man **Gärung**. Der Energiegewinn fällt dabei im Vergleich zur vollständigen Oxidation bei der Zellatmung deutlich geringer aus. Die alkoholische Gärung und die Milchsäuregärung sind jedoch Stoffwechselwege, bei denen auch bei Abwesenheit von Sauerstoff ATP stetig und schnell gewonnen werden kann.

Gärung:
- anaerob
- unvollständige Oxidation
- geringer Energiegewinn

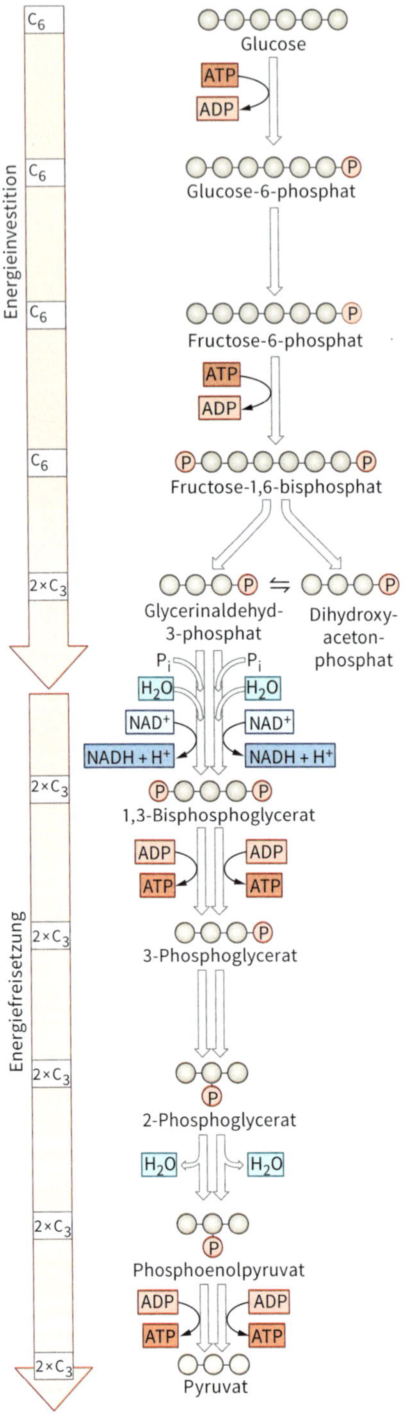

Abb. 3.13: Ablauf der Glykolyse

Glykolyse

In mehreren, enzymkatalysierten Reaktionen werden aus einem Glucose-Molekül (C_6-Körper) schrittweise zwei Moleküle Pyruvat (C_3-Körper) gebildet. Zwei Teilreaktionen benötigen Energie in Form von ATP: die Bildung von Glucose-6-phosphat aus Glucose und die Reaktion von Fructose-6-phosphat zu Fructose-1,6-bisphosphat. Diesem ATP-Verbrauch steht ein Gewinn von 2 ATP-Molekülen pro C_3-Körper in zwei späteren Reaktionsschritten gegenüber. Pro C_6-Körper werden also 2 ATP-Moleküle verbraucht, aber zweimal 2 ATP-Moleküle gewonnen. Insgesamt liefert die Glykolyse damit 2 Moleküle ATP pro Molekül Glucose. Die Oxidation des C_3-Körpers Glycerinaldehyd-3-phosphat zu 1,3-Bisphosphoglycerat ist daneben mit der Reduktion von NAD^+ zu $NADH + H^+$ gekoppelt.

Bilanzgleichung der Glykolyse:
Glucose + 2 NAD^+ + 2 ADP + 2 Ⓟ
→ 2 Pyruvat + 2 NADH + H^+ + 2 ATP

Gärungen

Unter aeroben Bedingungen erfolgt die weitere Oxidation von Pyruvat vollständig zu Kohlenstoffdioxid und Wasser. Fehlt Sauerstoff, so kann Energie durch unvollständige Oxidation gewonnen werden. Die entsprechenden anaeroben Stoffwechselwege heißen Gärungen.

- Bei der **alkoholischen Gärung** wird Pyruvat beispielsweise von Hefen zu Ethanol und Kohlenstoffdioxid abgebaut:
  Pyruvat + NADH + H^+ → Ethanol + CO_2 + NAD^+
- Bei der **Milchsäuregärung** wandeln beispielweise Bakterien Pyruvat in Lactat, das Anion der Milchsäure, um: Pyruvat + NADH + H^+ → Lactat + NAD^+.
  Auch in menschlichen Muskelzellen findet bei Sauerstoffmangel Milchsäuregärung statt.

Pro Molekül Glucose werden jeweils zwei Moleküle ATP gebildet. Das bei den Gärungen ebenfalls entstehende NAD^+ dient der Regeneration des in der Glykolyse benötigten NAD^+.

Citratzyklus

Bei Anwesenheit von Sauerstoff wird der C_3-Körper Pyruvat unter Abspaltung eines CO_2-Moleküls an Coenzym A angelagert. Die entstehende C_2-Einheit, **Acetyl-Coenzym A**, wird als aktivierte Essigsäure bezeichnet. Auf die Abspaltung eines CO_2-Moleküls (Decarboxylierung) folgt unmittelbar eine Oxidation, weshalb man den Gesamtvorgang als **oxidative Decarboxylierung** bezeichnet.

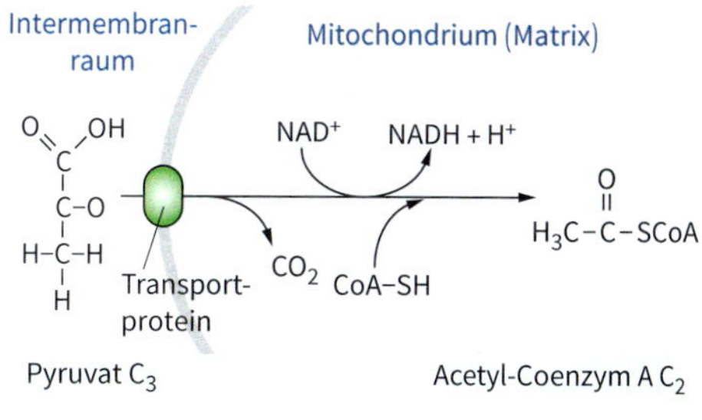

Abb. 3.14: Oxidative Decarboxylierung

Nun beginnt der eigentliche Citratzyklus: Die C_2-Einheit Acetyl-Coenzym A reagiert zusammen mit dem C_4-Körper Oxalacetat. Es entsteht der C_6-Körper Citrat. In Folgereaktionen können nun zwei Kohlenstoff-Atome in Form von CO_2-Molekülen den Zyklus verlassen. Die weiteren Schritte dienen der Regeneration des entstehenden C_4-Körpers zum Akzeptormolekül Oxalacetat. Auch das zweite bei der Glycolyse entstandene Molekül Pyruvat durchläuft anschließend den Citratzyklus. Damit wurden die sechs Kohlenstoff-Atome eines Glucose-Moleküls vollständig zu sechs CO_2-Molekülen oxidiert. Die Oxidation ist mit der Bildung von acht Molekülen NADH + H^+ und zwei Molekülen $FADH_2$ verbunden. Weiterhin entstehen zwei Moleküle ATP.

Citratzyklus: nach seinem Entdecker HANS KREBS auch KREBS-Zyklus genannt

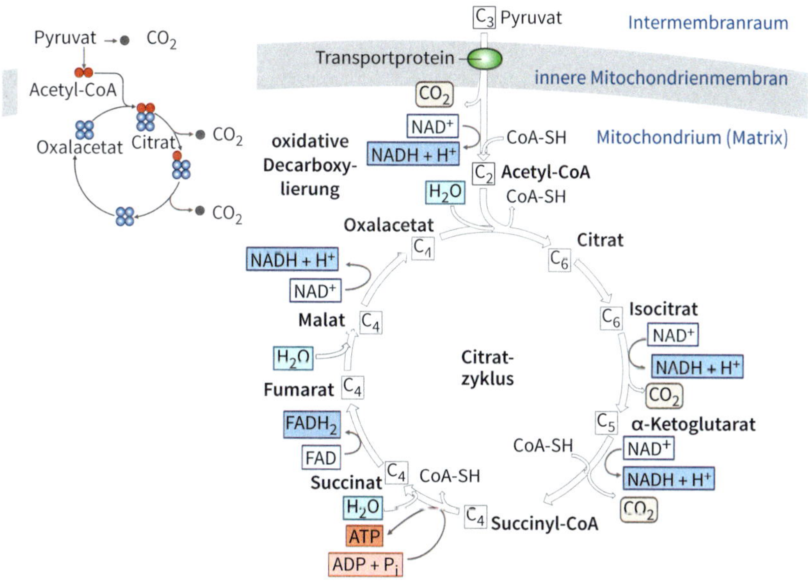

$$2\ \text{Pyruvat} + 8\ NAD^+ + 2\ FAD + 6\ H_2O + 2\ ADP + P_i \rightarrow 6\ CO_2 + 8\ NADH + H^+ + 2\ FADH_2 + 2\ ATP$$

Abb. 3.15: Ablauf des Citratzyklus

Atmungskette

Im letzten Schritt der Zellatmung werden NADH + H^+ und $FADH_2$ aus der Glycolyse und dem Citratzyklus zu NAD^+ und FAD oxidiert. Die dabei freiwerdenden Elektronen und H-Atome werden auf Sauerstoff übertragen. Es entsteht Wasser. Gleichzeitig wird Energie frei. Diese mehrschrittige Reaktionfolge findet in der inneren Mitochondrienmembran statt und wird **Atmungskette** genannt.

Die Freisetzung der Elektronen von NADH + H^+ und $FADH_2$ erfolgt an speziellen Proteinkomplexen in der inneren Mitochondrienmembran. Sie ist mit dem Transfer von H^+-Ionen (Protonen) durch die innere Mitochondrienmembran in den Intermembranraum gekoppelt. Hierdurch entsteht ein Protonengradient, der für die Bildung von ATP genutzt wird: Protonen fließen zurück in den Matrixraum und passieren dabei ein Membranprotein, die **ATP-Synthase**. Dabei entsteht ATP. Da diese Phosphorylierung von ADP letztlich durch die Oxidation von NADH + H^+ und $FADH_2$ angetrieben wird, wird von **oxidativer Phoshorylierung** gesprochen. Hierbei werden pro NADH + H^+-Molekül drei Moleküle ATP gebildet. $FADH_2$ liefert nur zwei Moleküle ATP, da seine Elektronen erst später am Proteinkomplex II in die Atmungskette eingeschleust werden.
Der Elektronentransport in der inneren Mitochondrienmembran ist mit dem Transfer von Protonen und dem Aufbau eines chemioosmotischen Protonengradienten gekoppelt. Diese Modellvorstellung wird **chemioosmotisches Modell** der ATP-Bildung genannt.

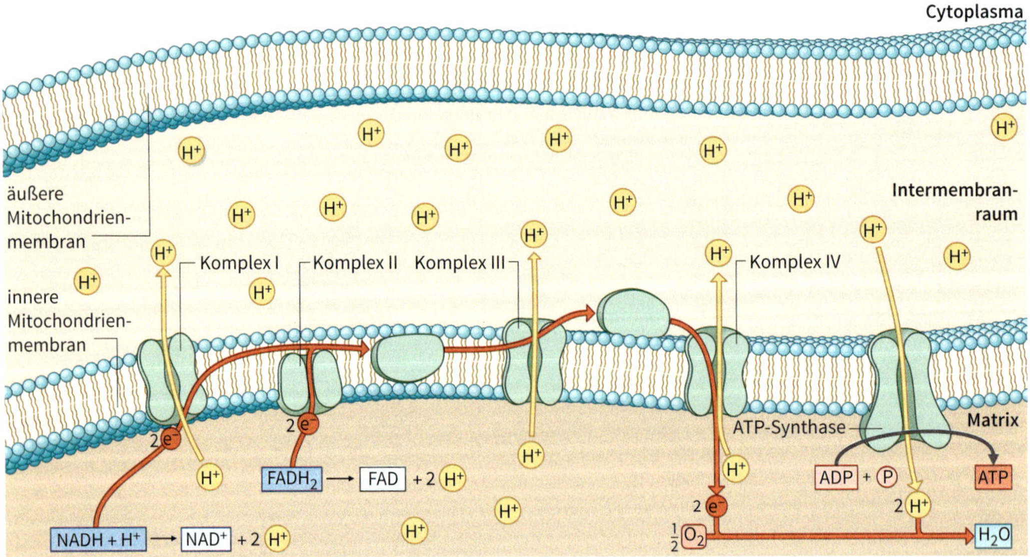

Abb. 3.16: Atmungskette und oxidative Phosphorylierung

Stoff- und Energiebilanz der Zellatmung

Im Verlauf der Glykolyse wird der C_6-Körper Glucose in zwei C_3-Körper Pyruvat zerlegt. Bei der anschließenden oxidativen Decarboxlierung wird jeweils ein Kohlenstoffdioxid-Molekül von einem Pyruvat-Molekül abgespalten. Der entstehende C_2-Körper wird dann im Citratzyklus vollständig mit Sauerstoff zu zwei C_1-Körpern Kohlenstoffdioxid. Dabei entstehen sechs Moleküle Wasser. Die Bilanzgleich der Zellatmung lautet demnach:

$$C_6H_{12}O_6 + 6\,O_2 \rightarrow 6\,CO_2 + 6\,H_2O$$

Die Glykolyse liefert pro Molekül Glucose zwei Moleküle $NADH + H^+$. Bei der oxidativen Decarboxlierung der beiden Pyruvat-Moleküle entstehen zwei, im Citratzyklus sechs Moleküle $NADH + H^+$. Zusätzlich werden im Citratzyklus zwei Molekül $FADH_2$ gebildet. Es entstehen also zehn Moleküle $NADH + H^+$ und zwei Moleküle $FADH_2$. Aus diesen Cofaktoren werden in der Atmungskette 34 Moleküle ATP gebildet. Die Glykolyse liefert zwei Moleküle ATP. Aus dem Citratzyklus kommen zwei Moleküle ATP hinzu. Zusammen werden also 38 Moleküle ATP gebildet. Allerdings verbrauchen Transportvorgänge an der Mitochondrienmembran zwei Moleküle ATP. Insgesamt ergibt sich also ein Gewinn von 36 Molekülen ATP pro Molekül Glucose.

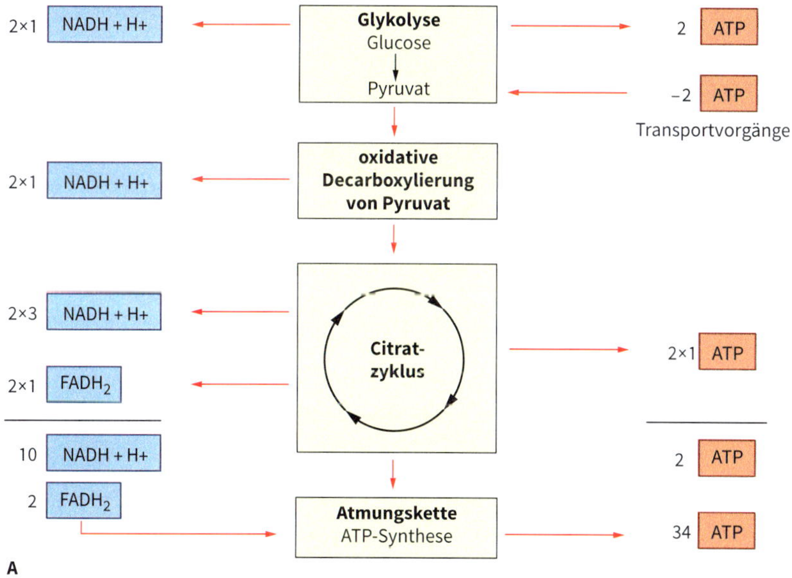

B

$$C_6H_{12}O_6 + 6\,O_2 + 36\,ADP + 36\,P \rightarrow 6\,CO_2 + 6\,H_2O + 36\,ATP$$

Abb. 3.17: Stoff- und Energiebilanz für den Abbau eines Glucose-Moleküls:
A Übersicht des ATP-Gewinns; **B** Bilanzgleichung

3.2 Stoffabbau – Zellatmung

ÜBERBLICK ZELLATMUNG

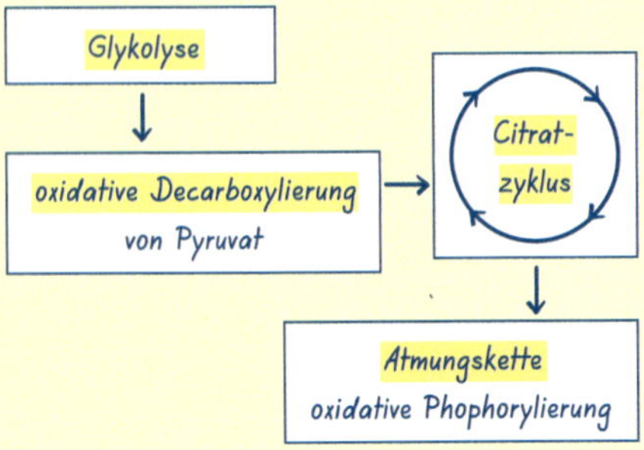

GLYKOLYSE

- **Ort:** Cytoplasma
- **Ablauf:** Abbau von Glucose (C_6-Körper) zu Pyruvat (C_3-Körper)
- **Bilanz:**
  Glucose + 2 NAD^+ + 2 ADP + 2 P
  → 2 Pyruvat + 2 NADH + H^+ + 2 ATP
  + 2 H_2O

OXIDATIVE DECARBOXYLIERUNG VON PYRUVAT

- **Ort:** Mitochondrienmatrix
- **Ablauf:** Umsetzung von Pyruvat (C_3-Körper) zu Acetyl-CoA (C_2-Körper);
- **Bilanz:** 2 Pyruvat + 2 CoA + 2 NAD^+
  → 2 AcetylCoA + 2 CO_2 + 2 NADH + H^+

CITRATZYKLUS

- **Ort:** Matrix der Mitochondrien
- **Ablauf:** Bindung von AcetylCoA an Oxalacetat (C_4-Körper), Bildung von Citrat (C_6-Körper), zweimal oxidative Decarboxylierung (2 × CO_2), Regeneration des Akzeptors

ATMUNGSKETTE UND OXIDATIVE PHOSPHORYLIERUNG

- **Ort:** innere Mitochondrienmembran
- **Ablauf:**

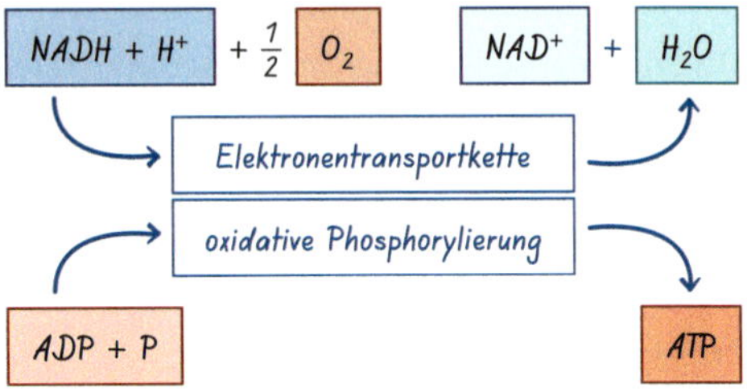

- **Bilanz:** 10 NADH + H^+ + 2 $FADH_2$
  + 34 ATP + 34 P + 6 O_2
  → 34 ATP + 10 NAD+ + 2 FAD + 12 H_2O

GÄRUNGEN – ENERGIEGEWINN OHNE SAUERSTOFF

- **Ort:** Cytoplasma
- **Ablauf:** Abbau von Glucose (C6-Körper) zu Pyruvat (C_3-Körper), dann entweder
  - alkoholische Gärung: Abspaltung von CO_2 führt zum C_2-Körper Ethanal, Reduktion mithilfe von NADH + H^+ zu Ethanol (C_2-Körper)

  oder

  - Milchsäuregärung: Reduktion von Pyruvat mithilfe von NADH + H^+ zu Lactat
- **Bilanz:** Alkoholische Gärung $C_6H_{12}O_6$ + 2 P + 2 ADP → C_2H_5OH + 2 CO_2 + 2 ATP.
  Milchsäuregärung: $C_6H_{12}O_6$ + 2 ADP + 2 P
  → 2 $C_3H_6O_3$ + 2 ATP

3.3 Fotosynthese

Bedeutung der Fotosynthese

Die Fotosynthese ist der zentrale Stoffwechselvorgang auf der Erde: Aus den energiearmen, anorganischen Stoffen Kohlenstoffdioxid und Wasser bauen Pflanzen die energiereiche organische Verbindung Glucose auf. Als Nebenprodukt wird Sauerstoff frei. Die Energie für diese Reaktion stammt vom Sonnenlicht. Bei der Fotosynthese wird also Licht in chemische Energie umgewandelt.

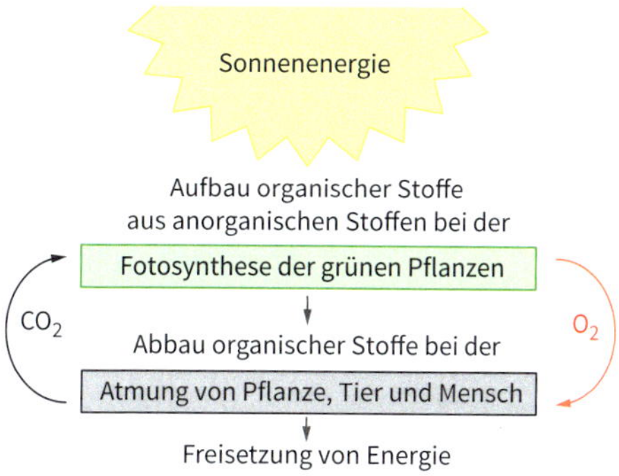

Abb. 3.18: Wechselbeziehung zwischen Fotosynthese und Zellatmung

Bruttogleichung der Fotosynthese:

$$6\,CO_2 + 12\,H_2O \xrightarrow[\text{Chlorophyll}]{\text{Licht}} C_6H_{12}O_6 + 6\,O_2 + 6\,H_2O$$

Pflanzen nutzen die gebildete Glucose für den Aufbau körpereigener Stoffe (Baustoffwechsel). Sie sind **autotrophe Organismen**. Die erzeugte pflanzliche Biomasse bildet die Nahrungsgrundlage für alle übrigen Lebewesen. Diese **heterotrophen Organismen** bauen die organischen Stoffe im Verlauf der Zellatmung wieder zu energiearmen anorganischen Stoffen ab. Dabei wird Kohlenstoffdioxid freigesetzt. Der Kreislauf schließt sich. Damit schafft die Fotosynthese die Voraussetzung für das Leben auf unserer Erde. Daneben wird die erzeugte Glucose bei Pflanzen – wie bei heterotrophen Organismen auch – zur Energieumwandlung im Verlauf der Zellatmung genutzt.

gr. *autos* = selbst
gr. *trophos* = Nahrung
gr. *heteros* = fremd

Außenfaktoren der Fotosynthese

Die Fotosynthese wird im Wesentlichen von den Außenfaktoren Licht, Temperatur und Kohlenstoffdioxid beeinflusst.

Licht

Die Fotosyntheseleistung einer Pflanze kann über die CO_2-Aufnahme experimentell verfolgt werden. Allerdings bauen Pflanzen bei der Zellatmung Nährstoffe ab, sodass immer auch Kohlenstoffdioxid produziert wird. Dieses kann von der Pflanze direkt für die Fotosynthese verwendet werden. Die experimentell bestimmte CO_2-Aufnahme gibt also nur die scheinbare *(apparente)* Fotosyntheseleistung wieder.

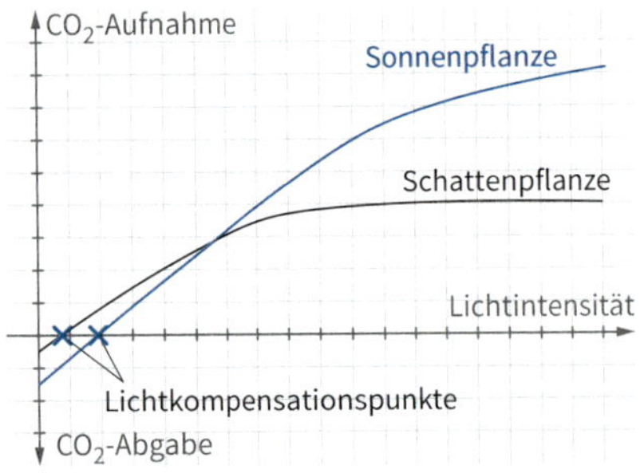

Abb. 3.19: Abhängigkeit der Fotosynthese von der Lichtintensität

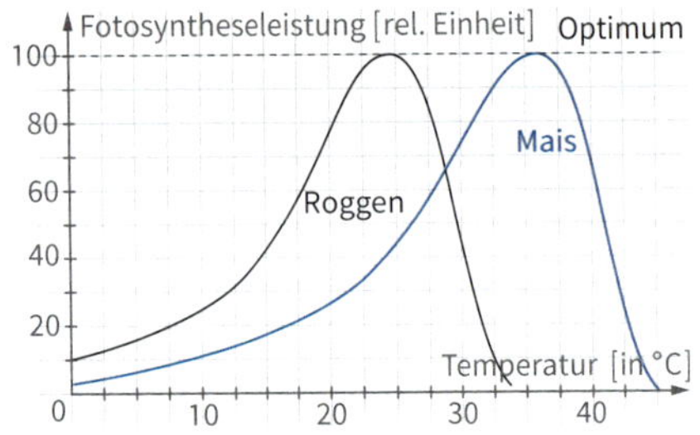

Abb. 3.20: Abhängigkeit der Fotosynthese von der Temperatur bei verschiedenen Pflanzen

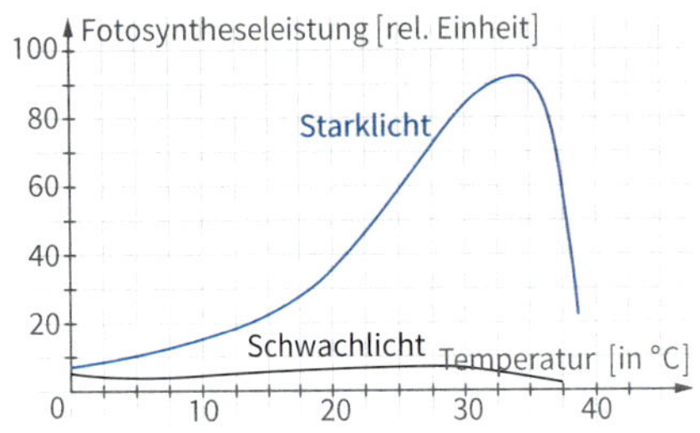

Abb. 3.21: Abhängigkeit der Fotosynthese von der Temperatur bei verschiedenen Lichtintensitäten

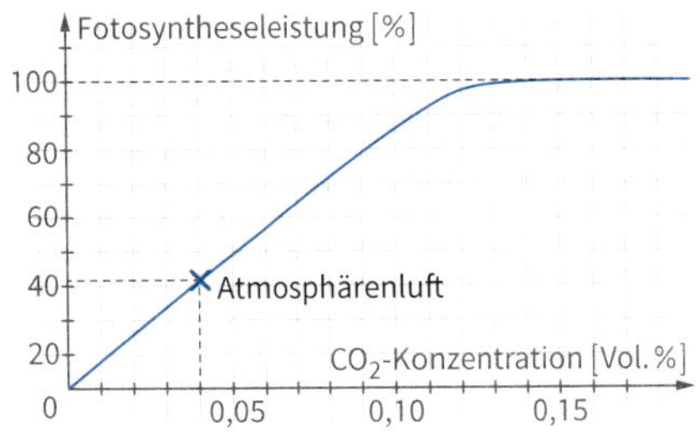

Abb. 3.22: Abhängigkeit der Fotosynthese von der Kohlenstoffdioxid-Konzentration

Untersucht man die Abhängigkeit der Fotosyntheseleistung von der Lichtintensität, so erhält man eine Sättigungskurve. Bei geringen Lichtintensitäten überwiegt die CO_2-Abgabe durch Zellatmung die fotosynthetische CO_2-Aufnahme. Der **Lichtkompensationspunkt** charakterisiert die Lichtintensität, bei der sich CO_2-Abgabe und CO_2-Aufnahme entsprechen. Die apparente Fotosyntheseleistung steigt danach proportional zur Lichtintensität. Ab einer bestimmten Lichtintensität führt auch eine weitere Zunahme der Lichtintensität zu keiner Erhöhung der Fotosyntheseleistung (**Lichtsättigung**).
Schattenpflanzen besitzen im Gegensatz zu Sonnenpflanzen geringere Lichtkompensationspunkte und niedrigere Lichtsättigungen.

Temperatur

Bei hoher Lichtintensität wird die Fotosyntheserate maßgeblich von der Temperatur bestimmt. Die Fotosynthese zeigt dann die für enzymkatalysierte Reaktionen typische Temperaturabhängigkeit. Trägt man die Fotosyntheseleistung gegen die Temperatur auf, so ergeben sich charakteristische Optimumkurven. Die Lage der drei Kardinalpunkte Minimum, Optimum und Maximum ist abhängig vom Standort und der jeweiligen Pflanzenart.
Eine strenge Temperaturabhängigkeit ergibt sich nur dort, wo enzymatische Reaktionen bestimmend sind. So steigt bei Starklicht die Fotosynthese mit zunehmender Temperatur stark an und erreicht bei einheimischen sommergrünen Pflanzen bei 20 bis 35 °C ihr Optimum. Wirken fotochemische Reaktionen limitierend (→ Primärreaktionen, Seite 45), so ist der Temperatureinfluss gering. Bei Schwachlicht hat die Erhöhung der Temperatur praktisch keinen Einfluss auf die Fotosyntheseleistung.

Kohlenstoffdioxid

Der CO_2-Gehalt der Luft beträgt ca. 0,04 Vol. %. Er liegt damit deutlich unter dem Optimum der Pflanzen von etwa 0,1 Vol. %. Die Fotosyntheseleistung lässt sich daher, bei sonst optimalen Bedingungen, durch künstliche Begasung mit Kohlenstoffdioxid beträchtlich steigern.

Minimumgesetz

Sämtliche Faktoren wirken bei der Fotosynthese zusammen, wobei der am weitesten vom Optimum entfernte Faktor die Fotosyntheserate am stärksten beeinflusst (**Minimumgesetz**). So bleibt etwa die Fotosyntheserate trotz optimaler Licht- und Temperaturverhältnisse begrenzt, wenn zu wenig Kohlenstoffdioxid vorhanden ist. Die Konzentration an Kohlenstoffdioxid ist in diesem Fall der limitierende Faktor, auch **Minimumfaktor** genannt. Sind alle äußeren Umweltfaktoren im Optimum, hängt die Fotosyntheserate von endogenen Faktoren, etwa der Konzentration von Chlorophyll, ab.

LIEBIG (1862): „Der im Minimum vorhandene Ernährungsfaktor bestimmt das Wachstum der Pflanzen."

Lichtabsorption und Fotosysteme

Bau der Chloroplasten

Grüne Blätter enthalten Chloroplasten, die von einer Doppelmembran umschlossen sind. Die innere Membran schnürt zahlreiche Membransäckchen, die **Thylakoide**, ab. Es werden zwei Typen unterschieden: In der Grundsubstanz, dem **Stroma**, finden sich einzeln liegende Stromathylakoide. Daneben erkennt man geldrollenartige Stapel, die Grana genannt werden. Sie bestehen aus übereinanderliegenden Granathylakoiden. Der Innenraum des Chloroplasten wird durch dieses zusammenhängende Membransystem in zwei getrennte Reaktionsräume gegliedert.

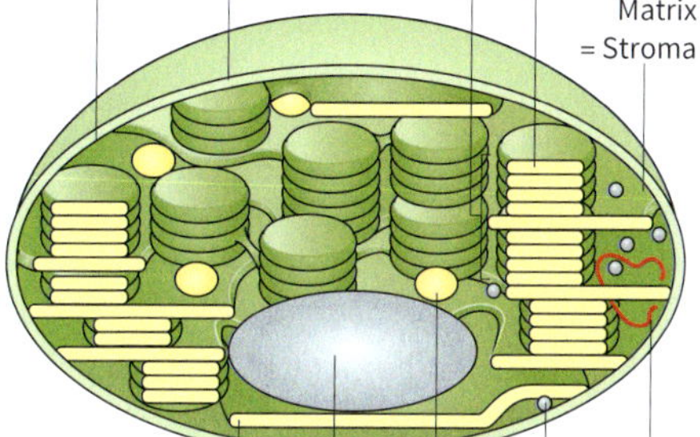

Abb. 3.23: Aufbau eines Chloroplasten

Absorptionsspektrum

In den Thylakoiden der Chloroplasten befinden sich verschiedene Blattfarbstoffe. Diese absorbieren in unterschiedlichem Maße Licht. Trägt man die Lichtabsorption dieser Farbstoffe gegen die Wellenlänge des Lichts auf, so erhält man das **Absorptionsspektrum**. Dabei zeigt sich:

- Chlorophyll a absorbiert vorwiegend im blauen und roten Bereich.
- Chlorophyll b besitzt Absorptionsmaxima, die zu mittleren Wellenlängen verschoben sind.
- Sämtliche Farbstoffe zeigen nur geringe Absorption im grünen Bereich (Grünlücke).

Absorption lat. *absorbere* = aufsaugen

Wirkungsspektrum

Bestrahlt man lebende Pflanzen mit Licht unterschiedlicher Wellenlänge, so lässt sich die Fotosyntheserate über die gebildete Sauerstoffmenge bestimmen. Die grafische Darstellung dieser Messwerte zeigt das **Wirkungsspektrum** der Fotosynthese. Es gibt die Wellenlängen an, bei denen die Fotosyntheserate am stärksten ist.

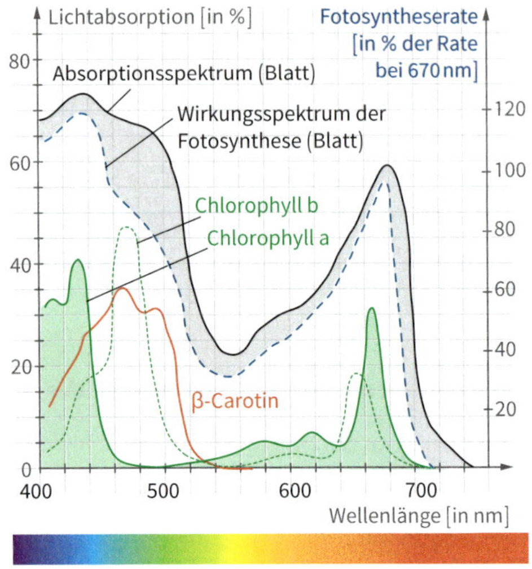

Abb. 3.24: Absorptions- und Wirkungsspektrum im Vergleich

Der Vergleich von Absorptions- und Wirkungsspektrum zeigt:

- Nur absorbiertes Licht ist fotosynthetisch wirksam.
- Das Maximum des Absorptionsspektrums von Chlorophyll a entspricht dem Maximum des Wirkungsspektrums. Chlorophyll a ist folglich der zentrale Fotosynthesefarbstoff.
- Chlorophyll b und β-Carotin absorbieren vorrangig Licht im Bereich des grünen Lichts. Hier absorbiert Chlorophyll a nicht (Grünlücke).

ENGELMANN'scher Bakterienversuch

THEODOR WILHELM ENGELMANN (1843 – 1909) führte diesen Versuch erstmalig durch.

Dieser Versuch gibt in einfacher Form ein fotosynthetisches Wirkungsspektrum wieder: Eine Fadenalge wird mit Licht unterschiedlicher Wellenlängen bestrahlt. Zugegebene sauerstoffliebende Bakterien lagern sich bei Belichtung bevorzugt da an, wo die Fotosynthese der Alge ihre Leistungsmaxima aufweist: im blau-violetten und orange-roten Bereich des sichtbaren Lichts.

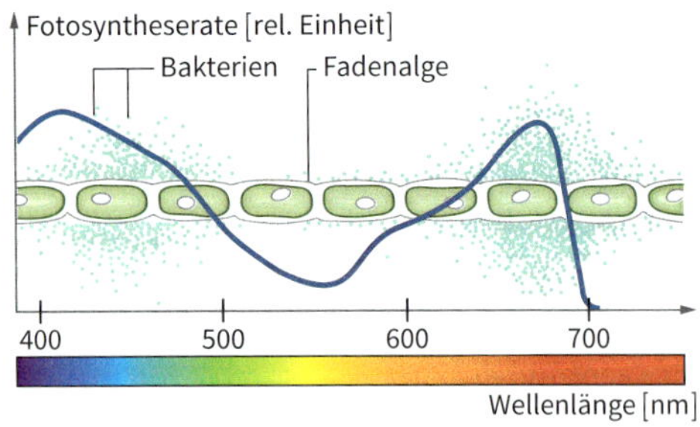

Abb. 3.25: ENGELMANN-Versuch

Fotosysteme

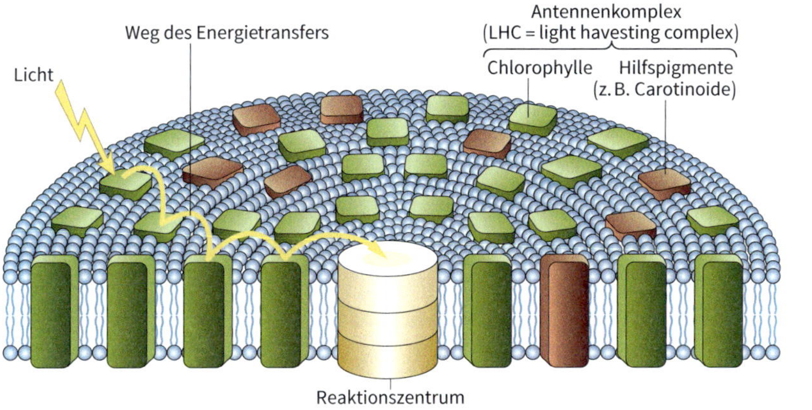

Abb. 3.26: Antennenkomplexe und Reaktionszentrum eines Fotosystems

Fotosysteme sind funktionelle Einheiten aus verschiedenen Fotosynthesefarbstoffen, die sich in den Thylakoidmembranen der Chloroplasten befinden. Sie besitzen einen lichtsammelnden **Antennenkomplex**, der aus zahlreichen Chlorophyll-Molekülen und Carotinoiden beseht. Er wird auch als LHC-Komplex *(light harvesting complex)* bezeichnet. Die verschiedenen Farbstoffmoleküle dienen als Antennenpigmente, indem sie Licht unterschiedlicher Wellenlänge absorbieren und die entsprechende Energie gezielt innerhalb des Komplexes an ein besonderes Chlorophyll-a-Molekül weiterleiten, das **Reaktionszentrum**. Nur dieses kann die absorbierte Energie in fotochemische Arbeit umwandeln, indem es ein energiereiches Elektron an ein Akzeptor-Molekül weiterleitet. Dieses wird dabei oxidiert, während das Akzeptor-Molekül reduziert wird. Licht wird damit in chemische Energie umgewandelt.

Belichtet man Algen mit rotem Licht von 680 nm, so ist die Fotosyntheseleistung gering. Vergleichbares zeigt sich bei Bestrahlung mit Licht von 700 nm. Die gleichzeitige Gabe von Licht beider Wellenlängen, führt zu einer mehr als doppelt so großen Fotosyntheseleistung. Dieser nach seinem Entdecker bezeichnete **EMERSON-Effekt** lässt sich nur durch die Annahme zweier zusammenhängender Fotosysteme erklären, die einzeln weniger leisten als in Kombination. Man nennt sie **Fotosystem I** und **Fotosystem II**. Im Fotosystem I besteht das Reaktionszentrum aus Chlorophyll-a-Molekülen, die am besten bei 700 nm absorbieren (**P700**). Das Reaktionszentrum von Fotosystem II hat sein Absorptionsmaximum bei 680 nm (**P680**).

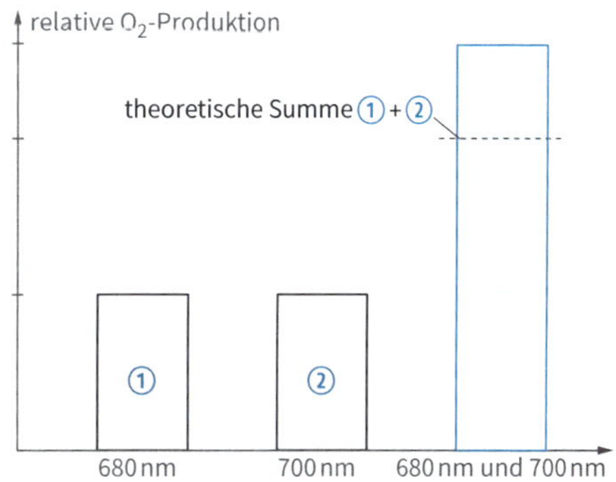

Abb. 3.27: EMERSON-Effekt

Fotosynthese im Überblick

Die Fotosynthese lässt sich in zwei grundlegende Abschnitte untergliedern:

- **Primärreaktionen oder lichtabhängige Reaktionen.** Diese Reaktionen umfassen die Vorgänge, bei denen Licht in chemische Energie umgewandelt wird. Mithilfe des Lichts werden Wasser-Moleküle in Sauerstoff, Protonen und Elektronen gespalten (**Fotolyse**). Die Protonen und Elektronen werden auf den Akzeptor $NADP^+$ übertragen, der dadurch zu NADPH + H^+ reduziert wird. Bei diesem Elektronentransport wird Energie frei, die in Form von ATP gespeichert wird. Die Primärreaktionen sind wie alle fotochemischen Reaktionen nicht von der Temperatur abhängig. Sie finden in den Thylakoidmembranen der Chloroplasten statt.

- **Sekundärreaktionen oder lichtunabhängige Reaktionen.** In diesem Abschnitt der Fotosynthese wird mithilfe der zuvor gebildeten NADPH + H^+- und ATP-Moleküle Kohlenstoffdioxid reduziert und anschließend Glucose aufgebaut. Die Sekundärreaktionen werden von spezifischen Enzymen katalysiert und sind nicht direkt vom Licht abhängig. Sie werden daher auch als lichtunabhängige Reaktionen bezeichnet. Die Sekundärreaktionen sind wie alle enzymatischen Reaktionen temperaturabhängig. Sie finden im Stroma der Chloroplasten statt.

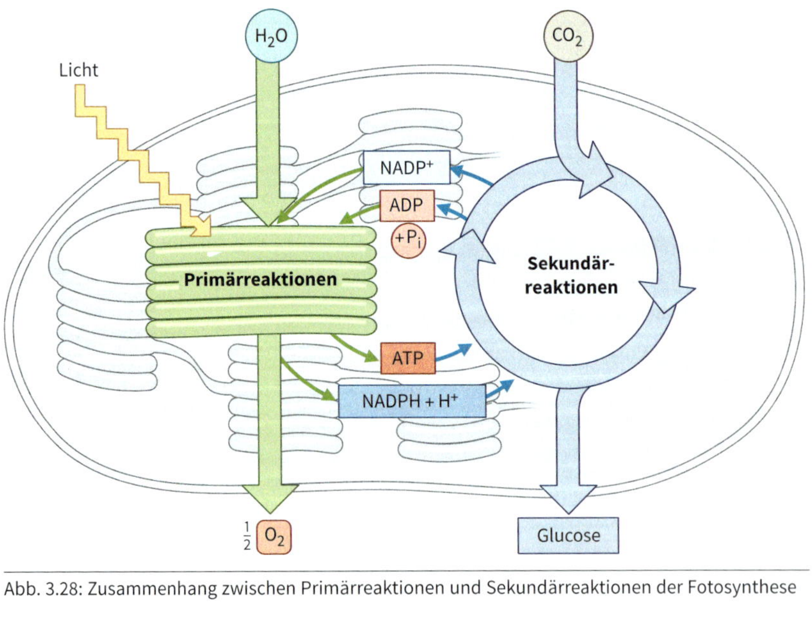

Abb. 3.28: Zusammenhang zwischen Primärreaktionen und Sekundärreaktionen der Fotosynthese

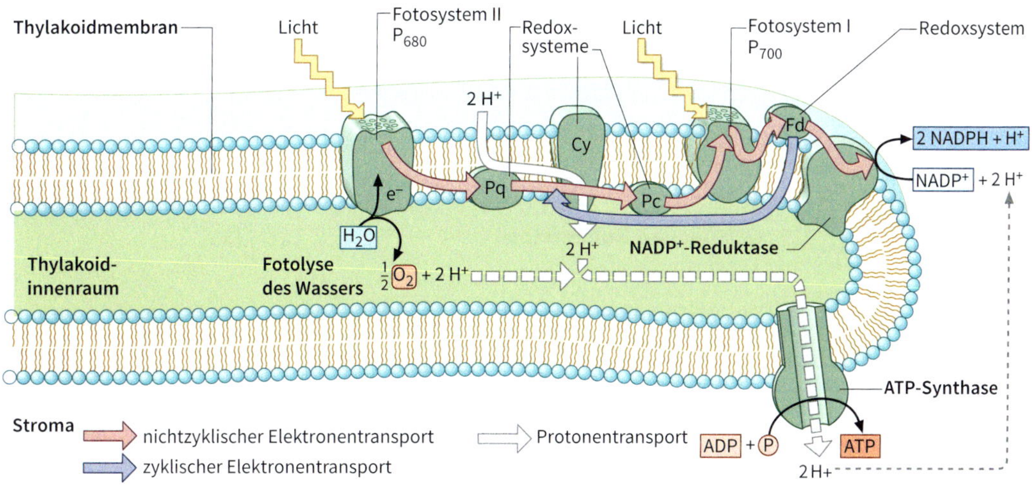

Abb. 3.29: Schema der Primärreaktionen

Primärreaktionen

Nichtzyklischer Elektronentransport und ATP-Bildung

Licht wird von den Antennenkomplexen des Fotosystems II absorbiert und zum Reaktionszentrum P680 weitergeleitet. Das Chlorophyll-a-Molekül gelangt dadurch in einen angeregten Zustand und gibt ein energiereiches Elektron an ein Akzeptormolekül weiter. Im Chlorophyll-a-Molekül wird die entstandene Elektronenlücke durch Elektronen gefüllt, die aus der **Fotolyse** des Wassers stammen. Die angeregten Elektronen fließen über eine Elektronentransportkette vom Akzeptormolekül des Fotosystems II zum Fotosystem I. Während dieses Transfers passieren sie verschiedene Redoxsysteme (Pq, Cy und Pc). Der Elektronentransfer läuft dabei bergab, das heißt von Redoxsystemen mit hohem Energieniveau zu solchen mit niedrigerem Energieniveau. Dabei werden H^+-Ionen gegen das Konzentrationsgefälle in den Thylakoid-Innenraum gepumpt. Der entstehende Protonengradient wird zur ATP-Bildung genutzt. Protonen fließen durch das Enzym ATP-Synthase zurück ins Stroma und bilden dabei ATP (**Fotophosphorylierung**). Die Elektronen gelangen im weiteren Verlauf zum Fotosystem I (P700). Hier füllen sie die Elektronenlücke auf, die dort durch eine weitere lichtinduzierte Anregung eines Elektrons entstanden ist. Das Elektron wird von einem Redoxsystem (Fd) übernommen und auf $NADP^+$ übertragen. Es entsteht $NADPH + H^+$.

Zyklischer Elektronentransport

Bei ausreichend hoher Konzentration an $NADPH + H^+$ in der Zelle ist auch ein Elektronenfluss nur über Fotosystem I möglich: Dabei fließen die von P700 auf Fd übertragenen Elektronen über Cy zum P700 zurück und erzeugen dabei ATP.

Sekundärreaktionen

Die Sekundärreaktionen des Fotosynthese finden in einer Art Kreisprozess statt, der nach seinem Entdecker **CALVIN-Zyklus** genannt wird.

Er lässt sich in drei Abschnitte unterteilen:

a) Fixierung von Kohlenstoffdioxid: Primärakzeptor für Kohlenstoffdioxid ist ein C_5-Körper (Ribulose-1,5-bisphosphat). Der erste Schritt wird durch ein Enzym mit der Kurzbezeichnung *Rubisco* katalysiert. Das dabei entstehende Produkt, ein C_6-Körper, ist instabil und zerfällt in zwei C_3-Körper (3-Phosphoglycerat).

b) Reduktion des C_3-Körpers: Die Produkte der Primärreaktionen, ATP und NADPH + H^+, werden zur Reduktion des C_3-Körpers eingesetzt. Zwei entstehende C_3-Körper (Glycerinaldehyd-3-phosphat) werden in mehreren Reaktionsschritten zum C_6-Körper Glucose umgesetzt.

c) Regeneration des CO_2-Akzeptors: 10 C_3-Körper werden in mehreren enzymkatalysierten Schritten zu 6 C_5-Körpern umgebaut. Für die Regeneration des C_5-Körpers wird ATP benötigt.

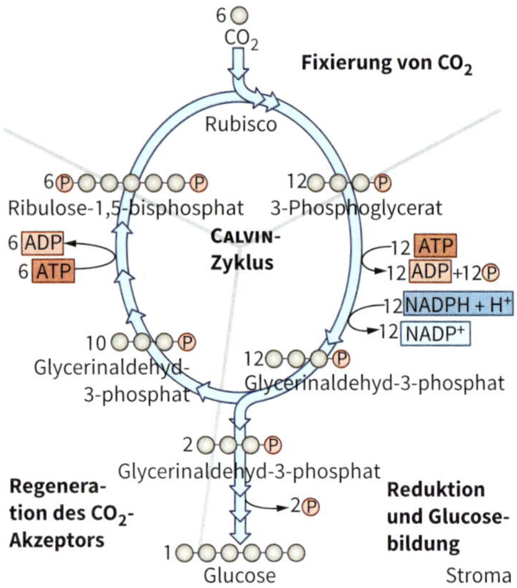

Abb. 3.30: Schema des CALVIN-Zyklus

C_4- und CAM-Pflanzen

Die meisten grünen Pflanzen schließen in der Mittagszeit eines heißen und trockenen Sommertages ihre Spaltöffnungen, um den Wasserverlust durch Transpiration einzuschränken. Gleichzeitig wird so die CO_2-Aufnahme eingeschränkt und die Fotosyntheseleistung begrenzt. Die verringerte CO_2-Konzentration hat einen weiteren Effekt zur Folge: Das Enzym *Rubisco* bindet nun Sauerstoff anstelle von Kohlenstoffdioxid. Das entstehende Produkt zerfällt, wobei die gebildeten Moleküle im weiteren Verlauf abgebaut werden. Dieser Stoffwechselprozess wird **Lichtatmung** oder **Fotorespiration** genannt, da er im Licht abläuft, Sauerstoff verbraucht und Kohlenstoffdioxid produziert. Bei der Fotorespiration werden jedoch weder ATP noch Glucose gebildet. Dadurch wird die Fotosyntheseleistung zusätzlich gemindert.

C_4-Pflanzen

Bei Pflanzen wie Mais oder Zuckerrohr wird Kohlenstoffdioxid zuerst an einen C_3-Körper (Phosphoenolpyruvat, PEP) gebunden. Das katalysierende Enzym *PEP-Carboxylase* hat eine deutlich höhere Affinität zu Kohlenstoffdioxid als *Rubisco*, sodass auch bei geringer CO_2-Versorgung ausreichend Fotosynthese betrieben werden kann. Die bei dieser CO_2-Fixierung gebildete Äpfelsäure hat vier C-Atome, weshalb man diese Pflanzen **C_4-Pflanzen** nennt. Im Gegensatz dazu sind Pflanzen, bei denen CO_2 mithilfe des Enzyms *Rubisco* gebunden wird, **C_3-Pflanzen**.

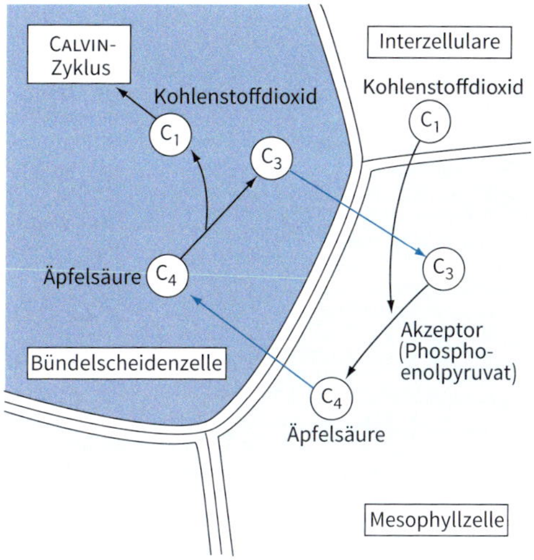

Abb. 3.31: Stoffwechselweg der C_4-Pflanzen

Im anatomischen Aufbau der Blätter zeigen C_4-Pflanzen Besonderheiten: Sie besitzen Bündelscheidenzellen, die die Leitbündel umschließen. Zwischen der Leitbündelscheide und der Blattepidermis liegen die Mesophyllzellen. Hier erfolgt die CO_2-Fixierung. Anschließend werden die C_4-Körper in die Bündelscheidenzellen transportiert, in denen Kohlenstoffdioxid wieder freigesetzt und im Calvin-Zyklus weiterverarbeitet wird. Aufgrund der höheren CO_2-Konzentration findet jetzt kein Stoffverlust durch Lichtatmung statt. Bei optimaler Lichtversorgung zeigen C_4-Pflanzen eine höhere Zuwachsrate als C_3-Pflanzen (**Hochleistungspflanzen**).

CAM-Pflanzen

Eine weitere Form der Anpassung an trockene Standorte zeigen **CAM-Pflanzen** *(**C**rassulaceen **A**cid **M**etabolism)*. Zu ihnen zählen Dickblattgewächse *(Crassulaceen)*, aber auch Kakteen und Ananaspflanzen. Sie öffnen nachts ihre Spaltöffnungen und schließen sie tagsüber. Dadurch vermeiden sie Wasserverluste. Die notwendige CO_2-Aufnahme erfolgt wie bei C_4-Pflanzen: Nachts wird Äpfelsäure in Vakuolen gespeichert, wodurch der pH-Wert des Zellsaftes sinkt. Bei Tagesbeginn schließen die Spaltöffnungen, Äpfelsäure wird wieder gespalten und der pH-Wert steigt. Es findet also eine regelmäßige Änderung des Säuregehaltes im Tag-Nacht-Wechsel statt (**diurnaler Säurezyklus**). Das freigesetzte Kohlenstoffdioxid wird tagsüber im Calvin-Zyklus verarbeitet. CAM-Pflanzen sind im Vergleich zu C_3-Pflanzen effektive Wassersparer bei allerdings deutlich niedrigerer Produktivität.

3.3 Fotosynthese

Außenfaktoren und Biochemie

1 FOTOSYNTHESE IM ÜBERBLICK

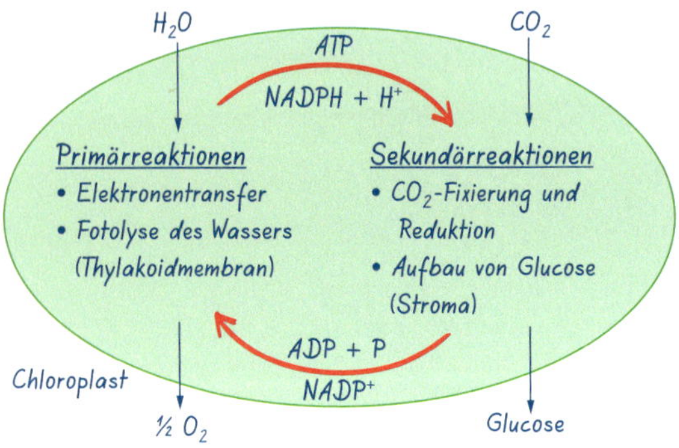

2 TEILREAKTIONEN

Primärreaktionen

- Fotolyse des Wassers
- Transfer von Elektronen über Redoxsysteme zu $NADP^+$
- Protonengradient zur Energiebildung (Fotophosphorylierung)
- Ort: Thylakoid-Membranen

Sekundärreaktionen

- NADPH + H^+ und ATP zur Reduktion von CO_2
- Bildung von Glucose
- Ort: Stroma

3 ABHÄNGIGKEIT DER FOTOSYNHTESE VON AUSSENFAKTOREN

- Licht: Lichtkompensationspunkt entspricht der Lichtintensität, bei der sich CO_2-Aufnahme und -abgabe entsprechen.
- Temperatur: bestimmt bei hoher Lichtintensität die Fotosyntheserate
- Kohlenstoffdioxid: Optimum bei 0,1 Vol. %
- Limitierender Faktor: Der am weitetesten vom Optimum entfernte Faktor begrenzt die Fotosynthese.

4 C_4- UND CAM-PFLANZEN

- **C_4-Pflanzen:** Fotosynthesespezialisten trocken–heißer Standorte; räumliche Trennung von CO_2-Fixierung (Mesophyllzellen) und CALVIN-Zyklus (Bündelscheidenzellen)
- **CAM-Pflanzen:** zeitliche Trennung von CO_2-Fixierung und CALVIN-Zyklus; nachts: Stomata geöffnet, Bildung von Apfelsäure, Speicherung in Vakuole; tagsüber: Abbau der Apfelsäure zu CO_2 und Pyruvat, CALVIN-Zyklus.

Genetik

4

In knapper Form werden zunächst die cytologischen Grundlagen der Vererbung mit den Schwerpunkten mitotische und meiotische Zellteilung thematisiert. Es folgt das zentrale Teilkapitel Molekulare Genetik mit den Themen Bau und Funktion der DNA, Proteinbiosynthese und Genregulation. Weitere wichtige Bereiche der modernen Genetik wie die Gentechnik und die Humangenetik schließen das Kapitel ab.

4.1 Cytologische Grundlagen der Vererbung

Chromosomen

Chromosomen sind die Träger der Erbinformation. Sie bestehen aus einem linearen DNA-Molekül und basisch reagierenden Proteinen, den **Histonen**. Die DNA windet sich um die Außenseite der Histone und bildet so die **Nucleosomen**. Sie erscheinen auf dem DNA-Faden aufgereiht wie eine Perlenkette.

Die fortgesetzte Auffaltung der Kette führt zur **Chromatinfaser**. Sie ist die typische Chromosomengestalt während der Interphase.

Verdichtet sich die Chromatinfaser durch weitere Aufwindungen und Faltungen extrem weiter, so wird sie nun unter dem Lichtmikroskop als Metaphase-Chromosom sichtbar. Dieses zeigt eine charakteristische Gestalt und besteht aus zwei Hälften, den **Chromatiden**, die in der Mitte durch das **Centromer** verbunden sind.

Die beiden Chromatiden eines solchen **Zwei-Chromatiden-Chromosoms** sind genetisch identisch und werden auch als Schwesterchromatiden bezeichnet. Im Verlauf der Zellteilung werden die beiden Chromatiden voneinander getrennt. Die Chromosomen liegen dann als **Ein-Chromatid-Chromosom** vor.

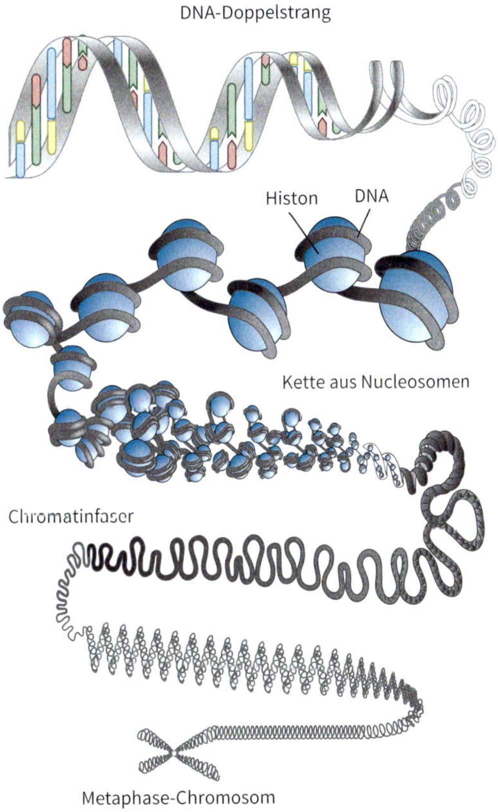

Abb. 4.1: „Verpackung“ der DNA

Im Lichtmikroskop sind die Chromosomen anhand ihrer Größe und der Lage des Centromers unterscheidbar. Jeweils zwei Chromosomen einer Körperzelle zeigen ähnliche Gestalt. Man nennt sie **homologe Chromosomen**: Je eins stammt ursprünglich von der Mutter, das andere vom Vater. Homologe Chromosomen besitzen dieselbe Länge, dieselbe Position des Centromers und dasselbe Bandenmuster – sind aber genetisch verschieden.

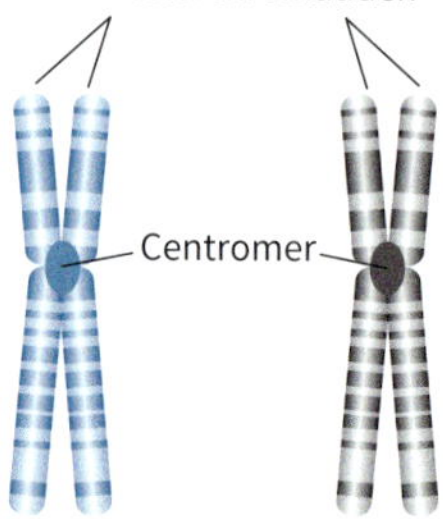

Abb. 4.2: Schematische Darstellung eines homologen Chromosomenpaares

In den Zellkernen menschlicher Körperzellen Chromosomen liegt also ein doppelter oder **diploider Chromosomensatz** (Abkürzung: 2 n) vor. In den Keimzellen findet sich hingegen nur ein einfacher, **haploider Chromosomensatz** (1 n). Eine normale menschliche Körperzellen enthält 46 Chromosomen, und zwar 22 homologe Chromosomenpaare, die **Autosomen** und ein Paar Geschlechtschromosomen, die **Gonosomen**.

CHROMOSOMEN

Die beiden Chromatiden eines Zwei-Chromatiden-Chromosoms sind genetisch identisch.
Die beiden homologen Chromosomen haben zwar ähnliche Gestalt, sind aber nicht genetisch identisch.

Zellzyklus und Mitose

Zellzyklus = Interphase + Mitose + Cytokinese

Zellzyklus

Das Ziel einer jeden ungeschlechtlichen Zellteilung ist die Bildung genetisch identischer Tochterzellen. Dies wird durch Verdopplung der vorhandenen Erbinformation und anschließende, exakte Teilung erreicht. Den sich wiederholenden Vorgang aus Verdopplung (**Interphase**) und Teilung der Erbinformation (**Mitose**), einschließlich der zufälligen Aufteilung der übrigen Zellbestandteile (**Cytokinese**), nennt man **Zellzyklus**.

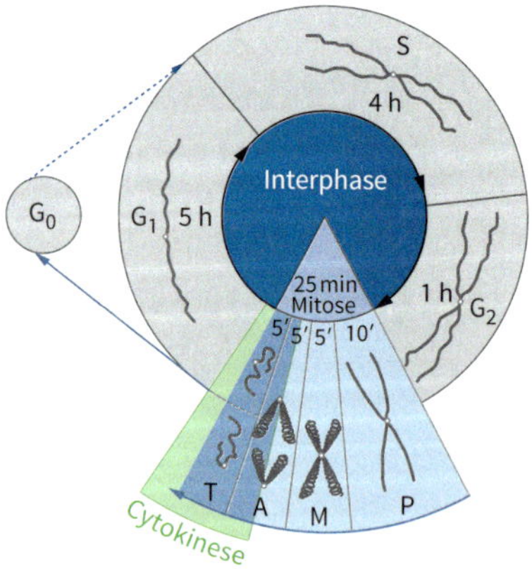

Abb. 4.3: Zellzyklus im Überblick

Interphase

Die Interphase wird in drei Abschnitte unterteilt:

- **G_1-Phase** – Wachstumsphase. Die Chromosomen liegen als entspiralisierte DNA-Moleküle vor (Ein-Chromatid-Chromosom).
- **S-Phase** – Verdopplung der DNA. Ein-Chromatid-Chromosomen werden zu Zwei-Chromatid-Chromosomen.
- **G_2-Phase** – Weiteres Wachstum der Zelle. Vorbereitungen für die Mitose und die Zellteilung kommen zum Abschluss.

Zellen, die ihre Teilungsfähigkeit verloren haben oder sich längere Zeit nicht teilen, befinden sich in der **G_0-Phase**.

Mitose

Aufgrund sichtbarer Veränderung der Chromosomengestalt unterscheidet man allgemein vier Phasen:

- **Prophase** – Spiralisierung und Verkürzung der Chromosomen (Kondensation). Chromosomen bestehen aus Zwei-Chromatiden-Chromosomen, die durch das Centromer miteinander verbunden sind. Der Spindelapparat bildet die Spindelfasern.
- **Metaphase** – Maximale Verkürzung der Chromosomen. Anordnung in der Zellmitte zwischen den Zellpolen zur Äquatorialebene. Spindelfasern verbinden das Centromer eines jeden Chromatids mit den Zellpolen.
- **Anaphase** – Verkürzung der Spindelfasern. Trennung der Zwei-Chromatiden-Chromosomen am Centromer und Wanderung der Ein-Chromatid-Chromosomen zu den Zellpolen.
- **Telophase** – Entspiralisierung der Chromosomen, Bildung der Kernmembran.

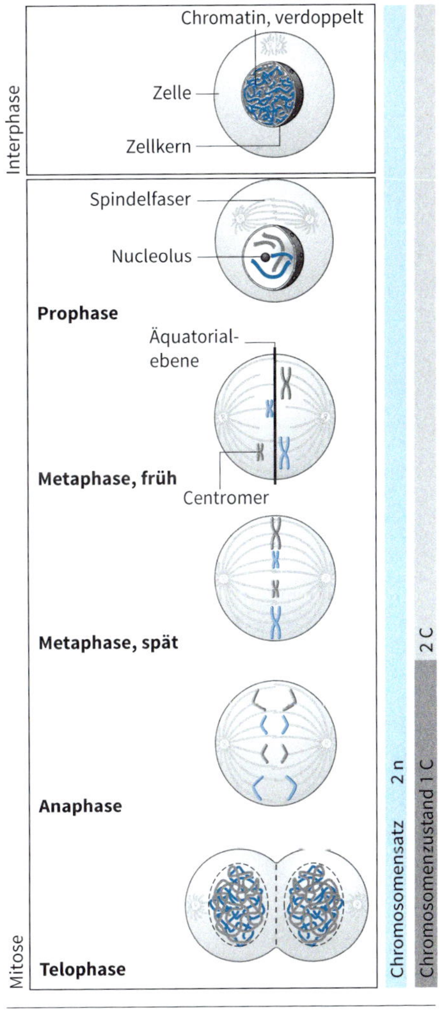

Abb. 4.4: Interphase und mitotische Zellteilung

Cytokinese

Die Zelle wird in der Äquatorialebene durchschnürt, das Cytoplasma und die übrigen Zellbestandteile werden gleichmäßig auf die entstehenden Tochterzellen verteilt. Durch die Bildung von zwei neuen Zellmembranen in der Äquatorialebene werden die Zellen voneinander getrennt.

Während des gesamten Vorgangs der Mitose bleibt der diploide Chromosomensatz erhalten. Beide Tochterzellen erhalten das vollständige identische Erbmaterial.

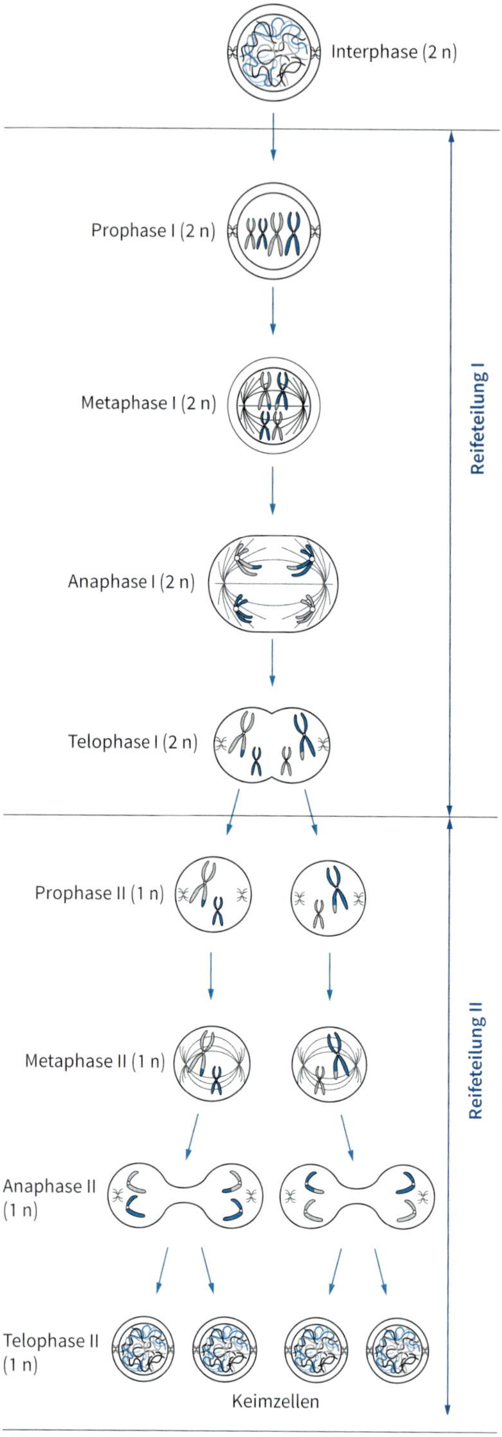

Abb. 4.5: Interphase und Meiose

Meiotische Zellteilung

Die Meiose verfolgt zwei zentrale Ziele:

- **Reduktionsteilung**: Die Anzahl der Chromosomen ist artspezifisch. Um diese Chromosomenanzahl auch in nachfolgenden Generationen dauerhaft zu erhalten, muss ihre Zahl bei der Bildung der Keimzellen halbiert werden. Es findet eine Reduktion des diploiden Chromosomensatzes zum haploiden Satz statt ($2\,n \rightarrow 1\,n$).
- **Rekombination**: Die Meiose führt zur Durchmischung des ursprünglich väterlichen und mütterlichen Erbmaterials. Die Rekombination stellt damit die Grundlage für die genetische Verschiedenheit der Individuen dar.

Ablauf der Meiose

Nach einer Interphase liegen die Chromosomen zunächst als Zwei-Chromatiden-Chromosomen vor. Die Meiose verläuft dann in zwei hintereinanderfolgenden Reifeteilungen.

Reifeteilung I

- **Prophase I**: Homologe Chromosomen lagern sich parallel nebeneinander an (Paarung). Nach weiterer Spiralisierung werden nun die vier Chromatiden eines jeden homologen Chromosomenpaares sichtbar (Tetrade).
- **Metaphase I**: Anordnung der Chromosomenpaare in der Äquatorialebene.
- **Anaphase I**: Trennung der homologen Chromosomenpaare.
- **Telophase I**: Teilung der Zellen. Beim Mann entstehen zwei gleich große Zellen. Bei der Frau entstehen durch ungleiche Verteilung des Plasmas eine große und eine kleine Zelle. Aus der größeren Zelle entsteht später die Eizelle. Die kleinere, plasmaärmere Zelle wird Polkörperchen genannt.

Reifeteilung II

Diese Teilung gleicht in ihrem Verlauf einer Mitose. Dabei werden die Chromatiden eines jeden Zwei-Chromatiden-Chromosoms geteilt. Das Ergebnis sind beim Mann vier gleichgroße haploide Spermien. Bei der Frau entsteht eine haploide Eizelle und drei kleine Polkörperchen. Letztere gehen zugrunde.

Konsequenzen aus der Meiose

Bereits während der ersten Reifeteilung der Meiose werden die beiden zentralen Ziele der Meiose erreicht, die Reduktion der Chromosomenzahl ($2\,n \rightarrow 1\,n$) und die Durchmischung des Erbmaterials (Rekombination). Bei letzterer unterscheidet man zwei Formen: die inter- und die intrachromosomale Rekombination.

Interchromosomale Rekombination

lat. *inter* = zwischen; *recombinare* = wieder verknüpfen

Der Begriff interchromosomale Rekombination beschreibt die Durchmischung des Erbmaterials durch die zufallsbedingte Verteilung mütterlicher und väterlicher Chromosomen im Verlauf der Reifeteilung I. Die Anordnung homologer Chromosomen während der Metaphase I geschieht so, dass in unregelmäßiger Abfolge mal ein Chromosom väterlicher, mal eines mütterlicher Herkunft oberhalb der Äquatorialebene liegt.
Bei zwei homologen Chromosomenpaaren können so vier verschiedene Kombinationen entstehen. Abhängig von der Anzahl der homologen Chromosomenpaare in einem diploiden Chromosomensatz gibt es 2^n mögliche Kombinationen.

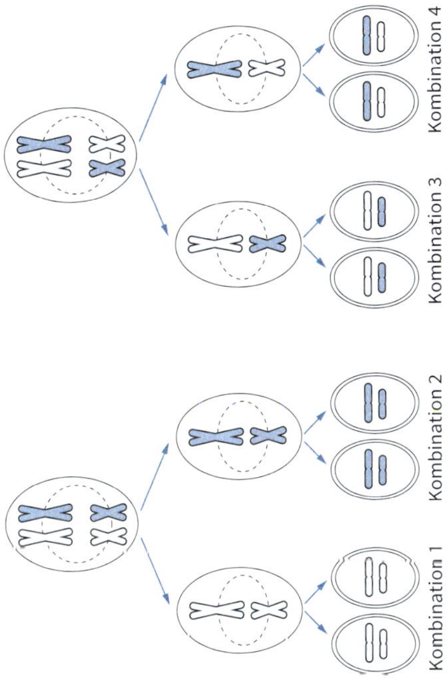

Abb. 4.6: Kombinationsmöglichkeiten bei zwei homologen Chromosomenpaaren

Bei den 23 Chromosomenpaaren des Menschen führt die interchromosomale Rekombination in der Meiose demnach zu 2^{23} (etwa acht Millionen) verschiedenen Keimzellen. Die interchromosomale Rekombination bildet damit die Grundlage für die genetische Verschiedenheit der Keimzellen und die genetische Variabilität von Organismen.

lat. *intra* = innerhalb

Intrachromosomale Rekombination

Durch Stückaustausch zwischen homologen Chromosomen kommt es zu einer weiteren Durchmischung des Erbmaterials. Während der Prophase I kann es zwischen den Chromatiden eines homologen Chromosomenpaares zum Bruch von Chromosomenstücken und anschließendem Verheilen über Kreuz kommen. Dieser Austausch wird **Crossing-over** (engl. Überkreuzung) genannt. Dabei wird genetisches Material zwischen den Chromatiden homologer Chromosomen ausgetauscht. Die Überkreuzungspunkte sind lichtmikroskopisch als **Chiasmata** sichtbar. Bei Menschen kommt es durchschnittlich zu zwei bis drei solcher intrachromosomalen Rekombinationen pro Chromosom.

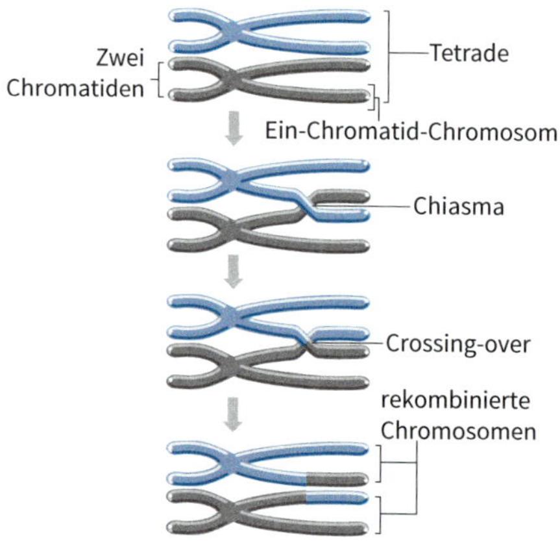

Abb. 4.7: Intrachromosomale Rekombination

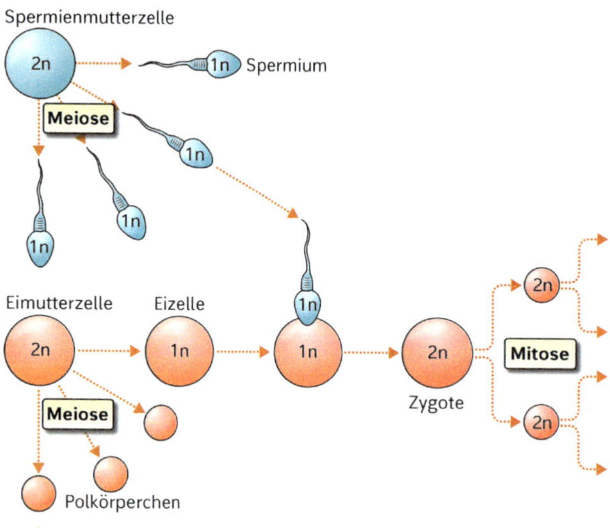

Abb. 4.8: Zufälligkeit bei der Befruchtung

Befruchtung

Eine menschliche Eizelle kann als Folge der interchromosomalen Rekombination eine von rund acht Millionen Chromosomenkombinationen besitzen. Dies gilt auch für jede einzelne Spermienzelle. Bei der Befruchtung hängt es vom Zufall ab, welches Spermium eine bestimmte Eizelle trifft. Rein rechnerisch sind dabei rund 8 Millionen × 8 Millionen, also 64 Billionen Kombinationen möglich. Die Zahl erhöht sich noch, wenn man die intrachromosomale Rekombination durch Crossing-over berücksichtigt. Die Zufälligkeit der Befruchtung trägt also wesentlich zur genetischen Variabilität von diploiden Organismen bei.

Cytologische Grundlagen der Vererbung ➡ Zellteilungen

4.1

1 CHROMOSOMEN

- DNA + Histone = Nucleosom
- zahlreiche verdrillte Nucleosomen
  = Chromatinfaser
- weitere Aufwindung und Faltung
  → Chromosom mit zwei genetisch identischen Chromatiden
- homologe Chromosomen
  = ursprünglich vom Vater und der Mutter stammende Chromosomen; ähnlich, aber nicht identisch

2 ZELLZYKLUS UND MITOSE

- Ziel: Bildung genetisch identischer Tochterzellen
- Ablauf:

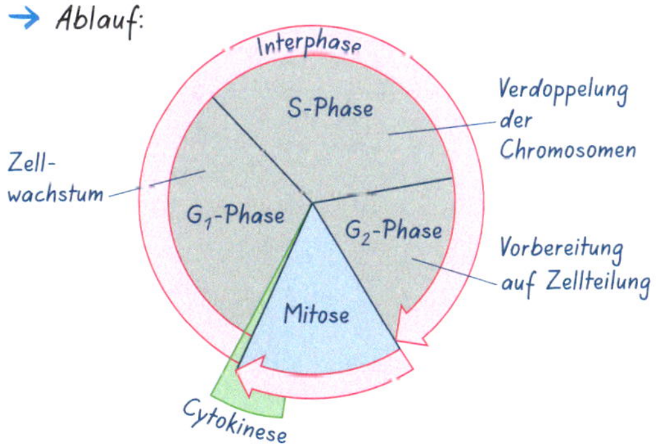

- Mitose mit Pro-, Meta-, Ana- und Telophase
- Cytokinese = Teilung des Cytoplasmas samt Zellorganellen

3 MEIOTISCHE ZELLTEILUNG

- Ziele:
  A) Reduktion des diploiden Chromosomensatzes
  B) Rekombination des genetischen Materials
    - interchromosomale Rekombination (= Durchmischung durch zufällige Verteilung mütterlicher und väterlicher Chromosomen während der Metaphase I
    - intrachromosmale Rekombination (= Durchmischung durch Crossing over während der Prophase I)
    - Befruchtung; Zufälligkeit der Befruchtung einer bestimmten Eizelle durch ein bestimmtes Spermium

- Ablauf:
  Reifeteilung I: Paarung und anschließende Trennung der homologen Chromosomen; Reduktion der Chromosomenzahl
  = Reduktionsteilung
  Reifeteilung II: entspricht im Wesentlichen einer Mitose: Trennung der Zwei-Chromatiden-Chromosomen in jeweils zwei Ein-Chromatid-Chromosomen

- Ergebnis: vier haploid Keimzellen; eine große Eizelle bzw. vier Spermienzellen

4.2 Molekulare Genetik

DNA als Träger der Erbinformation

Transformationsexperimente

FREDERICK GRIFFITH (1877 - 1941), britischer Mediziner und Bakteriologe

OSWALD T. AVERY (1877 - 1955), kanadischer Mediziner

Lange Zeit war die chemische Natur der Erbinformation unbekannt. Die Proteine schienen zunächst die geeigneten Träger der Erbinformation zu sein. Erst die Experimente von GRIFFITH (1928) und AVERY (1944) brachten hier Klarheit. Beide Forscher arbeiteten mit zwei verschiedenen Bakterienstämmen:

- **S-Pneumokokken** besitzen eine umhüllende Kapsel, die den Bakterienkolonien eine glatte Oberfläche verleiht (S von engl. *smooth* = glatt). Diese Bakterien verursachen eine bei Säugetieren tödlich verlaufende Lungenentzündung, da die Kapsel sie vor der Immunabwehr des Wirtes schützt.
- **R-Pneumokokken** fehlt die Kapsel, sodass die Stämme eine raue Oberfläche besitzen (R von engl. *rough* = rau). Diese Bakterien werden daher von der Immunabwehr des Wirtes vernichtet. Der R-Stamm ist folglich nicht krankheitserregend.

GRIFFITH infizierte Mäuse mit S-Bakterien. Wie erwartet starben die Mäuse. Bei Infizierung mit R-Bakterien überlebten sie. Die entsprechenden Bakterienkolonien ließen sich auf Nährböden nachweisen. Durch Hitze abgetötete S-Bakterien zeigten keine Wirkung.

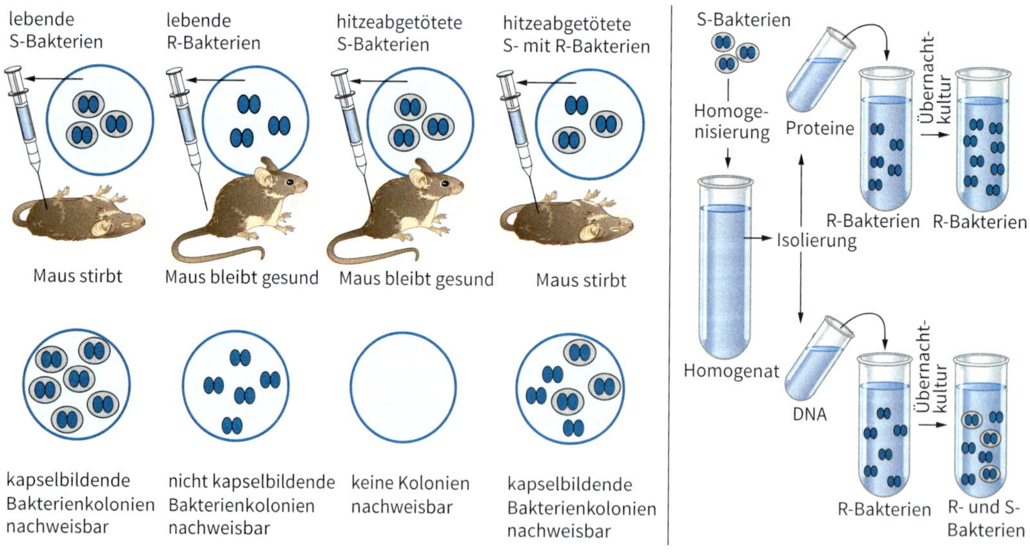

Abb. 4.9: Transformationsexperimente von GRIFFITH (links) und AVERY (rechts)

Anschließend impfte GRIFFITH Mäuse mit einem Gemisch aus hitzeabgetöteten S-Bakterien und lebenden R-Bakterien. Entgegen den Erwartungen starben die so infizierten Mäuse. Auf dem Nährboden ließen sich lebende S-Bakterien nachweisen. Die Information zur Kapselbildung musste also von den toten S-Bakterien auf den lebenden R-Stamm übertragen (transformiert) worden sein, sodass sich krankheitserregende S-Bakterien bildeten. Zur Erklärung nahm GRIFFITH ein transformierendes Prinzip an, ohne dieses näher charakterisieren zu können.

AVERY gelang die Identifizierung des transformierenden Prinzips: Aus abgetöteten S-Pneumokokken wurden die verschiedenen Makromoleküle (Polysaccharide, Proteine und DNA) isoliert. Diese gab er einzeln zu lebenden R-Bakterien. Ausschließlich die isolierte DNA konnte die Bildung lebender S-Bakterien bewirken. Diese Übertragung von Erbinformation mittels isolierter DNA (= **Transformation**) liefert damit den Beweis, dass nur die DNA Träger der Erbinformation ist.

Transformation = Aufnahme freier DNA in eine Zelle

Die Replikation der DNA

In der Interphase des Zellzyklus wird die DNA identisch verdoppelt. Dieser Vorgang wird **Replikation** genannt. Er lässt sich mithilfe des DNA-Modells (→ Seite 16) vereinfacht darstellen:

Der DNA-Doppelstrang öffnet sich wie ein Reißverschluss. An die beiden freien Stränge lagern sich die komplementären Nucleotide an. Es entstehen zwei neue DNA-Doppelstränge, die jeweils zur Hälfte aus einem elterlichen und einem neuen Strang bestehen. Die Modellvorstellung wird **semikonservative Replikation** genannt.

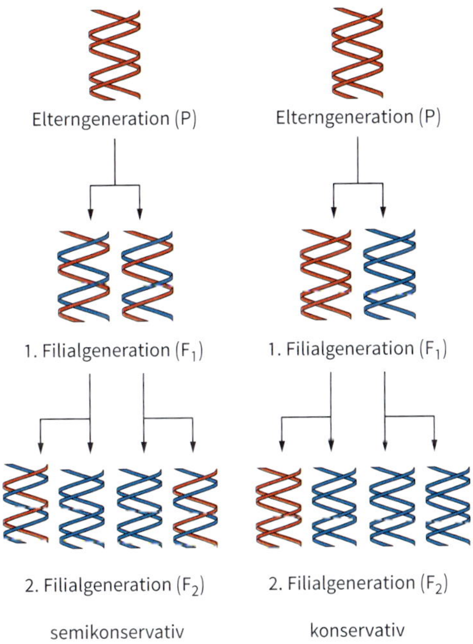

Abb. 4.10: Denkbare Mechanismen der Replikation

Denkbar wäre jedoch auch ein Mechanismus, bei dem sich die beiden alten Einzelstränge nach der Replikation wieder zusammenlagern, ebenso wie die beiden neu synthetisierten. Da der alte Doppelstrang hierbei komplett erhalten bleibt, wird von einer **konservativen Replikation** gesprochen.

MESELSON-STAHL-Experiment

MESELSON und STAHL führten ein Experiment durch, das die Frage nach der richtigen Modellvorstellung der DNA-Replikation beantwortete. Sie züchteten Bakterien in einem Nährmedium, das als einzige Stickstoffquelle das Isotop ^{15}N enthält. Hierbei handelt es sich um Stickstoff-Atome, die eine größere Masse und Dichte bei sonst gleichen chemischen Eigenschaften aufweisen. DNA-Moleküle mit ^{15}N-Stickstoff lassen sich daher von DNA-Molekülen mit leichterem Stickstoff (^{14}N) durch Zentrifugation trennen. Die in ^{15}N über mehrere Generationen gezüchteten Bakterien enthielten schweren Stickstoff in beiden DNA-Strängen. Bei der Zentrifugation sedimentierten diese weiter nach unten als ^{14}N-DNA. Für die Dauer einer Zellteilung überführten MESELSON und STAHL die Bakterien in ein Nährmedium mit leichtem Stickstoff. Die replizierte DNA war jetzt mittelschwer, ihre Dichte lag zwischen der der schweren und der leichten DNA. Dieses Ergebnis lässt sich nur mit einer semikonservativen Replikation erklären. Die untersuchte DNA besteht aus einem schweren und einem neusynthetisierten, leichten DNA-Strang. Nach einer erneuten Teilung in leichtem ^{14}N zeigte sich das erwartete Ergebnis einer halbschweren und einer leichten DNA. Eine konservative Replikation hätte nach einer Teilung zwei getrennte Banden erzeugt, eine leichte und eine schwere.

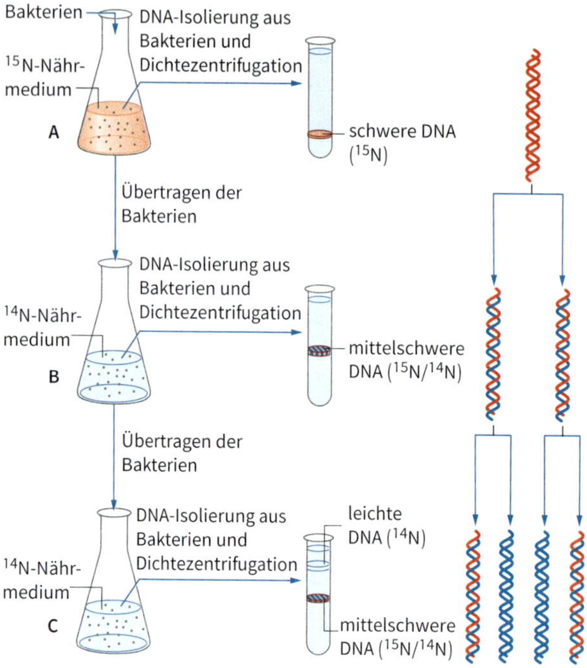

Abb. 4.11: MESELSON-STAHL-Experiment, **A – C** Versuchsansätze

Molekularer Mechanismus der DNA-Replikation

Für die semikonservative Replikation der DNA werden benötigt:

- ein DNA-Strang als Vorlage (Matrize)
- Nucleosidtriphosphate (ATP, GTP, CTP und TTP) als energiereiche Bausteine für die Bildung des neuen DNA-Stranges
- Startermoleküle (Primer), an die die ersten Nucleotide geknüpft werden
- Enzyme mit spezifischer Funktion: Helicase zur Entwindung der DNA, Primase zur Bildung der Primer, DNA-Polymerase zur Verknüpfung der Nucleotide und Ligase zum Schluss der Lücken zwischen benachbarten Nucleotiden.

Ablauf

Die Replikation beginnt mit der Entwindung des DNA-Doppelstranges durch das Enzym Helicase. Es entsteht eine Y-förmige **Replikationsgabel**. An die nun freien DNA-Einzelstränge synthetisiert das Enzym Primase kurze Startermoleküle, die **Primer**. An diese bindet die DNA-Polymerase komplementär zum DNA-Strang freie Nucleotide. So entsteht ein neuer DNA-Doppelstrang.

Allerdings kann die DNA-Polymerase nur an das 3′-Ende des Primers einzelne Nucleotide binden. Da die beiden Einzelstränge antiparallel verlaufen, ist eine kontinuierliche Synthese nur an einem der beiden Stränge möglich. Der dabei gebildete neue Einzelstrang wird **Leitstrang** genannt. Am anderen Einzelstrang erfolgt die Synthese in entgegengesetzter Richtung von der Replikationsgabel weg. Es entsteht der **Folgestrang**. Nach ca. 1000 Nucleotiden bricht die Synthese an diesem Strang ab und beginnt in der weiter fortschreitenden Gabel von neuem. So entstehen kurze DNA-Stücke, die nach ihrem Entdecker **OKAZAKI-Fragmente** genannt werden. Die Replikation findet am Folgestrang also diskontinuierlich statt. Anschließend werden die Primer von einem Enzym abgebaut und die entstandenen Lücken mit komplementären Nucleotiden aufgefüllt. Zuletzt werden die OKAZAKI-Fragmente durch das Enzym Ligase zu einem durchgehenden DNA-Einzelstrang verknüpft.

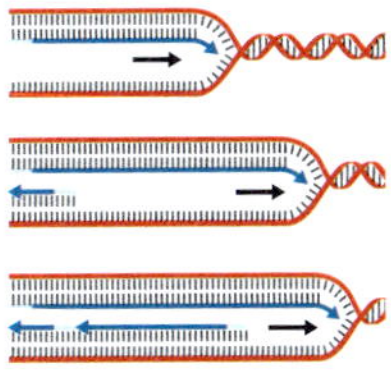

Abb. 4.12: Phasen der DNA-Replikation

OKAZAKI-Fragment: 100 – 200 Nucleotide bei Prokaryoten, 1000 – 2000 Nucleotide bei Eukaryoten

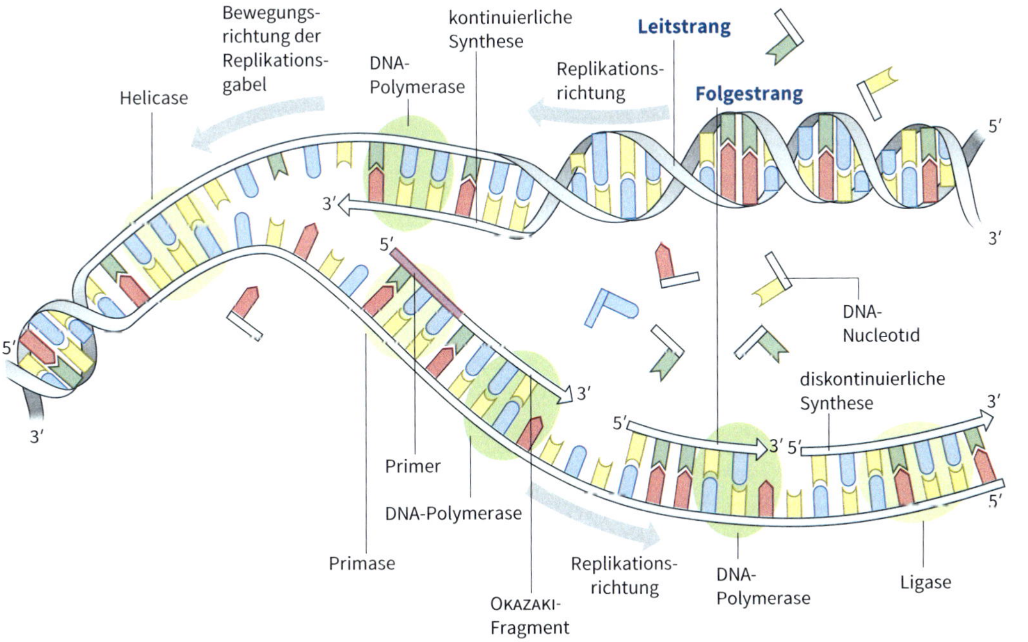

Abb. 4.13: Molekularer Mechanismus der DNA-Replikation

Vom Gen zum Genprodukt

Ein-Gen-ein-Enzym-Hypothese

Die Erbinformation ist in den Genen auf den Chromosomen gespeichert. Wie wird diese Information in ein bestimmtes Merkmal umgesetzt? Mit ihrem klassischen Experiment zeigten BEADLE und TATUM (1941), dass Gene den Phänotyp von Lebewesen bestimmen, indem sie die Bildung von Enzymen codieren. Diese Enzyme katalysieren dann Reaktionen, die zu einem bestimmten Merkmal führen.

GEORGE BEADLE (1903 - 1989), US-amerikanischer Biologe

Edward L. Tatum (1909 - 1975), US-amerikanischer Genetiker; Nobelpreis für Medizin und Physiologie (1958)

BEADLE und TATUM erzeugten durch Bestrahlung verschiedene Gendefekte beim Schimmelpilz *Neurospora crassa*. Der Ausgangsstamm ohne Gendefekt wird **Wildtyp-Stamm** genannt. Er kann alle Aminosäuren, die er zum Wachstum benötigt, selbst herstellen. Einige der durch die Bestrahlung erzeugten Gendefekte führten dazu, dass der Pilz die Aminosäure Arginin nicht mehr bilden konnte. Diese **Mangelmutanten** waren bei ihrem Wachstum auf Arginin bzw. Vorstufen des Arginin-Stoffwechsels angewiesen.

Mangelmutante	Minimalnährboden und Ornithin	Minimalnährboden und Citrullin	Minimalnährboden und Arginin
Typ I	+	+	+
Typ II	–	+	+
Typ III	–	–	+

+ = Wachstum – = kein Wachstum

Tab. 4.1: Versuchsergebnisse

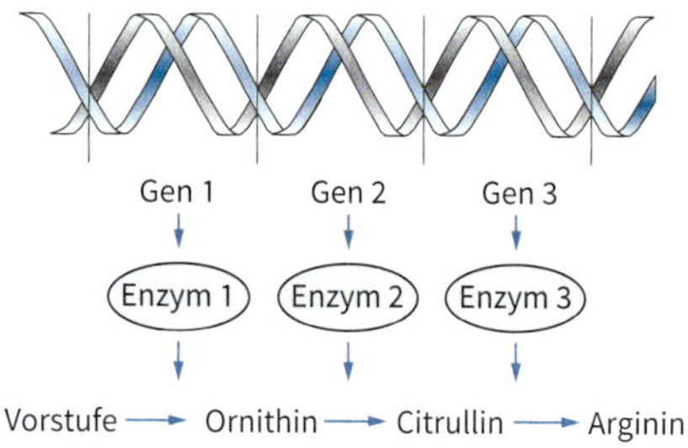

Abb. 4.14: Ein-Gen-ein-Enzym-Hypothese am Beispiel des Arginin-Stoffwechsels

Die Forscher isolierten drei verschiedene Typen von Mangelmutanten, die sich in ihrem Gendefekt und ihren Ansprüchen an das Nährmedium unterschieden. So wuchs beispielsweise Typ II nur dann, wenn dem Nährboden Arginin oder Citrullin zugesetzt wurde. Die Zugabe von Ornithin führte zu keinem Wachstum (→ Tab. 4.1).

BEADLE und TATUM folgerten, dass bei der Typ II-Mutante dasjenige Enzym fehlte oder defekt war, das die Umwandlung von Ornithin in Citrullin katalysiert. Nur so war es zu erklären, dass diese Mangelmutante bei Zugabe von Ornithin nicht wuchs, wohl aber nach Zugabe von Citrullin. Auch die übrigen Mangelmutanten ließen sich nur dadurch erklären, dass in der Stoffwechselkette von einer Vorstufe zum Arginin hin jeweils ein bestimmtes Enzym ausgefallen war. Sie verallgemeinerten ihre Erkenntnisse: Jeweils ein Gen codiert ein bestimmtes Enzym (**Ein-Gen-ein-Enzym-Hypothese**).

Erweiterung der Ein-Gen-ein-Enzym-Hypothese

Enzyme bestehen aus Proteinen. Nicht jedes Protein ist jedoch auch notwendigerweise ein Enzym. Ein Beispiel dafür ist das Faserprotein Keratin der Haare. Auch dieses wird von Genen codiert. Die Ein-Gen-ein-Enzym-Hypothese wurde daher zur **Ein-Gen-ein-Protein-Hypothese** erweitert.

Viele Proteine bestehen aber auch aus mehreren Polypeptidketten wie zum Beispiel Hämoglobin. Es enthält vier Polypeptidketten, zwei α- und zwei β-Ketten. Die α- und die β-Ketten unterscheiden sich in ihrer Aminosäuresequenz. Sie werden von zwei unterschiedlichen Genen codiert. Ein Gen enthält also die Information für die Synthese eines Polypeptids. Die Ein-Gen-ein-Protein-Hypothese wurde daher zur **Ein-Gen-ein-Polypeptid-Hypothese** erweitert.

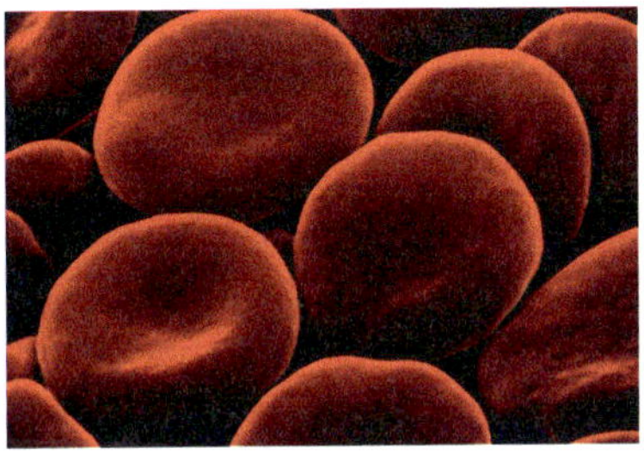

Abb. 4.15: Hämoglobin-Molekül

Aber selbst diese erweiterte Hypothese musste abermals verändert werden. So können bei Eukaryoten durch Spleißen (→ Seite 67) aus einem Gen mehrere verschiedene Polypeptide hervorgehen. Ein Gen kann also zu verschiedenen Polypeptiden führen.

Hinzu kommt, dass bestimmte Gene nur für RNA-Moleküle, nicht aber für Polypeptide codieren. Ein Beispiel hierfür stellen die RNA-Moleküle dar, die am Aufbau der Ribosomen beteiligt sind. In diesem Fall spricht man daher besser von einer **Ein-Gen-eine-RNA-Hypothese**.

Proteinbiosynthese bei Prokaryoten

Überblick

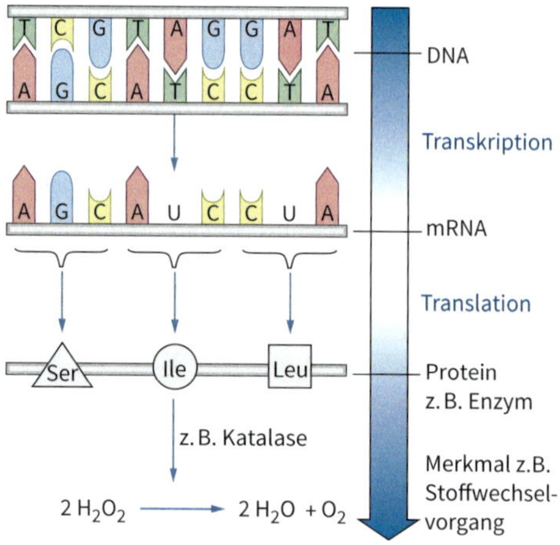

Abb. 4.16: Fluss der genetischen Information

Die Umsetzung und Realisierung der genetischen Information findet in zwei klar voneinander getrennten Teilvorgängen statt.

- **Transkription**: Die in der Basensequenz der DNA enthaltene Information zur Bildung eines Polypeptids wird zunächst in die Basensequenz einer **mRNA** umgeschrieben (mRNA = messenger RNA). Bei der mRNA handelt es sich um einzelsträngige Kopien kurzer DNA-Abschnitte.
  Die Transkription findet bei Prokaryoten im Cytoplasma statt.
- **Translation**: Die in der mRNA vorliegende Information wird an den Ribosomen im Cytoplasma in die entsprechende Aminosäuresequenz umgesetzt. Die Vermittlung zwischen der Basensequenz der mRNA und der Polypeptidsequenz erfolgt durch **tRNA**-Moleküle (tRNA = transfer RNA). Im Unterschied zu anderen Nucleinsäurearten sind tRNAs kleine Moleküle aus rund 80 Nucleotiden.

Der Fluss der genetischen Information geht demnach von der DNA zum Protein und von dort zum Merkmal. Die Umsetzung der genetischen Information in ein Protein wird **Proteinbiosynthese** oder **Genexpression** genannt.

TIPP

Der Informationsfluss bei der Proteinbiosynthese lässt sich vereinfacht wie folgt darstellen:

$$\text{DNA} \xrightarrow{\text{Transkription}} \text{mRNA} \xrightarrow{\text{Translation}} \text{Polypeptid}$$

Früher nahm man an, dass der Fluss der genetischen Information ausschließlich in diese Richtung fließen kann. Man sprach vom **Dogma der Molekularbiologie**. Heute sind jedoch Viren bekannt, die in der Lage sind, ihre RNA in DNA umzuschreiben, bevor sie in das Genom ihrer Wirtszelle eingebaut und dort aktiv werden können.

Transkription

Benötigte Komponenten: DNA, Nucleosidtriphosphate der vier Basen, RNA-Polymerase.

Ablauf

- Bindung der RNA-Polymerase an einer spezifischen DNA-Sequenz (**Promotor**).
- Blasenartige Öffnung der DNA hinter der Promotor-Region. Die Doppelstränge der DNA liegen nun getrennt vor.
- RNA-Synthese. Nur einer der beiden Stränge, die DNA-Matrize (= codogener Strang) wird abgelesen. Die RNA-Polymerase lagert hierzu komplementär zum codogenen Strang Nucleotide in 5′ → 3′-Richtung an. Dazu benötigt die RNA-Polymerase keinen Primer. Die neu gebildete RNA löst sich von der DNA, während die RNA-Polymerase weiterwandert und dabei immer neue Nucleotide an das 3′-Ende der mRNA anlagert.
- Stopp der Synthese. Erreicht die RNA-Polymerase eine bestimmte DNA-Sequenz (**Terminator**), so löst sie sich vom codogenen Strang.

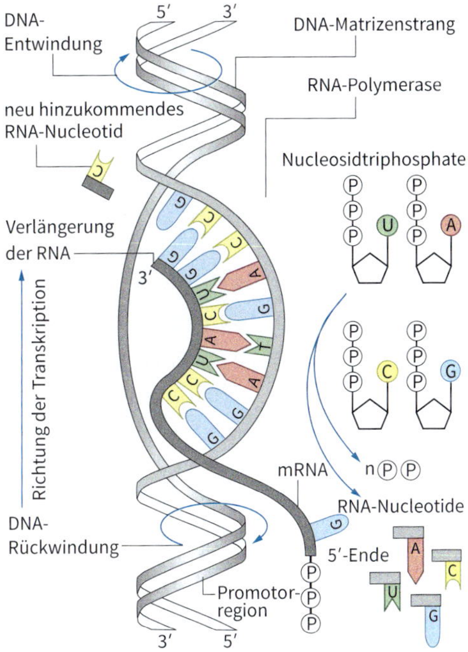

Abb. 4.17: Schema der Transkription

Der genetische Code

Die Regeln, nach denen die Basensequenzen der mRNA in eine Abfolge von Aminosäuren übersetzt werden, bilden den genetischen Code.

Eigenschaften des genetischen Codes

- Der genetische Code ist ein **Triplett-Code**, das heißt, jeweils drei Basen (**Codon**) enthalten die Information für eine spezifische Aminosäure.
- Der genetische Code ist **eindeutig**. Jedes Codon steht nur für eine Aminosäure.
- Der genetische Code ist **degeneriert**. So codiert zwar jedes Codon nur eine Aminosäure, aber viele Aminosäuren werden durch mehrere verschiedene Codons bestimmt.
- Der genetische Code ist **kommafrei**, das heißt, die Codons schließen lückenlos aneinander an.
- Der genetische Code ist **nicht überlappend**. Eine Base ist immer nur Bestandteil eines Codons.
- Der genetische Code ist prinzipiell **universell**. Bis auf wenige Ausnahmen nutzen alle Lebewesen denselben genetischen Code.

Code-Sonne

Mithilfe der Code-Sonne lässt sich jedem Basentriplett eindeutig eine Aminosäure zuordnen. Die Code-Sonne gibt die Sequenz der mRNA an und wird von innen nach außen (in 5′ → 3′-Richtung) gelesen. Von den 64 möglichen Kombinationen codieren 61 Codons Aminosäuren. Das Codon AUG hat dabei eine Doppelfunktion: Es steht für die Aminosäure Methionin und dient gleichzeitig als Startcodon, mit dem die Proteinbiosynthese beginnt. Folglich beginnen alle neu gebildeten Polypeptide mit der Aminosäure Methionin. Die Codons UAA, UAG und UGA sind Stopp-Codons, die die Proteinbiosynthese beenden.

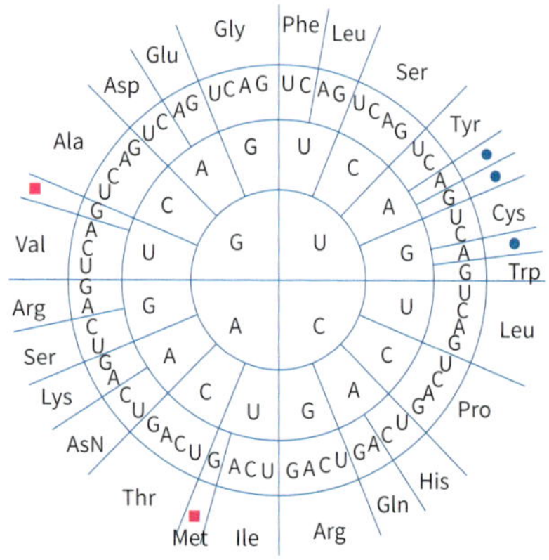

Abb. 4.18: Die Code-Sonne;
■ = Start-Codon, ● = Stopp-Codon

Translation

Bei der Translation wird die in der mRNA enthaltene Information in die Aminosäuresequenz der Proteine übersetzt.

Benötigte Komponenten

mRNA, tRNA, Aminosäuren, Enzyme, Ribosomen

Aufbau der tRNA

Innerhalb eines tRNA-Moleküls kommt es teilweise zu Basenpaarungen. Die Folge ist eine für jedes tRNA-Molekül typische L-förmige Raumstruktur. Jede tRNA enthält ein spezifisches Basentriplett, das **Anticodon**. Mit diesem bindet die tRNA an ein komplementäres Codon der mRNA. Die Bindung der spezifischen Aminosäure erfolgt am 3′-Ende des tRNA-Moleküls (**Aminosäurebindungsstelle**), das stets mit den Basen CCA endet. Die Auswahl der richtigen Aminosäure erfolgt durch das verknüpfende Enzym, die *tRNA-Synthetase*. Für jede der 20 Aminosäuren gibt es ein solches Enzym, das die richtige tRNA aufgrund ihrer charakteristischen Raumstruktur erkennt.

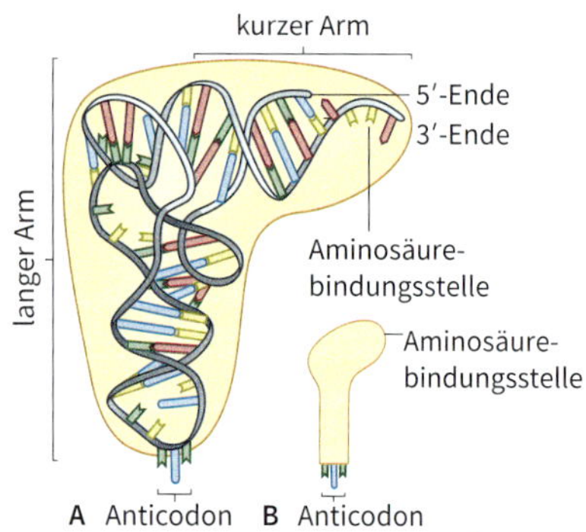

Abb. 4.19: tRNA. **A** Raumstruktur **B** Schema

Bau der Ribosomen

Ribosomen bestehen aus einer kleinen und einer großen Untereinheit. Die kleine Untereinheit besitzt eine Bindungsstelle für die mRNA und ist für das Ablesen dieser Nukleinsäure verantwortlich. Die große Untereinheit ist dagegen für die Verknüpfung der Aminosäuren zuständig. Sie verfügt über drei Bindungsstellen für tRNA-Moleküle: Am Ribosomeneingang, der **A-Stelle**, bindet jeweils eine beladene tRNA. In der **P-Stelle** verbindet das Ribosom die Aminosäure, die mit der tRNA beladen ist, mit der wachsenden Polypeptidkette. Die entladenen t-RNA-Moleküle verlassen das Ribosom über die **E-Stelle**.

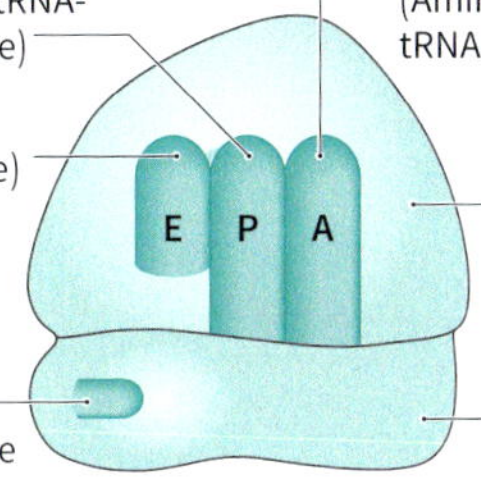

Abb. 4.20: Bau der Ribosomen

Ablauf der Translation (→ Abb. 4.21)

(A) **Start**: Die Translation beginnt, indem sich die mRNA an die kleine Untereinheit des Ribosoms anlagert. Diese Untereinheit bewegt sich dann in Richtung 3'-Ende der mRNA, bis sie auf ein Start-Codon (AUG) trifft. Nun lagert sich komplementär die Start-tRNA mit ihrem Anticodon (UAC) an. Sie trägt stets die Aminosäure Methionin. Abschließend kommt die große Untereinheit hinzu. Das Ribosom ist nun funktionsbereit.

(B) **Kettenverlängerung**: Die Start-tRNA besetzt die P-Stelle der Ribosomen. An das Codon in der freien A-Stelle lagert sich die nächste beladene tRNA an. Die Aminosäure der Start-tRNA wird mit der Aminosäure der zweiten tRNA zu einem Dipeptid verknüpft. Das Ribosom wandert nun ein Codon weiter. Die tRNA verlagert sich zusammen mit dem Dipeptid aus der A- in die P-Stelle. Zugleich wird die entladene Start-tRNA aus der P- in die E-Stelle verlagert. Das Wiederholen dieser Vorgänge führt zum gewünschten Polypeptid.

(C) **Kettenabbruch**: Wird eines der drei Stopp-Codons (UAG, UGA und UAA) erreicht, so führt dies zum Abbruch der Kettenverlängerung. Für diese Codons existieren keine entsprechenden tRNA-Moleküle. Das Ribosom zerfällt in seine beiden Untereinheiten, das gebildete Polypeptid wird freigesetzt.

Bakterien besitzen keinen Zellkern, daher laufen bei ihnen Transkription und Translation synchron ab. Im Regelfall binden dabei gleichzeitig mehrere Ribosomen an einem mRNA-Molekül. Eine solche Aufreihung von Ribosomen wird **Polysom** genannt.

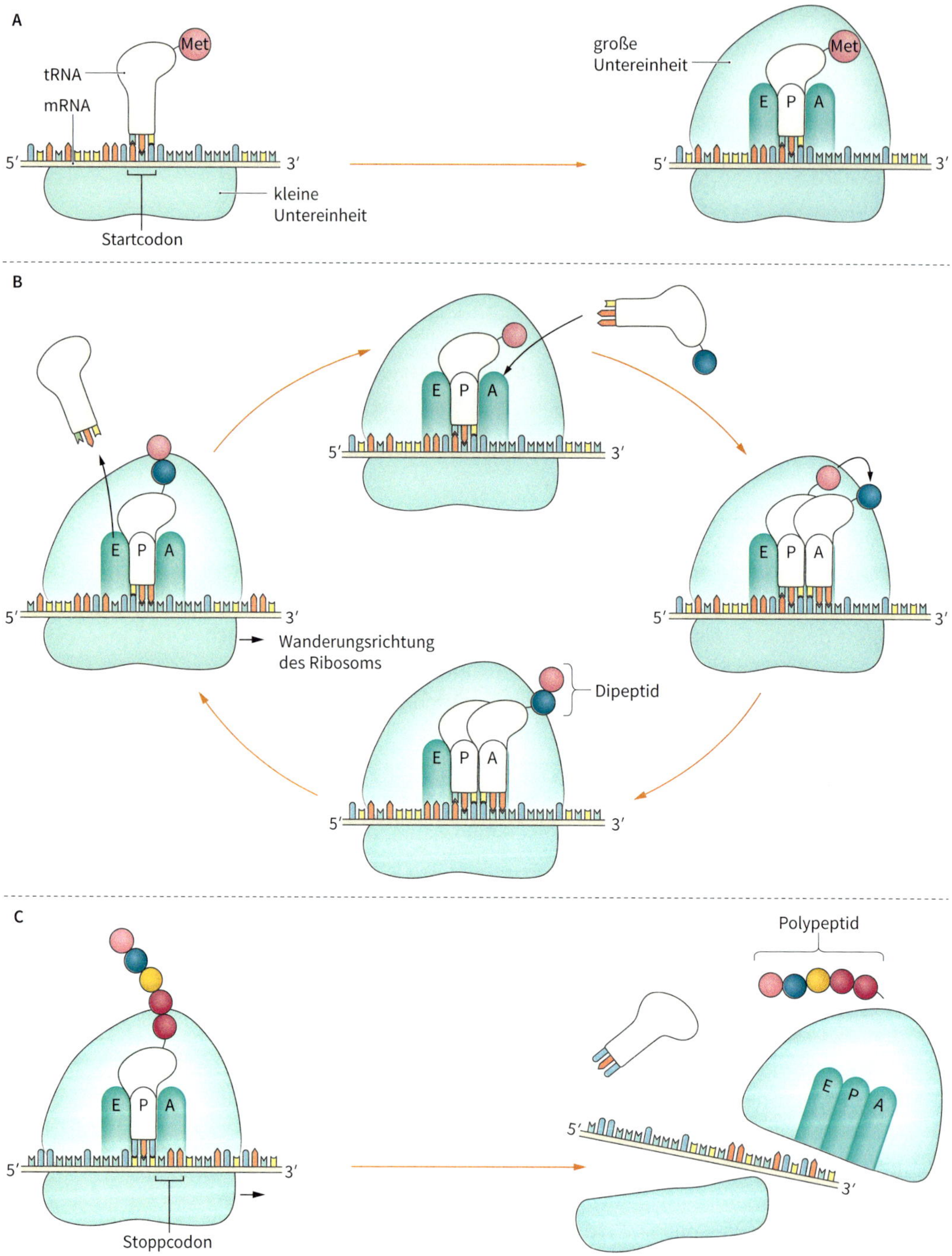

Abb. 4.21: Ablauf der Translation: **A** Start; **B** Kettenverlängerung; **C** Kettenabbruch

Proteinbiosynthese bei Eukaryoten

Die zentralen Abläufe der Proteinbiosynthese stimmen bei Pro- und Eukaryoten überein. Dennoch zeigt die eukaryotische Zelle einige Besonderheiten.

Exon = codierender DNA-Abschnitt
Intron = nicht codierender DNA-Abschnitt

- **Mosaikartige Zusammensetzung der DNA**: Die eukaryotische DNA besteht aus codierenden Abschnitten (**Exons**) und nicht codierenden Abschnitten (**Introns**). Beide werden in die vorläufige prä-mRNA transkribiert.
- **Reifung der mRNA (Prozessierung)**: Die prä-mRNA durchläuft im Zellkern einen mehrfachen Umbau bis zur reifen mRNA: Die Introns werden dabei herausgeschnitten (**Spleißen**). Die zunächst gestückelte genetische Information liegt nun zusammenhängend vor. Das 5'-Ende erhält eine besondere Sequenz (**cap-Sequenz**), die eine Anlagerung an das Ribosom erleichtert. Das 3'-Ende wird mit einer Sequenz aus bis zu 250 Adenin-Nucleotiden versehen. Dieser **Poly-A-Schwanz** verhindert den schnellen Abbau der mRNA. Die anschließende Translation der nun reifen mRNA verläuft wie bei den Prokaryoten.

engl. *to splice* = zusammenkleben

- Die Transkription findet im Zellkern statt, die Translation im Cytoplasma.
- **Ribosomenaufbau**: Die eukaryotischen 80S-Ribosomen bestehen aus 60S- und 40S-Untereinheiten (Prokaryoten: 70S-Ribosomen aus 50S- und 30S-Untereinheiten).

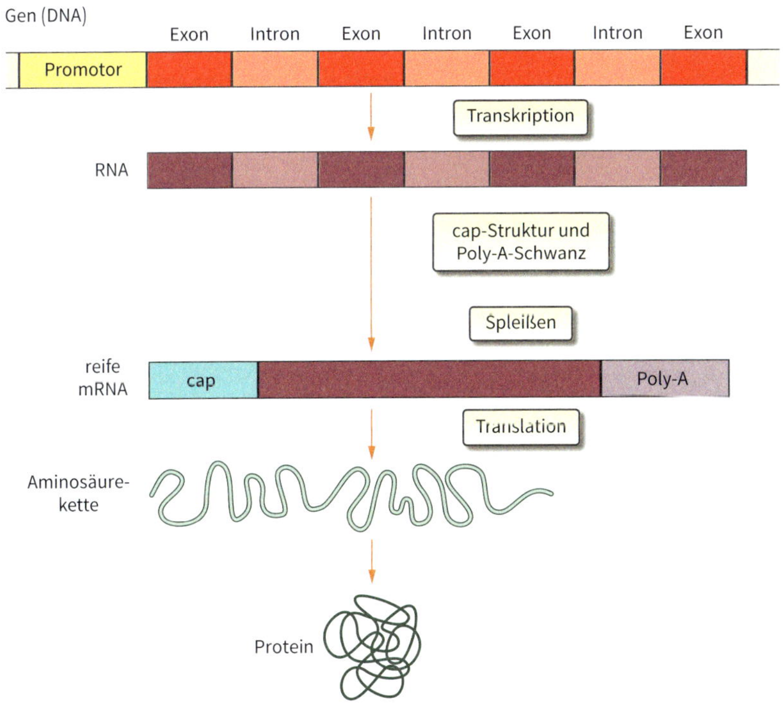

Abb. 4.22: Proteinbiosynthese bei Eukaryoten

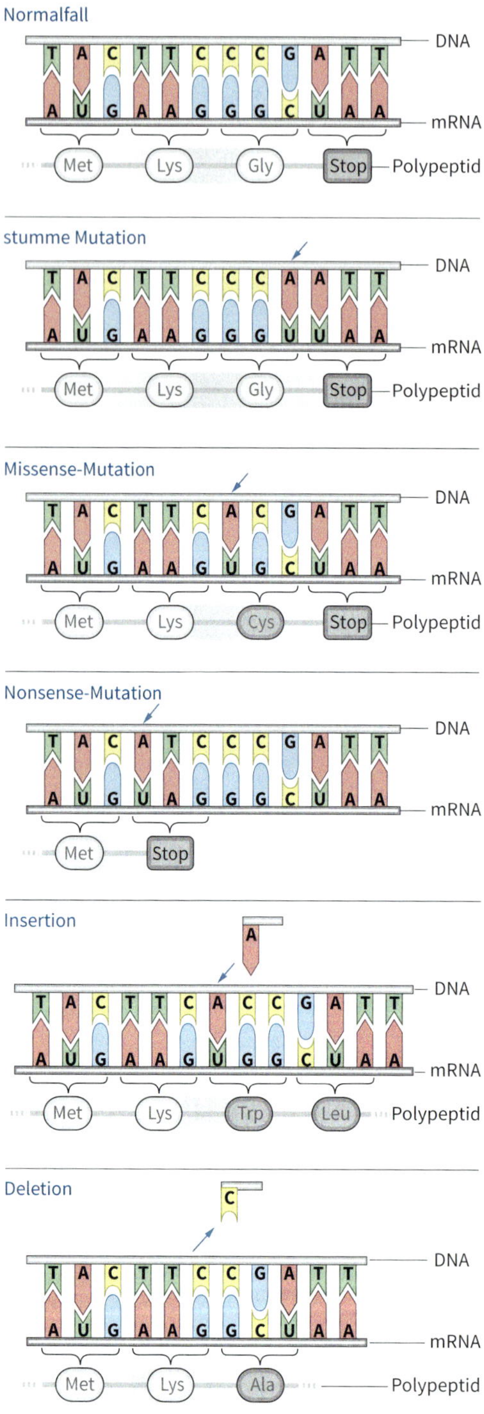

Abb. 4.23: Genmutation und ihre Auswirkungen

Genmutationen

Unter dem Begriff **Genmutation** versteht man Veränderungen innerhalb eines Gens.

Eine solche Mutation kann nur einzelne Basen beziehungsweise komplementäre Basenpaare betreffen und wird dann **Punktmutation** genannt. Beispielsweise wird bei der **Substitution** ein Basenpaar der DNA gegen ein anderes ausgetauscht. Dies kann unterschiedliche Auswirkungen haben:

- Mutationen im nichtcodierenden Bereich der DNA und Mutationen, die aufgrund des degenerierten genetischen Codes zur selben Aminosäure führen, haben keine Auswirkungen (= **stumme oder neutrale Mutation**).
- Mutationen, die zum Einbau einer falschen Aminosäure in das Protein führen (= **Missense-Mutation**), können gravierende Folgen haben, wenn z. B. die betroffene Aminosäure im aktiven Zentrum eines Enzyms von Bedeutung ist.
- Mutationen, die zu einem Stopp-Codon führen, haben meist einen Funktionsverlust des Proteins zur Folge (= **Nonsense-Mutation**).

Das Hinzufügen (**Insertion**) oder Entfernen eines Nucleotids (**Deletion**) führt zur Verschiebung des Leserasters. Es werden andere Tripletts abgelesen und eine veränderte Aminosäuresequenz gebildet. Die Folge dieser **Rasterschub-Mutationen** ist ein verändertes Protein. Folgt auf eine Insertion eine Deletion, so wird die Wirkung der ersten Mutation durch die zweite Mutation kompensiert und das Raster zeigt danach die normale Abfolge. Gleiches gilt für dreimalige Insertion oder dreimalige Deletion.

Wird eine kurze Basensequenz aus der DNA ausgeschnitten und in umgekehrter Reihenfolge an gleicher Stelle wieder eingebaut, so liegt eine **Inversion** vor.

Genregulation bei Prokaryoten

JACOB und MONOD entwickelten ein Modell zur Genregulation bei *E. coli* (**Operon-Modell**). Es arbeitet mit folgenden Elementen:

- **Strukturgene.** Sie enthalten die genetische Information zur Bildung bestimmter Enzyme.
- **Regulatorgen.** Dieses Gen enthält die Information zur Bildung eines Repressor-Proteins.
- **Repressor.** Protein, das die Enzymsynthese unterbinden kann.
- **Operator.** DNA-Abschnitt, an den das Repressor-Protein reversibel bindet.
- **Promotor.** DNA-Abschnitt, an den die RNA-Polymerase bindet.
- **Operon.** Oberbegriff für den DNA-Abschnitt aus Promotor, Operator und Strukturgenen.

FRANÇIS JACOB (1920) und JACQUES MONOD (1910 – 1976) erhielten 1965 gemeinsam den Medizin-Nobelpreis für die Entwicklung ihres Operon-Modells.

Substratinduktion

Die Enzymbildung wird bei dieser Form von Genregulation erst bei Anwesenheit eines bestimmten Substrates (= Induktor) ausgelöst. Nach der Modellvorstellung von JACOB und MONOD kann der Repressor aktiv oder passiv vorliegen. Bei Abwesenheit des Substrates ist er aktiv und bindet an den Operator. Eine Transkription und somit die Enzymbildung werden blockiert (→ Abb. 4.24, **A**). Bei Anwesenheit des Substrates bindet das Substrat an den Repressor, sodass dieser seine Gestalt verändert und nicht mehr am Operator binden kann. Die RNA-Polymerase lagert sich an den Promotor an und die Enzyme des Substratabbaus werden gebildet (→ Abb. 4.24, **B**).

Beispiel: lac-Operon. Normalerweise ist Glucose die zentrale Energiequelle für *E. coli*. Bei Abwesenheit von Glucose kann *E. coli* auch Lactose verwerten. Lactose induziert dann den eigenen Abbau, indem es sich an den Repressor bindet und die Bildung der Lactose abbauenden Enzyme ermöglicht.

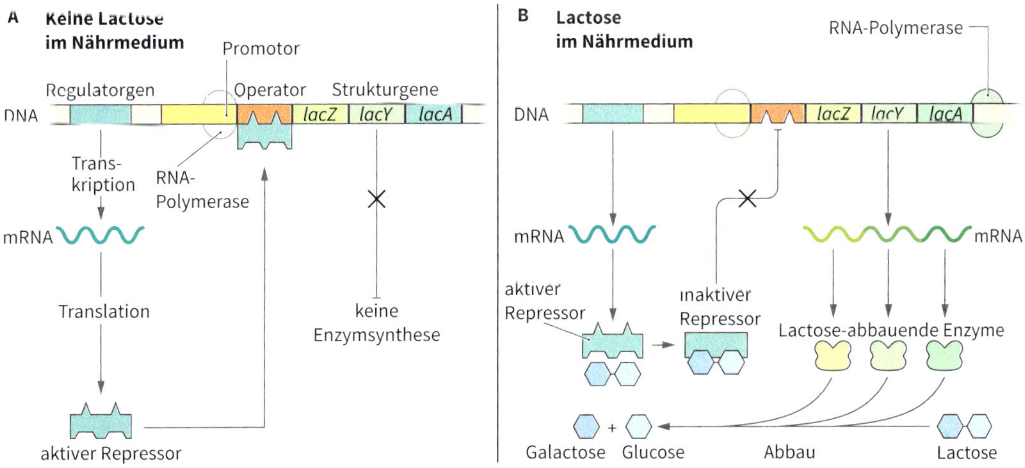

Abb. 4.24: lac-Operon. **A**: blockiert, **B**: induziert

Endproduktrepression

Bei dieser Form der Genregulation unterbindet das Endprodukt eines Stoffwechselweges die Enzymneusynthese. Zunächst liegt der Repressor inaktiv vor. Die Enzyme eines Stoffwechselweges, der zu dem Endprodukt führt, werden gebildet. Liegt dieses Endprodukt im Überschuss vor, so wird die weitere Bildung unterbunden, indem es an den Repressor bindet. Dadurch wird dieser aktiv und unterbindet die weitere Transkription.

Beispiel: Trp-Operon. Dieses Operon umfasst bei E. coli fünf Strukturgene. Diese codieren fünf Enzyme, mit deren Hilfe aus einer Vorstufe die Aminosäure Tryphtophan (Trp) hergestellt wird. Ist diese in genügender hoher Konzentration vorhanden, so wirkt Trp als Inhibitor der weiteren Trp-Produktion, indem es sich an den Repressor bindet und ihn aktiviert (→ Abb. 4.25, **B**). Da hier das Endprodukt eines Syntheseweges die eigene Genexpression reguliert, wird diese Genregulation **Endproduktrepression** genannt.

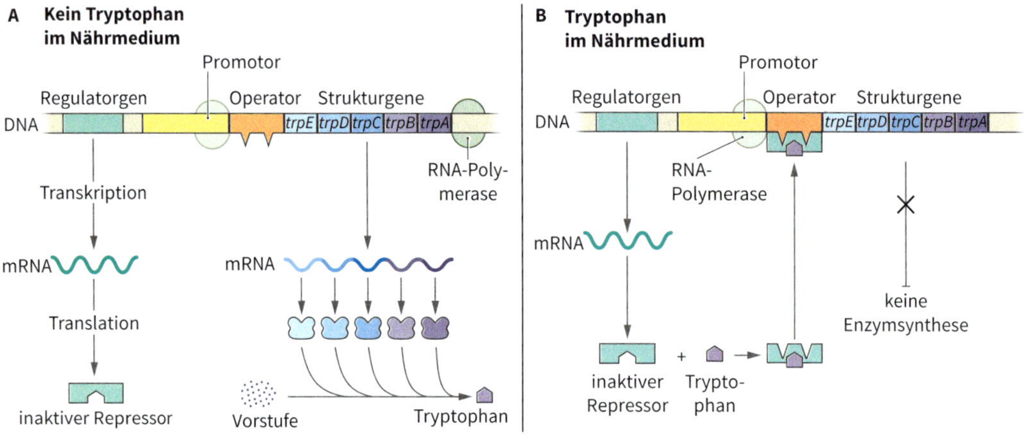

Abb. 4.25: Trp-Operon. **A**: induziert; **B**: blockiert

PROKARYOTEN – GENREGULATION

Eine Substratinduktion wie beim lac-Operon findet man vor allem bei abbauenden, katabolen Stoffwechselreaktionen. Im Gegensatz dazu erfolgt die Regulation der Genexpression bei aufbauenden, anabolen Stoffwechselreaktionen über eine Endproduktrepression.

Beide Formen der Genregulation sind Beispiele für eine negative Genkontrolle, weil die Operons durch die aktive Form des Repressorproteins abgeschaltet werden.

Genregulation bei Eukaryoten

Bei Eukaryoten sind – im Gegensatz zu Prokaryoten – Transkription und Translation räumlich und zeitlich getrennt. Dadurch ist eine differenzierte Regulation der Genexpression auf verschiedenen Ebenen möglich. Sie kann auf Chromatin- und Transkriptionsebene ebenso erfolgen wie auf RNA- und Translationsebene und auf Proteinebene. Genen können dadurch an- und abgeschaltet sowie auch unterschiedlich stark aktiviert oder deaktiviert werden.

Regulation auf Chromatinebene

Eine Genregulation kann über Veränderungen an den Chromosomen erfolgen. Dabei wirken Umweltfaktoren auf das Chromatin und die DNA und verändern so die Funktion und die Aktivität von Genen. Die molekularen Mechanismen einer solchen Regulation, bei der die DNA-Sequenz unverändert bleibt, beschreibt die **Epigenetik**. Zu den epigenetischen Mechanismen zählen:

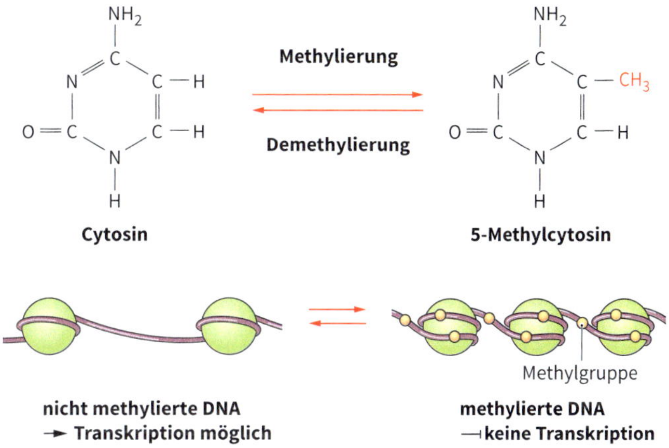

Abb. 4.26. DNA-Methylierung

- **Methylierung von Basen**. Spezifische Enzyme binden Methylgruppen ($-CH_3$) an einzelne Cytosin-Basen. Dies bewirkt eine Verdichtung des Chromatins. In der Folge unterbleibt die Transkription des betreffenden DNA-Abschnitts. Werden die Methylgruppen enzymatisch entfernt, lockert das Chromatin wieder auf und die Transkription kann stattfinden. Die entsprechenden Gene sind abgeschaltet.
  Methylierungsmuster von Genen werden bei der Replikation an die Tochterzellen weitergeben. Sie können auch über die Keimzellen in die nächste Generation gelangen. Durch Entfernen der Methylgruppen können Gene auch wieder aktiviert werden.
- **Modfikation von Histonen**. Spezifische Enzyme binden Acetylgruppen, Methylgruppen oder Phosphatgruppen an bestimmte Aminosäuren von Histonen. Dadurch wird der Zusammenhalt zwischen den Histonen und der DNA gelockert. Gene, die zuvor durch die dichte Packung des Chromatins blockiert waren, können nun exprimiert werden. Umgekehrt verdichtet sich die Chromatinstruktur, wenn beispielsweise Acetylgruppen enzymatisch entfernt werden. Die Gene sind dann nicht lesbar, weil die RNA-Polymerase durch die enge Wicklung nicht an die DNA gelangt.

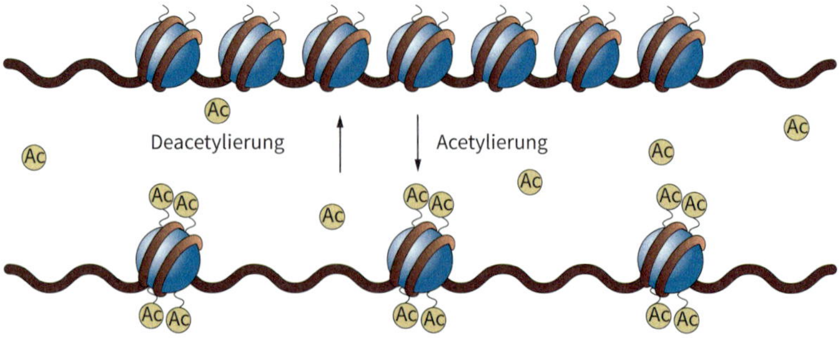

Abb. 4.27: Histonmodifikation durch Acetylierung

Regulation auf Transkriptionsebene

Die Genregulation findet bei Eukaryoten überwiegend auf Transkriptionsebene statt. Folgende Elemente spielen eine zentrale Rolle:

- **Promotor-Region**. Sie ist die Erkennungsstelle für die RNA-Polymerase und bewirkt den Start der Transkription. In der Promotor-Region gibt es häufig eine Basensequenz, die reich an **T**hymin- und **A**denin-Basen ist, die sogenannte **TATA-Box**. Mutationen im Bereich der TATA-Box setzen die Promotorfunktion und damit die Transkriptionsrate deutlich herab.

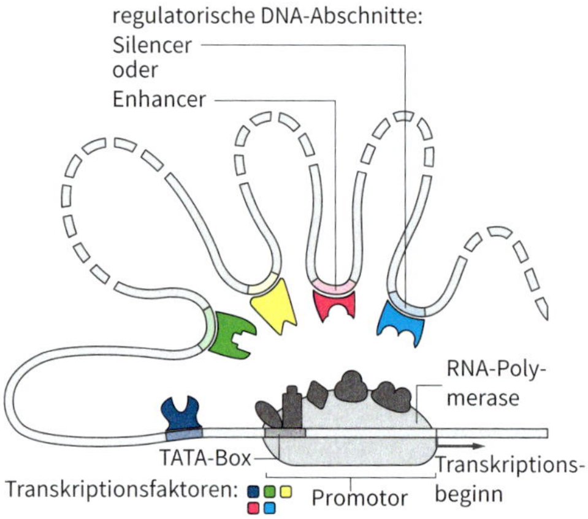

Abb. 4.28: Transkriptionskontrolle bei Eukaryoten

- **Transkriptionsfaktoren**. Dies sind Regulatorproteine, die an die Promotorregion binden und der Anlagerung sowie Aktivierung der RNA-Polymerase dienen.
- **Enhancer und Silencer**. Diese zusätzlichen Kontrollsequenzen befinden sich einige tausend Basenpaare vom Transkriptionsstart entfernt. **Enhancer** binden nach dem Schlüssel-Schloss-Prinzip Aktivatorproteine. Durch Schleifenbildung der DNA wird der Kontakt zwischen ihnen und den Transkriptionsfaktoren am Promotor ermöglicht. Auf diese Weise wird dann die Transkription stimuliert. **Silencer** unterdrücken die Transkriptionsaktivität. Aus dem Zusammenspiel mehrerer Enhancer und Silencer ergibt sich die Transkriptionsrate des Gens.

engl.: *enhancer* = Verstärker

engl.: *silencer* = Dämpfer

Regulation durch alternatives Spleißen

Eukaryotische Gene sind mosaikartig aus Exons und Introns zusammengesetzt. Die aus ihnen gebildeten prä-mRNA-Moleküle werden durch RNA-Prozessierung in reife mRNA umgewandelt. Auch auf dieser Ebene ist eine Regulation durch **alternatives Spleißen** oder auch **differenzielles Spleißen** möglich. Dabei werden nicht nur Introns, sondern auch eine oder mehrere Exons aus der prä-mRNA herausgeschnitten. Aus ein- und derselben prä-mRNA können so verschiedene reife RNA-Moleküle entstehen. Dadurch erhöht sich die Zahl der Proteine, die ein einzelnes Gen codieren können.

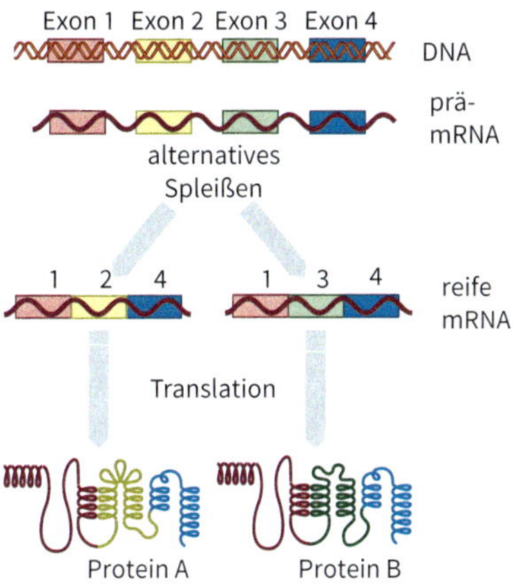

Abb. 4.29: Alternatives Spleißen

BEISPIELE EPIGENETIK

- Die Königin und die Arbeiterinnen eines Bienenstocks haben denselben Genotyp. Allein das Futter während des Larvenstadiums entscheidet über den späteren Phänotyp. Das Futter führt bei Arbeiterinnen zu einer Hemmung der Methylierung von Cytosin und entscheidet damit über ihre weitere Entwicklung.
- Eineiige Zwillinge sind genetisch identisch. In ihrem Methylierungsmuster können sich jedoch im Laufe der Zeit unterscheiden. Die Unterschiede sind umso größer, je unterschiedlicher die Lebensbedingungen der Zwillinge sind. Zu den wirksamen Umweltfaktoren zählen beispielsweise die Nahrungsmenge, Alkohol- und Nikotinkonsum, aber auch erlebte Traumata. Teilweise treten die so erzeugten Methylierungsmuster auch in nachfolgenden Generationen auf.
- Werden Tumorrepressorgene methyliert, verlieren sie ihre Kontrollfunktion. Die entsprechenden Zellen können sich jetzt ungehemmt vermehren und werden so zu Krebszellen.
- Jeder Mensch enthält Gene väterlicher und mütterlicher Herkunft, die normalerweise beide exprimiert werden. In Einzelfällen findet jedoch eine epigenetische Modifizierung *(genetic imprintig)* statt. In der Folge wird nur das väterliche oder mütterliche Gen abgelesen.

Regulation durch RNA-Interferenz

Interferenz = lat. *interferre*, überlagern

Auf der Ebene der Translation kann die Genexpression durch Wechselwirkungen zwischen verschiedenen RNA-Molekülen erfolgen (= RNA-Interferenz).

RISC = engl. *RNA induced silencing complex*

Dabei finden folgende Teilschritte statt:
- Die DNA im Zellkern codiert kurze RNA-Stücke (= miRNA), die sich anschließend zu Doppelsträngen falten.
- miRNA wird von sogenannten RISC-Proteinkomplexen gebunden und in Einzelstränge zerlegt.
- Einzelsträngige miRNA bindet an komplementäre mRNA-Sequenzen und blockiert so die Translation. Anschließend wird die mRNA durch den RISC-Komplex abgebaut. So wird die Translation bestimmter Proteine gezielt gehemmt.

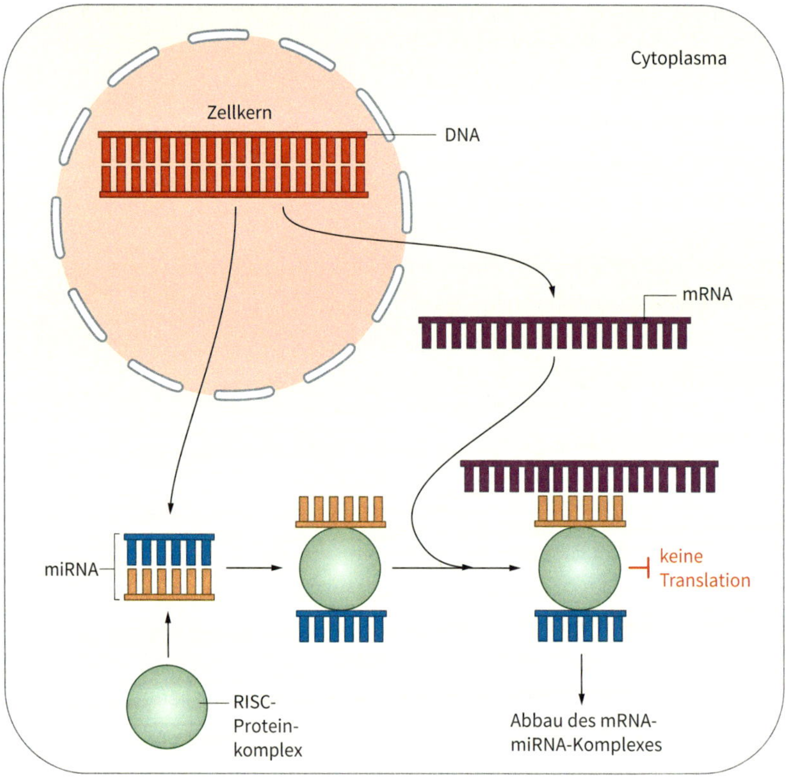

Abb. 4.30: RNA-Interferenz

Regulation auf Proteinebene

Die gebildeten Polypeptide können chemisch weiter modifiziert werden, wodurch sich ihre Lebensdauer verlängert. Durch bestimmte molekulare Schredder, **Proteasomen** genannt, können nicht mehr benötige Proteine auch enzymatisch abgebaut werden.

Molekulare Genetik ➔ Genexpression und Genregulation 4.2

1 REPLIKATION DER DNA

- Ziel: genetisch identische Verdoppelung der DNA
- Mechanismus: semikonservativ, die neue DNA besteht aus elterlichem und neusynthetisiertem Strang
- Ablauf:
  - Entwindung der DNA
  - Primer-Bildung
  - kontinuierliche Synthese an einem Strang, diskontinuierlich am anderen Strang
  - Bildung von OKAZAKI-Fragmenten
  - Verknüpfung durch Ligase

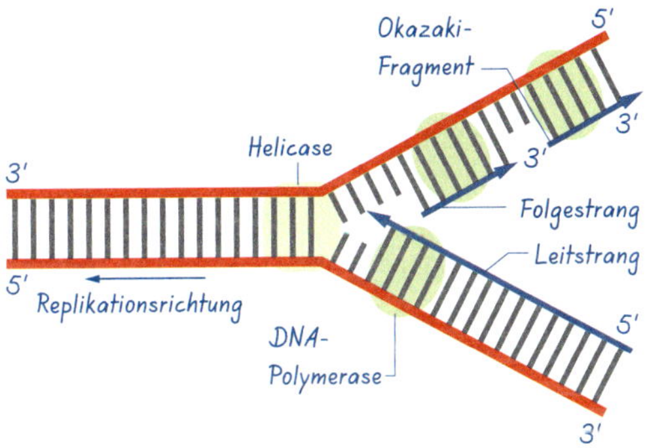

3 PROTEINBIOSYNTHESE BEI EUKARYOTEN

- Mosaikgene aus Exons und Introns
- aus prä-mRNA entsteht durch Spleißen, cap-Struktur und Poly-A-Schwanz die reife mRNA
- Transkription im Zellkern, Translation an Ribosomen im Cytoplasma

2 PROTEINBIOSYNTHESE BEI PROKARYOTEN

- Transkription = Bildung der mRNA
  - nur codogener Strang/Matrize der DNA wird abgelesen
  - RNA-Polymerase liest Matrize in 3' → 5'-Richtung ab
  - Ort: Cytoplasma
- Translation = Übersetzung der Information der mRNA in die entsprechende Aminosäuresequenz
  - t-RNA bindet spezifische Aminosäure
  - mRNA bindet an Ribosomen
  - beladene t-RNA bindet mit Anticodon komplementär an mRNA
  - drei t-RNA-Bindungsstellen: A-, P- und E-Stelle
  - Verknüpfung der Aminosäuren, Weiterwandern des Ribosoms um ein Codon
  - Stopp-Codons der mRNA bedingen Abbruch der Kettenverlängerung
  - Ort: Ribosomen im Cytoplasma
- Genetischer Code = Übersetzungsvorschrift der Basensequenz der DNA in die Aminosäuresequenz der Proteine

  Eigenschaften:
  - universell
  - Triplett-Code
  - degeneriert
  - kommafrei
  - nicht überlappend

4.2 Molekulare Genetik

4 GENMUTATIONEN

Punktmutation = Veränderung einer Base bzw. eines Basenpaares innerhalb eines Gens

→ Substitution = Austausch eines komplementären Basepaares
- Neutrale oder stumme Mutation → es wird dieselbe Aminosäure gebildet
- Missense-Mutation → es wird eine andere Aminosäure gebildet
- Nonsense-Mutation → keine weitere Bildung von Aminosäuren, da Kettenabbruch

→ Insertion = Hinzufügen eines Nucleotids; führt zu Rasterschubmutation

→ Deletion = Entfernen eines Nucleotids; führt zu Rasterschubmutation

→ Inversion = Einbau einer Basensequenz in umgekehrter Reihenfolge

5 GENREGULATION BEI PROKARYOTEN

→ Operonmodell
- Strukturgene mit Information für die Bildung der Enzyme
- Regulatorgen mit Information zur Bildung des Repressor-Proteins
- Repressor = Protein, das an den Operator bindet
- Promotor = DNA-Abschnitt, an den die RNA-Polymerase bindet
- Operon = DNA-Abschnitt aus Promotor, Operator und Strukturgenen

→ Substratinduktion
- Substrat induziert die Bildung von Enzymen, die dessen Abbau bewirken.
- bei abbauenden (= katabolen) Stoffwechselwegen
- Beispiel: lac-Operon

→ Endproduktrepression
- Endprodukt eines Stoffwechselweges verhindert die Enzymbildung
- bei aufbauenden (= anabolen) Stoffwechselwegen
- Beispiel: trp-Operon

6 GEGENREGULATION BEI EUKARYOTEN

→ Regulation auf Chromatinebene
- Methylierung von Basen führt zur Genblockierung
- Histonmodifizierung durch Acetylgruppen verändert die Genexpression

→ Regulation auf Transkriptionsebene durch Transkriptionsfaktoren

Enhancer/Silencer = DNA-Abschnitte, die nach Bindung des Transkriptionsfaktors die Transkription verstärken/dämpfen

→ Alternatives Spleißen = verschiedene mRNA-Moleküle werden aus derselben prä-mRNA gebildet.

→ RNA-Interferenz
kurze RNA-Moleküle binden an mRNA und verhindern so die Translation

→ Regulation auf Proteinebene durch Verlängerung der Lebensdauer oder durch Abbau der Proteine

4.3 Gentechnik

Der Begriff *Gentechnik* umfasst molekularbiologische Methoden und Verfahren, mit denen gezielt in das Genom eines Lebewesens eingegriffen wird.
Bei der **klassischen Gentechnik** werden zumeist Gene aus Lebewesen einer bestimmten Art in Zellen anderer, nicht verwandter Arten eingebaut. Dies ist möglich, da nahezu alle Lebewesen denselben genetischen Code nutzen. Die entstanden gentechnisch veränderten Organismen, kurz GVO, werden als **transgene Organismen** bezeichnet. Sie besitzen neue Eigenschaften, die sie durch Fortpflanzung oder herkömmliche Züchtung nicht besäßen.
Bei der **neuen Gentechnik** kommen Verfahren zum Einsatz, mit denen gezielt Änderungen in ganz bestimmten DNA-Abschnitten erzeugt werden können. Einzelne Gene können so an- oder ausgeschaltet, eingeführt oder entfernt werden. Bei dieser **Genom-Editierung** entstehen Organismen, die veränderte Eigenschaften zeigen, aber keine artfremde DNA enthalten.

Anwendungsbereiche der Gentechnik

Klassische und moderne gentechnische Verfahren kommen in unterschiedlichen Bereichen zur Anwendung:

- Die **Grüne Gentechnik** beschäftigt sich mit gentechnisch veränderten Nutzpflanzen.
- Unter **Roter Gentechnik** versteht man die Nutzung gentechnischer Verfahren im Bereich der Medizin und Pharmaindustrie.
- Die **Weiße Gentechnik** findet in der Lebensmittel- und Waschmittelindustrie Anwendung.
- Die **Graue Gentechnik** beschäftigt sich mit Umwelttechnik.

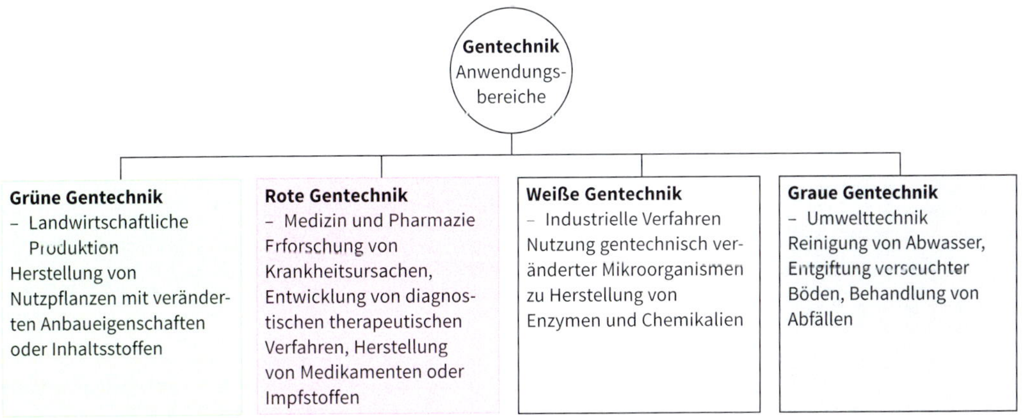

Abb. 4.31: Anwendungsbereiche der Gentechnik

Werkzeuge der Gentechnik

Restriktionsenzyme

Die zentralen Werkzeuge der Gentechnik sind Restriktionsenzyme:

- Sie spalten den DNA-Doppelstrang im Inneren (Endonucleasen) und wirken wie biochemische Scheren.
- Sie sind hochspezifisch, das heißt, sie schneiden nur an bestimmten Stellen. Die Erkennungssequenz ist in sich spiegelbildlich. Dabei entspricht die Basenabfolge des einen DNA-Stranges der Sequenz des komplementären Stranges in umgekehrter Richtung (**Palindrom**).
- Sie schneiden – je nach Typ – den DNA-Strang glatt oder aber versetzt durch. Beim versetzten Schneiden ragt an den Schnittstellen jeweils ein kurzes Stück Einzelstrang-DNA heraus. Diese überstehenden Enden haben die Tendenz, sich wieder zusammenzulagern (klebrige Enden, **sticky ends**). Beispielsweise schneidet EcoRI, das aus *Escherichia coli* isoliert wurde, nur die Sequenz 5′ GAATTC 3′ und erzeugt dabei *sticky ends*. Glatte Enden, die von Restriktionsenzymen wie etwa Hae III erzeugt werden, heißen **blunt ends**.
- Sie schneiden nur DNA, die nicht über Methylgruppen ($-CH_3$) geschützt ist.

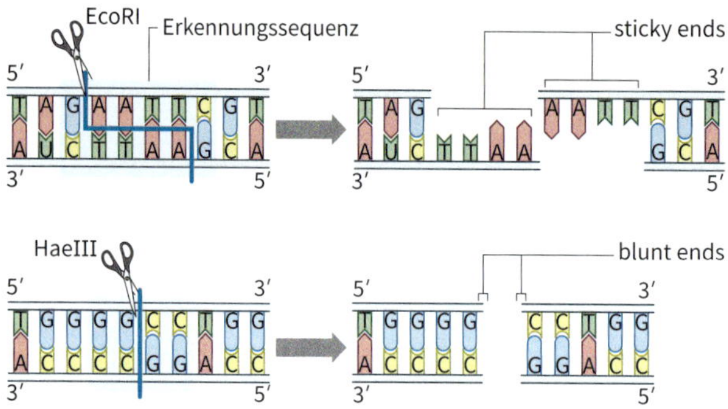

Abb. 4.32: Erkennungssequenz und Wirkung verschiedener Restriktionsenzyme

Rekombination

In der Gentechnik werden Restriktionsenzyme genutzt, um mit ihrer Hilfe verschiedene DNA-Abschnitte neu zusammenzusetzen. Diese werden zuvor mit dem gleichen Restriktionsenzym behandelt. Die entstehenden *sticky ends* können sich dann komplementär zusammenlagern. Das zugegebene Enzym **DNA-Ligase** verknüpft die verschiedenen Fragmente zu einer **rekombinanten DNA**.

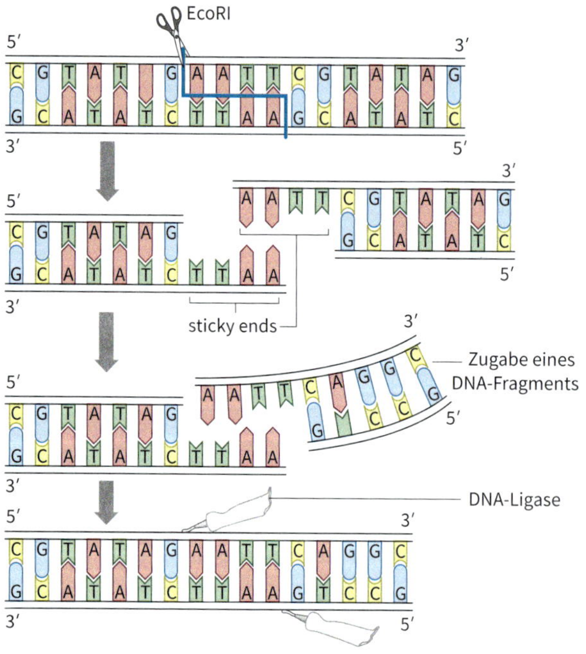

Abb. 4.33: Wirkungsweise von EcoRI und DNA-Ligase

Methoden des Gentransfers

Vektoren

Der Transfer von Fremd-DNA in einen Organismus kann über **Vektoren** („Gentaxis“) erfolgen. Häufig nutzt man hierbei **Plasmide.** Dazu werden Fremd-DNA und Plasmid mit dem gleichen Restriktionsenzym behandelt. Durch zufällige Paarungen zwischen den klebrigen Enden verschiedener DNA-Fragmente entsteht das rekombinante Plasmid. Anschließend schleust man das rekombinante Plasmid in die Bakterien (= **Transformation**).

Selektion

Nicht jedes Plasmid enthält das gewünschte Fremd-Gen. Um dieses zu identifizieren nutzt man Plasmide, die Resistenzgene für die Antibiotika *Ampicillin* und *Tetracyclin* enthalten. Das Wirtsbakterium besitzt diese Resistenzen nicht. Der Einbau des Fremd-Gens in das Plasmid führt zum Verlust der Ampicillinresistenz.

Gibt man die Bakterien im 1. Selektionsschritt auf einen Nährboden mit Tetracyclin, so wachsen dort nur Bakterienkolonien mit Plasmid.

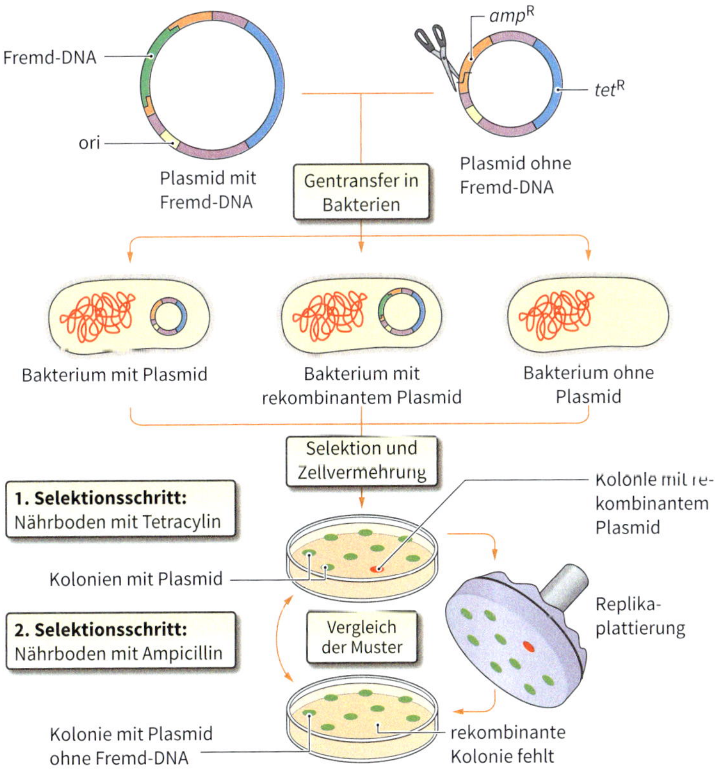

Abb. 4.34: Prinzip der Selektion

Überträgt man das gleiche Koloniemuster im 2. Selektionsschritt mit einem Samtstempel auf einen Nährboden mit Ampicillin, so können Bakterien mit zerstörtem Ampicillin-Gen hier nicht wachsen. Aus dem Vergleich der Koloniemuster lassen sich die gesuchten Kolonien mit dem rekombinanten Plasmid identifizieren und anschließend vermehren. Da so zahlreiche Kopien eines Fremd-Gens entstehen, spricht man von **Gen-Klonierung**.

CRISPR/Cas-Methode

Mithilfe dieser Methode kann DNA gezielt geschnitten und verändert werden. So lassen sich – im Gegensatz zu früheren Methoden, die zumeist nach dem „Schrotschussprinzip" funktionierten – Gene punktgenau einfügen, entfernen oder auch ausschalten. Selbst einzelne RNA- oder DNA-Nukleotide lassen sich ändern. Die CRISPR-Cas-Methode ist eine heute eines der meistgenutzen Werkzeuge der modernen Gentechnik.

Cas = **C**RISPR-**as**sociated

CRISPR = **C**lustered **R**egularly **I**nterspaced **S**hort **P**alindromic **R**epeats

Die Methode basiert auf einem natürlichen Abwehrmechanismus von Bakterien gegen Viren. Bei einer Infektion wird die virale DNA durch bakterielle **Cas**-Proteine enzymatisch zerstört. Kurze Abschnitte der Virus-DNA werden anschließend in das Genom der Bakterien eingebaut. Solche DNA-Abschnitte werden **Spacer** genannt. Sie bilden zusammen mit kurzen, sich wiederholende DNA-Sequenzen der Bakterien, den **Repeats**, einen besonderen DNA-Abschnitt, den man **CRISPR** nennt. Wird dieser transkribiert, entsteht eine RNA, die noch weiter modifiziert wird und dann als **single guide RNA** (sgRNA) bezeichnet wird. Sie dient bei einer erneuten Infektion als Sonde, die die virale DNA erkennt. Anschließend wird diese durch Cas-Proteine abgebaut. In der Gentechnik nutzt man die CRISPR/Cas-Methode folgendermaßen: Man wählt eine synthetisch hergestellte sgRNA als Sonde und ein besonderes Cas9-Protein, das auch in eukaryotischen Zellen schneidet. Die Sonde bindet komplementär an die DNA-Sequenz, die verändert werden soll. Anschließend schneidet das Cas9-Protein den DNA-Doppelstrang an der gewünschten Stelle. Wird die geschnittene DNA nicht durch Reparaturenzyme wieder zusammengefügt, so ist das entsprechende Gen damit abgeschaltet. Alternativ kann nach dem Schnitt auch ein neuer DNA-Abschnitt eingefügt werden.

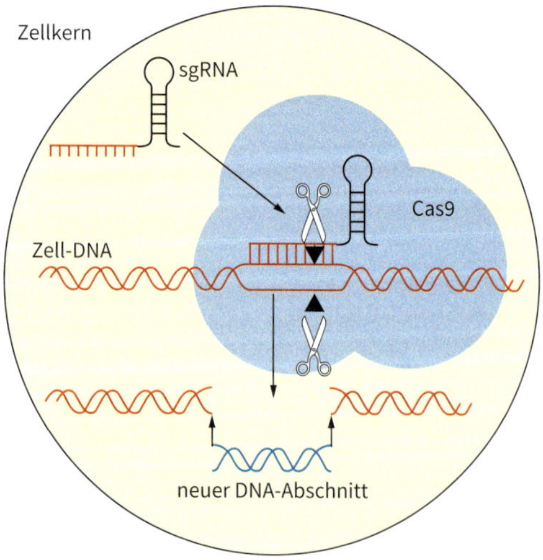

Abb. 4.35: CRISPR/Cas-Methode

PCR = künstliche Vervielfältigung der DNA

Häufig stehen für gentechnische Operationen nur geringe Mengen genetischen Materials zur Verfügung. Mit der **Polymerasekettenreaktion** (*polymerase chain reaction*, **PCR**) lassen sich auch kleinste DNA-Proben vervielfältigen. Hierzu benötigt man:

- die zu vervielfältigende DNA,
- die vier DNA-Nucleotide,
- zwei Primer mit definierter DNA-Sequenz,
- die *Taq-Polymerase*. Hierbei handelt es sich um eine spezielle DNA-Polymerase, die auch Erhitzung über 95 °C unbeschadet übersteht.

Die PCR-Methode läuft nach dem Prinzip der DNA-Replikation ab. Sie besteht aus Zyklen sich wiederholender Schritte:

① **Denaturierung**: Erwärmung auf 95 °C führt zur Trennung der DNA-Doppelhelix in zwei Einzelstränge.

② **Hybridisierung**: An die beiden Einzelstränge lagern sich bei etwa 60 °C zwei zuvor synthetisierte DNA-Primer an.

③ **Polymerisation**: Beim Temperaturoptimum der *Taq-Polymerase* von 72 °C erfolgt nun die DNA-Synthese. Dabei wird von den Primern ausgehend jeweils ein neuer Strang in Richtung von 5′ nach 3′ durch die Taq-Polymerase gebildet.

Durch die neuerliche Erwärmung ① wird die Replikation abgebrochen. Die DNA-Stränge liegen wieder als Einzelstränge vor und der Zyklus wiederholt sich. Nach 20 Zyklen erhält man so über eine Million DNA-Kopien.

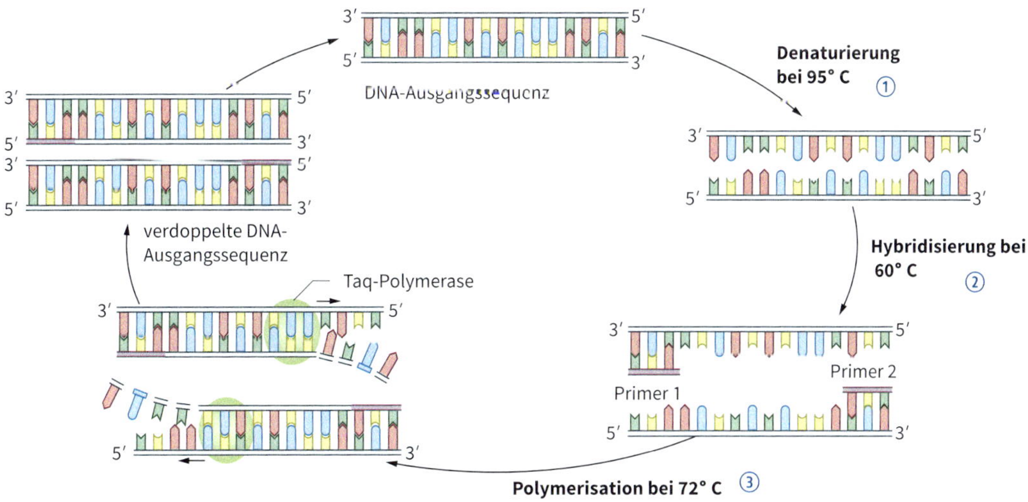

Abb. 4.36: Schema zur PCR-Methode

4.3 Gentechnik → Grundoperationen

1 GENTECHNIK

- Verfahren, mit dem gezielt in das Genom von Lebewesen eigegriffen wird.
- Klassische Gentechnik führt zu transgenen Lebewesen mit neuen Eigenschaften
- Neue Gentechnik führt zu Organismen, die veränderte Eigenschaften besitzen, aber keine artfremde DNA enthalten (Genom-Editierung)
- Anwendungsbereiche; Grüne Gentechnik (Landwirtschaft), Rote Gentechnik (Medizin und Pharmazie), Weiße Gentechnik (industrielle Verfahren), Graue Gentechnik (Umwelttechnik)

2 WERKZEUGE

- Restriktionsenzyme
  - Endonucleasen
  - spezifisch, schneiden glatt (blunt ends) oder versetzt (sticky ends)
- Ligasen verknüpfen sticky ends und erzeugen so rekombiante DNA
- Rekombination

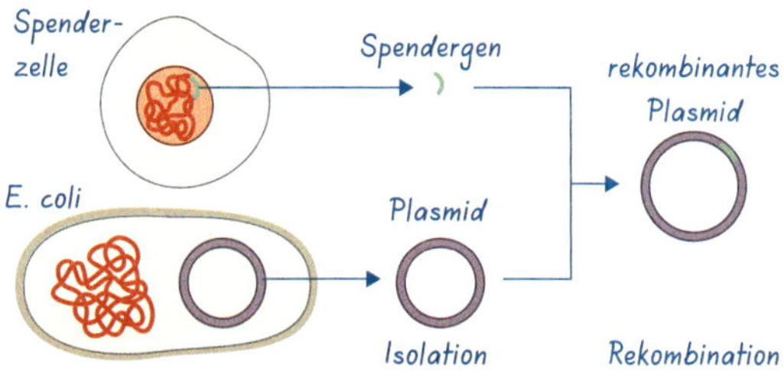

- CRISPR/Cas = Viren-Abwehrsystem von Bakterien
  - CRISPR-DNA besteht aus Spacern (= Fragmente des Virengenoms) und Repeats (= kurze sich wiederholende Sequenzen)
  - Cas = CRISPR-assoziierte Sequenzen, die u.a. für Enzyme codieren, die DNA-Doppelstrangbrüche erzeugen

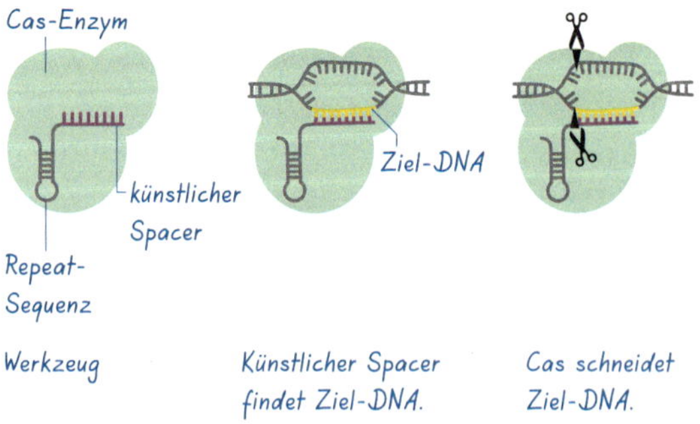

3 POLYMERASE-KETTEN-REAKTION (PCR)

- Arbeitstechnik zur gezielten Vervielfältigung kurzer DNA-Abschnitte
- 1. Denaturierung: Trennung der DNA-Doppelstränge durch Erwärmen auf 95 °C
- 2. Hybridisierung: Anlagerung der Primer bei 60 °C
- 3. Polymerisation: Taq-Polymerase synthetisiert bei 72 °C neue DNA-Einzelstränge komplementär zu den Ausgangssträngen
- vielfache Wiederholung der Schritte 1, 2 und 3

4.4 Humangenetik

Stammbaumanalysen

Ziel einer Stammbaumanalyse ist die Genotypenzuordnung bei gegebenen Phänotypen. Auf der Basis dieser Analyse kann dann beispielsweise im Rahmen der genetischen Beratung eine Risikoabschätzung für das Auftreten einer Krankheit vorgenommen werden. Bei Stammbaumanalysen kommen nur Merkmale in Betracht, die von einem Gen abhängig sind, also monogen vererbt werden.

STAMMBAUMANALYSEN

Allgemeine Vorgehensweise

Bei der Stammbaumanalyse gilt es, folgende Fragen zu beantworten:

① Welche Wirkung zeigt das untersuchte Gen (ist es dominant oder rezessiv?)

② Auf welchem Chromosom liegt das Gen (Autosom oder Gonosom)?
Bei gonosomaler Vererbung ist zu bedenken, dass das Y-Chromosom genarm ist und fast alle relevanten Gene auf dem X-Chromosom liegen. Statt von gonosomaler Vererbung spricht man daher besser von X-chromosomaler Vererbung.

Folgende Indizien können die Beantwortung beider Fragen erleichtern:

- **Dominante Erbgänge**: Typisch ist das gehäufte Auftreten des Merkmals zumeist in jeder Generation.
- **Rezessive Erbgänge**: Das Merkmal tritt relativ selten auf. Wird dabei eine Generation übersprungen und das Merkmal erscheint erst wieder in der übernächsten Generation, so ist dies ein eindeutiger Beweis für Rezessivität. Gleiches gilt für den Fall, dass zwei nicht betroffene Personen ein merkmalstragendes Kind haben.
- **Autosomale Erbgänge**: Zwischen dem Auftreten des Merkmals und dem jeweiligen Geschlecht besteht keine Beziehung. Das Merkmal tritt statistisch gesehen also gleich häufig bei Männern und Frauen auf.
- **X-chromosomale Erbgänge**: Das untersuchte Merkmal tritt gehäuft oder ausschließlich im männlichen Geschlecht auf.

Anhand dieser Hinweise kann eine erste Entscheidung getroffen werden. Sie wird überprüft, indem den Phänotypen zunächst die eindeutigen Genotypen zugeordnet werden. Anschließend gibt man die Genotypen an, bei denen mehrere Möglichkeiten bestehen.

BEISPIEL

Hinweis: Die Personen Nr. 3 und Nr. 6 stammen aus Familien, in denen das untersuchte Merkmal nie zuvor aufgetreten war.

Man erkennt am nebenstehenden Beispiel, dass das Merkmal relativ selten auftritt. Aus der Beziehung zweier nicht betroffener Personen (5 + 6) geht ein Merkmalsträger (9) hervor. Es muss sich folglich um einen rezessiven Erbgang handeln. Das Merkmal tritt bei zwei Männern und einer Frau auf. Ein rezessiv-autosomaler Erbgang wäre denkbar.

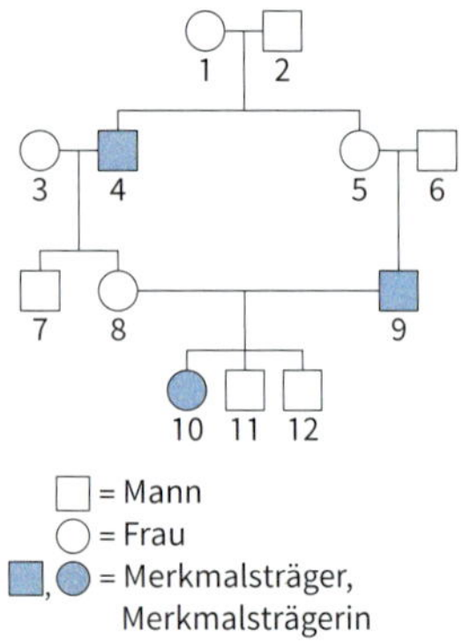

Die Annahme eines autosomalen Erbgang ergibt jedoch einen Widerspruch: Person 5 muss heterozygot, Person 6 homozygot dominant sein (vergleiche Hinweis zu Person 6); dann kann Person 9 nicht Merkmalsträger sein. Die chromosomale Zuordnung ist falsch, es muss also ein X-chromosomaler Erbgang vorliegen.

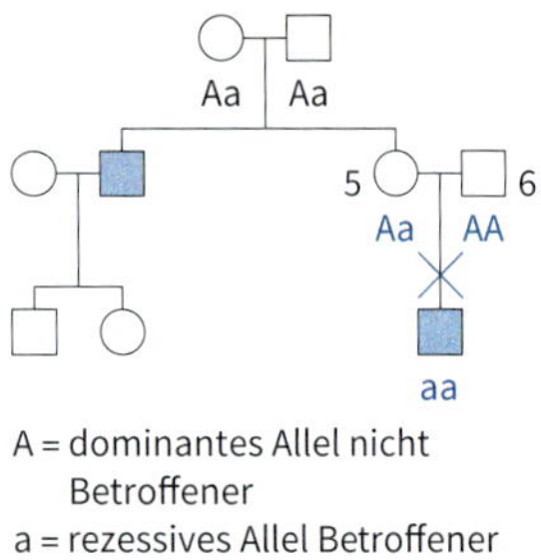

Die nebenstehende Abbildung zeigt die sicheren Genotypen bei rezessiver X-chromosomaler Vererbung.

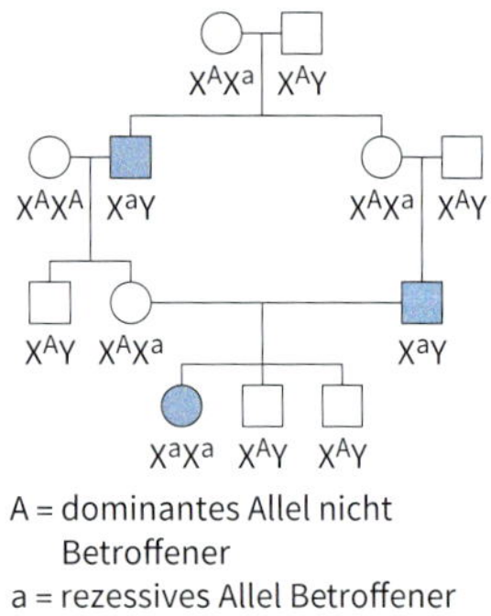

In der praktischen Anwendung zeigen sich jedoch die Grenzen der Stammbaumanalyse:

- Die Aussagen sind nicht immer eindeutig. Im oben aufgeführten Beispiel wäre ohne die genaue Kenntnis des Genotyps von Person 6 auch ein autosomal rezessiver Erbgang möglich.
- Um gesicherte Aussagen zu unbekannten Erbkrankheiten oder Merkmalen zu treffen, benötigt man ausreichend großes und gesichertes Zahlenmaterial.

Erbgänge des Menschen

Autosomal dominante Erbgänge

Für diese Erbgänge sind folgende Merkmale charakteristisch:

- Beide Geschlechter sind gleich häufig erkrankt.
- Die Krankheit tritt gehäuft über mehrere Generationen auf.
- Der Phänotyp heterozygoter Personen (Aa) entspricht weitgehend dem der homozygoten Personen (AA).
- Prägt sich ein dominantes Allel bei jeder Person aus, liegt vollständige **Penetranz** (= Durchschlagskraft) vor. Bleibt die betroffene Person merkmalsfrei, zeigt die Krankheit unvollständige Penetranz.
- Meist ist nur ein Elternteil heterozygot für die Krankheit (Aa), der andere ist gesund (aa). Statistisch gesehen ist dann die Hälfte der Kinder erkrankt.

BEISPIEL

- **Chorea HUNTINGTON, „Veitstanz"** (Häufigkeit 1 : 20 000)
  Symptome: Gedächtnisschwund, unkontrollierte Bewegung, Sprachstörung. Diese Symptome treten im Alter von 30 bis 40 Jahren auf. Die Schwere der Krankheit ist von Fall zu Fall verschieden, sie zeigt variable Ausprägung (**Expressivität**). Jeder Genträger erkrankt jedoch mit 100 %iger Sicherheit. Die Mutation des Huntington-Gens führt zu einer Vervielfachung eines bestimmten CAG-Tripletts. Bei Gesunden wiederholt sich dieses Triplett 9- bis 35-mal, bei mehr als 37 Wiederholungen kommt es zur HUNTINGTON-Krankheit. Die Krankheit ist pränatal diagnostizierbar, aber nicht behandelbar.
- **MARFAN-Syndrom** (Häufigkeit 1 : 100 000)
  Symptome: Betroffene sind ungewöhnlich groß, besitzen überlange Gliedmaßen und leiden an Bindegewebsschwäche, die vor allem das Skelett, die Augen sowie das Herz Kreislaufsystem betrifft. Ein Gendefekt führt hier zu einer Vielzahl von veränderten Merkmalen. Dies wird **Polyphänie** genannt.

Autosomal rezessive Erbgänge

Charakteristische Merkmale sind:

- Beide Geschlechter sind gleich häufig erkrankt.
- Nur homozygote Personen (aa) erkranken.
- Aus der Beziehung zweier phänotypisch gesunder Eltern (Aa) gehen zu 25 % erkrankte Personen (aa) hervor. 50 % der Nachkommen sind heterozygot (Aa), 25 % homozygot (AA) und damit gesund.
- betrifft gehäuft Stoffwechselstörungen mit speziellen Enzymdefekten

BEISPIEL

- **Mukoviszidose** oder **Cystische Fibrose** (Häufigkeit 1:2 000)
  Symptome: zähflüssiger Schleim, der die Drüsen der Atem- und Verdauungswege verstopft und Nährboden für Krankheitserreger ist, chronischer Husten, häufige Atemwegserkrankungen als Folge.
  Ursache: Mutation eines Gens auf Chromosom 7 führt zu defekten Ionenkanälen bei bestimmten Drüsen, sodass weniger Salz und damit weniger Wasser vom Schleim gebunden wird.
- **Phenylketonurie** (Häufigkeit 1:1 000)
  Symptome: intellektuelle Einschränkung, Krampfanfälle, Übelkeit, Erbrechen
  Ursache: Ein genetisch bedingter Enzymdefekt verhindert die Umwandlung der Aminosäure Phenylalanin zu Tyrosin, Phenylalanin häuft sich im Blut an, wodurch die Produktion von Botenstoffen wie Serotonin vermindert wird; andererseits fehlt Tyrosin, das Grundlage für verschiedene Botenstoffe im Gehirn bildet.
- **Kretinismus** (Häufigkeit 1:4 000)
  Symptome: Minder- oder Zwergwuchs, verkürzte Extremitäten, Sprachstörungen, Schwerhörigkeit
  Ursache: Als Folge eines genetisch bedingten Enzymdefekts ist die Bildung de Schilddrüsenhormons Thyroxin T4 gestört.
- **Albinismus** (Häufigkeit 1:3 000 bis 1:30 000)
  Symptome: weiße Haare, blasse oder weiße Haut sowie rosa oder blassblau-graue sehr lichtempfindliche Augen
  Ursache: Genetisch bedingter Enzymdefekt führt zu einer gestörten Biosynthese des Farbstoffs Melanin.

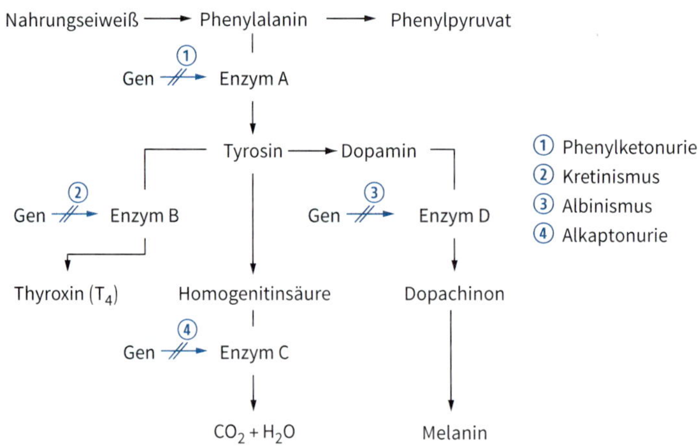

Abb. 4.37: Autosomal-rezessive Gendefekte und ihre Folgen

X-chromosomal rezessive Erbgänge

Charakteristisch für diese Erbgänge ist:

- Heterozygote Frauen (X^AX^a) sind phänotypisch gesund, da sie neben dem X-Chromosom mit dem mutierten Allel ein weiteres X-Chromosom mit intaktem Allel besitzen. Sie sind jedoch Überträgerinnen (**Konduktorinnen**) des Gendefekts.
- Von der Krankheit betroffen sind fast ausschließlich Männer. Da das entsprechende Allel auf dem X-Chromosom vorhanden ist (X^a), auf dem Y-Chromosom dagegen fehlt, ist der Mann in diesem Fall erkrankt. In seltenen Fällen können auch Töchter (X^aX^a) erkranken, wenn die Mutter Konduktorin war und der Vater ebenfalls erkrankt war.
- Söhne von Merkmalsträgern können den Gendefekt nicht von ihrem Vater erben.
- Bei Ehen zwischen Verwandten besteht ein hohes Erkrankungsrisiko (Beispiel: Bluterkrankheit in europäischen Königshäusern).

BEISPIEL

- **Bluterkrankheit**: Hämophilie A (Häufigkeit 1 : 10 000 männliche Lebendgeborene);
  Symptome: eingeschränkte Blutgerinnung, die zu bedrohlichen Blutungen bei Verletzungen führt; Ursache: Gendefekte unterschiedlicher Form, die zu einem Mangel an Gerinnungsfaktor VIII führen
- **Rot-Grün-Schwäche** (Häufigkeit 8 % aller männlichen Europäer);
  Rot-Grün-Schwäche und Hämophilie A sind eng miteinander gekoppelt.
- **Muskeldystrophie Typ Duchenne** (Häufigkeit 1 : 3000 männliche Lebendgeborene);
  Symptome: Muskelschwäche, die sich mit fortschreitendem Alter verstärkt, sodass die Lebenserwartung meist unter 20 Jahren liegt.
  Ursache: Deletion auf dem kurzen Arm des X-Chromosoms führt zu einer fehlenden Bildung des Muskelproteins Dystrophin.

X-chromosomal dominante Erbgänge

Hauptkriterien dieser recht seltenen Vererbung sind:

- Männer und Frauen erkranken, wobei Frauen doppelt so häufig betroffen sind.
- Die Übertragung erfolgt von erkrankten Männern (X^AY) auf alle Töchter und von erkrankten hetrozygoten Frauen auf die Hälfte aller Kinder.
- Betroffene homozygote Frauen übertragen das Merkmal auf alle ihre Kinder.
- Weil Frauen heterozygot oder homozygot sein können, haben mehr Frauen als Männer das Merkmal.

Vererbung von Blutgruppen

Blutgruppen stellen sichere Merkmale mit vollständiger Expressivität dar. Es gibt verschiedene Blutgruppensysteme. Das wichtigste ist das **AB0-System**. Hierbei werden vier Blutgruppen (A, B, AB und 0) unterschieden. Ihre Vererbung weist einige Besonderheiten auf:

- Das verantwortliche Gen auf dem Chromosom Nr. 9 besitzt drei verschiedene Allele: A, B und 0. Existieren pro Gen mehr als zwei Allele so spricht man von **multipler Allelie**.
- Die Allele A und B sind jeweils dominant über das Allel 0. Personen mit dem Genotyp A0 oder B0 besitzen folglich die Blutgruppe A bzw. B. Im heterozygoten Zustand kommen beide Allele zum Ausdruck, sie bilden den Phänotyp AB. Die Allele A und B sind zueinander **kodominant**.

Blut verschiedener Blutgruppen lässt sich nur bedingt für Bluttransfusionen verwenden: So befindet sich etwa bei Blutgruppe A das Antigen A auf der Erythrocytenmembran. Im Blut sind Antikörper, die gegen das Antigen der Blutgruppe B gerichtet sind. Vermischt man Blut beider Blutgruppen, so heften sich die Antikörper an die Oberflächenantigene der Erythrocyten, das Blut verklumpt (Agglutination). Blutgruppe 0 hat keine Antigene.

Blutgruppe (Phänotyp)	Genotyp der Körperzelle	Antigen auf den Erythrocyten	Antikörper im Plasma	Genotyp der Geschlechtszellen
A	AA A0	A	Anti-B	A A oder 0
B	BB B0	B	Anti-A	B B oder 0
AB	AB	A und B	nicht vorhanden	A oder B
0	00	keine	Anti-A Anti-B	0

Kombinationsmöglichkeiten:

♀ \ ♂	A	B	0
A	AA	AB	A0
B	AB	BB	B0
0	A0	B0	00

Tab. 4.2: Blutgruppen des AB0-Systems

Neben dem AB0-System gibt es beispielsweise noch das **Rhesus-System**. Etwa 85 Prozent der europäischen Bevölkerung sind Rhesus-positiv, kurz Rh^+. Da der entsprechende Rhesusfaktor D dominant vererbt wird, besitzen diese Personen den Genotyp DD oder Dd. Rhesus negative Personen (Rh^-) besitzen den Genotyp dd.

Genetischer Fingerabdruck

Beim genetischen Fingerabdruck nutzt man die Tatsache, dass sich bestimmte Basensequenzen im nicht codierenden Teil der DNA tandemartig wiederholen:
Beispiel: 3′ … AATG AATG AATG AATG AATG AAGT ATTGG … 5′

Derartige Wiederholungseinheiten nennt man **short tandem repeats** (**STR**). Die Anzahl der Wiederholungen und damit die Länge der verschiedenen STR-Marker sind typische Merkmale einer Person. Allerdings ist die Wahrscheinlichkeit hoch, dass zwei Personen zufällig die gleiche Anzahl an Wiederholungen bei einem bestimmten STR-Marker haben. Daher kombiniert man mehrere verschiedene STR-Marker und erhält so ein Muster verschiedener STRs, mit deren Hilfe eine Person eindeutig identifiziert werden kann. Dazu wird die DNA isoliert und anschließend mittels PCR vervielfältigt. Hierbei ist es von Vorteil, dass die vor und hinter den STRs liegenden Basensequenzen bei allen Menschen gleich sind. So lassen sich Primer konstruieren, die die STRs genau umfassen. Es folgt die Auftrennung der vervielfältigen STRs durch Gelelektrophorese.

Der genetische Fingerabdruck spielt in der **Kriminalistik** eine zentrale Rolle. Bereits kleinste Mengen an DNA genügen, um eine Person eindeutig mithilfe einer STR-Analyse zu identifizieren oder als Täter eines Verbrechens zu überführen. Für **Vaterschaftstests** nutzt man die Tatsache, dass STRs mit ihrer spezifischen Zahl an Wiederholungen vererbt werden. So erhält beispielsweise ein Kind von der Mutter ein Chromosom mit sieben Wiederholungen und vom Vater das homologe Chromosom mit neun Wiederholungen. Bei der Gelektrophorese zeigen sich dann beim Kind zwei verschiedene Banden (7/9). Diese lassen sich eindeutig je einem Elternteil zuordnen.

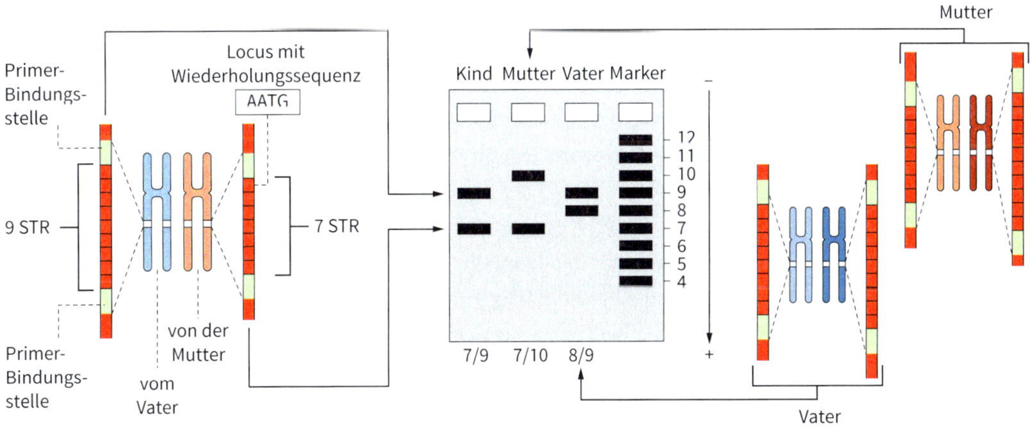

Abb. 4.38: Vaterschaftstest mittels STR-Analyse

Chromosomenanomalien

Man unterscheidet zwei Typen von Chromosomenanomalien:

- strukturelle Anomalien = Veränderungen der Chromosomengestalt
- numerische Anomalien = Veränderungen der Chromosomenanzahl

Beide Typen von Chromsomenanomalien gehen häufig mit schweren Krankheitsbildern einher, die im Rahmen der pränatalen Diagnostik erkannt werden können.

Strukturelle Anomalien

Nach der Art der Veränderungen unterscheidet man:

- **Deletion**: Verlust eines Chromosomenstücks.
- **Duplikation**: Verdopplung eines Chromosomenabschnittes. Herbei wird die Genbalance gestört, da sich die Menge des genetischen Materials ändert.
- **Inversion**: Drehung eines Chromosomenabschnittes um 180°. Normalerweise zeigt diese Anomalie keine Auswirkung, da sich nur die Reihenfolge, nicht aber die Menge genetischen Materials geändert hat (balancierte Anomalie).
- **Translokation**: Austausch von Chromosomenabschnitten zwischen nicht homologen Chromosomen.

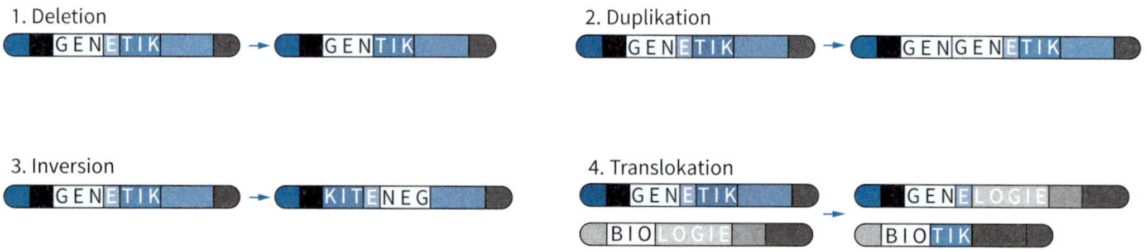

Abb. 4.39: Schematische Darstellung verschiedener struktureller Chromosomenanomalien

BEISPIEL

- **Katzenschreisyndrom**: Deletion am 5. Chromosom; Symptome: geistige und körperliche Unterentwicklung, katzenähnlicher Schrei des Säuglings
- **Prader-Willi-Syndrom**: Deletion am 15. Chromosom väterlicher Herkunft; Symptome: Muskelschwäche, Minderwuchs und Fettsucht
- **Angelmann-Syndrom**: Deletion wie beim Prader-Willi-Syndrom, jedoch ist hier das Allel mütterlicher Herkunft betroffen;
  Symptome: schwere geistige Behinderung, Minderwuchs. Die unterschiedliche Ausprägung von Allelen in Abhängigkeit von väterlicher oder mütterlicher Herkunft nennt man **genomic imprinting** (genomische Prägung).
- **Robertson'sche Translokation**: Fusion von Chromosom 21 mit Chromosom Nr. 14 oder Nr. 15 unter Verlust kurzer, nicht bedeutsamer Abschnitte. Symptome: Betroffene sind phänotypisch gesund, da sich die Menge an relevantem genetischem Material nicht geändert hat.

Numerische Anomalien

Veränderungen der Chromosomomenzahl sind zumeist Folge von Mutationen. Sie können dann auf zwei Wegen entstehen:

- **Nondisjunction während der 1. Reifeteilung der Meiose**:
  In diesem Fall liegt die fehlende Trennung homologer Chromosomen während der 1. Reifeteilung vor.
- **Nondisjunction während der 2. Reifeteilung der Meiose**:
  Bei dieser Form von Nondisjunction unterbleibt in der 2. Reifeteilung bei einem Chromosom die Trennung der Chromatiden.

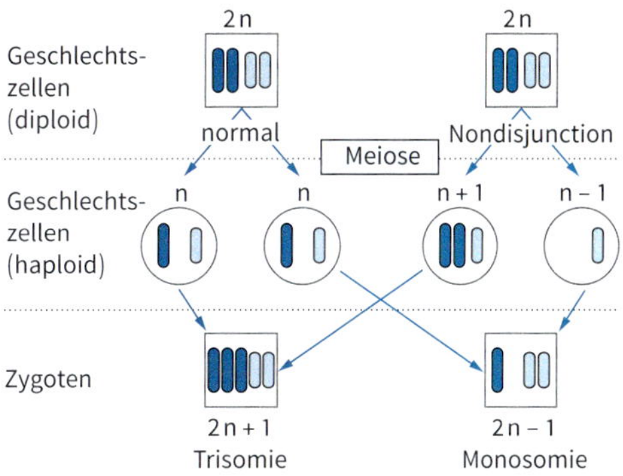

Abb. 4.40: Entstehung von Monosomien und Trisomien

In beiden Fällen entstehen dadurch Keimzellen mit überzähligen bzw. fehlenden Chromosomen. Nach Verschmelzung mit normalen Keimzellen weist der Chromosomensatz dann ein Chromosom zuviel (**Trisomie**) bzw. zu wenig (**Monosomie**) auf. Dadurch wird die Genbalance gravierend gestört. Je nachdem, welches Chromosom von der Fehlverteilung betroffen ist, unterscheidet man autosomale und gonosomale Anomalien:

Autosomale Anomalie	Symptome
PÄTAU-Syndrom (Trisomie 13)	Missbildung von Schädel, Herz und Nieren; mittlere Lebenserwartung 1 Monat
EDWARDS-Syndrom (Trisomie 18)	Missbildung des Schädels, Herzfehler; mittlere Lebenserwartung 2 Monate
DOWN-Syndrom (Trisomie 21)	Minderwuchs, Kopfdeformation, oft Herzfehler; häufigste Trisomie

Gonosomale Anomalie	Symptome
TURNER-Syndrom (45, XO)	Kleinwuchs, Unfruchtbarkeit; phänotypisch weiblich
KLINEFELTER-Syndrom (47, XXY)	überdurchschnittliche Größe, Unfruchtbarkeit; phänotypisch männlich
Poly-X-Syndrom (47, XXX)	meist unauffällig; phänotypisch weiblich
45, YO	nicht lebensfähig
Diplo-Y-Syndrom (47, XYY)	Hochwuchs, klinisch unauffällig; phänotypisch männlich

Tab. 4.3: Autosomale und gonosomale Anomalien

DNA-Sequenzierung

Frederick Sanger (1918), britischer Biochemiker, Nobelpreis für Chemie (1958 und 1980)

Um die molekularen Ursachen von Erbkrankheiten verstehen zu können, werden die Basensequenzen der entsprechenden Gene ermittelt. Diese können mithilfe der Kettenabbruchmethode nach Sanger ermittelt werden. Hierzu benötigt man:

- die zu bestimmende DNA als Einzelstrang,
- eine DNA-Polymerase,
- radioaktiv markierte Primer,
- die vier Desoxynucleotid-Triphosphate (dATP, dTTP, dGTP, dCTP),
- vier verschiedene **Abbruchnucleotide**. Hierbei handelt es sich um chemisch modifizierte Nucleotide (Didesoxyribonucleotide, kurz dd-Nucleotide), nach deren Einbau keine weiteren Nucleotide mehr binden können.

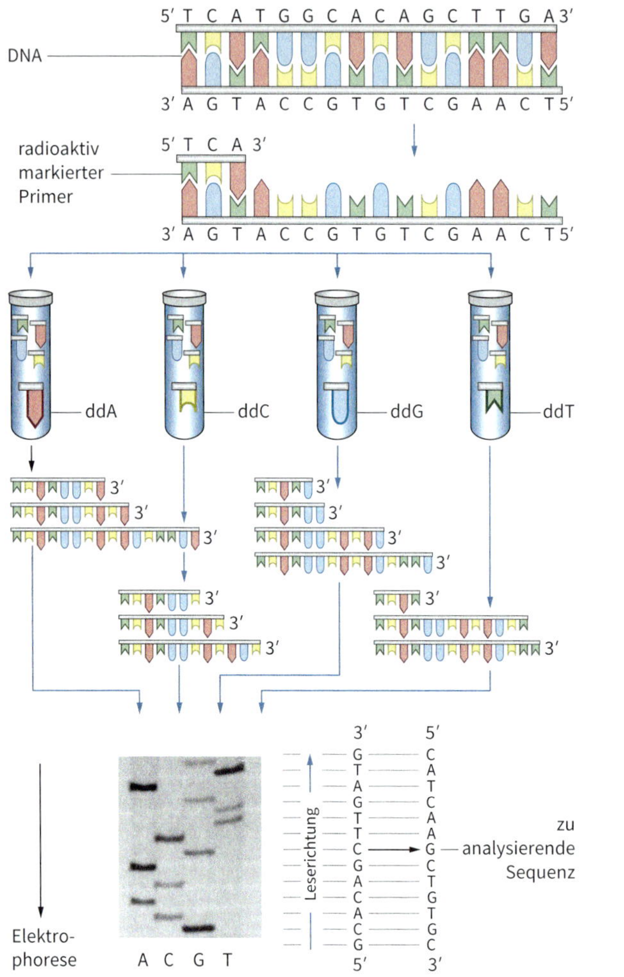

Abb. 4.41: Kettenabbruchmethode nach Sanger

Kopien der einzelsträngigen DNA werden zusammen mit den Primern, der Polymerase und den Nucleotiden auf vier Ansätze verteilt. Jeder Ansatz enthält zusätzlich eine Sorte eines Abbruchnucleotides in geringer Konzentration. In nebenstehendem Beispiel enthält der erste Ansatz ddA. Die DNA-Synthese bricht folglich nach jedem Einbau dieses Nucleotids ab.

Auf diese Weise erhält man im ersten Ansatz je nach Zahl und Position der Abbruchnucleotide verschieden lange DNA-Fragmente. Diese werden durch Erhitzen in Einzelstränge zerlegt und dann mittels Gelelektrophorese getrennt. Durch die radioaktiven Primer lassen sich die verschiedenen Fragmente im Autoradiogramm als schwarze Bande identifizieren. Jede Bande im ersten Ansatz entspricht dabei einer Adenin-Position. Liest man die Banden der verschiedenen Ansätze im Gel von unten nach oben in 5′ → 3′-Richtung ab, erhält man die komplementäre Sequenz des zu analysierenden DNA-Stranges.

Krebs

Die Teilung gesunder Zellen wird gehemmt, wenn diese an benachbarte Zellen stoßen. Ist eine solche Kontakthemmung aufgehoben, finden weitere Zellteilungen statt. Es entsteht eine Gewebewucherung, **Tumor** genannt. Gutartige, benigne Tumore wachsen nur langsam und dringen dabei nicht in benachbartes Gewebe ein. Im Gegensatz hierzu wachsen bösartige, maligne Tumore in das Gewebe hinein und schädigen es. Sie werden als **Krebs** bezeichnet. Von dem entstandenen bösartigen Primärtumor können sich einzelne Zellen ablösen und über das Blutgefäß- oder Lymphsystem im Körper verteilen und dann im Gewebe festsetzen. Auf diese Weise entstehen Sekundärtumore, die **Metastasen**.

Krebs und Zellzyklus

In einem gesunden vielzelligen Organismus wird der Zellzyklus engmaschig kontrolliert und so an seine unterschiedlichen Bedürfnisse angepasst. An unterschiedlichen **Kontrollpunkten** des Zyklus wird überprüft, ob Fehler vorliegen. In diesem Fall wird der Zyklus angehalten, sodass Zeit für mögliche Fehlerreparaturen bleibt. Die Geschwindigkeit mit der der Zellzyklus abläuft wird gesteuert: Wachstumsaktivatoren fördern die Zellteilung, Wachstumsinhibitoren hemmen oder verhindern diese. Können **Wachstumsaktivatoren** infolge einer Mutation nicht mehr inaktiviert oder **Wachstumsinhibitoren** nicht mehr aktiviert werden, gerät der Zellzyklus außer Kontrolle. Die dann unkontrollierten Zellteilungen können Krebs verursachen.

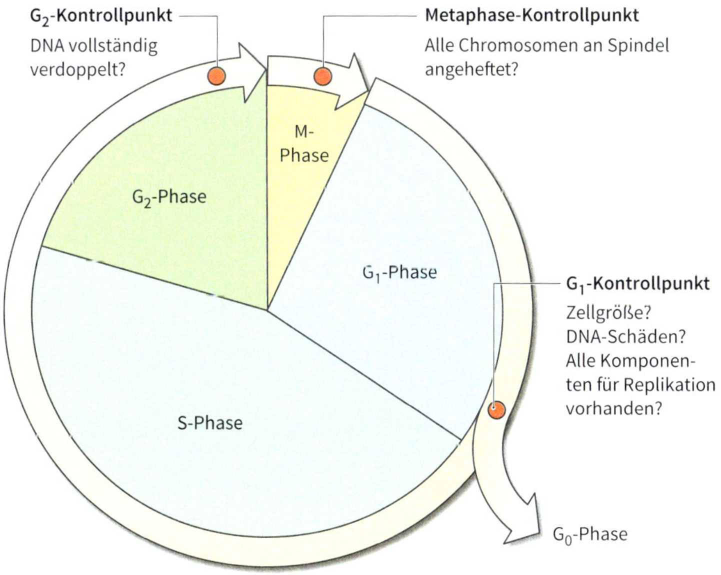

Abb. 4.42: Kontrollpunkte des Zellzyklus

Proto-Onokogene

Gene, deren Produkte das normale Zellwachstum steuern, heißen **Proto-Onkogene**. Sie codieren u.a. Wachstumsaktivatoren. Binden diese an Rezeptoren auf der Zellmembran, wird dadurch eine intrazelluläre Signalkette ausgelöst. An deren Ende werden Proteine aktiviert, die als Transkriptionsfaktoren die Expression bestimmter Gene beeinflussen. Deren Produkte beeinflussen den Zellzyklus an seinen Kontrollpunkten. Durch Mutationen können Proto-Onkogene in krebserregende **Onkogene** übergehen. So führt etwa eine Punktmutation im normalen Ras-Proto-Onkogen zu einem räumlich veränderten Ras-Protein. Dadurch können Rezeptoren und Moleküle der Signalkette nicht mehr inaktiviert werden. Sie erzeugen dann unkontrolliert wachstumsfördernde Signale.

Tumor-Suppressorgene

Gene, deren Produkte zu den Wachstumsinhibitoren gehören, heißen **Tumor-Supressorgene**. Die entsprechenden Produkte wie etwa das P53-Protein hemmen an Kontrollpunkten des Zellzyklus den Übergang zwischen den einzelnen Phasen und ermöglichen so Reparaturvorgänge. Wird ein Tumor-Suppressorgen durch eine Mutation inaktiviert, können keine funktionsfähigen Wachstumsinhibitoren gebildet werden. Unkontrollierte Zellteilungen sind die mögliche Folge.

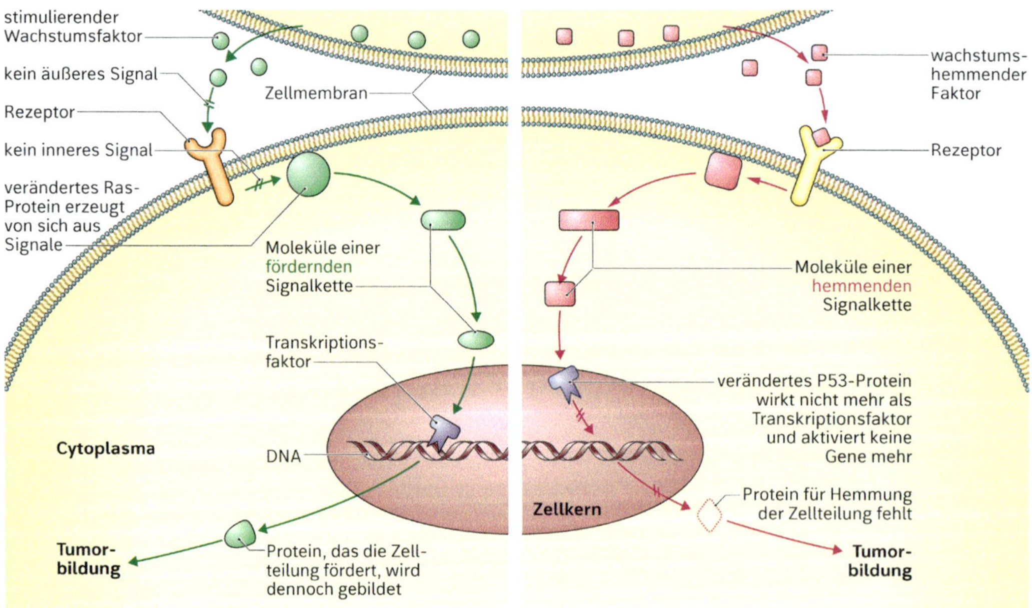

Abb. 4.43: Entwicklung von Tumorzellen

Genetische Beratung

In einer genetischen Beratungsstelle erhalten Ratsuchende, etwa Personen mit Kinderwunsch, Informationen über Erbkrankheiten und deren mögliche Bedeutung für die individuelle Lebens- und Familienplanung. Dabei wird auch auf die psychosozialen Folgen solcher Erkrankungen eingegangen.

Es gelten folgende Grundsätze:
- Die Beratung ist vor Anwendung einer möglichen Diagnostik zwingend erforderlich.
- Die Beratung muss freiwillig sein.
- Allein die Ratsuchenden bestimmen darüber, in welchem Umfang sie über die Ergebnisse der Untersuchungen informiert werden (Recht auf Nichtwissen).
- Die Entscheidung über Abbruch oder Fortsetzung einer Schwangerschaft bei krankhaftem Befund treffen allein die Ratsuchenden.

Indikation
Eine Beratung ist in folgenden Fällen angezeigt:
- Ratsuchende sind Betroffene einer Erbkrankheit.
- In der Familie eines Ratsuchenden gibt es Personen mit einer Erbkrankheit.
- Gesunde Paare haben bereits ein Kind, das an einer Erbkrankheit leidet.
- Paare sind ungewollt kinderlos oder die Frau hat bereits Fehlgeburten erlitten.
- Die Partner sind miteinander verwandt.
- Frauen, die älter als 35 Jahre sind, und Partner, die zusammen älter als 75 Jahre sind. Bei ihnen ist das Risiko einer Chromosomenanomalie erhöht.
- Schädliche Umwelteinflüsse vor oder während der Schwangerschaft.

Ablauf
- Anamnese. Die persönliche und familiäre Vorgeschichte der Ratsuchenden wird erhoben.
- Risikoabschätzung. Auf Basis eines Familienstammbaums über mindestens drei Generationen wird die Wahrscheinlichkeit ermittelt, mit der die Ratsuchenden oder deren Kinder von der vermuteten Erbkrankheit betroffen sind.
- Medizinische Untersuchungen. Bei Bedarf werden Chromosomenanalysen und – wenn möglich – Gentests durchgeführt.

Pränatale Diagnostik

Ziel der pränatalen Diagnostik ist es, Chromosomenanomalien und Erbkrankheiten bereits beim ungeborenen Kind zu erkennen. Nichtinvasive und invasive Methoden werden unterschieden.

Nichtinvasive Methoden

- Ultraschalluntersuchungen
- Auf Wunsch der Schwangeren **Ersttrimester-Screening** mit Messung der **Nackentransparenz** und **nichtinvasivem Pränataltest (NIPT)**. Eine vergrößerte Nackentransparenz des Ungeborenen ist ein Hinweis auf eine Trisomie 21 oder eine andere Fehlbildung. Beim NIPT wird aus dem Blut der Schwangeren eigene und fetale DNA isoliert und untersucht. Die Wahrscheinlichkeit einer Trisomie 13, 18 oder 21 lässt sich so ermitteln.

Invasive Methoden

- **Chorionzottenbiopsie**. In der 9. bis 12. Schwangerschaftswoche werden aus dem entstehenden Mutterkuchen, dem Chorion, kindliche Zellen entnommen und nach Kultivierung auf Chromosomenanomalien untersucht.
- **Amniozentese**. Entnahme von Fruchtwasser ab der 14. Schwangerschaftswoche aus der Fruchtblase, dem Amnion und Untersuchung der enthalten fetalen Zellen.
- **Nabelschnurpunktion**. In seltenen Fällen Entnahme von Zellen aus der Nabelschnur, ab der 19 Schwangerschaftswoche.

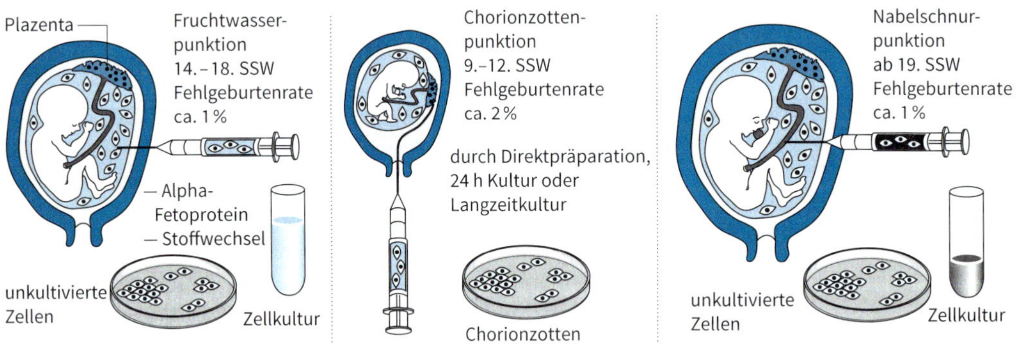

Abb. 4.44: Methoden der pränatalen Diagnostik

Humangenetik ➡ Methoden und Diagnostik 4.4

1 STAMMBAUMANALYSE

- Autosomal dominante Erbgänge: gehäuftes Auftreten des Merkmals über mehrere Generationen, beide Geschlechter betroffen
- Autosomal rezessive Erbgänge: relativ seltenes Auftreten des Merkmals, beide Geschlechter betroffen
- X-chromosomal dominante Erbgänge: beide Geschlechter betroffenen, Frauen doppelt so häufig wie Männer
- X-chromosomal rezessive Erbgänge: fast nur Männer betroffen; heterozygote Frauen können Überträgerinnen (= Konduktorinnen) sein

2 BLUTGRUPPEN

- Multiple Allelie: drei Allele eines Gens sind für die Blutgruppen A, B, AB, 0 verantwortlich
- Die Allele A und B sind zueinander kodominant und dominant gegenüber dem Allel 0

3 GENETISCHER FINGERABDRUCK

- STR-Methode: Verschiedene Individuen besitzen unterschiedliche Zahl an DNA-Sequenzen, die sich wiederholen
- Grundlage: Sequenzunterschiede in nicht-codierenden DNA-Bereichen

4 CHROMOSOMEN-ANOMALIEN

- Strukturelle Anomalien:
  - Deletion = Verlust eines Chromosomenstücks
  - Duplikation = Verdoppelung eines Chromosomenstücks
  - Inversion = Drehung eines Chromosomenstücks um 180 Grad
  - Translokation = Austausch von Chromosomenstücken nicht homologer Chromosomen
- Numerische Anomalien:
  - Ursache: Nondisjunction während der Reifeteilung I und/oder der Reifeteilung II der Meiose
  - Folge: Chromosomensatz mit überzähligem Chromosom (Trisomie) oder fehlendem Chromosom (Monosomie); gravierende Störung der Genbalance

5 DNA-SEQUENZIERUNG

- vier Ansätze mit Kopien der einzelsträngigen DNA sowie Primer, Polymerase und Nucleotiden
- Zugabe einer Sorte von Abbruchnucleotiden zu jedem Ansatz
- DNA-Synthese führt zu unterschiedlich langen DNA-Fragmenten, je nach Zahl und Lage der Abbruchnucleotide
- Trennung der unterschiedlichen Fragmente und Identifizierung mittels Autoradiografie oder Fluoreszenzfarbstoffen

4.4 Humangenetik

6 KREBS

- Krebs = maligner Tumor, der in benachbartes Gewebe eindringt und es schädigt
- Primärtumor = Tumor, von dem die Bildung von Metastasen ausgeht
- Sekundärtumor = Metastase = vom vom Primärtumor räumlich getrennte, gleichartige Tochtergeschwulst, die durch Verschleppung von lebensfähigen Tumorzellen entsteht
- Protoonkogene = Gene, die für Wachstumsaktivatoren codieren
- Wachstumsaktivatoren: fördern über mehrere Zwischenschritte den Zellzyklus an seinen Kontrollpunkten
- Onkogene = Gene, die durch Mutationen von Protoonkogenen gebildet wurden; erzeugen unkontrolliert wachstumsfördernde Signale → Krebs
- Wachstumsinhibitoren: hemmen oder verhindern indirekt die Zellteilung
- Tumor-Suppressorgene = Gene, deren Produkte zu den Wachstumsinhibitoren zählen; Mutationen dieser Gene können zu Krebs führen
- Gestörter Zellzyklus und Krebs: durch fehlende Inaktivierung von Wachstumsaktivatoren oder fehlende Aktivierung von Wachstumsinhibitoren gerät der Zellzyklus außer Kontrolle

7 GENETISCHE BERATUNG

Ratsuchende erhalten Informationen über Erbkrankheiten und deren mögliche Bedeutung für die individuelle Lebens- und Familienplanung.

Grundsätze:

- stets freiwillig
- Recht auf Nichtwissen
- allein die Ratsuchenden treffen die Entscheidung über möglichen Schwangerschaftsabbruch
- zwingend vor einer medizinischen Diagnostik

Ablauf:

- Anamnese
- Stammbaumanalyse zur Risikoabschätzung
- Chromosomenanalyse, Gentests

Pränantale Diagnostik:

- Nichtinvasive Methoden:
  - Ultraschalluntersuchungen
  - Ersttrimesterscreening mit Messung der Nackentransparenz und NIPT (nicht-invasiver Pränataltest) auf Trisomien
- Invasive Methoden:
  - Chorionzottenbiopsie ab 9. bis 12. SSW
  - Amniozentese ab 14. SSW
  - Nabelschnurpunktion ab 19. SSW

Immunbiologie

5

In diesem Kapitel werden zunächst die grundlegenden Elemente der unspezifischen und der spezifischen Immunabwehr besprochen, bevor anschließend der Ablauf der zellulären und der humoralen Immunantwort im Detail thematisiert werden. Auch die Themen immunologisches Gedächtnis und Immunisierung kommen dabei zur Sprache.

5.1 Überblick

Tiere und Menschen werden ständig von krankheitserregenden Viren, Bakterien, Pilzen und sonstigen Fremdsubstanzen bedroht. Die Fähigkeit des Körpers, sich mithilfe von Abwehrmechanismen gegen solche Krankheitserreger und Stoffe zu wehren, wird **Immunität** gekannt. Organe, Gewebe und Zellen, die an dieser Abwehr beteiligt sind, bilden zusammen das **Immunsystem** des Körpers. Dieses besteht aus drei Abwehrlinien:

① **Unspezifische passive Abwehr**: Haut und Schleimhäute sowie von ihnen gebildete Sekrete wirken als erste allgemeine Barriere. Diese besteht von Geburt an und richtet sich gegen sämtliche körperfremden Stoffe.

② **Unspezifische aktive Abwehr**: Wurde die erste Verteidigungslinie überwunden, so greift im Körperinneren das nächste Abwehrsystem: **Weiße Blutzellen**, auch Leukozyten genannt, bilden die aktive Immunabwehr. Sie wirken u. a. als Fresszellen, die Krankheitserreger erkennen und beseitigen können. Daneben findet man ein nicht zelluläres Abwehrsystem, das **Komplementsystem**. Es besteht aus Proteinen, die dazu dienen, körperfremde Zellen zu erkennen, aufzulösen und abzutransportieren. Manchmal äußert sich die Aktivität der zweiten Verteidigungslinie auch in einer Entzündung: Durch Signalstoffe der gereizten Gewebszellen werden Fresszellen zum Infektionsort angelockt, die die Krankheitserreger unschädlich machen. Die beschriebenen Abwehrmechanismen sind allesamt unspezifisch, da sie sich gegen alle körperfremden Stoffe richten.

③ **Spezifische Abwehr**: Diese dritte Verteidigungslinie wird erst im Verlauf des Lebens nach Kontakt mit den Krankheitserregern aufgebaut und dann ständig angepasst. Man spricht daher auch von **erworbener Immunität**. Sie zeichnet sich durch ihre Spezifität gegenüber dem Erreger, ihre Vielfältigkeit sowie durch ihr Gedächtnis aus. Zur spezifischen Immunabwehr gehört die Bildung von Abwehrproteinen, den Antikörpern. Daneben sind bestimmte Leukozyten, die B- und T-Lymphozyten, sowie verschiedene Hilfszellen an der Abwehr beteiligt.

lat. *immunis* = frei von Krankheit

5.2 *Unspezifische aktive Abwehr*

An der unspezifischen aktiven Abwehr sind unterschiedliche Typen von Zellen und verschiedene Proteine beteiligt:

- **Fresszellen** oder **Makrophagen** bilden eine Gruppe von Leukozyten, die Erreger oder Fremdstoffe durch Endocytose aufnehmen und sie verdauen. Sie besitzen auf ihren Zellmembranen Rezeptoren, mit denen sie körperfremde Strukturen erkennen. Solche Strukturen, die eine Immunantwort auslösen, werden **Antigene** genannt.
- **Mastzellen** bilden eine weitere Gruppe von Leukozyten. Sie sind prall mit Vesikeln gefüllt, in denen Heparin und Histamin gespeichert sind. Diese werden nach Aktivierung durch Exocytose in den Zellzwischenraum entleert und verstärken so die Immunreaktion. Während Heparin die Geschwindigkeit der Blutgerinnung steuert, löst der Signalstoff Histamin eine Entzündung im verletzten Gewebe aus.
- **Natürliche Killerzellen** sind eine Gruppe der **Lymphozyten**, die gezielt den Zelltod geschädigter Zellen auslösen. Sie erkennen diese an einer verringerten Zahl an Oberflächenrezeptoren und setzen Perforine und Proteasen frei. Perforine bilden Löcher in der Zellmembran der geschädigten Zelle, durch die dann Proteasen eindringen können. Diese bauen zelluläre Proteine ab, wodurch die **Apoptose** (der Zelltod) ausgelöst wird.

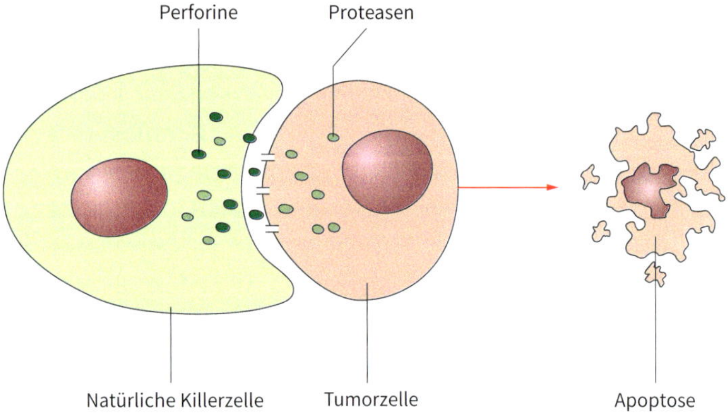

Abb. 5.1: Apoptose einer Tumorzelle durch eine natürliche Killerzelle

- Das **Komplementsystem** besteht aus mehr als 30 verschiedenen Proteinen, die im Blut als inaktive Vorstufen zirkulieren. Nach ihrer Aktivierung können sie beispielsweise Erreger markieren, damit Makrophagen diese als fremdartige Zellen erkennen oder Entzündungen auslösen, um so die Fremdkörper schneller aus dem Blutkreislauf zu entfernen.

Entzündungsreaktionen

Wird ein Gewebe etwa durch einen Splitter verletzt, können Bakterien in die Wunde eindringen und so eine **Entzündungsreaktion** auslösen. Diese wird durch chemische Signale ausgelöst, die von den Bakterien selbst und von Mastzellen des Immunsystems stammen. Letztere setzen **Histamin** frei, wodurch die Blutkapillaren geweitet werden (→ Abb. 5.2, **A**).

Treffen Makrophagen auf die eingedrungenen Bakterien setzen auch diese Botenstoffe frei. Sie locken weitere Makrophagen an. Diese nehmen die Bakterien durch Phagozytose auf und verdauen sie. Einzelne Makrophagen gehen danach im Bereich der Entzündungsstelle zugrunde (→ Abb. 5.2, **B**). Diese bilden zusammen mit Resten von Zellen, Erregern und Fremdstoffen beim Abklingen der Entzündung Eiter. Sind die Erreger vollständig abgebaut, schieben sich neu gebildete Hautzellen in die betroffene Stelle und schließen so die Wunde (→ Abb. 5.2, **C**).

Bei einer schweren Infektion geben geschädigte Zellen Moleküle ab, die eine vermehrte Freisetzung bestimmter Leukozyten aus dem Knochenmark anregen. Die stark ansteigende Leukozytenzahl im Blut zeigt dann eine gefährliche Infektion an. Daneben können auch entzündlich wirkende exogene und endogene Stoffe **Fieber** auslösen. Die Wachstumsrate bestimmter Erreger wird so gehemmt, die Phagocytoserate verbessert und die Leukozytenfunktionen gefördert.

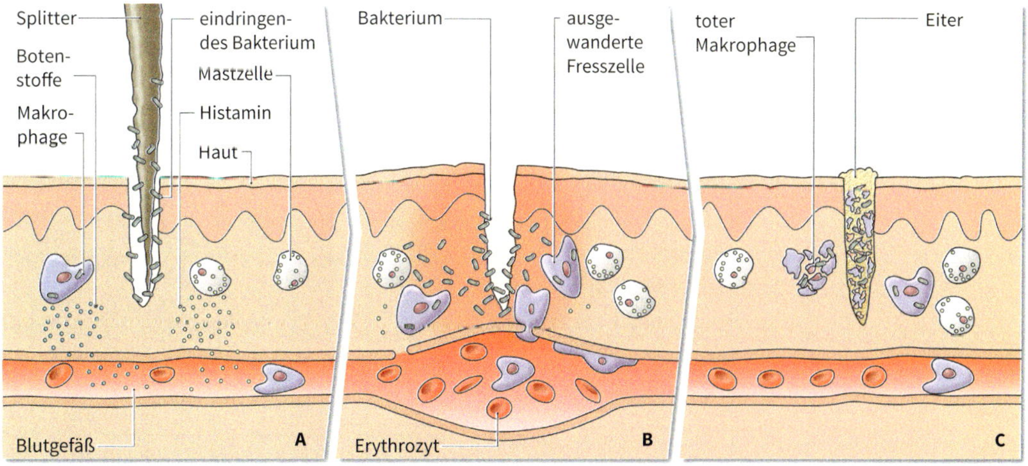

Abb. 5.2: Verlauf einer Entzündungsreaktion: **A** Histaminfreisetzung; **B** Auswanderung von Fresszellen; **C** Eiterbildung

5.3 Spezifische Immunabwehr

Antigene und Antikörper

Die spezifische Immunabwehr wird von körperfremden Zellen und Strukturen, den **Antigenen**, ausgelöst. Meist wird nur ein kleiner Molekülbereich des Antigens als fremd erkannt. Man bezeichnet ihn als **Epitop**. Die spezifische Abwehr richtet sich normalerweise nur gegen Epitope, die nicht im eigenen Körper vorkommen. Jeder Mensch besitzt auf der Oberfläche seiner Zellen ein individuelles Muster an Proteine. Diese **MHC-Proteine** (engl.: ***m**ajor* ***h**istocompatibility* ***c**omplex*) ermöglichen dem Immunsystem eine Unterscheidung zwischen körpereigenen und körperfremden Zellen und Strukturen.

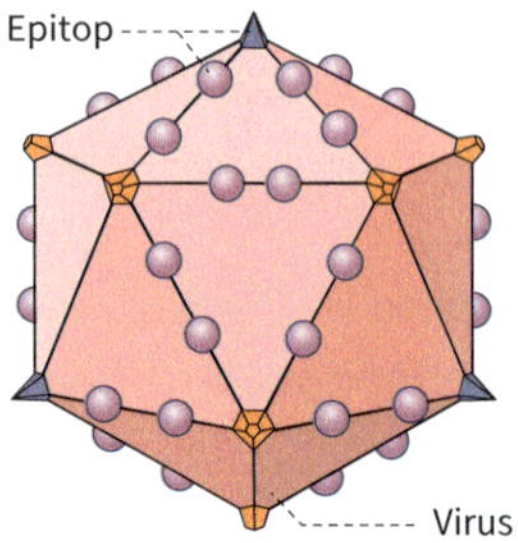

Abb. 5.3: Antigen mit verschiedenen Epitopen

Die Epitope eines Antigens binden nach dem Schlüssel-Schloss-Prinzip an spezifische Proteine, die **Antikörper** (Immunglobuline, IG). Diese werden von Lymphozyten gebildet, die besonders häufig in den Lymphbahnen, den Lymphknoten, der Milz und den Rachenmandeln vorkommen. Antikörper sind überwiegend frei im Blutplasma gelöst oder an die Oberfläche von Lymphozyten gebunden.

Antikörperstruktur

Antikörper bestehen aus vier Proteinketten mit Y-förmiger Gestalt.
Sie besitzen:

- zwei identische, schwere **H-Ketten** *(heavy)*, die über Disulfidbrücken verbunden sind
- zwei identische, leichte **L-Ketten** *(light)*
- **variable Abschnitte**, an denen die jeweilige Antigen-Bindung erfolgt
- **konstante Abschnitte**, die für die sonstige Funktion des Antikörpers wie die Bindung an Zelloberflächen verantwortlich sind

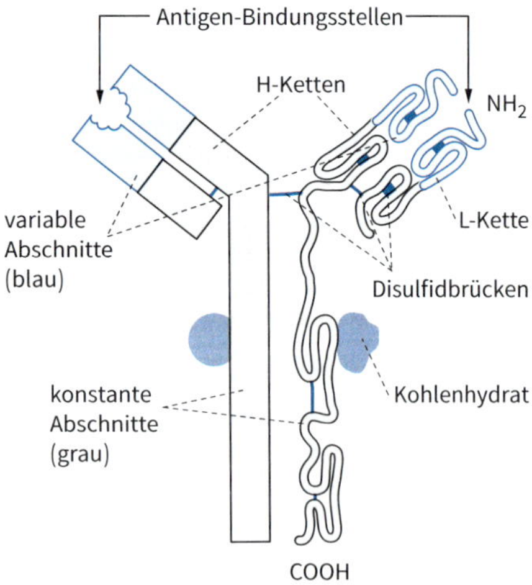

Abb. 5.4: Strukturmerkmale eines Antikörpers

Antigen-Antikörper-Reaktion

Treffen Antigen und spezifischer Antikörper aufeinander, so kommt es zwischen diesen im Bereich des variablen Antikörperabschnittes zur Ausbildung von zwischenmolekularen Bindungen wie beispielsweise Wasserstoffbrücken. Es entstehen Antigen-Antikörper-Komplexe. Ein Antikörper kann mit seinen beiden Antigenbindungsstellen dabei auch zwei gleichartige Antigene binden. Die so entstehenden, netzartigen Strukturen werden leicht von Fresszellen erkannt, phagocytiert und damit unschädlich gemacht.

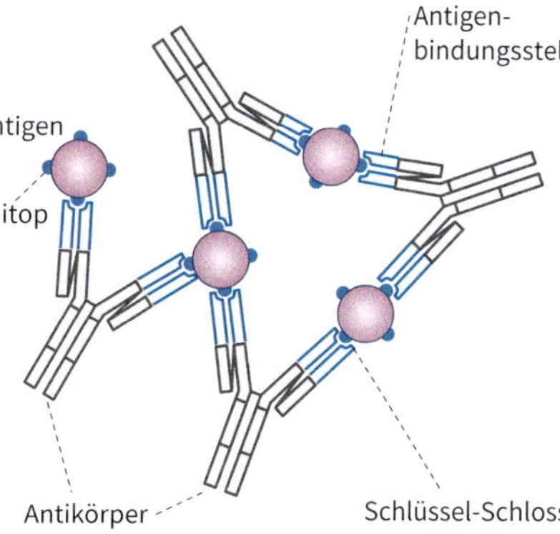

Abb. 5.5: Antigen-Antikörper-Kompex

Antikörperklassen

Man unterscheidet fünf verschiedene Antikörperklassen mit folgenden Strukturmerkmalen:

- Unterschiede in den konstanten Abschnitten der H-Ketten. Sie bewirken unterschiedliche biologische Funktionen.
- Übereinstimmende variable Regionen und somit gleiche Epitop-Spezifitäten. Dabei ruft jedes Epitop die Bildung aller fünf Antikörperklassen hervor, jedoch in unterschiedlichem Mengenverhältnis.

Antikörper-klasse	IgG	IgM (Pentamer)	IgA (Dimer)	IgD	IgE
Funktion	Abwehr bei Sekundär-infektionen	erste Antikörper bei einer Infektion	Abwehr von Viren, Bakterien u.a. in Schleim-häuten	aktiviert B-Lymphozyten	allergische Reaktion, Parasiten-abwehr
Gestalt	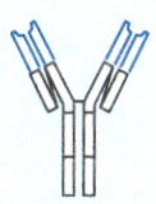	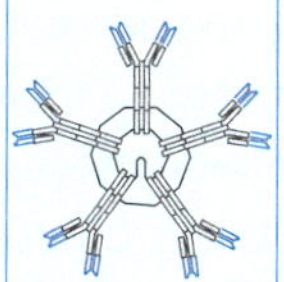		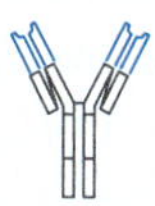	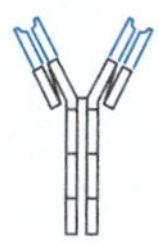

Tab. 5.1: Antikörperklassen

Entsprechend der Vielzahl möglicher Antigene gibt es auch eine Vielzahl verschiedener Antikörper. Diese Antikörpervielfalt wird durch Neukombination der DNA während der Antikörperbildung erzeugt.

Lymphozyten

Lymphozyten sind eine Untergruppe der weißen Blutkörperchen. Man unterscheiden drei Typen von Lymphozyten:

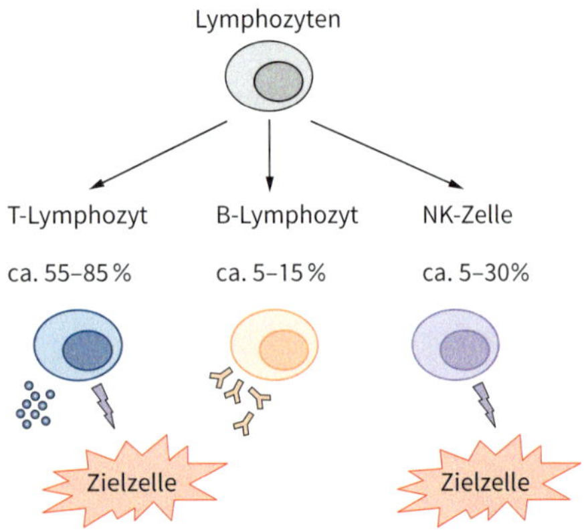

Abb. 5.6: Lymphozyten

- **Natürliche Killerzellen (NK-Zellen)** machen etwa 5 bis 30 Prozent der Lymphozyten im menschlichen Blut aus. Sie gehören zur unspezifischen aktiven Immmunabwehr, weil sie unmittelbar virusinfizierte Zellen oder Tumore eliminieren können.
- **B- und T- Lymphozyten** sind Bestandteil der spezifischen Immunabwehr. Sie gehen aus undifferenzierten Stammzellen des Knochenmarks hervor und sind zunächst nicht in der Lage, Antigene zu erkennen. Sie werden deshalb als immunologisch inkompetent bezeichnet. Ihre Weiterentwicklung ist an zwei Vorgänge gebunden, die Reifung und die Aktivierung nach Antigenkontakt:

1. Reifung

Erst durch **Reifung** werden aus unspezialisierten Vorläuferzellen immunologisch kompetente Zellen mit spezifischen Antigen-Rezeptoren. Nach dem Ort ihrer Reifung unterscheidet man zwei verschiedene Typen von Lymphozyten:

- **B-Lymphozyten** oder auch kurz **B-Zellen**: Etwa 5 bis 15 Prozent der Vorläuferzellen entwickeln sich im Knochenmark (engl. ***b**one marrow*) zu B-Lymphozyten. Bei ihnen bestehen die Antigen-Rezeptoren aus Antikörpern, die innerhalb der B-Zellen synthetisiert werden und sich dann auf der Außenseite der Zellmembran befinden. Obwohl jede einzelne B-Zelle identische Antikörper besitzt, ergibt sich durch die Neukombination der DNA bei der Antikörperbildung eine Vielzahl unterschiedlicher B-Zellen.
- **T-Lymphozyten** oder auch **T-Zellen**: Die übrigen Vorläuferzellen reifen im **T**hymus, einem bei Kindern ausgebildeten lymphatischen Organ hinter dem Brustbein. Die Lymphozyten nennt man entsprechend T-Lymphozyten. Bei der Reifung erhalten diese T-Lymphozyten Oberflächenmarker mit antikörperähnlicher Struktur.

2. Aktivierung nach Antigenkontakt

B- und T-Zellen entwickeln sich zunächst nicht weiter. Als ruhende Zellen zirkulieren sie in Blut und Lymphe ständig zwischen Milz, Lymphknoten und Gewebe. Trifft nun eine ruhende B- oder T-Zelle auf das spezifische Antigen, so erfolgt die Aktivierung: Die Zelle beginnt sich vielfach zu teilen und bildet eine Vielzahl genetisch identischer Zellen, einen Klon. Da nur Zellen mit passendem Antigenrezeptor aktiviert wird, spricht man von **klonaler Selektion**.

Aus aktivierten B-Zellen entstehen **Plasmazellen**. Ihre Lebensdauer beträgt nur drei bis fünf Tage. In dieser Zeit produzieren sie jede Sekunde mehrere Tausend spezifische Antikörper. Gleichzeitig bilden sich **B-Gedächtniszellen**.

Bei T-Zellen sind die Rezeptoren im Gegensatz zu den B-Zell-Rezeptoren keine Antikörper, sondern komplexere Proteine. Sie sind aufgrund ihrer Struktur in der Lage, passende Antigene an sich zu binden. Erfolgt der Kontakt zwischen Antigen und T-Zell-Rezeptoren, so beginnen sich verschiedene T-Zellen zu bilden:

- **T-Helferzellen** senden besondere Botenstoffe, die Cytokine aus. Sie sind für die Aktivierung der Immunantwort unverzichtbar.
- **Cytotoxische T-Zellen** bewirken die enzymatische Zerstörung der Zellmembran.
- **T-Gedächtniszellen** speichern Muster der Antigene und lösen bei einer Zweitinfektion eine schnelle Immunantwort aus.

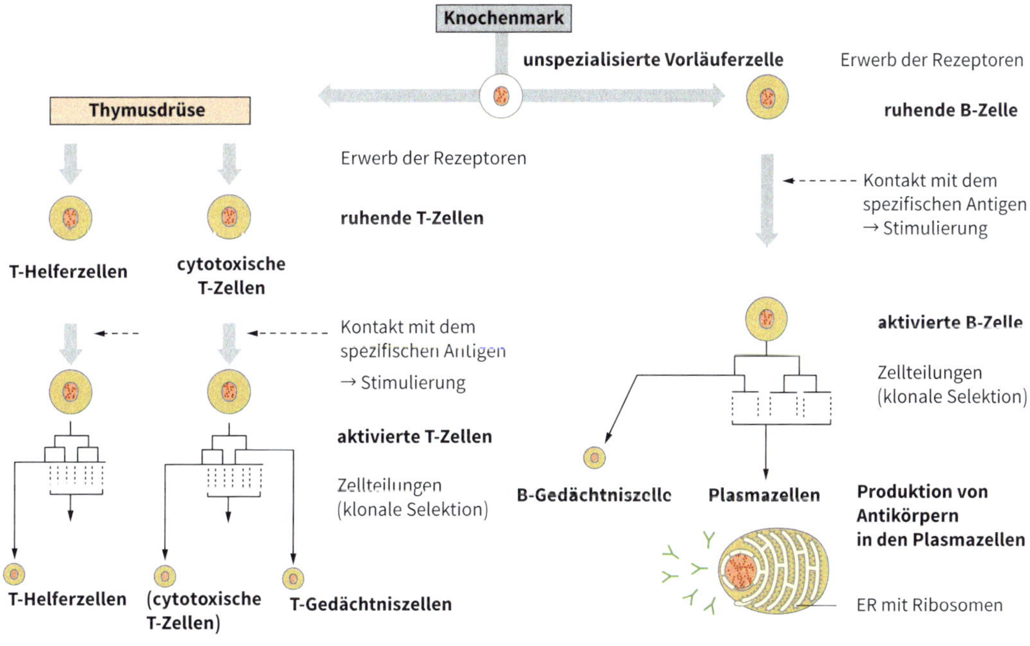

Abb. 5.7: Bildung von B- und T-Lymphozyten

5.4 Die Immunantwort

Das Zusammenwirken verschiedener Zelltypen bei der spezifischen Abwehr von Krankheitserregern bezeichnet man als Immunantwort. Es werden zwei Antworten unterschieden:

lat. *humor* = Flüssigkeit

- **Humorale Immunantwort**: Die humorale Antwort richtet sich gegen Toxine, freie Bakterien und Viren, die in die Körperflüssigkeiten Blut und Lymphe vorgedrungen sind. Die humorale Immunantwort erfolgt über Antiköper produzierende B-Zellen.
- **Zelluläre Immunantwort**: Diese Immunantwort richtet sich nur gegen virusinfizierte Körperzellen, Tumorzellen oder Transplantate, die auf der Membranoberfläche spezifische Marker tragen. Frei im Blut oder der Lymphe vorkommende Antigene werden nicht angegriffen. Die zelluläre Immunantwort erfolgt durch cytotoxische Zellen.

Ablauf der humoralen Immunantwort

Nach dem Kontakt zwischen spezifischem Antikörper und Antigen werden ruhende B-Zellen aktiviert: Sie teilen sich und bilden Plasmazellen, die Antikörper produzieren. Die Antikörper bewirken eine Verklumpung der Antigen tragenden Zellen (**Agglutination**). Die entstehenden Komplexe werden dann von phagocytierenden Zellen beseitigt.

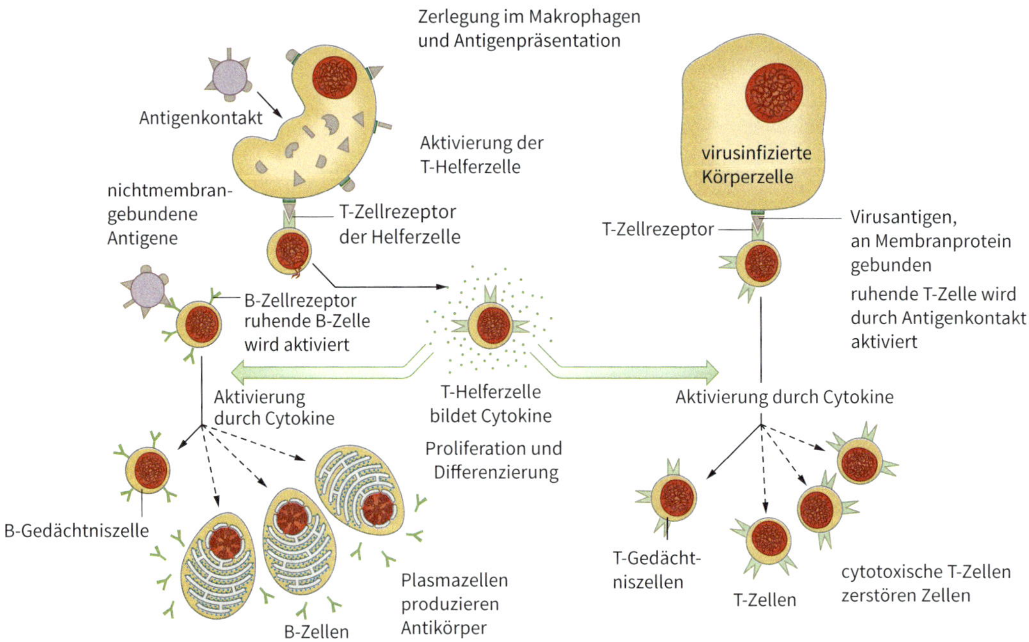

Abb. 5.8: Ablauf der humoralen und der zellulären Immunantwort

Bei der humoralen Antwort wirken T-Helferzellen unterstützend. Makrophagen zerlegen dazu aufgenommene Antigene und präsentieren Antigenfragmente auf der Zelloberfläche. T-Helferzellen binden an diese Rezeptoren, werden dadurch aktiviert und sondern Cytokine ab. Erst durch diese Proteine erfolgt dann die Aktivierung der B-Zellen.

Ablauf der zellulären Immunantwort
Virusinfizierte Zellen und Tumorzellen besitzen Oberflächenmarker, an die ruhende T-Zellen spezifisch binden können. Hierdurch erfolgte eine Teilaktivierung dieser Zellen.

Für eine vollständige Aktivierung müssen T-Helferzellen ebenfalls durch Cytokine aktiviert werden. T-Zellen beginnen daraufhin, sich zu teilen. Sie bilden T-Gedächtniszellen, T-Zellen und cytotoxische Zellen, die infizierte Körperzellen oder Tumorzellen angreifen. Dabei geben sie das Protein *Perforin* ab, das die Zellmembran durchlöchert. Von T-Zellen gebildete Enzyme dringen daraufhin durch die Löcher in die Zelle und verdauen sie von innen.

Das immunologische Gedächtnis

Beim erstmaligen Kontakt mit einem Erreger produzieren B-Lymphozyten hauptsächlich Antikörper der IgM-Klasse. Daneben werden B-Gedächtniszellen gebildet. Hierbei handelt es sich um langlebige, aber zunächst inaktive B-Lymphozyten.

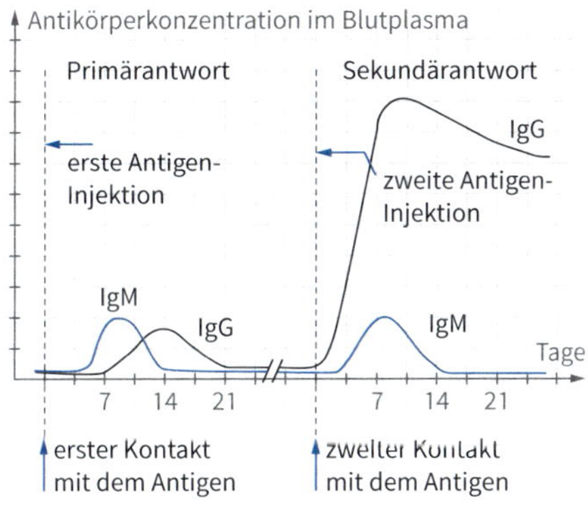

Abb. 5.9: Primär- und Sekundärantwort

Vergleichbar bilden auch T-Zellen als Teil der Primärantwort T-Gedächtniszellen. Beim späteren Kontakt mit dem gleichen Erreger werden bei der Sekundärantwort von B-Gedächtniszellen vor allem IgG-Antikörper gebildet. Sie zeichnen sich – im Vergleich zu den Antikörpern der Primärantwort – durch eine höhere Affinität gegenüber dem Antigen aus.

Die beim Erstkontakt gebildeten T-Gedächtniszellen der zellulären Immunantwort reagieren beim Zweitkontakt deutlich stärker und schneller. B- und T-Gedächtniszellen bilden damit das **immunologische Gedächtnis** eines Lebewesens.

5.5 Immunisierung durch Impfungen

Impfungen unterstützen die körpereigenen Immunreaktionen gegen Krankheitserreger. Es werden zwei unterschiedliche Typen unterschieden:

- **Aktive Immunisierung**. Antigene eines bestimmten Erregers werden verabreicht, die spezifische B- und T-Lymphozyten aktivieren. Diese bilden in der Folge Antikörper, cytotoxische T-Zellen und Gedächtniszellen. Bei einer späteren Infektion mit dem entsprechenden Erreger können mithilfe der Gedächtniszellen effektiv Antikörper und cytotoxische T-Zellen gebildet werden, die den Erreger vernichten. Die aktive Immunisierung bietet somit einen Langzeitschutz.
- **Passive Immunisierung**. Es wird ein Konzentrat von spezifischen Antikörpern gegen einen bestimmten Krankheitserreger oder dessen Toxin gespritzt. Das Konzentrat wird auch als Heilserum oder Immunserum bezeichnet. Die Antikörper gewinnt man aus dem Blutserum von immunisierten Säugetieren oder Menschen, die zuvor mit abgeschwächten Erregern oder dem Toxin infiziert wurden. Die passive Immunisierung bietet einen sofortigen Schutz, hält aber nur eine bestimmte Zeit. Es wird kein immunologisches Gedächtnis ausgebildet.

Impfstofftypen

Für die aktive Immunisierung werden verschiedene Typen von Impfstoffen verwendet:

- **Lebendimpfstoffe** enthalten eine gerine Menge des Erregers, sind jedoch so abgeschwächt, dass sie keine Erkrankung auslösen können. Sie können sich jedoch noch eingeschränkt vermehren, sodass mehrfach Antikörper und Gedächtniszellen gebildet werden.
- **Totimpfstoffe** enthalten abgetötete oder inaktive Erreger. Es werden nur einmal Gedächtniszellen gebildet, da der Impfstoff abgebaut wird. Zu den Totimpfstoffen zählen auch **Vektor-** und **mRNA-Impfstoffe**. Diese bewirken, dass Zellen geimpfter Personen bestimmte Proteine des Erregers selbst herstellen können. Sie lösen eine humorale und eine zelluläre Immunantwort aus. Als Vektor dienen harmlose, nicht mehr vermehrungsfähige Viren. Bei mRNA-Impfstoffen wird eine m-RNA des betreffenden Oberflächenproteins verwendet und nutzt eine Hülle aus Lipiden zum Einschleusen in die jeweilige Zelle.

Immunbiologie

Immunsystem und Immunabwehr

5

1 ÜBERBLICK

unspezifische Abwehrmechanismen		spezifische Abwehrmechanismen (Immunsystem)
erste Verteidigungslinie	zweite Verteidigungslinie	dritte Verteidigungslinie
→ Haut → Schleimhäute → Sekrete von Haut und Schleimhäuten	→ phagocytotische weiße Blutzellen → antimikrobielle Proteine → Entzündungsreaktion	→ Lymphozyten → Antikörper

2 ANTIKÖRPER

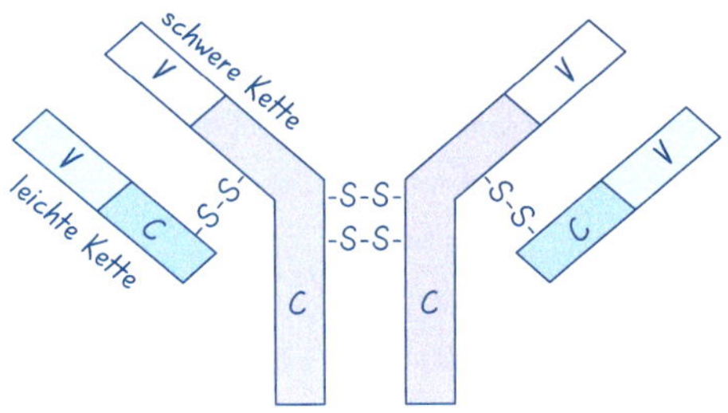

3 HUMORALE IMMUNANTWORT

- → Aktivierung ruhender B-Lymphozyten durch Antigen-Bindung
- → Bildung von Plasmazellen, Produktion spezifischer Antikörper
- → Verklumpung der Antigene einschließlich Phagozytose
- → vorwiegend bei Bakterien und Viren

4 ZELLULÄRE IMMUNANTWORT

- → Aktivierung ruhender T-Zellen durch Bindung an Marker virusinfizierter Zellen, Tumorzellen oder Transplantate
- → Aktivierung der T-Zellen über Cytokine von T-Helferzellen
- → Teilung der T-Zelle führt zu cytotoxischen T-Zellen, T-Gedächtniszellen und T-Unterdrückerzellen

5 IMPFUNGEN

- → Aktive Immunisierung durch Antigene eines Erregers
- → Lebend-, Totimpfstoffe inklusive Vektor- und mRNA-Impfstoffe
- → Passive Immunisierung durch spezische Antikörper

6 Neurobiologie und Hormone

Im ersten Abschnitt dieses Kapitels stehen Aufbau und Funktionsweise der Nervenzelle im Mittelpunkt. Dabei wird ausführlich auf die Informationsübertragung an Synapsen und deren Störung durch Gifte eingegangen. Im Anschluss werden Reizaufnahme und Reizverarbeitung durch Sinneszellen behandelt. Ein Schwerpunkt sind hier die Lichtsinnesorgane. Sodann werden Nervensysteme thematisiert. Dabei wird auch auf die neuronalen Grundlagen des Lernens sowie auf neurologische Erkrankungen eingegangen. Schließlich werden Hormone und deren Wirkungsmechanismen vorgestellt. Am Beispiel Stress wird die Verschränkungen von Hormon- und Nervensystem aufgezeigt. Im Schlussabschnitt steht dann die Arbeitsweise der Muskeln im Mittelpunkt.

6.1 Reiz und Reaktion

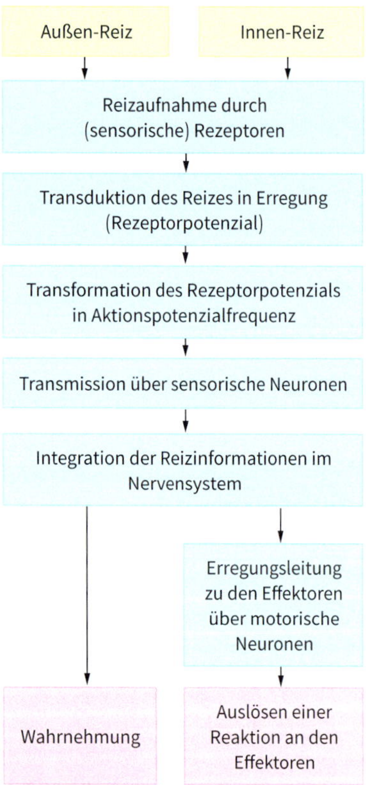

Abb. 6.1: Allgemeines Reiz-Reaktion-Schema bei Tieren und Menschen

Eines der fundamentalen Kennzeichen alles Lebendigen ist das Phänomen der **Reizbarkeit**. Lebewesen haben die Fähigkeit, Reize aus ihrer Umwelt aufzunehmen und auf diese zu reagieren. Dabei laufen solche Reizreaktionen bei Tier und Mensch nach folgendem Grundschema ab:

Ein **Reiz,** wie z. B. Licht, Temperatur, Druck oder ein chemischer Stoff (beispielweise ein Duft- oder Geschmacksstoff), wirkt auf das Lebewesen ein. Dieser kann von außen, aus der Umwelt des Lebewesens einwirken (**Außen-Reiz**), er kann aber auch durch eine Zustandsänderung im Inneren des Organismus entstehen (**Innen-Reiz**). Der Reiz wird nun von speziellen **sensorischen Rezeptoren** aufgenommen. Hierbei handelt es sich im einfachsten Fall um spezifische Moleküle oder Zellorganelle. Bei Mehrzellern sind es in der Regel spezialisierte Sinneszellen, die einzeln vorliegen oder zu komplexen Sinnesorganen zusammengefasst sein können.

In den Rezeptoren bewirkt der Reiz, häufig über ein komplexes Mittlersystem, eine Veränderung der Membranpermeabilität und damit des Membranpotenzials. Diese Potenzialänderung bezeichnet man allgemein als **Erregung**, spezieller als **Rezeptorpotenzial**. Die verschiedenen Arten von Reizenergie werden dabei alle in dieselbe Form elektrochemischer Energie übersetzt und so für die Weiterleitung und Weiterverarbeitung innerhalb des Organismus „kompatibel" gemacht. Diesen Vorgang nennt man **(sensorische) Transduktion**.

lat. *trans* = über
lat. *ducere* = führen
Transduktion = Überführung

Oftmals ist die Reizenergie zu gering, um direkt eine Erregung zu bewirken, die im Nervensystem auch weitergeleitet werden kann. Daher kommt es in den Rezeptoren häufig zu einer **Signalverstärkung**. Diese kann bereits durch den reizleitenden Apparat eines Sinnesorganes erfolgen (z. B. im Ohr) oder auch erst während des Transduktionsprozesses (z. B. im Auge).

Auf die Transduktion folgt die **Transformation**: Das Rezeptorpotenzial wird in eine Folge von Aktionspotenzialen umgewandelt. Dabei ist die Frequenz der Aktionspotenziale von der Höhe des Rezeptorpotenzials abhängig. Ein hohes Rezeptorpotenzial erzeugt in der Regel eine hohe Aktionspotenzialfrequenz. Die Transformation geschieht bei *primären Sinneszellen* direkt in der Rezeptorzelle, bei *sekundären Sinneszellen* erst in einer nachgeschalteten Nervenzelle. Die nächsten Schritte sind die Weiterleitung der Erregung (**Transmission**) und ihre Verarbeitung (**Integration**) innerhalb des Nervensystems.

lat. *transformare* = umwandeln, umformen

lat. *transmittere* = hinüberschicken, übertragen

An der Weiterleitung und Verarbeitung der Erregung sind drei Typen von Nervenzellen beteiligt:
- **Sensorische Neurone** (afferente Nervenzellen) leiten Impulse von den Sinneszellen oder inneren Organen zum ZNS bzw. zu den Nervenzentren des Darms.
- **Motorische Neurone** (Motoneurone, efferente Nervenzellen) leiten Impulse vom ZNS zu den Effektor-Organen (z. B. Muskeln oder Drüsen).
- **Interneurone** (Zwischenneurone, Schaltneurone) liegen ganz innerhalb des ZNS und bilden bei Wirbeltieren die große Masse aller Neurone. Sie verschalten im ZNS andere Nervenzellen miteinander, verbinden z. B. ein sensorisches und ein motorisches Neuron. Sie sind an der Weitergabe, aber auch an der Verarbeitung von Nervenimpulsen beteiligt.

griech. *neuron* = Nerv

ZNS = Zentralnervensystem; bei Wirbeltieren Rückenmark und Gehirn

Bei höheren Tieren kann es im Zuge der Verarbeitung sensorischer Erregung im Gehirn zur **Wahrnehmung** kommen. Dabei wird die objektive Reizinformation mit subjektiven Erfahrungen, Persönlichkeitsmerkmalen usw. verknüpft und vor diesem Hintergrund interpretiert und bewertet.
Schließlich kann aus der Verarbeitung der Erregung ein neuronaler Befehl resultieren, der in Form einer Aktionspotenzialfrequenz über ableitende (efferente) Nervenbahnen zu Effektoren (Muskeln, Drüsen usw.) geleitet wird. Hier erfolgt die Umwandlung der Erregung in eine bestimmte **Reaktion** (Bewegung, Ausschüttung von Drüsensekreten o. ä.; → Seite 158), die sich dem Beobachter als spezifische Antwort des Organismus auf den Reiz darstellt.

6.2 *Die Nervenzelle*

Bau einer Nervenzelle

Nervenzellen (Neurone) sind die informationsübertragenden und informationsverarbeitenden Elemente des Nervensystems bei Tier und Mensch. Ihre Gestalt ist sehr unterschiedlich, doch weisen sie alle einen ähnlichen Grundbauplan auf. Sie besitzen vier Abschnitte:

Soma: Eigentlicher Zellkörper. Beinhaltet Plasma, Zellkern, Mitochondrien und ein dicht mit Ribosomen besetztes raues Endoplasmatisches Reticulum.

Dendriten: Meist reich verzweigte Ausläufer des Somas. Funktion: Informationen von anderen Nervenzellen aufnehmen, unter Umständen vorverarbeiten und an das Soma weiterleiten. Durch die Dendriten wird die rezeptive (die Erregung aufnehmende) Oberfläche des Somas erheblich vergrößert.

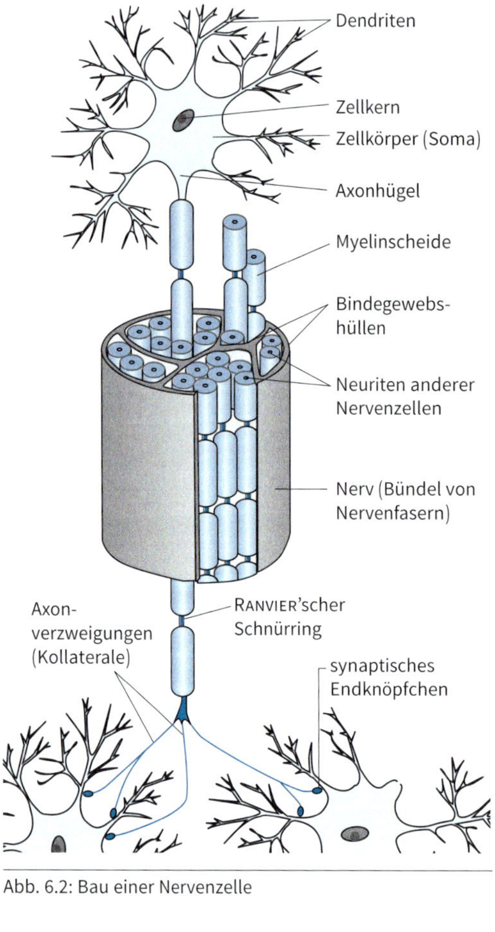

Abb. 6.2: Bau einer Nervenzelle

Axon (Neurit): Langer Fortsatz des Somas. Hauptfunktion: Informationsleitung vom Soma bis zum synaptischen Endknöpfchen. Vom Axon können Verzweigungen (**Kollaterale**) abgehen, die sich wiederum stark verästeln können. Der kegelförmige Ursprung des Axons am Soma wird als **Axonhügel** bezeichnet. Er ist die Bildungsstelle der Aktionspotenziale. Nervenzellen sind von **Gliazellen** umgeben. Diese erfüllen Schutz-, Stütz- und Ernährungsfunktion und haben auch eine wichtige Bedeutung bei der Entwicklung des Nervensystems und bei der Abspeicherung von Informationen. Sie sind für die Bildung der **Myelinscheide (Markscheide)** verantwortlich. Myelin, das zu 80 % aus Lipiden und zu 20 % aus Proteinen besteht, wird von speziellen Gliazellen in mehreren Schichten um das Axon gewickelt.
Bei den peripheren Nervenzellen mancher Krebse sowie der Wirbeltiere übernehmen als **SCHWANN'sche Zellen** bezeichnete Gliazellen die Myelinisierung. Sie wickeln sich sogar als Ganzes mehrere Male eng um das Axon. Wird ein Axon verletzt, können sie das Nachwachsen neuer axonaler Fortsätze anregen, also eine „Reparatur“ peripherer Nerven bewirken.

Myelinisierte Axone werden als **markhaltige Nervenfasern** bezeichnet. Die Myelinscheide ist in regelmäßigen Abständen unterbrochen. Diese Unterbrechungen, kleine, nicht mit Myelin umhüllte Abschnitte, heißen **RANVIER'sche Schnürringe**. Das Myelin schützt das Axon vor mechanischer Belastung. Zudem führt das System von Myelin umhüllten und Myelin freien Abschnitten zu einer erheblichen Beschleunigung der Informationsweiterleitung entlang des Axons.

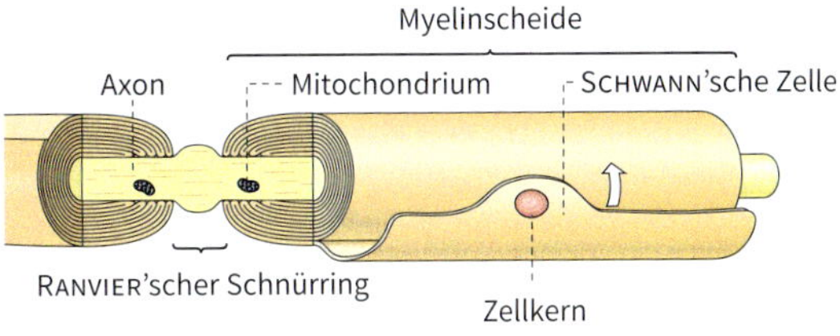

Abb. 6.3: Bau einer markhaltigen Nervenfaser

Nervenfasern ohne Myelinscheide nennt man **marklose Nervenfasern.** Sie sind lediglich in einfacher Wicklung von Hüllzellen mit nur geringer Isolationswirkung umgeben. Ihre Leitungsgeschwindigkeit ist zwar viel geringer als die myelinisierter Axone, dafür nehmen sie deutlich weniger Platz ein und benötigen weniger Baustoffe. Man findet sie unter anderem als Interneurone im Gehirn.

Synaptisches Endknöpfchen: An der Spitze jeder Axonverästelung befindet sich eine bläschenförmige Verdickung, das synaptische Endknöpfchen. Jedes Endknöpfchen bildet mit einer nachgeschalteten Nerven-, Muskel- oder Drüsenzelle eine Kontaktstelle aus, die man als **Synapse** bezeichnet (→ Seite 123). An Synapsen werden Informationen von einer Nervenzelle auf eine nachgeschaltete Zelle übertragen. Eine Synapse zwischen Neuron und Skelettmuskelzelle heißt **neuromotorische Synapse** oder **motorische Endplatte**.

Ruhepotenzial

Nervenzellen codieren ihre Information für die Weiterleitung über längere Strecken in Form eines Binärcodes. Die „Null" dieses Codes wird als **Ruhepotenzial** und die „Eins" als **Aktionspotenzial** bezeichnet. Beim **Ruhepotenzial** sind folgende zelluläre Rahmenbedingungen von Bedeutung:

Auch Computer arbeiten mit dem sogenannten Binärcode. Ein solcher Code verwendet nur zwei verschiedene Zeichen (also z. B. 1 und 0 oder *an* und *aus*).

Ionen: Dies sind elektrisch geladene Teilchen. Ionen mit positiver Ladung werden als *Kationen*, Ionen mit negativer Ladung als *Anionen* bezeichnet. Typische Kationen sind Kalium-Ionen (K^+), Natrium-Ionen (Na^+) und Calcium-Ionen (Ca^{2+}). Typische Anionen sind Chlorid-Ionen (Cl^-) und Protein-Anionen (A^-).

Spannung/Potenzial: Elektrische Spannung entsteht dadurch, dass man unterschiedliche elektrische Ladungen unter Einsatz von Arbeit (Energie) trennt. Die solchermaßen getrennten Ladungen haben jedoch das Bestreben, sich auszugleichen. Dieses Bestreben – vergleichbar mit dem Bestreben einer gespannten Bogensehne, zurückzuschnellen – wird als **elektrische Spannung** bezeichnet.

Elektrisches Potenzial ist ein anderer Begriff für ein solches Ladungsgefälle, eine solche elektrische Spannung. Der Begriff „Potenzial" verdeutlicht dabei, dass das Ladungsgefälle die Potenz in sich trägt, die für seine Herstellung aufgewandte Arbeit (Energie) bei seinem Abbau wieder freizusetzen. Die Einheit der elektrischen Spannung wie auch des elektrischen Potenzials ist *Volt*.

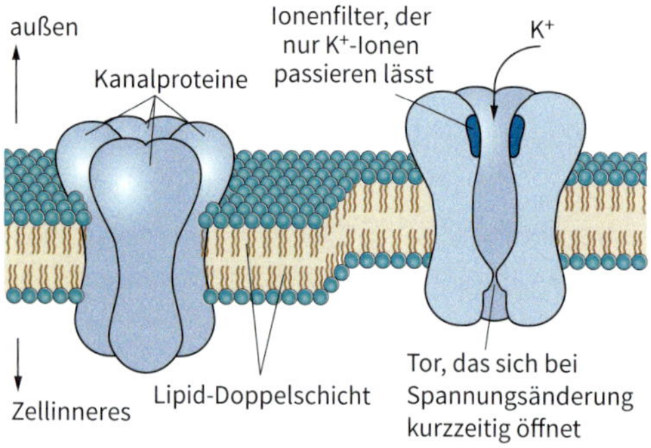

Abb. 6.4: Spannungsgesteuerter K^+-Kanal

Bau der Nervenzellmembran: Die Lipiddoppelschicht der Nervenzellmembran (→ Seite 22) ist für geladene Teilchen undurchlässig. Ionen können die Membran also nur mithilfe spezieller **Ionenkanäle** passieren. Bei den Ionenkanälen handelt es sich um Membranproteine, die durch die gesamte Membran reichen. Sie sind ringförmig angeordnet. In der Mitte dieses Ringes aus Kanalproteinen befindet sich eine Pore, durch die Ionen die Membran durchqueren können.

Die einzelnen Abschnitte der Nervenzelle weisen eine unterschiedliche Dichte und ein unterschiedliches Verteilungsmuster der Ionenkanäle auf. Diese werden dabei nach vier Kriterien klassifiziert:

Klassifizierungskriterium	Beispiele
Art der durchgeschleusten Ionen	– Natriumkanal (→ Na^+) – Kaliumkanal (→ K^+) – Calciumkanal (→ Ca^{2+}) – Chloridkanal (→ Cl^-)
Öffnungsdauer	– unbegrenzt – zeitlich begrenzt (z. B. < 1 ms)
Öffnungsprozedere	– immer offen – Öffnung spannungsgesteuert (potenzialgesteuert) – Öffnung chemisch gesteuert – Öffnung mechanisch gesteuert – Öffnung indirekt gesteuert (z. B. über *second messenger*)
Reaktionszeit auf Öffnungsimpuls	– direkte Öffnung nach Impuls (schneller Kanal) – verzögerte Öffnung nach Impuls (langsamer Kanal)

Tab. 6.1: Klassifizierung von Ionenkanälen

Neben den verschiedenen Ionenkanälen stellt die große Zahl an **Natrium-Kalium-Pumpen** ein markantes Merkmal der Nervenzellmembran dar.

Ionenverteilung an einer ruhenden Nervenzelle: An der Membran einer unerregten Nervenzelle sind die Ionen ungleich verteilt. Innerhalb der Nervenzelle (intrazellulär) befinden sich im Cytoplasma überwiegend Kalium-Ionen (K^+) sowie Protein-Anionen (A^-). Außerhalb der Nervenzelle (extrazellulär) dominieren Natrium- (Na^+) und Chlorid-Ionen (Cl^-). Damit ähnelt die extrazelluläre Flüssigkeit (Zwischenzellflüssigkeit) in ihrer Zusammensetzung dem Meerwasser. Evolutionsbiologisch ist dies erklärbar: Die ersten Zellen entwickelten sich im Meer. Ihre „extrazelluläre Flüssigkeit" war das Meerwasser, was sich bis heute in der extrazellulären Flüssigkeit widerspiegelt.

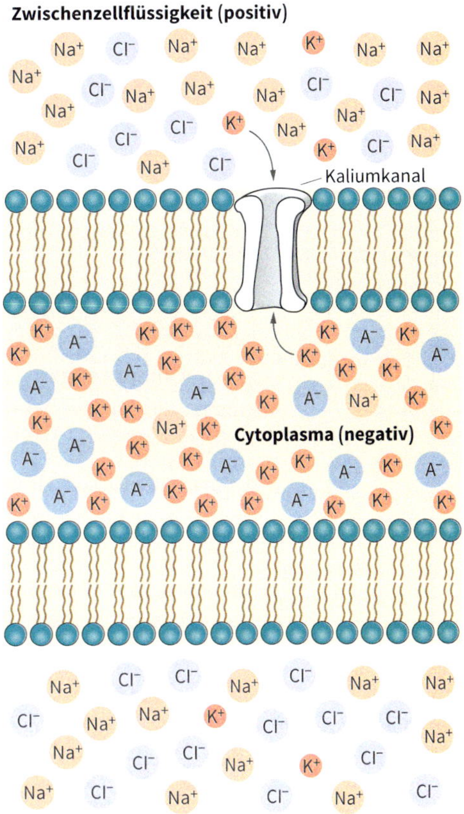

Abb. 6.5: Ionenverteilung im Bereich einer unerregten Nervenzelle

Potenzial an einer ruhenden Nervenzelle: Führt man eine Elektrode in die extrazelluläre Flüssigkeit und eine Elektrode in das Innere einer unerregten Nervenzelle ein, so kann man die aus der ungleichen Ladungsverteilung resultierende Spannung messen. Der gemessene Wert liegt bei ca. – 70 mV (Millivolt). Man bezeichnet ihn als **Ruhepotenzial** der Nervenzelle. Da der Messwert der außen liegenden Bezugselektrode als null festgelegt ist, zeigt das negative Vorzeichen des Ruhepotenzials an, dass das Innere der Nervenzelle negativ geladen ist.

Ruhende, unerregte Nervenzellen sind gekennzeichnet durch:

- Einen deutlichen **chemischen Gradienten** und das Bestreben, die Verteilungsunterschiede der Ionen per Diffusion auszugleichen. So resultiert aus dem Konzentrationsgefälle für Kalium ein nach außen gerichteter Diffusionsdruck für Kalium. Bei Natrium und Chlorid ist der Diffusionsdruck nach innen gerichtet.
- Einen **elektrischen Gradienten** und das Bestreben zu dessen Ausgleich.
- Erhebliche **Unterschiede in der Durchlässigkeit (Permeabilität) der Membran für die einzelnen Ionen**. So ist die Membran dank beständig geöffneter K^+-Kanäle für K^+ sehr gut durchlässig. Die Zahl der offenen Na^+-Kanäle und damit auch die Permeabilität der Membran für Na^+ ist dagegen sehr gering. Die Permeabilität für Cl^- ist mäßig. Für Protein-Anionen ist die Membran undurchlässig.
- Beständige Tätigkeit der **Natrium-Kalium-Pumpe.**

Entsprechend dem enormen Kalium-Konzentrationsgefälle strömt fortlaufend Kalium durch die ständig geöffneten K^+-Kanäle von innen nach außen. Jedes Kalium-Ion entfernt dabei eine positive Ladung aus der Zelle. Die relativ großen, negativ geladenen Protein-Anionen können aufgrund fehlender Permeabilität der Membran nicht folgen. Das Zellinnere wird damit negativ aufgeladen, die Membranaußenseite hingegen positiv. Zwischen den beiden Seiten der Membran ist auf diese Weise ein elektrisches Feld entstanden.

Die zunehmend negative Aufladung der Innenseite der Membran behindert nun den Ausstrom weiterer Kalium-Ionen. Bei einem bestimmten Potenzial, eben dem **Ruhepotenzial,** ist der aus dem Konzentrationsgradienten resultierende nach außen gerichtet Diffusionsdruck für Kalium genauso groß wie der gegenläufige, aus dem elektrischen Gradienten resultierende „Gegensog“, der das positiv geladene Kalium wieder in das negativ geladene Innere der Nervenzelle zieht. Ein- und Ausstrom von Kalium halten sich damit die Waage. Das Ruhepotenzial pendelt sich daher genau bei diesem Wert ein. Er beträgt für menschliche Neurone ca. – 70 mV, für Muskelzellen ca. – 80 bis – 90 mV. Insgesamt schwankt er je nach Zelltyp zwischen – 50 und – 100 mV.

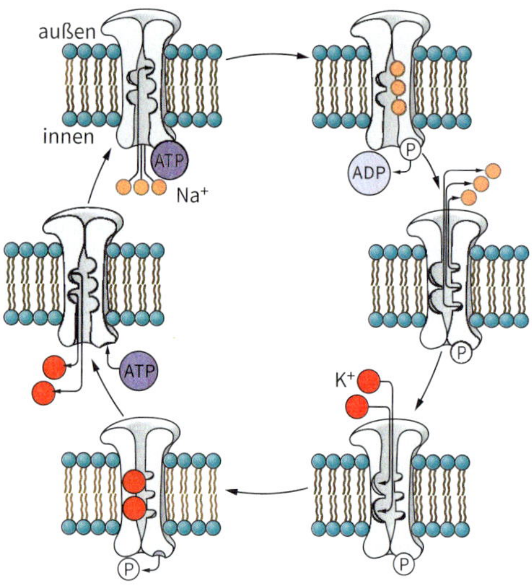

Abb. 6.6: Arbeitszyklus einer Natrium-Kalium-Pumpe

Die Zellmembran ist in geringem Umfang auch für Natrium-Ionen durchlässig. Demzufolge diffundiert beständig Na^+ dem Konzentrationsgefälle folgend in die Nervenzelle („Natrium-Leckstrom“). Das müsste zu einer stetigen Verkleinerung bzw. schließlich zum Ausgleich des Ruhepotenzials führen. Tatsächlich lässt sich genau dieses beobachten, wenn man den Nervenzellen Cyanid zugibt, das die Atmungskette und damit die ATP-Produktion blockiert. Zur Aufrechterhaltung des Ruhepotenzials tragen also aktive Transportvorgänge an der Zellmembran bei (→ Seite 24). Diese werden von **Natrium-Kalium-Pumpen** durchgeführt, die bei jedem Transportvorgang unter Verbrauch eines Moleküls ATP drei Natrium-Ionen aus der Zelle heraus und zwei Kalium-Ionen in sie hineinschleusen. Damit tragen sie nicht nur zur Aufrechterhaltung, sondern aufgrund des Transportverhältnisses von 3 : 2 auch direkt zum Aufbau des Ruhepotenzials bei. Der Transport entgegen dem Konzentrationsgefälle ist aber energieaufwändig. Natrium-Kalium-Pumpen verbrauchen ca. 15 % unseres Gesamtenergiebedarfs.

In geringem Maße sind auch Cl^-- und Ca^{2+}-Ionen am Ruhepotenzial beteiligt. Sie können hier aber vereinfachungshalber unberücksichtigt bleiben.

Aktionspotenzial

Für die Weiterleitung über längere Strecken codieren Nervenzellen die Information in Form eines Binärcodes. Entspricht das Ruhepotenzial der „Null" eines solchen Codes, so stellt das Aktionspotenzial die „Eins" dar. Aktionspotenziale werden nur in bestimmten Abschnitten erregbarer Zellen gebildet.

- Bei markhaltigen Nervenzellen sind dies: der Axonhügel und das direkt angrenzende Initialsegment (Impuls-Entstehungs-Region), die RANVIER'schen Schnürringe und der axonnahe Teil der synaptischen Endknöpfchen.
- Bei marklosen Nervenzellen ist es hingegen das gesamte Axon.

Kennzeichen dieser Abschnitte sind:

- Sie weisen **keine** aus mehreren Lagen bestehende, **stark isolierende Myelinscheide** auf.
- In diesen Membranabschnitten liegen **schnelle spannungsgesteuerte Natriumkanäle** in großer Zahl und Dichte vor (→ Abb. 6.7).
  Bei Überschreiten eines ganz bestimmten Potenzialwertes (Schwellenpotenzial, Erregungsschwelle) öffnet sich ein solcher Na^+-Kanal in Bruchteilen einer Millisekunde ②. Er lässt nun Natrium-Ionen in Richtung des Konzentrationsgefälles von außen nach innen passieren. Nach einer Öffnungszeit von weniger als 1 ms verschließt jedoch ein kugelförmiger Anhang des Kanalproteins die Pore und stoppt den Natriumfluss ③. Jetzt befindet sich der Kanal in einem inaktivierten, blockierten Zustand. Seine erneute Öffnung ist erst möglich, wenn das Membranpotenzial wieder für einige Zeit zum Ruhepotenzialwert zurückgekehrt ist oder aber kurzzeitig Werte deutlich unterhalb des Ruhepotenzials erreicht hat (Hyperpolarisation) ①.

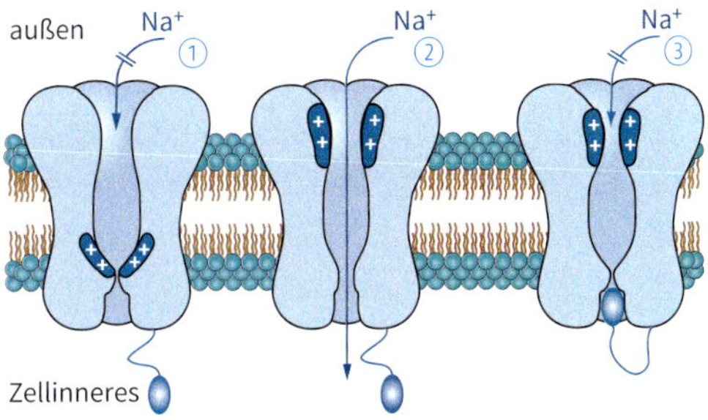

Abb. 6.7: Spannungsgesteuerter Na^+-Kanal (schematisch)
① Ruhepotenzial: Kanal geschlossen, aber aktivierbar
② Depolarisation über Schwellenwert: im Kanalprotein Verschiebung positiver Ladungen nach außen; Kanal offen; Natriumeinstrom
③ Länger andauernde Depolarisation über Schwellenwert: Kanal geschlossen und blockiert

- Neben den spannungsgesteuerten Na^+-Kanälen findet man in erregbaren Membranabschnitten auch eine große Zahl **verzögerter spannungsgesteuerter Kaliumanäle**. Diese sind träger als die zuvor beschriebenen Na^+-Kanäle. Zwar werden sie bei einem überschwelligen Impuls ebenso aktiviert wie die Na^+-Kanäle, doch bleibt ihre Pore zunächst geschlossen. Erst mit Verzögerung öffnet sie sich schließlich und Kalium-Ionen können den Kanal passieren. Die Öffnungszeit eines verzögerten K^+-Kanals ist länger als die eines Na^+-Kanals. Er schließt sich erst wieder, wenn die Membran über die Erregungsschwelle hinaus repolarisiert ist. Anders als der Na^+-Kanal wird er aber nicht blockiert.

Ablauf eines Aktionspotenzials: Das Aktionspotenzial einer Nervenzelle hat stets in etwa die gleiche Form und den gleichen Ablauf. Dieser lässt sich in sieben Abschnitte gliedern.

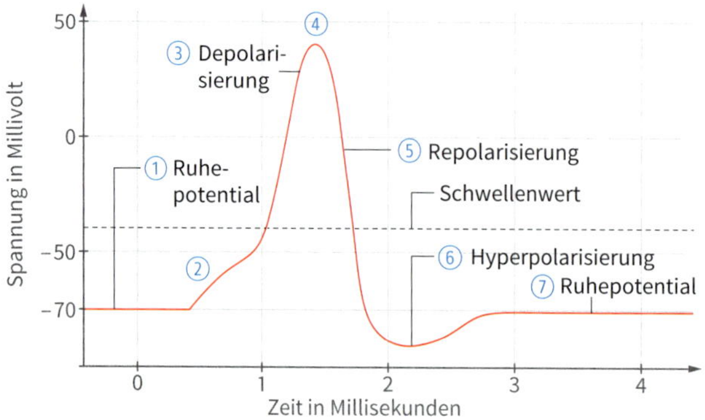

Abb. 6.8: Ein Aktionspotenzial

① **Ruhepotenzial**: An der Membran des Axons herrscht zunächst ein Ruhepotenzial. Sie ist damit in einem erregbaren Zustand.

② **Depolarisation – Initialphase**: Nun kommt es zu einer Depolarisation der Membran bis zur Erregungsschwelle, also zu einer Änderung der Spannung in den weniger negativen Bereich. Bewirkt wird diese Depolarisation in der Regel durch einen Stromfluss, der von benachbarten Membranabschnitten ausgeht. Es kann sich bei solchen „Kriechströmen" um ein EPSP oder ein Rezeptorpotenzial handeln, das unter Abschwächung elektrotonisch an der Membran weitergeleitet wird. Aber auch im Zuge der Weiterleitung von Aktionspotenzialen treten solche passiven Ströme auf (s. u.). In einigen Zellen kommt es sogar spontan und rhythmisch zur Depolarisation (z. B. im Sinusknoten des Herzens).

③ **Depolarisation – Aufstrich**: Ist die Depolarisation groß genug, das heißt erreicht sie die Erregungsschwelle, so öffnen sich spannungsgesteuerte Na^+-Kanäle.

Dem Diffusionsdruck und dem elektrischen Gradienten folgend strömt Natrium in die Zelle ein. Dieser Na^+-Einstrom vergrößert die Depolarisation der Membran – eine sich selbst verstärkende Kettenreaktion beginnt. Schlagartig öffnen sich dadurch auf engstem Raum sehr viele spannungsgesteuerte Na^+-Kanäle. Der Na^+-Einstrom in die Zelle erhöht sich lawinenartig. Das zuvor negative Membranpotenzial wird umgekehrt und erreicht positive Werte. Im letzten Abschnitt des Aufstrichs öffnen sich nun auch die ersten verzögerten spannungsgesteuerten K^+-Kanäle. Da das Innere der Zelle jetzt positiv und das Äußere negativ geladen ist, strömt Kalium dem Diffusionsdruck und dem elektrischen Gradienten folgend aus der Zelle heraus.

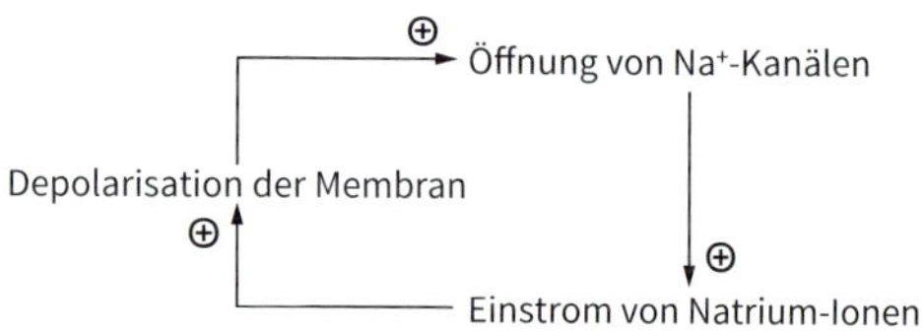

Abb. 6.9: Selbstverstärkende Kettenreaktion beim Natriumeinstrom in die Nervenzelle (⊕ = verstärkt)

④ **Spitze (Peak)**: Hier ist eine Mischung gegenläufiger Entwicklungen für das „Kippen“ des Potenzials verantwortlich. So nimmt der Na^+-Einstrom in die Zelle ab. Dies hat zwei Ursachen: Zum einen beträgt die maximale Öffnungszeit der Na^+-Kanäle höchstens 1 Millisekunde. Bei positivem Membranpotenzial wird sie noch kürzer. Es schließen sich daher immer mehr Na^+-Kanäle. Nach dem Schließen sind sie refraktär („unerregbar“; blockiert). Ihre erneute Öffnung ist erst nach Wiedererreichen des Ruhepotenzials möglich. Zum anderen stoppt die Umkehr der Ladungszustände den Na^+-Einstrom. Jetzt, da das Zellinnere positiv ist, muss sich Na^+ beim Einstrom in die Zelle entgegen dem elektrischen Gradienten bewegen. Auf der Spitze des Aktionspotenzials sind der nach innen gerichtete Diffusionsdruck für Na^+ und der diesem entgegenwirkende elektrische Gradient gleich groß. Der Abnahme des Na^+-Einstroms steht eine Zunahme des K^+-Ausstroms gegenüber, da sich immer mehr verzögerte K^+-Kanäle öffnen (→ Abb. 6.10).

lat. *refractarius* = widerspenstig, halsstarrig, nicht beeinflussbar

⑤ **Repolarisation**: Mehr und mehr Na^+-Kanäle sind geschlossen, der Na^+-Einstrom versiegt. Immer mehr spannungsgesteuerte K^+-Kanäle öffnen sich hingegen, der K^+-Ausstrom schwillt an. Infolge des K^+-Ausstroms nähert sich das Membranpotenzial wieder dem Ruhepotenzialwert (Repolarisation). Nun beginnen sich auch die K^+-Kanäle zu schließen. Der K^+-Ausstrom verebbt.

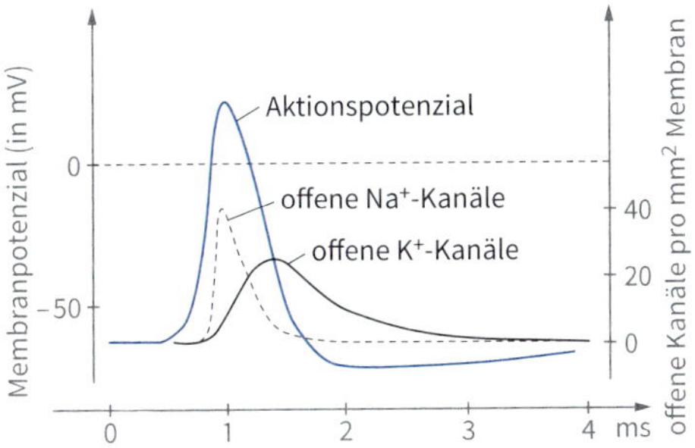

Abb. 6.10: Leitfähigkeitsänderung der Membran für Natrium und Kalium während des Aktionspotenzials (Beispiel: Tintenfisch-Riesenaxon)

⑥ **Hyperpolarisation**: Die relativ lange Öffnungszeit der K^+-Kanäle bedingt, dass mehr Kalium-Ionen ausströmen, als zur Wiederherstellung des Ruhepotenzials notwendig sind. Die Potenzialwerte werden also kurzzeitig negativer als der Ruhepotenzialwert (Hyperpolarisation).

⑦ **Ruhepotenzial**: Schließlich sind auch alle spannungsgesteuerten K^+-Kanäle geschlossen. Das überschüssige Kalium außerhalb der Zelle diffundiert weg und das Membranpotenzial steigt wieder auf den Ruhepotenzialwert an. Natrium-Kalium-Pumpen sind hier nur von geringer Bedeutung. Dies liegt daran, dass die Zahl der bei einem Aktionspotenzial fließenden Ionen relativ gering ist. Pro μm^2 Membranfläche sind es etwa 6000 Na^+ – bei rund 6 000 000 $Na^+/\mu m^2$ in der membrannahen intrazellulären Flüssigkeit.

Refraktärzeit: Einmal geöffnete Na^+-Kanäle sind nach dem Schließen blockiert (→ Abb. 6.7). Erst durch Erreichen des Ruhepotenzialwertes werden sie wieder in einen aktivierbaren Zustand versetzt, sodass eine weitere Depolarisation sie erneut öffnen kann. Dies bedingt, dass die Membran während eines „laufenden" Aktionspotenzials kein neues Aktionspotenzial zu bilden vermag, also refraktär („unerregbar") ist. Man nennt diesen Zeitabschnitt daher **Refraktärzeit**. Diese lässt sich in eine *absolute Refraktärphase*, in welcher in keinem Fall ein weiteres Aktionspotenzial ausgelöst werden kann, und eine *relative Refraktärphase* untergliedern. In der relativen Refraktärphase befinden sich bereits wieder einige Na^+-Kanäle im aktivierbaren Zustand. Hier ist bei starker Reizung die Bildung schwächerer Aktionspotenziale möglich. Die Refraktärzeit begrenzt die maximale Zahl von Aktionspotenzialen pro Sekunde auf etwa 500.

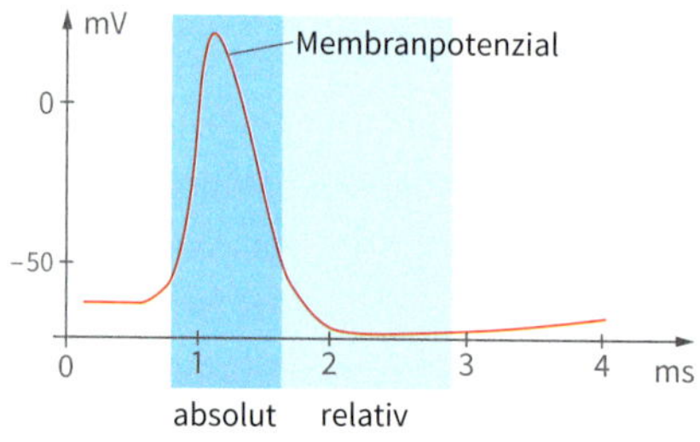

Abb. 6.11: Refraktärzeit mit absoluter und relativer Refraktärphase

Erreicht am Ende der Refraktärzeit der anliegende Strom noch immer oder schon wieder den Schwellenwert, so führt dies zur Auslösung eines weiteren Aktionspotenzials. Nicht die Höhe des anliegenden Stromes entscheidet also über die Zahl der gebildeten Aktionspotenziale, sondern die Länge des Zeitraumes, während dessen der Strom überschwellig ist.

Insgesamt läuft das „Programm des Aktionspotenzials" autonom ab, ohne dass es weiterer Eingriffe von außen bedarf. Das Erreichen der Erregungsschwelle führt also immer zu einem voll ausgebildeten Aktionspotenzial. Wird die Schwelle nicht erreicht, bleibt das Aktionspotenzial aus. Man bezeichnet dieses Phänomen als **„Alles-oder-Nichts-Gesetz der Erregung"**.

Weiterleitung an marklosen Nervenfasern: Marklose Nervenfasern besitzen keine ausgeprägte isolierende Myelinscheide. Zudem sind bei ihnen spannungsgesteuerte Kanäle relativ gleichmäßig über die Membran verteilt. Entsteht am Beginn des Axons einer solchen Nervenfaser ein Aktionspotenzial, so hat dieses Auswirkungen auf benachbarte Membranabschnitte: Zwischen dem im Zuge des Aktionspotenzials auf Werte über +20 mV depolarisierten Bereich und den unerregten Nachbarbezirken mit Ruhepotenzialwerten von ca. −70 mV besteht eine Spannungsdifferenz. Diese führt dazu, dass die Nachbarbezirke ebenfalls depolarisiert werden. Es handelt sich hier um eine **elektrotonische Ausbreitung** der Potenzialänderung (einen „Kriechstrom"). Sie erfolgt passiv, ohne Beteiligung spannungsgesteuerter Ionenkanäle. Von Nachteil ist aber, dass ihr depolarisierender Effekt mit zunehmender Entfernung vom Ausgangspunkt immer geringer, die Amplitude des Potenzials also immer kleiner wird.

In Membranabschnitten nahe dem Aktionspotenzial ist die depolarisierende Wirkung dieses Kriechstroms aber noch relativ stark. Sie reicht aus, um die Membran über die Erregungsschwelle hinaus zu depolarisieren und somit wieder ein Aktionspotenzial auszulösen. Auf diese Weise pflanzt sich das Aktionspotenzial entlang des Axons fort. Diese **kontinuierliche Erregungsleitung** erfolgt aber relativ langsam (nur etwa 1 m/s). Da die Reichweite eines Kriechstroms stark vom Innenwiderstand des Axons abhängt, wird die Leitungsgeschwindigkeit vor allem durch den Axondurchmesser und die Temperatur bestimmt. Dicke, wohltemperierte Axone leiten am schnellsten; sie benötigen aber viel Baumaterial und viel Platz im Organismus.

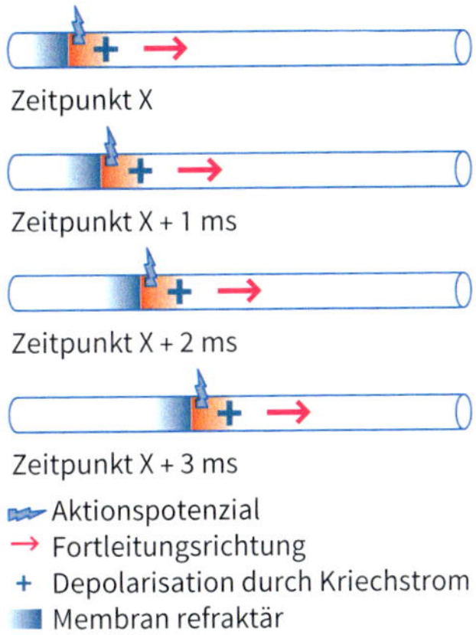

Abb. 6.12: Erregungsweiterleitung an marklosen Nervenfasern (schematisch)

Weiterleitung an markhaltigen Nervenfasern: An markhaltigen Nervenfasern schirmt die Myelinscheide die Axonmembran in den Abschnitten zwischen den RANVIER'schen Schnürringen nahezu vollständig gegen die extrazelluläre Flüssigkeit ab. Hier, wie auch im Bereich des Somas, ist zudem die Dichte spannungsgesteuerter Ionenkanäle gering. Weder im Bereich des Somas, noch in den myelinisierten Axonabschnitten kann so ein Aktionspotenzial entstehen. Eine Potenzialweiterleitung ist nur elektrotonisch, als Kriechstrom möglich.

Anders ist die Situation im Bereich des Axonhügels, der RANVIER'schen Schnürringe und der Endknöpfchen. Hier hat die Membran Kontakt mit der Extrazellularflüssigkeit. Zudem enthält sie spannungsgesteuerte Ionenkanäle in ausreichender Dichte. Hier können Aktionspotenziale entstehen.

Erreicht ein überschwelliges Potenzial die Impuls-Entstehungs-Region des Axonhügels, so wird hier ein Aktionspotenzial gebildet. Dies führt zu einer Potenzialdifferenz zwischen Axonhügel und erstem Schnürring. Diese Potenzialdifferenz bewirkt, dass im Inneren des Axons ein Kriechstrom fließt (→ Abb. 6.13, ①). Am ersten Schnürring ruft dieser Stromfluss eine Depolarisation hervor, die den Schwellenwert überschreitet. Hier entsteht ein Aktionspotenzial.

Dieses Aktionspotenzial depolarisiert die Membran des zweiten Schnürringes. Die Depolarisation überschreitet die Erregungsschwelle und löst so ein Aktionspotenzial aus. Der gleichzeitig vom ersten Schnürring zum Axonhügel zurückfließende Strom bleibt ohne Wirkung, da sich der Axonhügel in der Refraktärphase befindet und somit unerregbar ist (→ Abb. 6.13, ②).

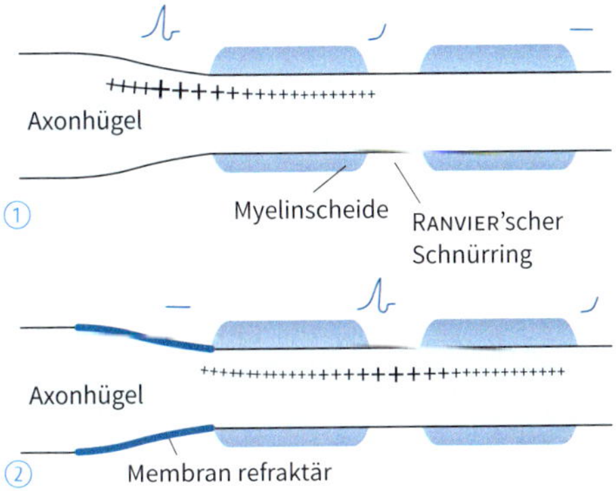

Abb. 6.13: Elektrotonische Ausbreitung eines Stroms im Axon einer markhaltigen Nervenfaser (schematisch)

lat. *saltare* = springen

Das Aktionspotenzial läuft also immer vom Axonhügel in Richtung Synapse. Die Erregung springt dabei von Schnürring zu Schnürring. Diese Form der Erregungsleitung nennt man **saltatorische Erregungsleitung**. Sie benötigt wenig Energie, da die für das Ruhepotenzial notwendigen energiezehrenden Ionenpumpen nur im Bereich der Schnürringe arbeiten müssen. Zudem ist die Leitungsgeschwindigkeit hoch (max. 120 m/s), da die elektrotonische Leitung im Bereich der Markscheide sehr schnell erfolgt und Aktionspotenziale nur an den Schnürringen ausgelöst werden.

ZNS = Zentralnervensystem

Eine Demyelinisierung von Nervenzellen hat gravierende Auswirkungen. Sie tritt z. B. bei der Autoimmunerkrankung **MS (Multiple Sklerose)** auf. Hier zerstören Fresszellen myelinbildende Zellen im ZNS. Die Folge: eine fortschreitende Beeinträchtigung der Leitungsfunktion in verschiedenen ZNS-Bereichen und damit teils erhebliche Empfindungs-, Bewegungs- und Sprechstörungen.

Abb. 6.14: Kugelfisch

Anästhetikum = schmerzstillendes bzw. schmerzausschaltendes Mittel

Wirkung von Giften: Tetrodotoxin (TTX), ein z. B. bei Kugel- und Igelfisch vorkommendes positiv geladenes Giftmolekül, blockiert den Eingang spannungsgesteuerter Na^+-Kanäle längerfristig von der Membranaußenseite her. Die Folge: Die Bildung von Aktionspotenzialen wird, je nach zugesetzter Giftmenge, erschwert oder ganz verhindert. **Lokalanästhetika** (Lidocain, Novocain) binden für Millisekundenbruchteile an Strukturen im Inneren offener Na^+-Kanäle. Dadurch wird der Kanaleingang kurzzeitig verschlossen. Es kommt zu einem verminderten, „stotternden" Na^+-Einstrom. Bei ausreichender Substanzmenge wird so die Bildung von Aktionspotenzialen verhindert.

Informationscodierung: Aktionspotenziale sind der Transportcode der Nervenzellen. Dabei unterscheiden sich die Aktionspotenziale verschiedener Nervenzellen eines Lebewesens aber kaum voneinander. Sie sind in Form und Amplitude gleich. Wie ist nun in ihnen Information codiert?

lat. *frequentia* = Häufigkeit

Die Information über die Stärke des Ausgangsreizes steckt in der Frequenz der Aktionspotenziale, also der Zahl der Aktionspotenziale pro Sekunde. Es gilt: Je stärker ein Signal, desto schneller folgen die Aktionspotenziale aufeinander, desto größer ist damit die Impulsfrequenz. Man bezeichnet dieses Prinzip der Informationsverschlüsselung als **Frequenzcodierung**.

Die Information über die Dauer des Ausgangsreizes steckt in der Länge des Impulsbildungszeitraumes, das heißt, Aktionspotenziale werden generiert, solange ein Reiz andauert.

Schließlich zeigt der Leitungsweg, über den eine Information z. B. das Gehirn erreicht, an, von welcher Stelle des Körpers diese ursprünglich stammt. Spezielle Augennerven, Hörnerven, Geruchsnerven und viele andere spezifische Leitungsbahnen ermöglichen eine genaue Identifizierung des Informationsursprungs. Man bezeichnet dieses Prinzip als **Kanalspezifität**.

Informationsübertragung an Synapsen

Synapsen sind Kontaktstellen zwischen einer Nervenzelle und einer nachfolgenden Zelle. An ihnen findet die Übertragung von Erregung von einer Zelle auf eine zweite statt. Es gibt eine große Zahl unterschiedlicher Synapsen. Diese werden klassifiziert

griech. *syn* = zusammen
griech. *haptein* = ergreifen, fassen

- nach der Art des Zellkontaktes; so unterscheidet man Synapsen zwischen zwei Nervenzellen (interneuronale Synapsen) von solchen zwischen einer Nervenzelle und einem Muskel (neuromuskuläre Synapsen; motorische Endplatten) bzw. zwischen einer Nervenzelle und einer Drüse (neuroglanduläre Synapse); zudem gibt es noch Synapsen zwischen Sinneszellen und nachgeschalteten Nervenzellen (Rezeptorsynapsen).
- nach Art der Erregungsübertragung; so gibt es chemische Synapsen und elektrische Synapsen.
- nach ihrer Funktion; hier unterscheidet man erregende und hemmende Synapsen.

Chemische Synapsen sind der am häufigsten vorkommende Synapsentyp. Sie sind stets ähnlich aufgebaut: Eine Axonverzweigung mündet in ein synaptisches Endknöpfchen (Präsynapse). Hier endet bei chemischen Synapsen die direkte Weiterleitung des Aktionspotenzials. Ursache dafür ist der etwa 20 bis 40 nm breite synaptische Spalt, der zwischen der Membran des Endknöpfchens (präsynaptische Membran) und der Membran der nachgeschalteten Empfängerzelle (postsynaptische Membran) liegt. Ein Aktionspotenzial kann diese Lücke nicht überspringen. Soll dennoch Information von einer Nervenzelle zu einer nachgeschalteten Zelle weitergeleitet werden, muss ein Übertragungssystem genutzt werden, das in der Lage ist, den synaptischen Spalt zu überwinden.

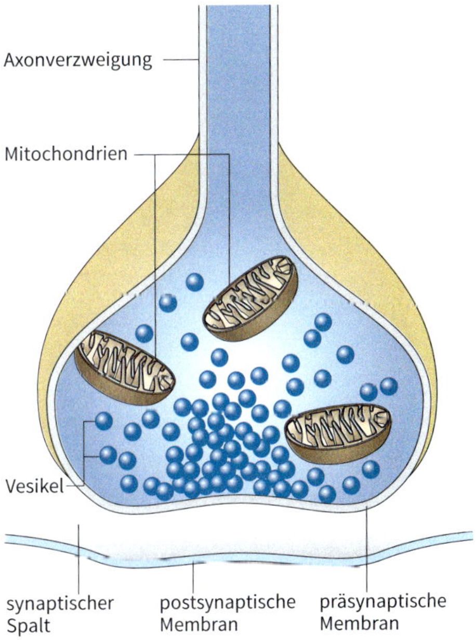

Abb. 6.15: Bau einer Synapse (schematisch)

Dieses System besteht in einer **doppelten Umschaltung**: Die im Endknöpfchen als elektrisches Signal (Aktionspotenzial) ankommende Information wird hier in ein chemisches Signal umgewandelt, das dann in der Lage ist, den synaptischen Spalt zu überwinden. Erreicht es die Membran der Empfängerzelle, so wird es dort in ein elektrisches Signal zurückverwandelt, das an der Membran der Empfängerzelle weitergeleitet werden kann.

lat. *transmittere* = hinüberschicken, überqueren

Träger des chemischen Signals sind sogenannte **Neurotransmitter** (Überträgerstoffe), von denen bislang fast 100 verschiedene identifiziert wurden.

lat. *recipere* = aufnehmen

Kennzeichen der Neurotransmitter sind:

- Sie werden in der Nervenzelle synthetisiert und in speziellen membranumhüllten Bläschen, den Vesikeln, im Endknöpfchen gespeichert.
- Sie werden von der Nervenzelle in den synaptischen Spalt freigesetzt.
- Nach ihrer Freisetzung lagern sie sich an **Rezeptoren** in der postsynaptischen Membran an und lösen dadurch im postsynaptischen Neuron/Effektororgan eine Wirkung aus. Je nach Neurotransmitter und nach Rezeptortyp kann dies eine Erregung oder eine Hemmung sein. So wirkt Acetylcholin an Muskeln stets erregend, im ZNS hingegen je nach Rezeptortyp in der postsynaptischen Zelle erregend oder hemmend.
- Ihre Wirkung kann durch Antagonisten (Gegenspieler) blockiert werden.
- Sie werden durch spezielle Mechanismen aus dem synaptischen Spalt entfernt (Diffusion, enzymatischer Abbau, Wiederaufnahme).

Wichtige Neurotransmitter und ihre Wirkung (eingeteilt nach Stoffklassen)

Biogene Amine	Aminosäuren	Neuropeptide
Dopamin	Asparaginsäure	Substanz P
Acetylcholin	Glutaminsäure	Neuropeptid Y
Adrenalin	GABA (Gamma-Aminobuttersäure)	Endorphine
Noradrenalin		Somatostatin
Serotonin	Glycin	

Tab. 6.2: Wirkung in der postsynaptischen Zelle:

erregend bzw. meist erregend

hemmend bzw. meist hemmend

je nach postsynaptischer Zelle erregend oder hemmend

Eine besondere Form von Transmitter sind lösliche Gase wie Stickstoffmonoxid (NO) (→ Seite 148).
Die große Zahl an Mitochondrien im Endknöpfchen weist auf den hohen Energieverbrauch erregungsübertragender Prozesse hin.
Die in die postsynaptische Membran eingebetteten **Rezeptoren** bieten Neurotransmittern an bestimmten Stellen, dem *Bindungsort*, die Möglichkeit anzudocken. Klassische Rezeptoren sind mit einem chemisch gesteuerten Ionenkanal gekoppelt bzw. sind selber ein Ionenkanal, der durch das Andocken der Neurotransmitter geöffnet wird. Neurotransmitter können aber auch mit G-Protein-gekoppelten Rezeptoren interagieren und über einen *second messenger* Ionenkanäle öffnen oder andere intrazelluläre Prozesse auslösen.

Die **Funktionsweise einer chemischen Synapse** soll am Beispiel einer cholinergen Synapse, also einer erregenden Synapse, die Acetylcholin als Transmitter nutzt, näher vorgestellt werden (→ Abb. 6.16):

cholinerg = auf Acetylcholin reagierend

① Ein Aktionspotenzial erreicht das synaptische Endknöpfchen.

② In der aktiven Zone, also dem Abschnitt der präsynaptischen Membran, an dem Neurotransmitter freigesetzt werden, haben transmittergefüllte Vesikel an der Membran festgemacht. Dies wird durch das Andocken bestimmter Vesikelproteine an Proteinmoleküle der Zellmembran ermöglicht.

③ Die aktive Zone der präsynaptischen Membran enthält spannungsgesteuerte Ca^{2+}-Kanäle. Das Aktionspotenzial führt zu einer Öffnung dieser Kanäle. Calcium-Ionen (Ca^{2+}), die sich in hoher Konzentration in der extrazellulären Flüssigkeit befinden, strömen in das Endknöpfchen.

④ Die einströmenden Calcium-Ionen binden an bestimmte Proteine der Vesikelmembran. Dies bewirkt eine Fusion der Vesikel mit der präsynaptischen Membran. Eine Fusionspore entsteht. Durch sie gelangen Neurotransmittermoleküle in den synapstischen Spalt (Exocytose). Die Menge der ausgeschütteten Transmittermoleküle wie auch der Rhythmus der Ausschüttung wird durch die Frequenz der Aktionspotenziale bestimmt. Pro Aktionspotenzial wird eine bestimmte Menge an Transmittern freigesetzt. Diese Menge ergibt sich aus dem Zusammenspiel des Ca^{2+}-Einstroms (und damit der Fusion von Vesikeln mit der

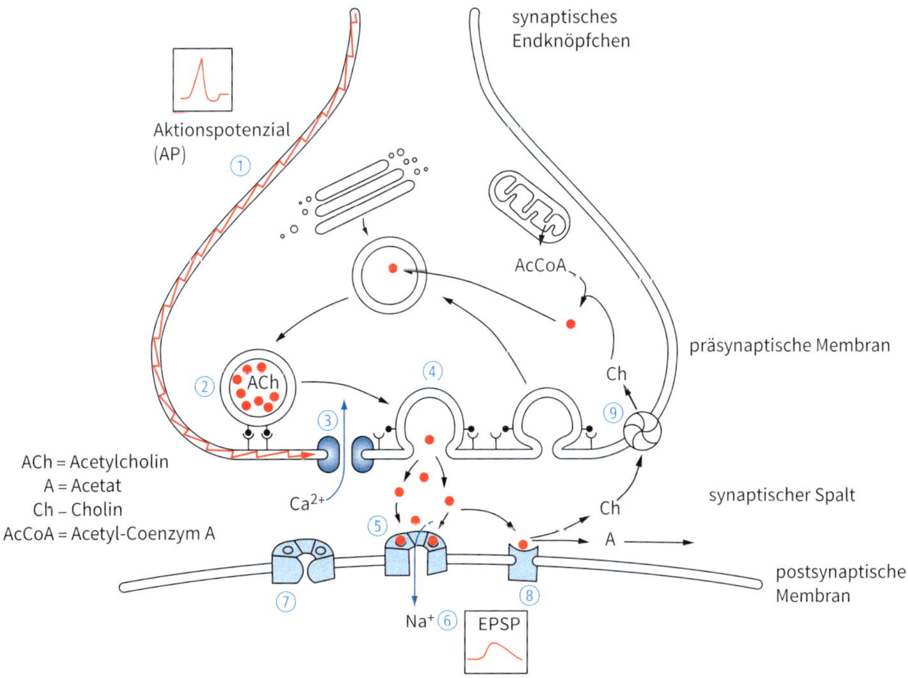

Abb. 6.16: Abläufe an einer chemischen Synapse (Beispiel: cholinerge Synapse)

präsynaptischen Membran) und der direkt danach anlaufenden Entfernung von Calcium aus dem Endknöpfchen durch Calcium-Pumpen. Diese sitzen in der Membran und transportieren Calcium unter ATP-Verbrauch aus dem Endknöpfchen heraus.

⑤ Neurotransmitter diffundieren durch den synaptischen Spalt. Nach etwa 0,1 Millisekunden erreichen sie die in der postsynapstischen Membran befindlichen chemisch gesteuerten Na^+-Kanäle. Diese sind gleichzeitig Ionenkanäle und Rezeptoren. Sie müssten daher vollständig als „Acetylcholin-Rezeptor-Kanäle" bezeichnet werden. Sie bestehen aus fünf Untereinheiten, von denen zwei Bindungsstellen für Acetylcholin besitzen. Ohne Bindung von Transmittern liegen die Proteinmoleküle des Ionenkanals eng beieinander (⑦). Der Kanal ist geschlossen. Bindet nun an beide Bindungsstellen nach dem Schlüssel-Schloss-Prinzip je ein Acetylcholinmolekül, so bewirkt dies ein Auseinanderweichen der Kanalproteine. Der Ionenkanal öffnet sich. Natrium strömt in die postsynaptische Zelle.

Amplitude = größter Auschlag einer Welle, größte Schwingungsweite

⑥ Der Na^+-Einstrom bewirkt eine Depolarisation der postsynaptischen Membran. Es entsteht ein **erregendes postsynaptisches Potenzial (EPSP)**. Dieses ist in seiner Amplitude und Dauer der ausgeschütteten Transmittermenge proportional. Das EPSP wird elektrotonisch unter Abschwächung an der postsynaptischen Membran weitergeleitet. Ist es am Axonhügel überschwellig, so löst es dort die Bildung eines Aktionspotenzials aus. Der Synapsentyp, an dessen postsynaptischer Membran ein EPSP erzeugt wird, heißt **erregende Synapse**.

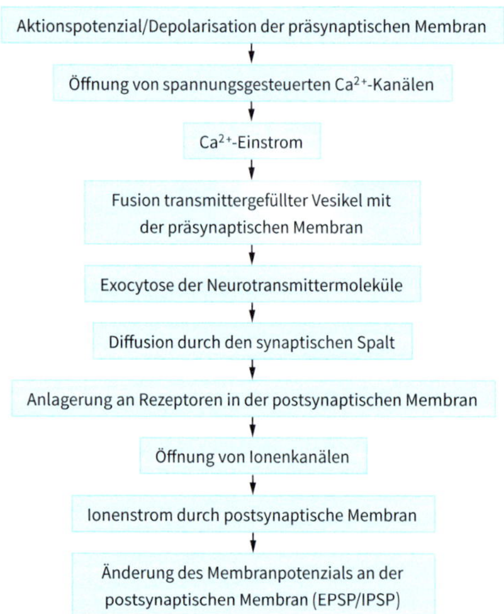

Abb. 6.17: Schema der Erregungsweiterleitung an chemischen Synapsen

⑦ Der Ionenkanal schließt sich nach kurzer Zeit wieder, auch wenn weiterhin Transmittermoleküle am Rezeptor angelagert sind. Erst nach einer „Erholungsphase" kann der Kanal durch erneute Anlagerung von Transmittermolekülen wieder geöffnet werden.

⑧ In der Regel löst sich aber Acetylcholin nach etwa einer Millisekunde durch BROWN'sche Molekularbewegung wieder vom Rezeptor. Im synaptischen Spalt, zum größten Teil an die postsynaptische Membran gebunden, befindet sich in hoher Konzentration das Enzym *Acetylcholinesterase*. Trifft Acetylcholin auf ein solches Enzymmolekül, so wird es in Cholin und Acetat zerlegt. Beide Spaltprodukte sind nicht mehr in der Lage, die Öffnung der Ionenkanäle zu bewirken. Man bezeichnet diesen Vorgang als **enzymatische Deaktivierung**.

⑨ Cholin wird durch eine spezielle Cholinpumpe wieder in das Endknöpfchen zurücktransportiert *(reuptake)*, Acetat diffundiert aus dem synaptischen Spalt. Aus Cholin und Acetyl-CoenzymA (dies entstammt dem mitochondrialen Stoffwechsel) wird mithilfe des Enzyms *Cholinacetyltransferase* im Cytoplasma des Endknöpfchens neues Acetylcholin hergestellt. Dieses wird anschließend in leere Vesikel aufgenommen, die durch Recycling der in den aktiven Zonen fusionierten Vesikel oder per Neubildung durch den Golgi-Apparat entstehen.

Beim Menschen verwenden rund zehn Prozent aller Synapsen des **ZNS** als Transmitter Acetylcholin. Zudem ist Acetylcholin bei Wirbeltieren Überträgerstoff an allen neuromuskulären Synapsen. Acetylcholin ist damit einer der wichtigsten Neurotransmitter der Wirbeltiere.

ZNS = Zentralnervensystem, bei Wirbeltieren Gehirn und Rückenmark

Neuromuskuläre Synapsen bei Wirbeltieren (motorische Endplatten) ähneln in Aufbau wie Funktionsweise der zuvor beschriebenen Synapse zwischen zwei Nervenzellen. Doch müssen bei ihnen bezüglich der Erregungsweiterleitung drei Besonderheiten angemerkt werden:

- Das durch Öffnung von Na^+-Kanälen an der Muskelfasermembran ausgelöste EPSP wird als **Endplattenpotenzial** bezeichnet.
- Das Endplattenpotenzial bewirkt die Bildung eines Muskel-Aktionspotenzials, das über spezielle Strukturen (T-Tubuli) tief in die Muskelfaser geleitet wird.
- Hier führt das Aktionspotenzial dazu, dass aus einem speziellen intrazellulären Calcium-Speicher, dem sarkoplasmatischen Reticulum, Calcium-Ionen freigesetzt werden. Diese setzen die Muskelkontraktion in Gang (→ Seite 158 ff.).

Unterschiede zwischen verschiedenen Synapsentypen: Cholinerge Synapsen können in vielerlei Hinsicht als typische chemische Synapsen gelten. Neben ihnen gibt es aber eine Reihe weiterer Synapsentypen, die sich insbesondere in vier Punkten unterscheiden:

- In der **Art des verwendeten Transmitters**. So gelangen in anderen Synapsen Aminosäuren, Monoamine, Peptide oder Gase (Stickstoffmonoxid) als Transmitter zum Einsatz.
- In der **Art der durch den Transmitter bewirkten Öffnung von Ionenkanälen**. Zum einen gibt es die für Acetylcholin beschriebene Form der **direkten Öffnung** von Ionenkanälen in der postsynaptischen Membran (Anlagerung der Neurotransmitter an Rezeptoren → Öffnung Ionenkanal).
  Eine zweite Variante ist die **indirekte Öffnung** der Ionenkanäle. Hierbei setzt der Neurotransmitter eine Kette biochemischer Prozesse in Gang, an deren Ende das Öffnen von Ionenkanälen, aber auch ein ganz anderer Effekt stehen kann. Als ein typisches Beispiel sei hier die Aktivierung *G-Protein-gekoppelter Glutamat-Rezeptoren* vorgestellt:

Glutamat = das Anion der Glutaminsäure; in der Biologie werden beide Bezeichnungen synonym verwendet

- Glutamat bindet an einen spezifischen, durch die gesamte postsynaptische Membran reichenden Glutamat-Rezeptor.
- Dadurch wird an der Innenseite der postsynaptischen Membran ein G-Protein aktiviert, welches wiederum das in räumlicher Verzahnung mit ihm an der Membraninnenseite lokalisierte Enzym Phospholipase C (PLC) aktiviert.
- PLC spaltet das in der Membran liegende PI (Phosphatidylinosindiphosphat; PIP_2) in die Substanzen DAG und IP_3.
- IP_3 diffundiert nun ins Cytoplasma und bewirkt dort durch Anlagerung an IP_3-gesteuerte Calciumkanäle die Freisetzung von Calcium aus dem Endoplasmatischen Reticulum.
- Dieses Calcium kann dann verschiedene Effekte im Zellinneren auslösen, so u. a. die Öffnung von Na^+-Kanälen in der postsynaptischen Membran, wodurch es, mit merklicher zeitlicher Verzögerung, zur Bildung eines EPSP kommt. Der Neurotransmitter (hier Glutamat) wird dabei als *first messenger* (primärer Botenstoff) bezeichnet, die im Zellinneren produzierte, den eigentlichen Effekt auslösende Substanz (hier IP_3) dagegen als *second messenger* (sekundärer Botenstoff).

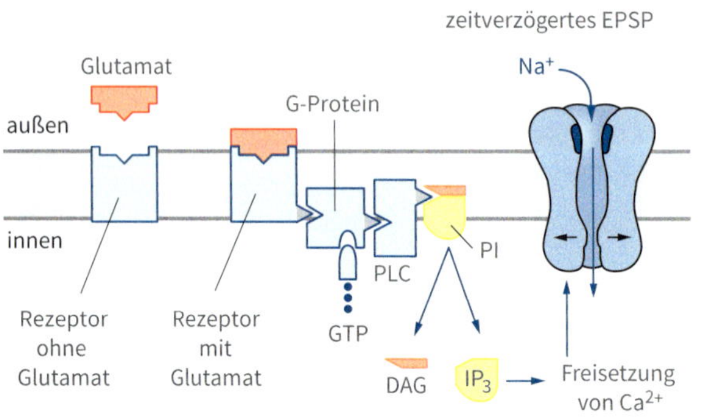

Abb. 6.18: Das indirekte Auslösen eines EPSP an der postsynaptischen Membran über einen G-Protein-gekoppelten Glutamat-Rezeptor

Neben IP_3 und DAG werden u. a. cAMP, Stickstoffmonoxid und Arachidonsäure als synaptische *second messenger* genutzt.

➲ In der **Art des durch den Transmitter geöffneten Ionenkanals und des dadurch hervorgerufenen Effektes**:
- Bestimmte Transmitter bewirken die Öffnung von Na^+-Kanälen oder von unspezifischen Kationenkanälen. In diesem Fall kommt es zu einem Na^+- bzw. generell einem Kationen-Einstrom in die postsynaptische Zelle. Es entsteht ein **erregendes postsynaptisches Potenzial (EPSP)**. Ist dieses am Axonhügel überschwellig, so löst es hier ein Aktionspotenzial aus.
- Andere Transmitter bewirken die Öffnung von K^+- oder von Cl^--Kanälen. Hier kommt es zu einem K^+-Ausstrom aus der bzw. zu einem Cl^--Einstrom in die postsynaptische Zelle. Die Folge ist eine Veränderung des Membranpotenzials in den negativen Bereich, eine Hyperpolarisation.
  Man bezeichnet das so entstehende Potenzial als **inhibitorisches postsynaptisches Potenzial (IPSP)**. Ein IPSP löst zwar am Axonhügel kein Aktionspotenzial aus, hat aber eine wichtige Funktion im Rahmen der Informationsverarbeitung (→ Seite 131).

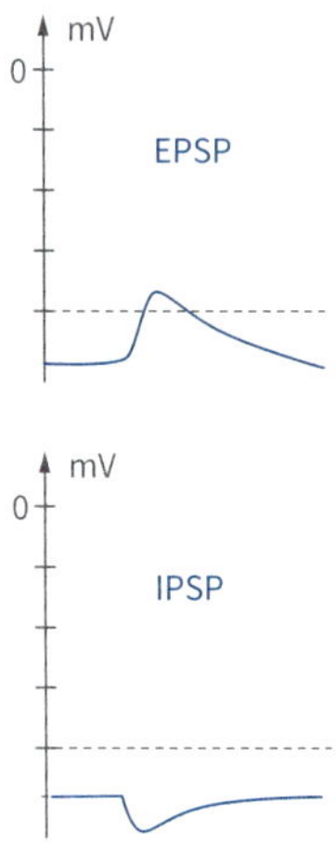

Abb. 6.19: EPSP (oben) und IPSP (unten)

- Eine dritte Gruppe von Transmittern führt die Öffnung von Ca^{2+}-Kanälen herbei. Der dadurch bewirkte Ca^{2+}-Einstrom löst neben dem EPSP häufig noch weitere Effekte aus (z. B. die Aktivierung von Enzymen oder Genen). Auf diese Weise können deutliche Strukturveränderungen an der Postsynapse hervorgerufen werden, wie man sie z. B. bei Lernprozessen beobachten kann.

Postsynaptische Potenziale bilden in ihrer Amplitude die Stärke und Dauer des Ausgangsreizes ab. Man bezeichnet sie daher als **amplitudenmoduliert**. Dabei ist aber nicht bei jedem Transmitter festgelegt, welchen Kanaltyp er öffnet. So gibt es Transmitter, die je nach Empfängerzelle die Öffnung unterschiedlicher Ionenkanäle bewirken können (→ Seite 124).

- In der **Art der Transmitterentfernung aus dem synaptischen Spalt**. Wege sind hier:
  - Diffusion
  - enzymatische Deaktivierung des Transmitters im Spalt
  - rasche Wiederaufnahme des intakten Neurotransmitters in das Endknöpfchen durch ATP verbrauchende Transmitterpumpen *(reuptake)*. Hier spart sich die Nervenzelle den Neuaufbau der Transmittermoleküle, der gegenüber dem *reuptake* oft energiezehrender ist. Dies ist der Normalfall.

Die Funktionsweise einer elektrischen Synapse

Neben chemischen Synapsen gibt es auch **elektrische Synapsen**. Bei elektrischen Synapsen liegen die Membranen der prä- und der postsynaptischen Zelle sehr eng beieinander.

Porenbildende Proteinkomplexe ***(gap junctions)*** verbinden das Plasma beider Zellen miteinander. So ist ein direkter Stromfluss (Ionenfluss), aber auch ein Austausch kleinerer Moleküle zwischen beiden Zellen möglich. Elektrische Synapsen kommen daher **ohne Neurotransmitter** aus. Ihre weiteren Kennzeichen sind:

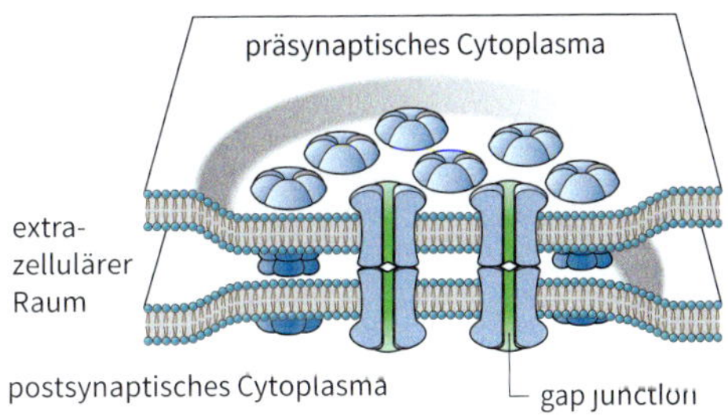

Abb. 6.20: Elektrische Synapse

- Sie arbeiten verzögerungsfrei und damit deutlich schneller als chemische Synapsen.
- Elektrische Synapsen kommen deshalb überall dort vor, wo schnelle Reizleitung notwendig ist (z. B. beim Lidschlussreflex) oder die Aktivitäten ganzer Zellgruppen synchronisiert werden sollen.
- Die Erregungsübertragung kann hier prinzipiell in beide Richtungen erfolgen.
- Ein Nachteil elektrischer Synapsen ist aber die fehlende Möglichkeit der Feinregulation.

engl. *gap* = Lücke, Spalt
engl. *junction* = Verbindung

	chemische Synapse	elektrische Synapse
Membranabstand	20 bis 40 nm	2 bis 4 nm
Übertragungsmodus	Neurotransmitter	Ionenfluss
Übertragungsverzögerung	ca. 1 bis 5 ms	keine
Signalübertragung	in eine Richtung	in zwei Richtungen (bidirektional)

Tab. 6.3: Vergleich chemischer und elektrischer Synapsen

Synapsengifte

Die synaptische Übertragung kann durch verschiedene chemische Substanzen gestört oder unterbunden werden. Man bezeichnet diese als Synapsengifte. Sie sind in der Regel synapsenspezifisch, das heißt, sie beeinflussen nur einen ganz bestimmten Synapsentyp. Zudem finden Synapsengifte – entsprechend dosiert – Anwendung in der Medizin (Schmerzmittel, Anti-Krampf-Mittel usw.).

Beispielhaft seien im Folgenden Substanzen vorgestellt, die an cholinergen Synapsen/motorischen Endplatten wirken:

Wirkungsort	Gift	Herkunft des Giftes	Wirkung des Giftes	Auswirkungen im Organismus
präsynaptische Membran	ω-Conotoxin	Kegelschnecken (Conus-Schnecken)	Blockade der Ca^{2+}-Kanäle → verringerter Ca^{2+}-Einstrom → Verhinderung der Transmitterausschüttung	Lähmung der Muskulatur; Unterbrechung der Schmerzleitung
	Botulinumtoxin (Botox®)	*Clostridium botulinum* (Bakterium in verdorbener Nahrung)	Spaltung von Fusionsproteinen der Vesikel → Verhinderung der Vesikelöffnung → keine Exocytose des Neurotransmitters	Lähmung der Muskulatur; Tod
postsynaptische Membran	Nicotin	Tabakpflanze *(Nicotiana tabacum)*	Nicotin imitiert Acetylcholin → dockt an einem bestimmten Typ von Acetylcholin-Rezeptoren an (nicotinischer Rezeptor), aktiviert diesen und bewirkt so die Öffnung von Na^{+}-Kanälen → kein Abbau durch Acetylcholinesterase	vielfältiges Vergiftungsbild; in hohen Dosen schwere Atemstörungen und Kreislaufkollaps
	d-Tubocurarin (Curare)	Rinde der tropischen Liane *Chondrodendron tomentosum*	kompetitiver Hemmstoff nicotinischer Rezeptoren → besetzt reversibel Bindungsstellen der Rezeptoren, ohne den assoziierten Na^{+}-Kanal zu öffnen	Muskellähmung; Tod durch Atemstillstand
	Muscarin	in Spuren im Fliegenpilz (*Amanita muscaria*; namengebend) und in anderen giftigen Pilzen	Muscarin hat Bauähnlichkeiten mit Acetylcholin, doch ist der Abbau durch Acetylcholinesterase nicht möglich → lagert sich an bestimmtem Typ von Acetylcholin-Rezeptoren an (muscarinischer Rezeptor) und aktiviert diesen fortdauernd	Wahrnehmungsstörungen; Muskellähmung; bei großen Giftmengen Tod u. a. durch Atemlähmung
Acetylcholinesterase	Fasciculin	Grüne Mamba (Giftschlange)	allosterische Hemmung der Acetylcholinesterase → Verlängerung der Transmitterwirkung	Muskelübererregung; Tod durch Atemlähmung

Tab. 6.4: Die Wirkung ausgewählter Synapsengifte an cholinergen Synapsen/motorischen Endplatten

Informationsverarbeitung in Neuronen

Die kleinste Verarbeitungseinheit des Nervensystems ist die Nervenzelle. Bei der Informationsverarbeitung sind hier vier Aspekte von Bedeutung:

- **Die Vernetzung der Nervenzellen.** Sie ist die Voraussetzung für die Verarbeitung von Informationen. So kann z. B. ein Neuron im Gehirn des Menschen bis zu 10 000 Synapsen mit anderen Nervenzellen ausbilden.
- **Das Vorhandensein zweier Synapsentypen.** Es gibt **erregende Synapsen**, deren postsynaptisches Potenzial ein EPSP ist, und **hemmende Synapsen**, an deren postsynaptischer Membran ein IPSP entsteht.
- **Summationseffekte an Neuronen**
  Zeitliche Summation: Wird an *derselben* Synapse durch rasch aufeinander folgende Aktionspotenziale bereits dann wieder ein EPSP ausgelöst, wenn das vorherige noch nicht abgeklungen ist, startet das zweite EPSP vom noch anliegenden Depolarisationsniveau des ersten aus. Seine Amplitude ist so größer als die eines Einzel-EPSP. Ebenso löst die rasche mehrmalige Stimulation einer hemmenden Synapse ein größeres IPSP aus als deren einmalige Stimulation.
  Räumliche Summation: Werden gleichzeitig an *verschiedenen* Synapsen postsynaptische Potenziale ausgelöst, so kommt es ebenfalls zu ihrer Summation. Hierbei „addieren" sich Einzel-EPSP zu einem Gesamt-EPSP mit höherer Amplitude bzw. Einzel-IPSP zu einem größeren Gesamt-IPSP. Treffen EPSP und IPSP zusammen, so erfolgt eine „Subtraktion" des IPSP vom EPSP.
- **Die Verrechnungsstelle ist der Axonhügel.** Hier werden alle ankommenden Potenziale miteinander verrechnet: Zeitgleich ankommende, einzeln unterschwellige EPSP können zu einem überschwelligen Potenzial aufsummiert werden und ein Aktionspotenzial auslösen (→ Abb. 6.22 a + b). Auch kurz nacheinander ankommende EPSP werden aufsummiert. Die Depolarisation am Axonhügel bleibt so längere Zeit überschwellig und löst die Bildung mehrerer Aktionspotenziale aus. Erreichen ein überschwelliges EPSP und ein IPSP zeitgleich den Axonhügel, so kann dies dazu führen, dass die Depolarisation unterschwellig wird. Ein Aktionspotenzial entsteht in diesem Fall nicht (→ Abb. 6.22 a + c). Bei Tausenden von Synapsen pro Neuron kann nun die Verrechnung am Axonhügel sehr komplex sein. Es entsteht ein spezifisches Potenzial-Muster, das, codiert in einer bestimmten Aktionspotenzialfrequenz, über das Axon weitergeleitet wird.

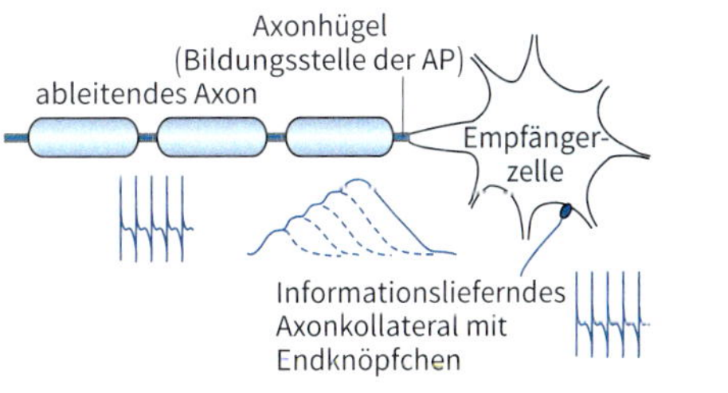

Abb. 6.21: Zeitliche Summation

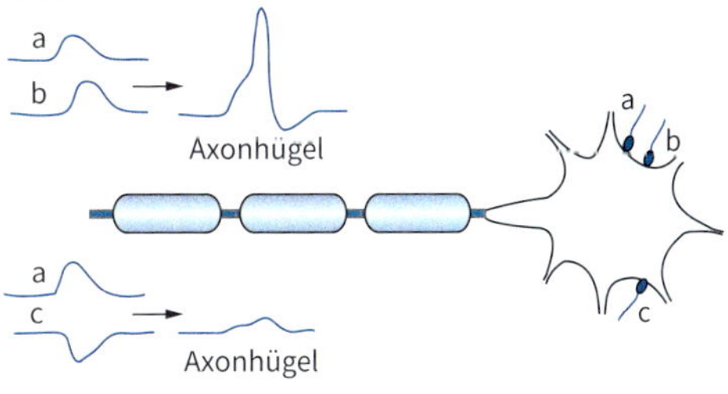

Abb. 6.22: Räumliche Summation

6.3 Sinnesphysiologie

Vom Reiz zur Erregung

Lebewesen sind einer Vielfalt von **Reizen** ausgesetzt. Um Reize aufnehmen und auf sie situationsgerecht reagieren zu können, benötigt ein Lebewesen Sinnesfühler. Diese werden **Rezeptoren** oder **Sensoren** genannt.

lat. *sentire* = fühlen
lat. *recipere* = aufnehmen

Bei Tieren kann ein solcher Rezeptor aus einem bestimmten Zellorganell oder Zellteil bestehen. Oftmals stellt jedoch eine ganze Zelle den Rezeptor dar. Diese wird dann **Rezeptor-** oder **Sinneszelle** genannt. Sinneszellen sind spezialisierte, zur Reizaufnahme befähigte Zellen. Sie können einzeln vorkommen oder in komplexen **Sinnesorganen** zusammengefasst sein.

lat. *adaequare* = angleichen, passend (machen)

Jeder Rezeptortyp spricht auf bestimmte **adäquate Reize** optimal an. Andere für ihn inadäquate Reize kann er nicht oder nur bei hoher Reizstärke aufnehmen. Nach ihrem adäquaten Reiz unterscheidet man:

- Fotorezeptoren (reagieren auf Licht; *Beispiel:* Stäbchen der Retina)
- Mechanorezeptoren (reagieren auf mechanische Reize; *Beispiele:* Druckrezeptoren in der Haut, Sinneshaare im Ohr)
- Thermorezeptoren (reagieren auf Temperaturänderungen)
- Chemorezeptoren (reagieren auf chemische Substanzen; *Beispiele:* Geschmacks- und Geruchsrezeptoren)
- Schmerz- oder Nozizeptoren (reagieren auf unterschiedliche Reize, aber erst ab einer bestimmten Reizstärke)

Rezeptoren nehmen Reize mithilfe spezieller Strukturen auf und „übersetzen" sie in die „Sprache der Nervenzellen", also in ein neurales Signal, ein **Rezeptorpotenzial**. Die Umwandlung der Reizinformation in eine für das Nervensystem „verständliche" neurale Informationsform bezeichnet man als **Transduktion**. Ihr konkreter Ablauf sieht je nach Rezeptor sehr unterschiedlich aus.

lat. *transducere* = hinüberführen

Die Transduktionsprozesse weisen aber auch Gemeinsamkeiten auf:

- Der Reiz löst am Rezeptor eine Veränderung des Ruhepotenzials aus. Meist ist dies eine Depolarisation, seltener eine Hyperpolarisation. Diese Potenzialänderung wird **Rezeptorpotenzial** genannt.
- Beim Rezeptorpotenzial handelt es sich um ein **amplitudenmoduliertes Potenzial**, das heißt, es bildet in seiner Amplitude die Intensität des einwirkenden Reizes ab. Der Zusammenhang zwischen Reizstärke und Rezeptorpotenzial lässt sich in der Regel durch die Formel beschreiben: „Je stärker der Reiz, desto größer das Rezeptorpotenzial." Allerdings muss diese Abhängigkeit nicht linear sein. Das Rezeptorpotenzial kann bei steigender Reizstärke auch logarithmisch oder exponentiell zunehmen.

- Das Rezeptorpotenzial entsteht dadurch, dass bestimmte Ionenkanäle in der Rezeptormembran geöffnet oder geschlossen werden.
- Dies wird für jeden Rezeptortyp auf spezifische Weise bewirkt, generell kann man aber drei Grundvarianten unterscheiden:
  Variante 1 – Der Reiz wirkt mechanisch auf Kanalmoleküle ein; so bewirkt eine Bewegung von Sinneshaaren oder das Eindrücken der Zellmembran mechanisch das Öffnen oder Schließen von Ionenkanälen.
  Variante 2 – Bestimmte Ionenkanäle sind mit Rezeptoren assoziiert oder ihre Kanalmoleküle sind selber Rezeptoren. Sie können durch direktes Einwirken chemischer Substanzen geöffnet oder geschlossen werden.
  Variante 3 – Eine Reihe von Ionenkanälen wird vom Reiz nur indirekt über ein zwischengeschaltetes ***second-messenger-System*** beeinflusst. Dabei bewirkt der Reiz zunächst die Veränderung eines Rezeptormoleküls. Diese Veränderung führt im Inneren der Zelle zur Aktivierung bestimmter Stoffe (G-Proteine und/oder Enzyme) und dadurch zur Bildung, Freisetzung oder zum Abbau eines *second messenger*s (z. B. cAMP, cGMP). Dies bewirkt das Öffnen oder Schließen der Ionenkanäle.
- Teilweise kommt es im Rahmen der Transduktion zu einer Verstärkung des Reizsignals. Häufig wird diese durch **intrazelluläre Reizverstärkung** über den *second messenger* erzielt. Die Aktivierung eines Rezeptormoleküls kann dabei zur Bildung, Freisetzung oder zum Abbau Hunderter von *second-messenger*-Molekülen führen.
- Rezeptoren reagieren erst dann mit der Bildung eines Rezeptorpotenzials, wenn die Reizstärke einen gewissen Schwellenwert überschreitet.
- Ab einer bestimmten Reizstärke erhöht sich das Rezeptorpotenzial nicht mehr.

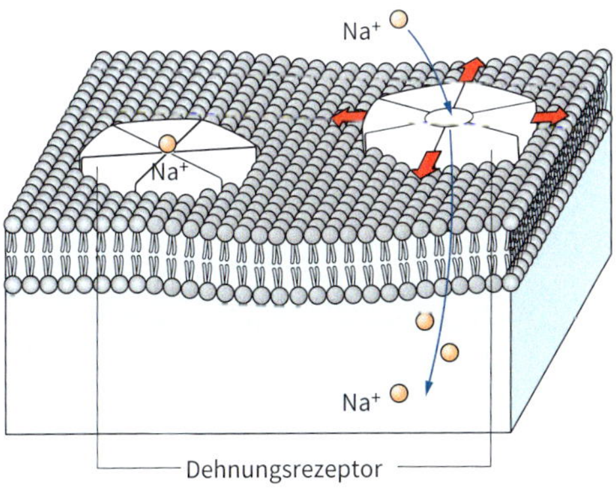

Abb. 6.23: Die mechanische Öffnung eines Ionenkanals

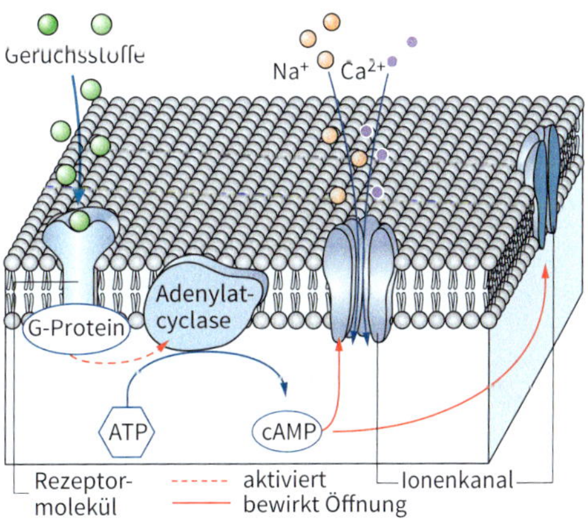

Abb. 6.24: Öffnung von Ionenkanälen per *second messenger*

Wirkt über einen längeren Zeitraum ein gleichstarker Reiz ein, so zeigen Rezeptoren je nach Rezeptortyp ein unterschiedliches Verhalten:

- **Phasische Rezeptoren** reagieren sensibel auf Reizänderungen. Bei andauerndem Reiz sinkt ihr Rezeptorpotenzial jedoch nach kurzer Zeit wieder auf den Ruhepotenzialwert. Sie **adaptieren** an den Reiz.
- Bei **tonischen Rezeptoren** (z. B. Schmerzrezeptoren) bleibt das Rezeptorpotenzial während der gesamten Reizdauer erhalten. Es findet keine Adaption statt.
- **Phasisch-tonische Rezeptoren** adaptieren sehr langsam an den Reiz. Bei ihnen ist das Rezeptorpotenzial am Beginn der Reizeinwirkung hoch, fällt aber bei längerer Reizdauer auf einen niedrigeren, konstanten Wert. Sie codieren damit sowohl Reizänderungen wie auch Reizstärke und Reizdauer.

lat. *adaptare* = anpassen

lat. *transformare* = umformen, umwandeln

Auf die Transduktion folgt die **Transformation**: Das Rezeptorpotenzial wird in eine Folge von Aktionspotenzialen umgewandelt. Dabei ist die Frequenz der Aktionspotenziale von der Höhe und Dauer des Rezeptorpotenzials abhängig. In der Regel gilt: „Je höher das Rezeptorpotenzial, desto höher die Aktionspotenzialfrequenz." Nur überschwellige Rezeptorpotenziale werden transformiert, wobei aber mehrere unterschwellige Potenziale zu einem überschwelligen aufsummiert werden können.

Bezüglich ihrer Transformationseigenschaften unterscheidet man:

- **Primäre Sinneszelle**: Sie besitzt ein Axon und kann Aktionspotenziale ausbilden. Ihr Rezeptorpotenzial breitet sich elektrotonisch bis zum Axonhügel aus. Bei Überschreiten der Erregungsschwelle entstehen hier Aktionspotenziale, die weitergeleitet werden. Primäre Sinneszellen stellen die ursprüngliche Form der Sinneszelle dar. Sie sind Standard bei Wirbellosen; bei Wirbeltieren findet man sie z. B. in der Riechschleimhaut.

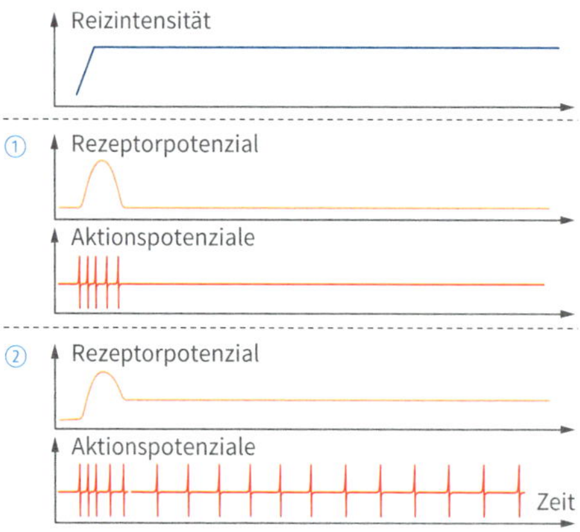

Abb. 6.25: Die Ergebnisse der Reiztransduktion bei ① phasischen und ② phasisch-tonischen Rezeptoren

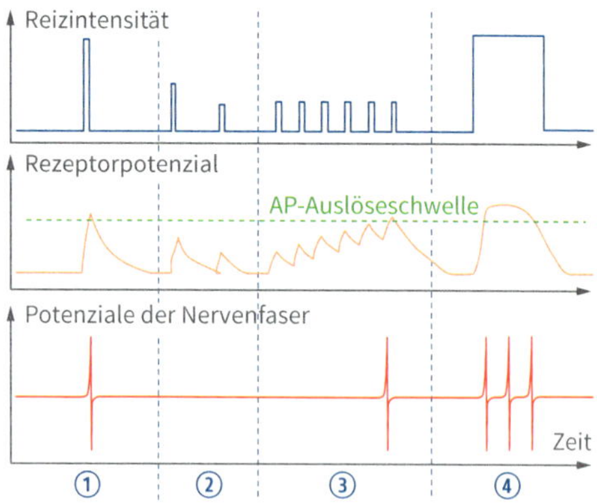

Abb. 6.26: Vom Reiz zum Aktionspotenzial: ① kurzer überschwelliger Reiz, ② unterschwellige Reize, ③ zeitliche Summation und ④ länger überschwelliger Reiz

- **Sekundäre Sinneszelle**: Sie kann Reize in Erregung transduzieren, vermag aber selber kein Aktionspotenzial zu erzeugen. Ihr fehlt das Axon. Sie bildet jedoch mit einer nachgeschalteten Nervenzelle eine Synapse aus.

  Das Rezeptorpotenzial wird hier in eine Transmitterausschüttung übersetzt. An der nachgeschalteten Nervenzelle wird so eine Potenzialänderung bewirkt, die – sofern überschwellig – in der Nervenzelle die Bildung von Aktionspotenzialen auslöst.

  Bei den Sekundären Sinneszellen findet man zwei Typen:

  Beim weitaus häufigsten **Typ I** führt das Einwirken eines Reizes zu einer Depolarisation. Dieses Rezeptorpotenzial bewirkt an der Synapse die *Ausschüttung eines Neurotransmitters*. In der nachgeschalteten Nervenzelle entsteht ein EPSP, das an deren Axonhügel die Bildung von Aktionspotenzialen auslöst. Sinneszellen dieses Typs sind bei Wirbeltieren weit verbreitet (z. B. Geschmackssinneszellen oder die Haarzellen im Innenohr).

  Im Gegensatz dazu reagiert eine Sekundäre Sinneszelle des **Typs II** auf das Einwirken eines Reizes mit einer Hyperpolarisation. An der Synapse führt dies zum *Stopp der* ansonsten *kontinuierlich erfolgenden Transmitterausschüttung*. Die Fotorezeptoren der Wirbeltiere sind sekundäre Sinneszellen des Typs II (→ Seite 139 f.).

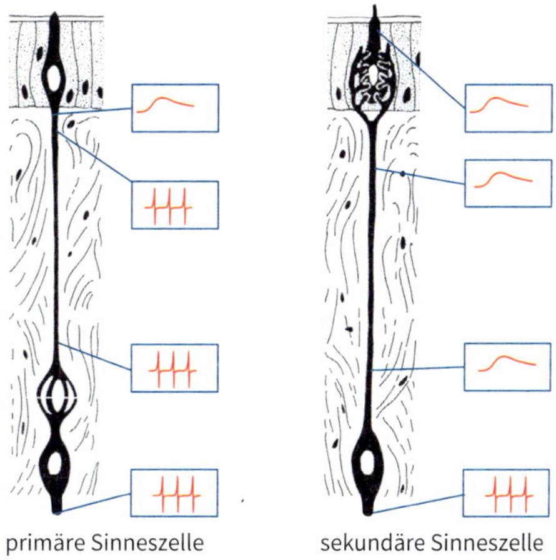

Abb. 6.27: Primäre und sekundäre Sinneszelle

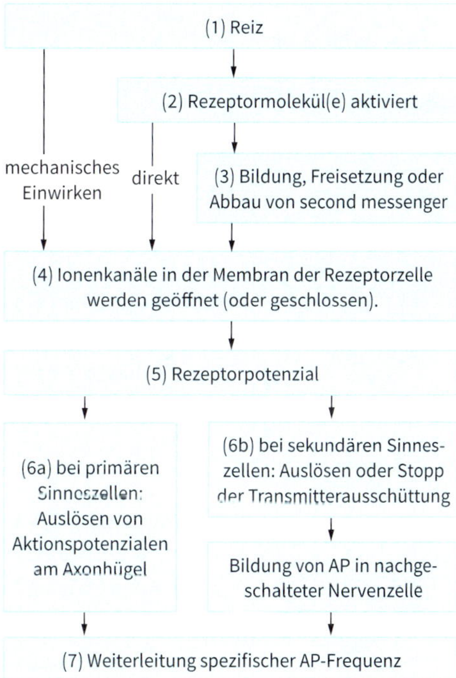

Abb. 6.28: Der Weg vom Reiz zur Erregung in der Übersicht (AP = Aktionspotenzial)

Die **Codierung der Reizinformation** erfolgt durch zwei Komponenten: Die Reizqualität (also Schall, Licht usw.) wird für das ZNS dadurch klar identifizierbar, dass bestimmte Reizinformationen stets nur über bestimmte Nerven zum ZNS geleitet werden (also z. B. Reiz „Licht" – Informationsleitung über Sehnerv; Reiz „Schall" – Informationsleitung über Hörnerv). Man bezeichnet dies als **Kanalspezifität**. Reizstärke und -dauer sind hingegen im Muster der Aktionspotenziale, in der Aktionspotenzialfrequenz, codiert (**Frequenzcodierung**). Erst diese Kombination von Kanalspezifität und Frequenzcodierung stellt sicher, dass alle Kennzeichen eines Reizes für das ZNS identifizierbar sind.

Lichtsinnesorgane im Überblick

Sinnesorgane sind zur Reizaufnahme befähigte Strukturen eines vielzelligen Organismus. Im einfachsten Fall besteht ein Sinnesorgan nur aus einer Sinneszelle oder aus mehreren Einzelsinneszellen, die diffus über die Körperoberfläche verstreut sind. In der Regel sind in einem Sinnesorgan aber viele Sinneszellen und teilweise komplexe Hilfsstrukturen räumlich eng verbunden.
Bei vielen Einzellern und Bakterien besitzen das Plasma oder einzelne Zellorganelle Lichtempfindlichkeit. Bei Vielzellern haben sich spezielle Lichtsinneszellen entwickelt. Liegen diese in Gruppen zusammen, so bezeichnet man sie als **Lichtsinnesorgan** oder **Auge**. Bei den Augen lässt sich eine Entwicklungsreihe skizzieren, bei der zum einen die Komplexität des Aufbaus, zum anderen parallel auch die Qualität der Sehleistung zunimmt.

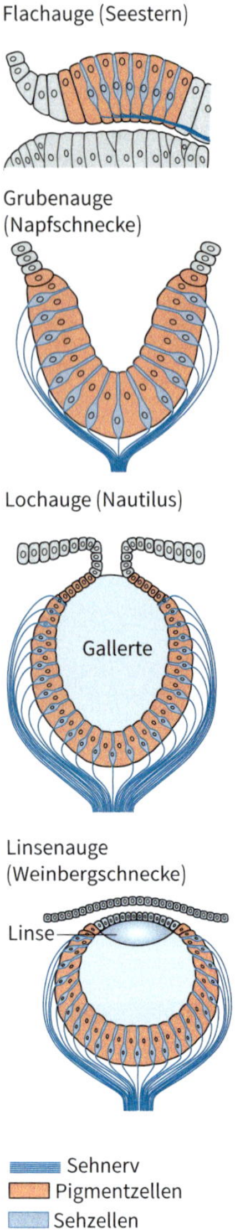

Abb. 6.29: Verschiedene Augentypen

Flachauge: Es besteht aus nebeneinander in der Haut liegenden Sehzellen und ermöglicht Hell-Dunkel-Sehen. Sind Sehzellen einseitig durch eine Zellschicht abgeschirmt, ist vages Richtungssehen möglich. Vorkommen z. B. bei Quallen.

Pigmentbecherauge: Die Sehzellen liegen vom Licht abgewandt (**inverse Lage**). Sie sind einseitig durch Pigmentzellen abgeschirmt. Dieser Augentyp befähigt zum Hell-Dunkel-Sehen und zur Identifizierung der Lichteinfallsrichtung (grobes Richtungssehen). Vorkommen z. B. bei Strudelwürmern.

Grubenauge (Napfauge): Dem Licht zugewandte Sehzellen (**everse Lage**) bilden in einer Hauteinsenkung eine geschlossene Zellschicht. Diese Grube ist ggf. mit Sekret gefüllt (Lichtbrechung) und nach unten durch Pigmente abgeschirmt. Grubenaugen ermöglichen Hell-Dunkel-Sehen und ein gutes Richtungssehen. Vorkommen z. B. bei Schnecken.

Lochauge: Ein stärker eingesenktes Grubenauge. Die Zahl der Sehzellen ist erhöht. Die lichtdurchlässige Öffnung ist nur noch lochförmig. Das Innere ist sekretgefüllt. Lochaugen ermöglichen Hell-Dunkel-, Richtungs- und Bildsehen. Das nach dem Lochkameraprinzip erzeugte Bild ist bei großer Sehöffnung lichtstärker, aber unscharf, bei kleiner Öffnung scharf, aber sehr lichtschwach. Vorkommen z. B. bei *Nautilus*. Bei einigen Schnecken hat sich der Hohlraum zur Blase geschlossen (**Blasenauge**), bei anderen das Sekret in der Blase zum Teil zu einer Linse verfestigt (**einfaches Linsenauge**). Dies verbessert die Bildqualität jedoch nur geringfügig.

Linsenauge: Einen Leistungssprung stellt das Linsenauge der höheren Schnecken und Kopffüßer (z. B. Kraken) mit everser Netzhaut sowie das Linsenauge der Wirbeltiere mit inverser Netzhaut dar.

Komplexauge (Facettenauge): Das Auge der Gliederfüßer (z. B. Spinnen, Insekten) passt nicht in die skizzierte Augenentwicklungsreihe. Es ist aus vielen Einzelaugen (**Ommatidien**) zusammengesetzt. Jedes Ommatidium besteht aus einem lichtsammelnden Apparat (Linse und Kristallkegel), mehreren Sehzellen (Retinulazellen) und abschirmenden Pigmentzellen. Ein Ommatidium registriert nur die Lichtverhältnisse in einem winzigen Teil des Gesamtbildes. Das aus den Informationen der Einzelaugen zusammengesetzte Mosaik aus Bildpunkten wird durch neuronale Verschaltung zum Gesamtbild zusammengefügt. Komplexaugen ermöglichen Richtungs-, Bild- und Farbsehen sowie eine hohe zeitliche Bildauflösung.

Auge des Menschen – Beispiel für ein Linsenauge der Wirbeltiere

Im menschlichen Auge passiert das Licht eine Reihe von Strukturen, bevor es in der Retina (Netzhaut) auf die Lichtsinneszellen trifft. All diese Strukturen haben spezielle Funktionen. In ihrer Gesamtheit ermöglichen sie es, ein scharfes, verkleinertes, seitenverkehrtes und kopfstehendes Bild exakt auf die Netzhaut zu fokussieren. Man bezeichnet sie daher als „Hilfsapparat für die Lichtrezeption".

Der Weg des Lichtes im Auge führt über die folgenden sechs Stationen:

① Die vorgewölbte, durchsichtige **Hornhaut**, die als Sammellinse wirkt.

② Die mit **Kammerwasser** gefüllte **vordere Augenkammer**.

③ Die **Pupille**. Sie wird durch die farbige **Iris** gebildet, einer gewölbten Scheibe aus glatten Muskelfasern, die in der Mitte ein Loch, eben die Pupille, aufweist. Sie wirkt wie eine Kamerablende. Bei zunehmender Helligkeit ziehen sich ringförmige Irismuskeln zusammen. Die Pupille wird verkleinert. Bei zunehmender Dunkelheit kontrahieren dagegen strahlenförmige Irismuskeln. Die Pupille erweitert sich. Man bezeichnet diese Anpassung des Auges an unterschiedliche Lichtverhältnisse als **Adaptation**.

lat. *adaptare* = anpassen

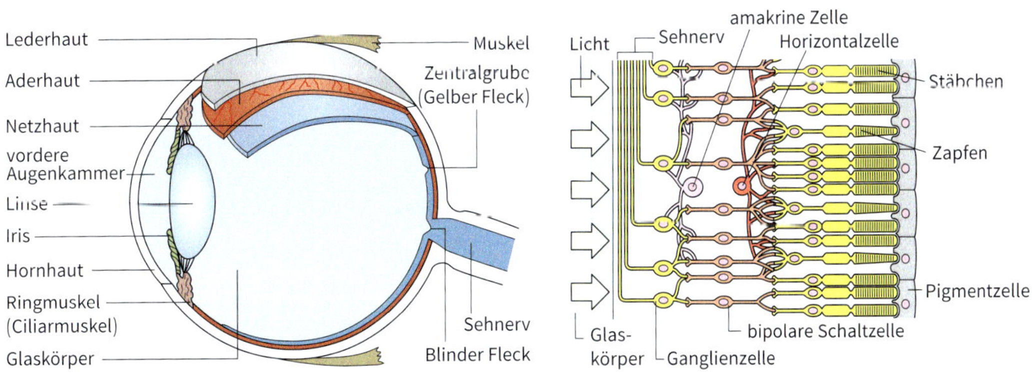

Abb. 6.30: Bau des menschlichen Auges: Übersicht (links), Netzhaut (rechts)

konvex = nach außen gewölbt

lat. *accomodare* = angleichen

④ Die **Linse**. Sie besteht aus Proteinfasern, ist transparent und konvex gewölbt. Die Linse wird durch Aufhängefasern in ihrer Position gehalten. Diese Fasern sind mit dem vorderen Teil der Aderhaut verbunden, in den der ringförmige Ciliarmuskel (Ringmuskel) eingelagert ist. Dieser spielt beim Scharfstellen des Bildes auf der Netzhaut, der **Akkomodation**, eine wichtige Rolle. Bei entspanntem Ringmuskel sind die Aufhängefasern der Linse gestrafft. Die Linse wird in die Länge gezogen und dadurch flacher. Ihre Brechkraft nimmt ab. Sie ist auf Fernsicht eingestellt. Kontrahiert sich der Ringmuskel, so entspannen sich die Aufhängefasern. Infolge ihrer Eigenelastizität nimmt die Linse eine stärker kugelige Form an. Ihre Brechkraft nimmt zu. Nahe Gegenstände werden scharf abgebildet. Angeborene Kurz- oder Weitsichtigkeit sind Folgen einer Augapfelfehlbildung. Altersweitsichtigkeit hingegen ist durch den im Alter zunehmenden Verlust der Eigenelastizität der Linse bedingt.

⑤ Der durchsichtige, gallertige **Glaskörper**. Er bildet zusammen mit Hornhaut, Kammerwasser und Linse den lichtbrechenden Apparat des Auges.

lat. *rete* = Netz

Beim Menschen drei Zapfen-Typen mit leicht unterschiedlichen Sehpigmenten:
S-Zapfen = Blaurezeptor
M-Zapfen = Grünrezeptor
L-Zapfen = Rotrezeptor

⑥ Die **Retina** (Netzhaut). Sie ist der lichtempfindliche Teil des Auges. In der Retina liegen die Sehzellen, etwa 6 Mio. farbempfindliche **Zapfen** und rund 120 Mio. hell-dunkel-empfindliche **Stäbchen** in inverser (lichtabgewandter) Lage. Stäbchen sind etwa 10 000-mal lichtempfindlicher als Zapfen. Im Randbereich der Netzhaut überwiegen die Stäbchen, im Zentrum die Zapfen. Am dichtesten liegen die Zapfen im **Gelben Fleck**. Diese Region ist die Stelle mit dem besten Auflösungsvermögen, der größten Sehschärfe und der höchsten Farbempfindlichkeit. Die Sehzellen der Netzhaut sind an ihren Spitzen von Pigmentzellen umgeben. An die Sehzellen schließen sich nach innen mehrere Schichten von Neuronen an, welche die Informationen der Sehzellen vorverarbeiten, bevor diese zum Gehirn geleitet werden. Die Axone der letzten aus ca. 1 Mio. Ganglienzellen bestehenden Neuronenschicht vereinigen sich zum Sehnerv, der im **Blinden Fleck** aus dem Auge austritt. Im Bereich des Blinden Flecks befinden sich keine Sehzellen. Die dadurch entstehende Bildlücke wird vom Gehirn ergänzt.

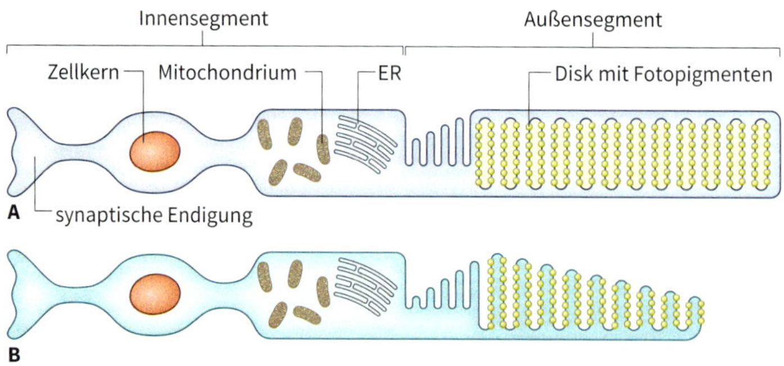

Abb. 6.31: Bau der Lichtsinneszellen: **A** Stäbchen; **B** Zäpfchen

Fototransduktion im Stäbchen

Rhodopsin: Fotopigmente sind Stoffe, deren Eigenschaften sich unter dem Einfluss von Licht verändern. Das Fotopigment der Stäbchen ist das *Rhodopsin*. Es befindet sich in der Membran der *Disks*, flacher Membranscheiben im Außensegment des Stäbchens. Alle bekannten Sehpigmente bestehen aus einem Proteinteil (dem Opsin) und einer Farbstoffkomponente. Beim Rhodopsin ist die Farbstoffkomponente das Retinal, ein abgewandeltes Vitamin A1-Molekül. Retinal kommt in zwei Formen vor, der 11-cis- und der Alltrans-Form.

Fotopigment = Sehpigment, Sehfarbstoff

griech. *opsis* = Sehen

Fototransduktion

Im Dunkeln gilt für ein Stäbchen:

- Das Retinal liegt in der 11-cis-Form vor und ist fest an das Opsin gebunden. Dieser Komplex ist der Sehfarbstoff Rhodopsin (Rh). Er liegt in der *Disk*-Membran.
- In der Außenmembran des Stäbchens werden Na^+-Ca^{2+}-Kanäle durch jeweils vier bis fünf kooperativ an den Ionenkanal gebundene cGMP-Moleküle offen gehalten; durch die offenen Kanäle strömen Na^+ und Ca^{2+} ins Stäbchen.
- Dadurch liegt ein Ruhepotenzial von ca. –30 mV an.
- An der synaptischen Endigung (Präsynapse) wird fortlaufend Transmitter (Glutamat) ausgeschüttet.
- An der nachfolgenden bipolaren Schaltzelle (→ Abb. 6.30) bewirkt Glutamat eine Hyperpolarisation (Hemmung). Folge: keine Erregungsweiterleitung.

cGMP = cyclisches Guanosinmonophosphat

Bei Belichtung geschieht nun Folgendes:

- Durch Absorption eines Lichtquants geht das Retinal in die All-trans-Form über.
- Dies führt am Opsin zu einer Formveränderung. Rhodopsin ist damit zum enzymatisch aktiven Metarhodopsin II geworden.
- Metarhodopsin II reagiert mit einem anderen Membranprotein, dem *Transducin* (T), und überführt dieses G-Protein von einer inaktiven in eine aktive Form. Dabei werden von jedem Metarhodopsin-II-Molekül bis zu 500 Transducin-Moleküle aktiviert.
- Jedes Transducin-Molekül aktiviert seinerseits ein *Phosphodiesterase*-Molekül (PDE), das ebenfalls in der *Disk*-Membran liegt.
- Die aktivierte *Phosphodiesterase* katalysiert die Umwandlung von cGMP zu GMP. Dabei werden von einem *Phosphodiesterase*-Molekül etwa 1000 bis 2000 cGMP-Moleküle umgebaut.

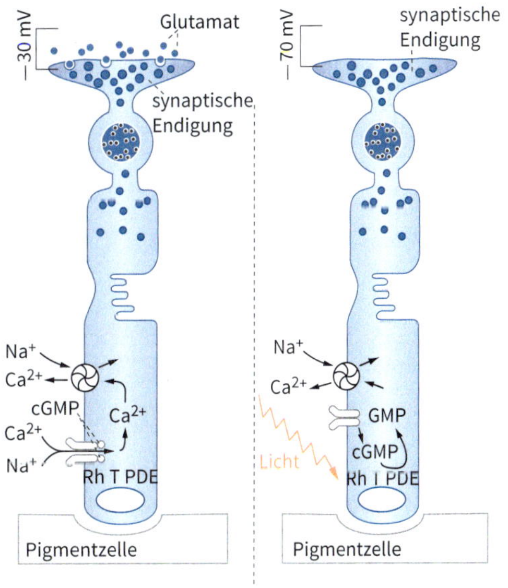

Abb. 6.32: Stäbchen unbelichtet – Stäbchen belichtet

- Damit sinkt der cGMP-Spiegel im Stäbchen. Es ist nicht mehr genug cGMP vorhanden, um die Kationenkanäle offenzuhalten. Diese schließen sich. Der Na^+- und Ca^{2+}-Einstrom wird geringer.
- Folge: Die Zellmembran wird *hyperpolarisiert*. Ein **Rezeptorpotenzial** ist entstanden.
- Das Rezeptorpotenzial breitet sich elektrotonisch aus und führt an der synaptischen Endigung des Stäbchens zu einer *Verminderung bzw. zum Stopp der Transmitterausschüttung.*
- Die Hemmung der bipolaren Schaltzelle ist damit aufgehoben. Sie schüttet Neurotransmitter aus. Die nachfolgende Ganglienzelle (→ Abb. 6.30) wird dadurch depolarisiert. An ihrem Axonhügel entstehen Aktionspotenziale.

Die Sehpigmente der Zapfen weisen geringfügig andere Struktur, jedoch analogen Wirkungsmechanismus auf wie das Rhodopsin.

Wiederherstellen des Ruhepotenzials: Eine Natrium-Calcium-Pumpe befördert ständig Ca^{2+} aus dem Stäbchen. Nach dem Schließen der Na^+-Ca^{2+}-Kanäle sinkt daher im Stäbchen der Calcium-Spiegel. Der **niedrige Calcium-Spiegel** hat nun zwei Effekte: Zum einen hemmt er das Enzym *Phosphodiesterase*. Der Abbau von cGMP wird gestoppt. Zum anderen aktiviert er das zuvor durch Ca^{2+} gehemmte Enzym *Guanylatcyclase*. Bei niedrigem Ca^{2+}-Spiegel katalysiert es die Umwandlung von GTP in cGMP. Damit steigt der cGMP-Spiegel im Stäbchen wieder. Die Na^+-Ca^{2+}-Kanäle öffnen sich. Na^+ und Ca^{2+} strömen in das Stäbchen. Es kommt zur Depolarisation, zur Rückkehr zum Ruhepotenzial.

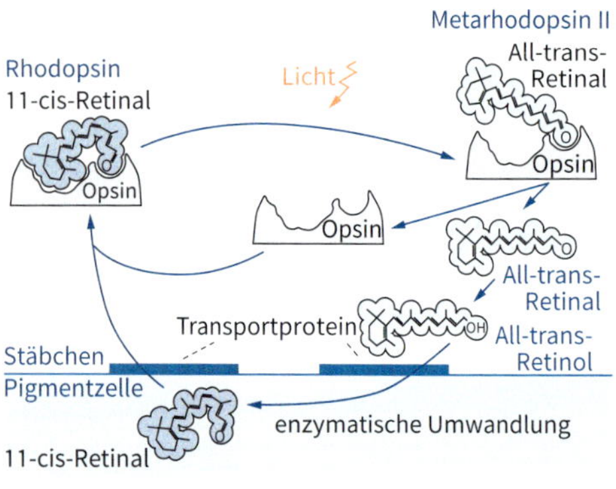

Abb. 6.33: Zerfall und Regeneration von Rhodopsin

Regeneration des Fotopigments: All-trans-Retinal wird vom Opsin abgespalten und in All-trans-Retinol umgewandelt. Transportproteine bringen dieses in die benachbarten Pigmentzellen. Dort wird es enzymatisch in 11-cis-Retinal überführt. Nach dem Rücktransport in das Stäbchen bindet das 11-cis-Retinal erneut an Opsin. Rhodopsin ist damit wieder funktionsfähig.

Visuelle Wahrnehmung: Die von den Ganglienzellen der Netzhaut generierten Aktionspotenziale werden ans Gehirn weitergeleitet. Hier findet ein Abgleich mit anderen Sinneseindrücken und abgespeicherten Erfahrungen statt. Dabei werden

- kleinere Bildlücken ergänzt (z. B. die Lücke des Blinden Flecks),
- die seitenverkehrten, kopfstehenden Netzhautbilder korrigiert,
- Bilder in Gänze farbig, obwohl die für das Farbsehen zuständigen Zapfen nur in Teilen der Retina vorhanden sind,
- Raumwahrnehmung durch Vernetzung der Bilder beider Augen ermöglicht.

Das „gesehene“ Bild ist also in wesentlichen Teilen eine Leistung des Gehirns.

Farbeindruck entsteht im Gehirn aus Verrechnung der Informationen der drei Zapfentypen Blau-, Grün- und Rotrezeptor (additive Farbmischung).

6.4 Nervensysteme

Nervenzellen ermöglichen eine schnelle und effiziente Informationsverarbeitung (→ Seite 131). Ihre potenziellen Fähigkeiten auszuschöpfen ist jedoch nur möglich, wenn sie untereinander verknüpft und zu größeren Funktionseinheiten verbunden sind. Die Gesamtheit der miteinander verknüpften Nervenzellen bezeichnet man als **Nervensystem**. Hohltiere (z. B. Polypen, Quallen) weisen die einfachste Form eines solchen Nervensystems auf. Ihre gleichartigen, über den ganzen Körper verteilten Nervenzellen stehen miteinander in Kontakt und bilden ein **Nervennetz**. Nervenzentren fehlen. Nervennetze ermöglichen nur einfache Koordinationsleistungen.

In der evolutionären Entwicklung der Tiere waren bezüglich der Organisation des Nervensystems drei deutliche Trends zu beobachten:

- Eine zunehmende **Konzentration der Nervenzellen** in bestimmten Körperabschnitten. Es entwickelten sich **Ganglien** (Nervenknoten), in denen die Zellkörper vieler Neurone konzentriert sind. Sie sind Zentren nervöser Kontrolle und Informationsverarbeitung.
- Bei Tieren mit definiertem Kopf kommt es zur **Ausbildung eines Gehirns** als übergeordnetem Koordinations- und Verarbeitungszentrum.
- Die Entwicklung von Ganglien und Gehirn sind Zeichen einer zunehmenden **Tendenz zur zentralen Kontrolle**. Einzelne Körperteile verlieren damit in weiten Teilen die Fähigkeit zur eigenständigen Entscheidung im Bereich nervöser Prozesse.

Ganglion (Einz.), Ganglien (Plu.) von griech. *ganglion* = Knoten, Schwellung

Alle drei Entwicklungen vergrößern die Fähigkeit der Lebewesen zur differenzierten Verarbeitung von Sinnesinformationen, zu komplexem Lernen und damit auch zur Entwicklung eines vielschichtigen und vielfältigen Verhaltensrepertoires.

Im Ergebnis hat die Evolution des Nervensystems zur räumlichen und funktionellen Gliederung in ein **zentrales** und ein **peripheres Nervensystem** geführt.

Liegen mehrere miteinander verbundene Ganglien vor, so bezeichnet man dieses zusammenhängende System als **Zentralnervensystem (ZNS)**. Alle Zellen des ZNS bilden eine funktionale Einheit, arbeiten also bei übergeordneten neuralen Verarbeitungs- und Entscheidungsprozessen eng zusammen.

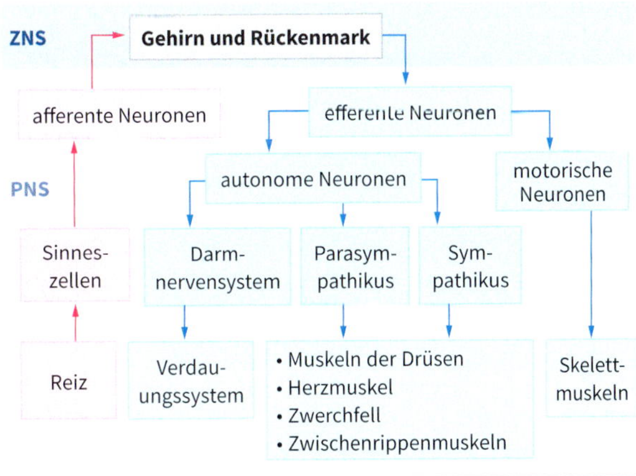

Abb. 6.34: Funktionelle Gliederung des Nervensystems des Menschen

Zum **peripheren Nervensystem (PNS)** zählen alle Nervenzellen außerhalb der zentralen Nervenknoten, also Nervenzellen, die Erregung von den Rezeptoren zum ZNS leiten *(afferente Neurone, sensorische Neurone)*, wie auch solche, die Erregung vom ZNS zu den Effektoren leiten *(efferente Neurone)*. Die zu den Skelettmuskeln führenden efferenten Nervenzellen werden auch *motorische Neurone* genannt.

lat. *affere* = hintragen, hinbringen
lat. *effere* = hinaustragen, herausbringen

Funktionell kann man bei höheren Lebewesen zwischen dem **willkürlichen Nervensystem** (steuert die willentlich kontrollierbaren Vorgänge) und dem **vegetativen Nervensystem** unterscheiden.
Letzteres ist durch den Willen nur wenig beeinflussbar und wird daher auch als *autonomes Nervensystem* bezeichnet. Es steuert die inneren Aktivitäten unseres Körpers. Es besteht aus Sympathicus, Parasympathicus und Darmnervensystem. Sympathicus und Parasympathicus wirken dabei als Gegenspieler (Antagonisten).

griech. *sympatheín* = mitleiden, mitempfinden

Kennzeichen des Sympathicus
- Er sorgt für eine Beschleunigung von Herzschlag, Atmung und Stoffwechsel, damit für eine Steigerung von Aktionsbereitschaft und Leistung.
- Er ist bei erhöhter körperlicher Aktivität, Erregung und Stress aktiv (also in „Kampf-oder-Flucht“-Situationen). Inaktiv ist er bei Entspannung und Ruhe.
- Neurotransmitter sind Acetylcholin und Noradrenalin.

griech. *para* = gegen

Kennzeichen des Parasympathicus
- Er dämpft Herzschlag und Atmung, hemmt damit die Aktionsbereitschaft.
- Er fördert die Verdauung und den Aufbau von Körperreserven.
- Er ist aktiv in Ruhe-, Erholungs- und Regenerationsphasen des Körpers („Ruhen-und-Verdauen-Situationen“). Inaktiv ist er in Leistungssituationen.
- Neurotransmitter ist Acetylcholin.

Zentralnervensystem der Ringelwürmer und Gliederfüßer

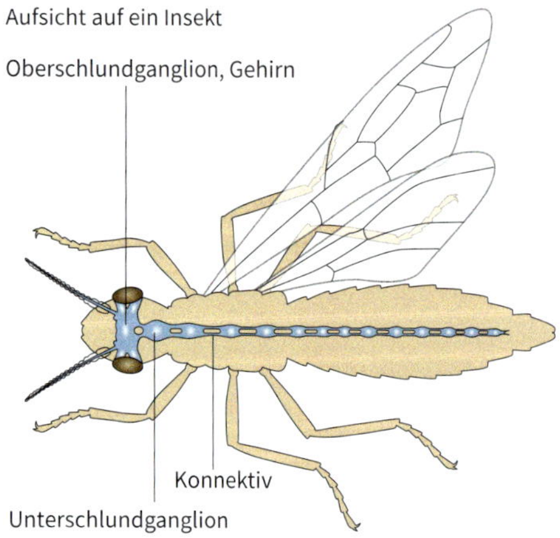

Abb. 6.35: Das Strickleiternervensystem der Insekten

Ringelwürmer und Gliederfüßer (z. B. Insekten) besitzen ein ZNS, das auf der Bauchseite konzentriert ist (Bauchmark). Es besteht in jedem Körperabschnitt (Segment) aus jeweils zwei Ganglien (Bauchganglien). Im Kopf sind die Ganglien zu größeren Neuronenverbänden verschmolzen. Die paarigen Bauchganglien sind durch Nervenbrücken längs und quer verbunden. Es entsteht dadurch der Eindruck einer Strickleiter, weshalb diese Form des ZNS als *Strickleiternervensystem* bezeichnet wird.
Bei den Insekten verarbeitet das Oberschlundganglion vor allem Informationen, die von den Sinnesorganen im Kopfbereich stammen. Das Unterschlundganglion ist für Geschmacks- und Tastsinn und die Steuerung

der Mundwerkzeuge zuständig. Das Strickleiternervensystem ermöglicht den Insekten komplexe Verhaltensweisen, differenzierte Lernvorgänge und ausgeprägte Formen sozialer Kommunikation (z. B. bei Staaten bildenden Insekten).

Zentralnervensystem der Wirbeltiere: Bei den Wirbeltieren befindet sich die Hauptganglienkette auf der Körperrückseite. Sie wird daher **Rückenmark** genannt. Die Ganglien im Kopfbereich bilden ein komplexes **Gehirn**. Es besteht bei allen Wirbeltieren aus Vorderhirn, Zwischenhirn, Mittelhirn, Kleinhirn und Nachhirn. Rückenmark und Gehirn bilden zusammen das ZNS.

Rückenmark des Menschen: Das Rückenmark ist die zentrale Verbindung zwischen Gehirn und peripherem Nervensystem. Es weist folgende Kennzeichen auf:

- Es liegt im **Wirbelkanal**, der durch Öffnungen in den Wirbeln gebildet wird.
- Von ihm gehen die zum peripheren Nervensystem zählenden Spinalnerven ab; sie treten seitlich zwischen den Wirbeln aus.
- Über **aufsteigende Nervenbahnen** leitet es Nervenimpulse aus der Peripherie zum Gehirn. Über **absteigende Nervenbahnen** leitet es Impulse vom Gehirn zu den einzelnen Körperteilen.
- Die myelinisierten Axone der auf- und absteigenden Bahnen befinden sich in der außen liegenden **weißen Substanz** des Rückenmarks.
- Die Zellkörper der Rückenmarksneurone liegen schmetterlingsförmig um den Zentralkanal. Sie bilden die **graue Substanz** des Rückenmarks.
- Zusätzlich zur Leitungsfunktion hat das Rückenmark auch eine **Verschaltungsfunktion**: In der grauen Substanz werden verschiedene Neurone teilweise über Interneurone miteinander verschaltet (→ Seite 165).

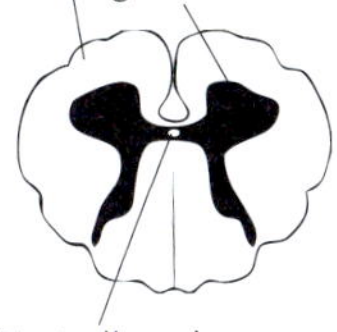

Abb. 6.36: Schnitt durch das Rückenmark

Das Gehirn des Menschen gliedert sich in fünf Abschnitte:

① Das **Großhirn** (= Endhirn) steuert Prozesse wie bewusstes Denken und Sich-Erinnern. Hier werden die von den Sinnesorganen einlaufenden Informationen ausgewertet und Befehle an die Muskeln codiert. Es ist in zwei **Hälften (Hemisphären)** unterteilt. Diese steuern jeweils die gegenüberliegende Körperseite: Die rechte Hemisphäre ist für die linke Körperhälfte zuständig und umgekehrt. Zudem werden den Hemisphären unterschiedliche Funktionsschwerpunkte zugeschrieben (z. B. rechte Gehirnhälfte: räumliche Wahrnehmung, Kreativität, künstlerischer Bereich; linke Gehirnhälfte: mathematisch-logisches Denken). Beide Hemisphären sind durch den **Balken** verbunden, der aus etwa 200 Millionen Neuronen besteht, und über den die beiden Hälften miteinander kommunizieren. Die äußere, etwa 2 bis 5 mm dicke Schicht des Großhirns wird als **Großhirnrinde (Cortex)** bezeichnet. Sie enthält Soma und Dendriten von etwa 19 bis 23 Milliarden Neuronen und stellt damit die **graue Substanz** des Großhirns dar. Durch Auffaltung und Furchung

griech. *hemisphairion* = Halbkugel

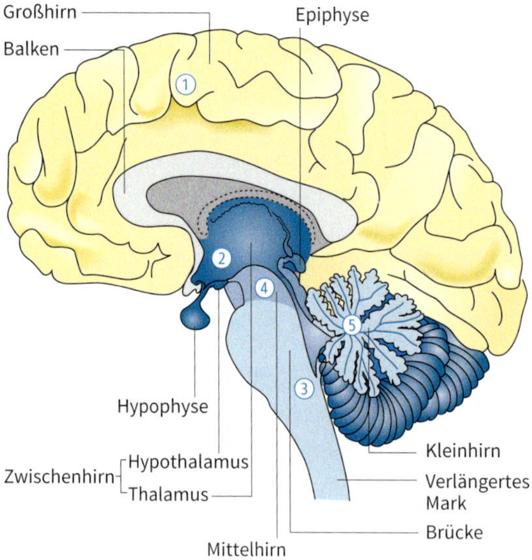

Abb. 6.37: Der Aufbau des menschlichen Gehirns

weist die Großhirnrinde eine sehr große Oberfläche auf. Jede der beiden Hälften des Großhirns ist durch markante Furchen in vier Bereiche **(Lappen)** unterteilt: den Frontallappen (Stirnlappen), Scheitellappen, Schläfenlappen und den Hinterhauptlappen. Den Lappen lassen sich unterschiedliche Aufgabenschwerpunkte zuordnen (z. B. Frontallappen: Bewegung, Denken, Sprache; Scheitellappen: Geschmack, Tasten; Schläfenlappen: Gehör, Geruch, Sprache; Hinterhauptslappen: Sehen). So weist die Großhirnrinde ein „Patchwork-Muster" unterschiedlicher Funktionsareale auf. Allerdings sind diese Areale weniger statisch als ursprünglich geglaubt. Bei Verletzungen z. B. können Nachbarareale bis zu einem gewissen Grad Funktionen ausgefallener Hirnabschnitte übernehmen. Zudem arbeiten meist Neuronen aus verschiedenen Arealen des Großhirns zusammen.

② Das **Zwischenhirn** besteht aus Thalamus und Hypothalamus. Der Thalamus ist Schaltstation zwischen aufsteigenden Rückenmarksbahnen und Großhirn sowie erstes, unbewusstes Verarbeitungszentrum (Filter) für Sinnesinformationen. Der Hypothalamus ist die wichtigste Steuerzentrale für das vegetative Nervensystem und das Hormonsystem (→ Seite 155 ff.).

③ **Nachhirn (verlängertes Mark und Brücke)** und ④ **Mittelhirn** bilden den **Hirnstamm**. Der Hirnstamm schaltet Informationen vom Großhirn zu Kleinhirn und Rückenmark um. Er koordiniert die Motorik und kontrolliert die Bewegungen von Augen und Zunge sowie die Mimik. Er steuert zentrale vegetative Körperfunktionen (Atmung, Herzschlag, Blutdruck, Schwitzen usw.), reguliert den Schlaf-Wach-Rhythmus und ist die Schaltzentrale für lebenswichtige Reflexe (Schlucken, Husten, Erbrechen, Niesen usw.).

⑤ Das **Kleinhirn** verarbeitet Informationen über die Körperlage im Raum und koordiniert die Körperbewegungen. Es arbeitet eng mit den motorischen Zentren des Großhirns zusammen.

lat. *limbus* = Rand, Saum, Umgrenzung

Das **limbische System** (untere Abschnitte des Großhirns und Teile des Zwischenhirns) fügt den zum Großhirn fließenden Informationen emotionale Bewertungskomponenten hinzu und ist von großer Bedeutung für die Speicherung und Abrufung von Gedächtnisinhalten. Beim Menschen leistet es einen wichtigen Beitrag zu Bewusstsein, Motivation und Assoziationen. Hier haben Emotionen wie Angst, Wut oder Euphorie ihren Ursprung. Zentrale Strukturen des limbischen Systems sind u. a. Hippocampus und Amygdala (Mandelkern).

6.5 Gedächtnis

Definition: Unter Gedächtnis versteht man die Fähigkeit, individuell aufgenommene Informationen abrufbar zu speichern. Die Speicherung erfolgt vor allem im Großhirn. Am Speichervorgang beteiligte Prozesse sind:
- Informationsaufnahme mittels Sinnesorganen
- Informationsauswahl (Trennung von einzuspeichernder und von zu verwerfender Information)
- Informationseinspeicherung (Encodierung) und -verfestigung
- dauerhafte Abspeicherung der Information im Langzeitgedächtnis (Engrammierung)

Auch die Verknüpfung der neu abgespeicherten Informationen mit alten Speicherinhalten und der Informationsabruf, also die Reaktivierung der gespeicherten Information (das „Sich-Erinnern"), sind fundamentale Gedächtnisprozesse.

Organisation
- **Ultrakurzzeitgedächtnis (Sensorisches Gedächtnis)**: Alle über die Sinnesorgane aufgenommenen Informationen werden für maximal zwei Sekunden festgehalten. Der größte Teil dieser Informationen wir dann aber nicht wahrgenommen und geht verloren.
- **Kurzzeitgedächtnis**: Das aktive Bewusstsein übernimmt aus dem sensorischen Gedächtnis nur wenige Informationen. Kapazität und Speicherdauer sind eng begrenzt (7 ± 2 Informationseinheiten; 10 bis 45 Sekunden).
- **Arbeitsgedächtnis**: Hier werden Informationen aus dem Kurzzeitgedächtnis für eine gewisse Zeit erhalten und/oder bearbeitet. Sollen Informationen länger *erhalten* bleiben, müssen sie nach einiger Zeit (ca. 10 Sekunden) aufgefrischt (wiederholt) oder auf andere Weise stabilisiert werden (z. B. durch Anreicherung mit Emotionen). Die *Verarbeitung* von Informationen im Arbeitsgedächtnis kann z. B. durch deren Strukturierung oder das Einflechten von Assoziationen geschehen. Dabei können auch Inhalte aus dem Langzeitgedächtnis abgerufen und genutzt werden. Das Arbeitsgedächtnis ist in Untersysteme gegliedert. So gibt es einen Zwischenspeicher für verbale und einen für visuelle und räumliche Informationen. Wichtigstes Untersystem ist die *zentrale Exekutive*. Sie filtert eingehende Informationen nach ihrer Bedeutung, löscht sie oder leitet sie an den zuständigen Zwischenspeicher weiter, verknüpft sie mit Informationen aus dem Langzeitgedächtnis, verarbeitet sie und bereitet ihre Übertragung in das Langzeitgedächtnis vor.
- **Langzeitgedächtnis**: Es ist der Speicher für Informationen aus dem Arbeitsgedächtnis, die durch häufiges Üben oder besondere Betonung (z. B. Kopplung an intensive Gefühle) hervorgehoben wurden. Speicherdauer: Jahre, eventuell lebenslang. Speicherkapazität: sehr groß. Doch ist Vergessen möglich.

Die Menge der gleichzeitig im Arbeitsgedächtnis zu haltenden Informationen ist relativ klein, die Speicherdauer kurz.

Das **Langzeitgedächtnis** kann in zwei Systeme untergliedert werden:

lat. *declarare* = kundtun

Deklaratives oder **explizites Gedächtnis**

- enthält persönliche Erfahrungen/Erinnerungen (episodisches Gedächtnis) und generalisiertes Faktenwissen (Fakten, Regeln usw.; semantisches Gedächtnis).
- Abspeicherung erfolgt über den **Hippocampus**; er speichert eingehende Informationen rasch und übermittelt sie wiederholt (vor allem im Schlaf) an die Großhirnrinde, wo die endgültige Speicherung erfolgt.
- Gedächtnisinhalte können sprachlich mitgeteilt werden.
- Wiedergabe der Inhalte erfolgt bewusst.

prozedural = auf einen Ablauf (eine Prozedur) bezogen

Prozedurales oder **implizites Gedächtnis**

- enthält motorische Fertigkeiten und erlernte Verhaltensweisen.
- Speicherung in Großhirnrinde erfolgt ohne Beteiligung des Hippocampus über vielfache Wiederholung durch den Lernenden selbst (Üben).
- Wiedergabe: unbewusst und nicht verbal.
- Das prozedurale Gedächtnis garantiert den fehlerfreien Ablauf auch komplexer automatisierter Fertigkeiten (z. B. Klavierspielen, Autofahren).

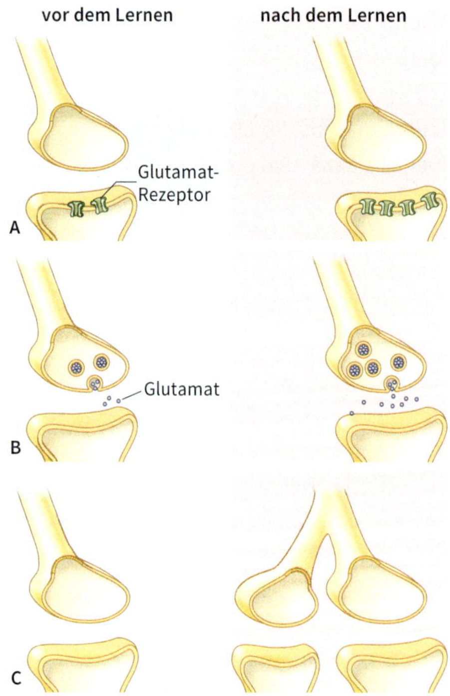

Abb. 6.38: Synaptische Veränderungen durch Lernprozesse

Engrammierung: Die Informationsspeicherung im Langzeitgedächtnis ist mit Veränderungen an den Synapsen verbunden. Man bezeichnet diese als **Engramme** (Gedächtnisspuren). Engramme werden an einzelnen Nervenzellen gebildet. Die Speicherung von Informationen erfolgt aber auf der Ebene von **Nervenzellnetzwerken** (neuronalen Netzen). Dabei können Neurone aus verschiedenen Arealen des Gehirns an der Bildung eines solchen Netzwerkes und damit an der Speicherung und späteren Abrufung einer Information beteiligt sein.

Entscheidend bei der Engrammierung ist die synaptische Verbindung zwischen den Neuronen. Diese kann im Zuge der Abspeicherung von Gedächtnisinhalten gestärkt oder geschwächt werden. Alle bisher erfassten synaptischen Lernprozesse beinhalten dabei Veränderungen in der Genexpression. Engrammierung erfolgt also unter Beteiligung der Proteinbiosynthese und führt zu physischen Veränderungen an den Synapsen, wie z. B. der

- Änderung der Zahl der Ionenkanäle und/oder der Rezeptoren an der Postsynapse (→ Abb. 6.38 A)
- Erhöhung oder Minderung der pro Aktionspotenzial freigesetzten Transmittermenge (→ Abb. 6.38 B)

- Erhöhung oder Minderung der Transmitterbereitstellung im Endknöpfchen
- Bildung neuer oder Abbau bestehender Synapsen (→ Abb. 6.38 C)

Generell gilt: Engramme sorgen dafür, dass die Neuronen eines Netzwerkes rasch und synchron zusammenarbeiten. Häufig benutzte Übertragungswege werden durch Engramme effizienter und schneller (Bahnung), wenig benutzte schwächer und langsamer. Diese aktivitätsabhängigen Veränderungen in der Übertragungsleistung der Synapsen werden als **synaptische Plastizität** bezeichnet.
Zu den gut erforschten zellulären Mechanismen zählen dabei:

- **Langzeitpotenzierung**: Eine lang andauernde Verstärkung der synaptischen Übertragung als Reaktion auf eine intensive oder vielfache Erregung der Präsynapse; dabei zeigen zum Teil auch Neuronen, die mit dem stimulierten Neuron in einem neuralen Netz zusammenarbeiten, selber aber nicht erregt wurden, eine signifikante Verstärkung der Transmitterausschüttung.
- **Langzeitdepression**: Eine lang andauernde Schwächung der synaptischen Übertragung als Reaktion auf eine über einen längeren Zeitraum andauernde fehlende oder nur schwache Erregung der Präsynapse.

Langzeitpotenzierung und -depression findet man an Synapsen, die Glutamat (Glutaminsäure) als Transmitter nutzen.

Hippocampus-Modell der Langzeitpotenzierung

Der zum limbischen System zählende Hippocampus hat eine zentrale Funktion bei der Übertragung von Informationen aus dem Arbeits- ins Langzeitgedächtnis. Hierbei spielt die Langzeitpotenzierung eine wichtige Rolle. Sie erfolgt durch das Zusammenwirken zweier Glutamat-Rezeptoren die beide in der postsynaptischen Membran bestimmter Hippocampus-Synapsen vorkommen:

AMPA-Rezeptor

AMPA = α-Amino-3-hydroxy-5-methyl-4-isoxazol-propionat

- Er verdankt seinen Namen AMPA, einer synthetisch hergestellten Substanz, durch die er spezifisch aktiviert werden kann.
- Er besteht aus vier Untereinheiten, die einen Kanal für Na^+ bilden, der im Ruhezustand geschlossen ist.
- Nach Bindung des Neurotransmitters Glutamat öffnet sich der Kanal. Na^+ strömt in die Postsynapse. Es kommt zu einer schnellen und starken Depolarisation der postsynaptischen Membran. Ein EPSP entsteht.

NMDA-Rezeptor

NMDA = N-Methyl-D-Aspartat

- Er verdankt seinen Namen NMDA, einer Substanz, die im Körper normalerweise nicht vorkommt, im Labor jedoch genauso wie der „Originaltransmitter" Glutamat die Öffnung der Kanalpore des Rezeptors bewirkt.
- Im Ruhezustand ist die für Na^+ und Ca^{2+} durchlässige Kanalpore des NMDA-Rezeptors durch Magnesium-Ionen blockiert.
- Bindet nun Glutamat an den NMDA-Rezeptor, öffnet sich die Kanalpore. Liegt aber ein Ruhepotenzial an, bleibt der Kanal durch Mg^{2+} blockiert.

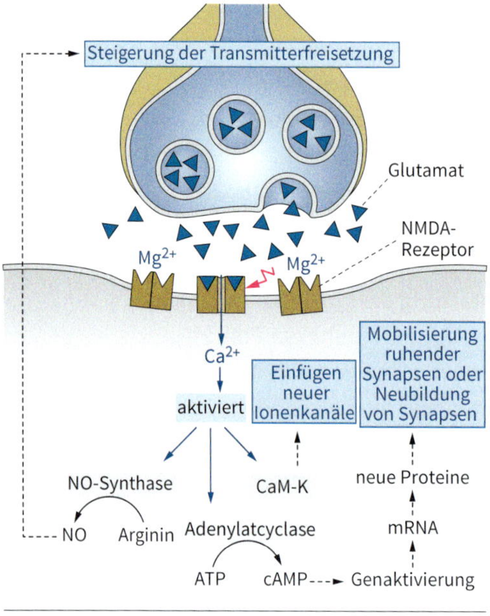

Abb. 6.39: Langzeitpotenzierung an NMDA-Synapsen (schematisiert)

- Liegt jedoch gleichzeitig ein über AMPA-Rezeptoren ausgelöstes EPSP an, bewirkt dies, dass Mg^{2+} die Kanalpore verlässt. Diese ist damit frei und durchlässig. Na^{+} und Ca^{2+} strömen in die postsynaptische Zelle.
- Die Öffnung des NMDA-Kanals ist also *transmitter- und spannungsabhängig*.
- Das an der Postsynapse anliegende Gesamt-EPSP resultiert aus dem Ioneneinstrom durch AMPA- und NMDA-abhängige Kanäle.
- Das in die Postsynapse einströmende Ca^{2+} aktiviert drei Enzyme:
  NO-Synthase. Sie katalysiert die Bildung von Stickstoffmonoxid (NO), das zurück in die Präsynapse strömt und hier als rückwärts wirkender (retrograder) Botenstoff zu einer Vergrößerung der pro Aktionspotenzial ausgeschütteten Transmittermenge und damit zu einer Erhöhung des EPSP führt.
  Calcium-Calmodulin-Kinase II. Dieses Enzym veranlasst die Einlagerung neuer Na^{+}-Kanäle in die postsynaptische Membran.
  Adenylatcyclase. Sie katalysiert die Umsetzung von ATP zu cAMP. cAMP löst die Aktivierung von Genen aus, was zur Synthese von Proteinen und letztlich zur Mobilisierung ruhender oder Bildung neuer Synapsen führt.

Die durch *NO-Synthase* und *Calcium-Calmodulin-Kinase II* bewirkten Effekte führen zur Steigerung der pro ankommendem Aktionspotenzial ausgeschütteten Transmittermenge sowie zu einer erhöhten Empfindlichkeit der Postsynapse für den Transmitter Glutamat. Sie werden als **frühe Langzeitpotenzierung** bezeichnet, setzen nach einigen Minuten ein und dauern zwei bis drei Stunden an. *Adenylatcyclase* löst Effekte aus, die länger als drei Stunden anhalten, möglicherweise sogar dauerhaft sind. Sie werden **späte Langzeitpotenzierung** genannt und beruhen auf einer Veränderung der Genexpression.

Der Speicherung von Gedächtnisinhalten steht das **Vergessen** gegenüber. Vergessen bedeutet den Verlust von Gedächtnisinhalten. Über die hierzu führenden Vorgänge ist nur wenig bekannt. Diskutiert werden u. a. zwei Theorien:

- **Spurenverfallstheorie**: Engramme „verblassen“ mit der Zeit. Lernbedingte Veränderungen an den Synapsen werden rückgängig gemacht und verschwinden.
- **Interferenztheorie**: Neue Engramme überlagern alte Gedächtnisspuren und stören/verwehren so den Zugriff auf alte Erinnerungen.

6.6 Neurologische Erkrankungen

Neben dem „normalen“ Vergessen gibt es auch krankhafte Varianten:

- **Amnesie** – vollständiger oder teilweiser Verlust des Gedächtnisses, oftmals als Folge einer Erkrankung, eines Unfalls oder einer Vergiftung.
- **Demenz** – eine sich im Verlauf des Lebens entwickelnde, meist mit dem Verlust von Gedächtnis, Orientierung und Persönlichkeitsmerkmalen einhergehende allgemeine Beeinträchtigung höherer Hirnfunktionen.

griech. *a* = ohne
griech. *mnesis* = Erinnerung, Gedächtnis

lat. *de* = weg, abnehmend
lat. *mens* = Verstand

Eine spezielle Form der Demenz ist die **ALZHEIMER-Demenz**:

- **Symptome** (entwickeln sich über Jahre/Jahrzehnte): Aufmerksamkeitsdefizite; zunehmende Vergesslichkeit (zunächst vor allem für neue, später auch für alte Lerninhalte); Störung der räumlichen und zeitlichen Orientierung; Einschränkung der Sprechfähigkeit; Angst; Persönlichkeitsveränderungen bis hin zum Verlust der Fähigkeit, vertraute Personen zu erkennen; Inkontinenz.
- **Erkrankungsmerkmale im Gehirn**:
  - *Amyloid-Plaques.* Dies sind Klumpen aus degenerierten Nervenzellen und β-Amyloid-Proteinen. β-Amyloid ist ein Protein-Fragment, das aus einem integralen Membranprotein, dem *Amyloid-Precursor-Protein*, kurz APP, herausgeschnitten und in den Zellzwischenraum abgesetzt wird. Bei Gesunden wird es dort rasch abgebaut. Im Gehirn Erkrankter ist der Abbau gestört und das Protein häuft sich an den Oberflächen der Neuronen zu festen, unlöslichen Plaques an. Diese führen zum Absterben der Nervenzellen.

ALOIS ALZHEIMER (1864–1915): deutscher Psychiater und Neuropathologe; beschrieb als erster jene Erkrankung, die heute ALZHEIMER-Demenz genannt wird; sie ist heute die häufigste Demenzform bei über 60-Jährigen

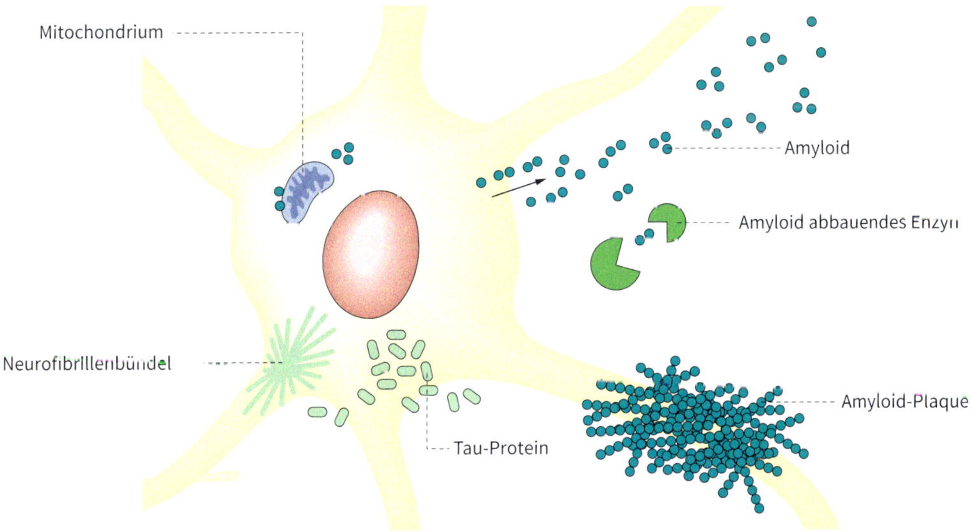

Abb. 6.40: Befunde bei ALZHEIMER-Demenz

- *Neurofibrillenbündel (Tau-Fibrillen).* In den Neuronen stabilisieren Tau-Proteine die Mikrotubuli, die eine zentrale Funktion für den Stofftransport haben. Bei ALZHEIMER-Patienten weisen die Tau-Proteine zu viele Phosphatgruppen auf. Sie können dadurch nicht mehr an die Mikrotubuli binden und lagern sich als Fasern ab, den sogenannten Neurofibrillenbündeln. Die Mikrotubuli zerfallen, der Stofftransport in den Neuronen ist beeinträchtigt. Synapsen werden abgebaut, die Neuronen gehen zugrunde. Dies betrifft vor allem solche mit dem Neurotransmitter Acetylcholin.
- *Neuronenverluste.* Infolge der Störungen durch Amyloid-Plaques und Tau-Fibrillen kommt es über Jahre hinweg zum Abbau von Synapsen und zur Degeneration von Neuronen. Betroffen sind vor allem jene Regionen im Gehirn, die für Gedächtnis, Sprache und Orientierung zuständig sind: die Großhirnrinde, die Amygdala und der Hippocampus.

- **Ursachen**: Diese sind weitgehend unbekannt. Für die Amyloid-Plaques wird eine genetische Ursache diskutiert.
- **Therapie**: Sie sollte möglichst früh beginnen. Eine Verlangsamung des Verlaufs kann u. a. durch die Gabe von Acetylcholinesterase-Hemmern erreicht werden. Eine Heilung ist nach derzeitigem Stand der Medizin nicht möglich.

JAMES PARKINSON (1755 – 1824): britischer Arzt; beschrieb 1817 erstmals die Schüttellähmung, die heute PARKINSON-Erkrankung genannt wird.

Die nach der ALZHEIMER-Demenz weltweit zweithäufigste neurodegenerative Erkrankung ist das **PARKINSON-Syndrom**:

- **Symptome**: Zittern in Ruhe, Muskelsteifheit, Bewegungsverlangsamung, maskenhaftes Gesicht, Schmerzen, Depression, Gedächtnisstörungen bis hin zur Demenz; bei Fortschreiten der Erkrankung verstärken sich die Symptome zunehmend.
- **Erkrankungsmerkmale im Gehirn**: Markant ist die umfangreiche Degeneration von Neuronen insbesondere in der *Substantia nigra*, einem Bereich des Mittelhirns, der für Planung und Start einer Bewegung wichtig ist. Zugrunde gehende Neuronen weisen hier im Cytoplasma runde Proteinklumpen auf. Diese *Lewy-Körperchen* bestehen vor allem aus α-Synuclein. Dieses kommt auch in gesunden Neuronen vor. Es spielt eine Rolle beim Transport synaptischer Vesikel. In den Neuronen von PARKINSON-Erkrankten befindet sich sehr viel α-Synuclein, das zudem eine veränderte Tertiärstruktur aufweist. Die *Lewy-Körperchen* beeinträchtigen die Funktion der Nervenzelle und führen zu deren Absterben. Die meisten Neuronen in der *Substantia nigra* nutzen als Transmitter *Dopamin*. Kennzeichen einer PARKINSON-Erkrankung ist daher unter anderem ein Dopaminmangel.
- **Ursachen**: in weiten Teilen unklar; diskutiert werden genetische Ursachen, Umweltgifte (bestimmte Pestizide und Lösungsmittel), Gehirninfektionen oder Gehirnverletzungen (z. B. infolge einer Gehirnerschütterung)

lat. *niger (m), nigra (f)* = schwarz

FRIEDRICH JACOB HEINRICH LEWY (1885 – 1950): deutsch-amerikanischer Neurologie und Psychater; beschrieb 1912 erstmals die LEWY-Körperchen

➲ **Therapie**: Die Krankheit ist nicht heilbar. Die Therapie umfasst Physiotherapie, Logopädie, Psychotherapie und den Einsatz von Medikamenten. Dies sind:

① *Levodopa (L-Dopa):* Neuronen stellen aus L-Dopa Dopamin her. Dopamin selbst ist als Medikament ungeeignet, da es anders als L-Dopa die Blut-Hirnschranke nicht überwinden kann, also nicht aus dem Blut in die Neuronen im Gehirn gelangt.

② *MAO-B-Hemmer.* Dopamin wird durch einen Dopamintransporter (DAT) zurück in die Präsynapse transportiert (*reuptake*). Dort wird es zur Wiederverwendung in die synaptischen Vesikel transportiert oder aber durch *Mao-B (Monoaminoxidase B)* enzymatisch abgebaut. Mao-B-Hemmer hemmen die Tätigkeit dieses Enzyms. So kann mehr Dopamin in die Vesikel gelangen.

③ *Dopaminwiederaufnahmehemmer.* Dies sind Stoffe, die den Dopamintransporter (DAT) hemmen. Dopamin verbleibt so länger im synaptischen Spalt.

④ *Dopamin-Agonisten:* Sie sind dem Dopamin chemisch ähnlich und wirken im Körper wie natürliches Dopamin.

⑤ *COMT-Hemmer.* COMT (Catechol-O-Methyltransferase) ist ein Enzym, das den Abbau von Dopamin und L-Dopa innerhalb und außerhalb des synaptischen Endknöpfchens katalysiert. COMT-Hemmer, die in der Therapie zusammen mit L-Dopa verabreicht werden, verzögern den Abbau von L-Dopa.

All diese Medikamente gleichen nur den Dopaminmangel aus. Das Absterben der Neuronen verhindern sie nicht.

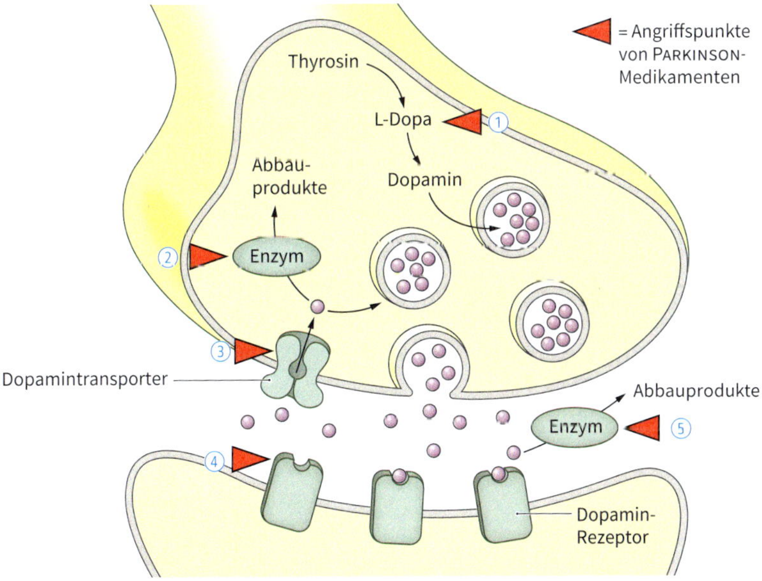

Abb. 6.41: Angriffspunkte von PARKINSON-Medikamenten

6.7 Hormone bei Tier und Mensch

griech. *horman* = in Bewegung setzen, antreiben, anregen

Kennzeichen der Hormone

- Hormone sind körpereigene Boten-/Signalstoffe, die in der Regel von besonderen endokrinen Drüsen produziert und freigesetzt werden (**Drüsenhormone**; → Abb. 6.42 ①). Ausnahmen: **Gewebshormone**, wie die Histamine, und **Neurohormone**, die von Nervenzellen im ZNS produziert werden.
- Sie wirken in kleinsten Mengen.

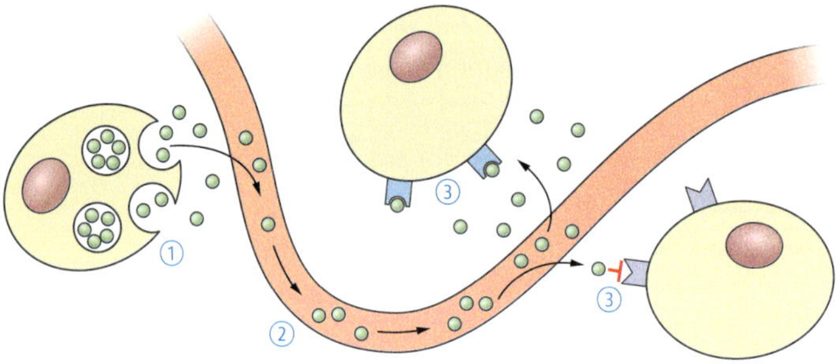

Abb. 6.42: Der Weg der Hormone

- In der Regel gelangen sie über die Körperflüssigkeiten zu ihren Zielzellen. (→ Abb. 6.42 ②)
- Die Zielzellen sind mit spezifischen Hormonrezeptoren ausgestattet. Sie (und nur sie) sprechen daher auf das Hormonsignal an. (→ Abb. 6.42 ③)
- Wie die Wirkung in der Zielzelle konkret aussieht, hängt von deren vorhergehender Programmierung im Zuge der Zellentwicklung ab. Dasselbe Hormon löst so ggf. bei verschiedenen Zelltypen unterschiedliche Wirkungen aus.
- Ihre Halbwertszeit beträgt je nach Hormon wenige Minuten bis einige Tage.
- Die Signalübertragung durch Hormone erfolgt verglichen mit einem Nervenzellsignal langsam, ihre Wirkung kann aber lange anhalten.
- Hormone werden in der Leber abgebaut oder über die Niere ausgeschieden.
- Sie werden nach bestimmten Kriterien in Gruppen eingeteilt, etwa nach ihrer chemischen Struktur, dem Bildungsort, ihrer Wirkung oder der Wirkungsweise.

Einteilung der Hormone nach ihrer chemischen Struktur

	Aminhormone	**Peptidhormone**	**Steroidhormone**
Chemische Struktur	aus Aminosäuren gebildet	Peptide, Glykoproteine	aus Cholesterin gebildet
Lösungseigenschaft	z. T. hydrophil, z. T. lipophil	hydrophil	lipophil
an/in Zielzellen Bindung an …	z. T. Membranrezeptoren z. T. intrazelluläre Rezeptoren	Membranrezeptoren	intrazelluläre Rezeptoren
Wirkung über …	z. T. second messenger z. T. Genexpression	second messenger	Genexpression
Wirkung	z. T. schnell z. T. langsam	schnell	langsam
Beispiele	Adrenalin, Tyroxin	Insulin, Glucagon	Cortisol, Testosteron

Einteilung der Hormone nach ihrer Wirkungsweise

Hormone wirken, indem sie sich an einen Hormonrezeptor binden *(Schlüssel-Schloss-Prinzip)*. Dieser kann sich auf der Zellmembran oder innerhalb der Zelle befinden. Damit lassen sich zwei Hormontypen unterscheiden (→ Abb. 6.43):

① **Hydrophile Hormone/nicht-lipidlösliche Hormone**

- Beispiele: Peptidhormone, Adrenalin, Noradrenalin
- Sie können die Zellmembran nicht passieren.
- Sie koppeln an Hormonrezeptoren in der Außenmembran der Zielzelle an.
- Die Rezeptoren fungieren als Antennen eines Signaltransduktionssystems.
- Durch die Hormonankopplung aktiviert, bewirkt dieses System in der Zelle die enzymatische Bildung eines *second messengers* (z. B. cAMP). Dieser löst dann in der Zelle die eigentliche Wirkung aus. Je nach Zielzelle ist dies:
  - die Aktivierung von Enzymen,
  - die Öffnung von Ionenkanälen,
  - nach Bindung an einen weiteren Rezeptor die Aktivierung von Genen.

② **Lipophile Hormone/lipidlösliche Hormone**

- Beispiele: Steroidhormone
- Sie dringen in die Zellmembran ein und können bereits hier Enzyme oder Ionenkanäle aktivieren.
- Im Zellinneren werden sie dann an spezifische Hormonrezeptoren gebunden.
- Der Hormon-Rezeptor-Komplex bewirkt als Transkriptionsfaktor im Zellkern die Aktivierung oder Blockierung von Genen und löst so die Zellantwort aus.

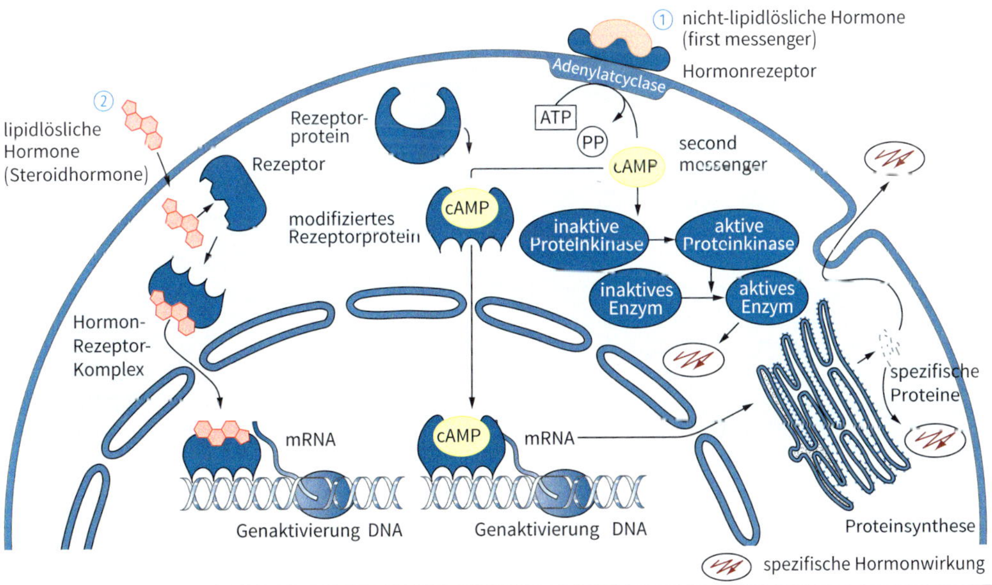

Abb. 6.43: Die Hormonwirkung auf zellulärer Ebene

Hormonelle Regelkreise

Die Ausschüttung von Hormonen wird durch Regelkreise reguliert. Diese arbeiten häufig nach dem Prinzip der **negativen Rückkopplung**: hohe Hormonkonzentration im Blut → hemmende Wirkung auf die hormonproduzierenden Zellen → Verringerung der Hormonausschüttung. Neben dieser *Selbstregulation* können die Regelkreise durch weitere Faktoren beeinflusst werden, so z. B. durch andere Hormone, die die Ausschüttung stimulieren oder hemmen.
Ein typisches Beispiel ist die Regulation des Blutzuckerspiegels durch das Peptidhormon Insulin (→ Abb. 6.44). Der **Insulin-Regelkreis** wird durch den **Glucagon-Regelkreis** ergänzt: Fällt der Blutzuckerspiegel unter einen Schwellenwert, so setzen die α-Zellen der LANGERHANS-Inseln der Bauchspeicheldrüse das Hormon Glucagon frei. Es ist der Gegenspieler des Insulins. Glucagon regt die Zellen der Leber an, das in ihnen gespeicherte Glykogen zu Glucose abzubauen und diese ins Blut abzugeben. Der Blutzuckerspiegel steigt und dies hemmt die Glucagon-Freisetzung. Auch dieser Regelkreis ist also negativ rückgekoppelt.

Eine mit dem Hormon Insulin verbundene Krankheit ist **Diabetes mellitus („Zuckerkrankheit")**. Erkrankte haben einen chronisch erhöhten Blutzuckerspiegel. Ursache dafür ist bei der selteneren **Typ-1-Diabetes** ein Insulinmangel infolge der Zerstörung der β-Zellen der Bauchspeicheldrüse durch Angriffe des körpereigenen Immunsystems. Typ-1-Diabetes ist somit eine *Autoimmunerkrankung*. Diabetiker vom Typ 1 müssen lebenslang Insulin spritzen. **Typ-2-Diabetes** beruht vor allem auf einer verminderten Ansprache der Körperzellen auf Insulin („Insulinresistenz"). Zudem sind die β-Zellen, die zuvor versucht haben, den Blutzuckerspiegel durch Erhöhung der Insulinproduktion zu regulieren, geschwächt. Diabetes Typ 2 trat früher meist bei älteren Menschen auf („Altersdiabetes"). Heute kommt er zunehmend auch bei Jüngeren vor. Auslöser sind genetische Prädisposition, fettreiche Ernährung, Übergewicht

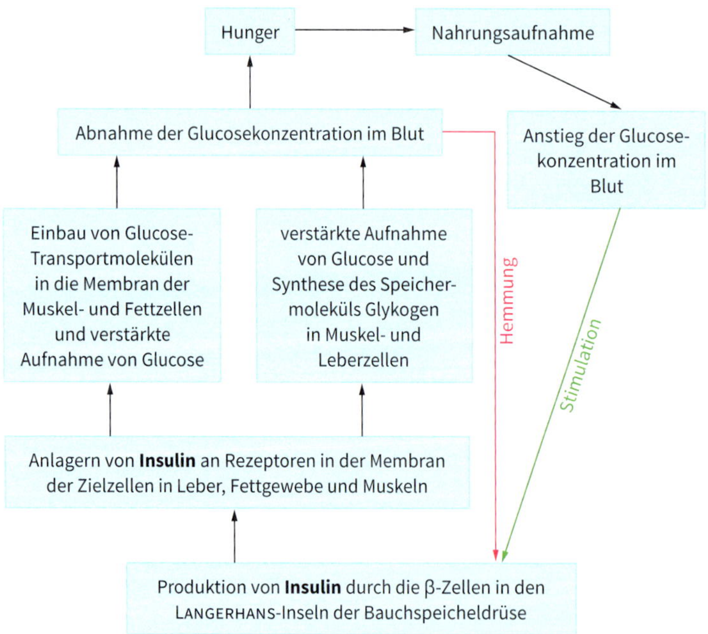

Abb. 6.44: Regulation des Glucosespiegels im Blut durch Insulin

und Bewegungsmangel. Bei Diabetikern vom Typ 2 reicht z. T. konsequentes Abnehmen, gesunde Ernährung, mehr Bewegung und die Einnahme von Tabletten, die Körperzellen für Insulin empfindlicher machen, zum Erreichen einer Verbesserung. Insulin müssen sie oft erst lange nach Krankheitsbeginn spritzen.

Hierachie der Hormondrüsen bei Wirbeltieren

Zur Koordination der verschiedenen hormonellen Regelkreise ist das Hormonsystem hierarchisch gegliedert. Bei Wirbeltieren ist die oberste Steuerinstanz das Gehirn. Der *Hypothalamus* produziert Neurohormone (→ Abb. 6.45). Über das Blut gelangen diese in den *Hypophysenvorderlappen*. Hier wirken sie fördernd *(Releasing-Hormone)* oder hemmend *(Inhibiting-Hormone)* auf die Freisetzung der Hypophysenhormone ein. Der Hypothalamus produziert sechs freisetzungsfördernde und drei freisetzungshemmende Neurohormone.

Die Hypophyse schüttet ihrerseits zwei Gruppen von Hormonen aus:

- Hormone, die direkt auf Zielzellen im Körper einwirken (z. B. Somatotropin).
- Steuerungshormone, die auf nachgeschaltete Hormondrüsen (z. B. Schilddrüse, Nebennierenrinde) einwirken. Diese setzen dann Hormone frei, die in bestimmten Zielzellen zu einer spezifischen Antwort führen.

Nicht alle Hormondrüsen unterliegen diesem hierarchischen System. Einige arbeiten größtenteils autonom (unabhängig), so z. B. die Bauchspeicheldrüse.

Hypothalamus: Abschnitt des Zwischenhirns unterhalb (= hypo) des Thalamus; Steuerzentrale für vegetatives Nervensystem; über seine hormonproduzierenden Nervenzellen wichtiges Bindeglied zwischen Gehirn und Hormonsystem.

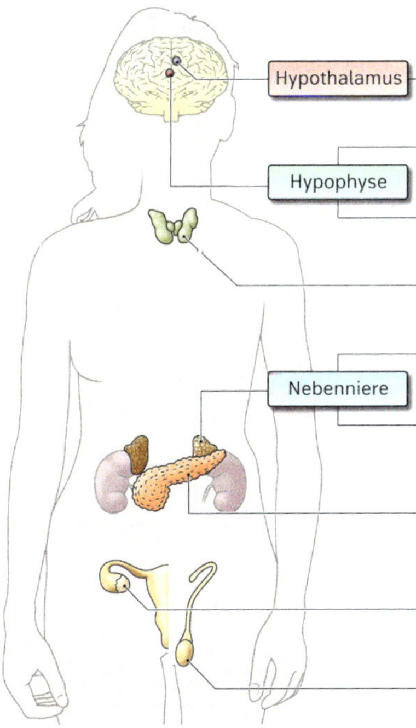

Drüse	Hormone	Wirkungen
Hypothalamus	Releasing-Hormone Inhibiting-Hormone	fördernder oder hemmender Einfluss auf Hypophysevorderlappen
Hypophyse – Vorderlappen	Somatotropin Steuerungshormone	Körperwachstum, Proteinsynthese, Einfluss auf andere Hormondrüsen
Hypophyse – Hinterlappen	Oxytocin Vasopressin	Auslösen der Wehen, Regelung des Wasserhaushalts
Schilddrüse	Thyroxin Triiodthyronin	Steigerung des Grundumsatzes, Wachstum
Nebenniere – Rinde	Cortisol	Ab- und Umbau von Proteinen zu Glucose
Nebenniere – Mark	Adrenalin Noradrenalin	Glykogenabbau, Steigerung des Blutzuckerspiegels
Bauchspeicheldrüse	Insulin Glucagon	Senkung des Blutzuckerspiegels, Glykogenbildung, Steigerung des Blutzuckerspiegels, Glykogenabbau
Eierstöcke	Östrogene Progesteron	Ausbildung der Geschlechtsorgane, Zyklusregelung, Erhaltung der Schwangerschaft
Hoden	Testosteron	Ausbildung der Geschlechtsorgane, Muskelzunahme

Abb. 6.45: Einteilung der Hormone nach ihrem Bildungsort

Stress

Amygdala (Mandelkern) = Teil des limbischen Systems; wichtig für die emotionalen Bewertung von Situationen, die Beurteilung möglicher Gefahren und die Empfindung von Angst oder Furcht

Ist der Mensch einer Bedrohung oder Schädigung ausgesetzt oder glaubt er, einer solchen ausgesetzt zu sein, reagiert er mit einer Reihe körperlicher Veränderungen, die man in ihrer Gesamtheit als **Stressreaktion** bezeichnet. Ausgelöst wird diese Reaktion durch **Stressoren**. Bei diesen kann es sich um psychische (z. B. der Anblick eines Feindes, das Anstehen einer Klausur, Liebeskummer) wie auch physische Stressoren handeln (z. B. starke Hitze oder Kälte, eine Verletzung). Unabhängig vom konkreten Stressor laufen dabei alle Stressreaktionen ähnlich ab: Wahrnehmung einer Belastungssituation im Großhirn → die Amygdala analysiert diese und stuft sie als bedrohlich ein → Angstgefühl entsteht und eine Stressreaktion wird ausgelöst, zum einen über den neuronalen und zum anderen über den hormonellen Stressweg.

Neuronaler Stressweg: Über den *Sympathicus* gelangen Impulse zum *Nebennierenmark* und bewirken dort die Freisetzung von Adrenalin und Noradrenalin (→ Abb. 6.46). Diese Hormone lösen eine Fülle körperlicher Reaktionen aus, die in ihrer Gesamtheit als „Kampf-oder-Flucht-Reaktion" bezeichnet werden. Dazu gehören unter anderem: Glucose-Bereitstellung durch Abbau von Glykogen, Steigerung des Atemvolumens durch Erweiterung der Atemwege/Bronchien, Erhöhung von Herzschlagfrequenz und Blutdruck usw. Dieser Stressweg ist schnell, aber nur kurz andauernd.

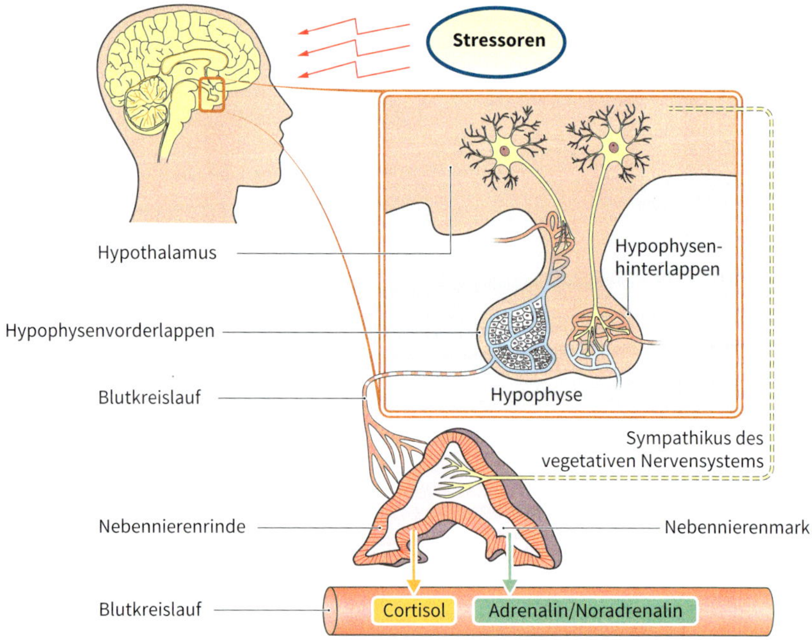

Abb. 6.46: Neuronaler und hormoneller Stressweg

Hormoneller Stressweg: Zeitgleich wird von der Amygdala auch der Hypothalamus aktiviert. Dieser setzt das *Releasing-Hormon* CRH frei, das die Hypophyse zur Abgabe des *Steuerungshormons* ACTH anregt. Über den Blutkreislauf gelangt ACTH in die Nebennierenrinde und bewirkt hier die Ausschüttung des Steroidhormons *Cortisol*, das eine ähnliche Wirkung hat wie Adrenalin, nur das diese länger anhält. *Cortisol* schärft zwar die Aufmerksamkeit im Gehirn, hemmt aber gleichzeitig das logische Denkvermögen. Man kann weniger klar denken („Blackout"-Gefahr) und neigt zu emotionalen und impulsiven Reaktionen. Der hormonelle Stressweg ist langsamer als der neuronale, dauert aber länger an.

CRH = Corticotropin-Releasing-Hormon

ACTH = adrenocorticotropes Hormon

Beendung der Stressreaktion: Stressreaktionen sind in der Regel zeitlich auf die Anwesenheit der Belastung begrenzt. Dafür sorgt das *Cortisol*, das über eine negative Rückkopplung die Freisetzung von CRH und ACTH hemmt und damit seine weitere Ausschüttung unterbindet. Das freigesetzte Cortisol wird in der Leber abgebaut und über die Nieren ausgeschieden. Zugleich wird über den Hypothalamus der *Parasympathicus* aktiviert und der Körper beruhigt (Herstellung einer „Ruhen-und-Verdauen-Situation"; → Seite 142).

Kurzzeit- und Langzeitstress: *Kurzzeitiger Stress* etwa bei sportlichen Wettkämpfen oder beim Vortragen eines Referates ist durchaus positiv, da er Motivation, Leistungsfähigkeit und Wachheit erhöht. Er wird auch als **Eustress** bezeichnet. Betroffene nehmen die Stresssituation hier als eine Herausforderung wahr, die sie bewältigen können und die sie vielleicht sogar spannend finden.
Länger andauernder oder chronischer Stress, wie er z. B. bei permanenter Lärmbelastung, hohen Anforderungen in Schule oder Beruf oder bei Mobbing auftritt, kann zu Schädigungen führen (z. B. Bluthochdruck, Herz- und Nierenerkrankungen oder Schlafstörungen). Solcher Stress wird **Disstress** genannt. Hier empfinden Betroffene die Stresssituation als Belastung, die sie überfordert. Beim Umgang mit Disstress ist es wichtig, identifizierte Stressoren zu meiden. Ist dies nicht möglich, sollte ein Weg zur Bewältigung der Stresssituation und ein entspannterer Umgang mit dieser gesucht werden, z. B. mithilfe von autogenem Training, Sport oder Musik. Zu neuen Problemen führt der Ansatz, Disstress durch den Konsum von Alkohol oder anderen Drogen zu begegnen. Er sollte nicht gewählt werden.

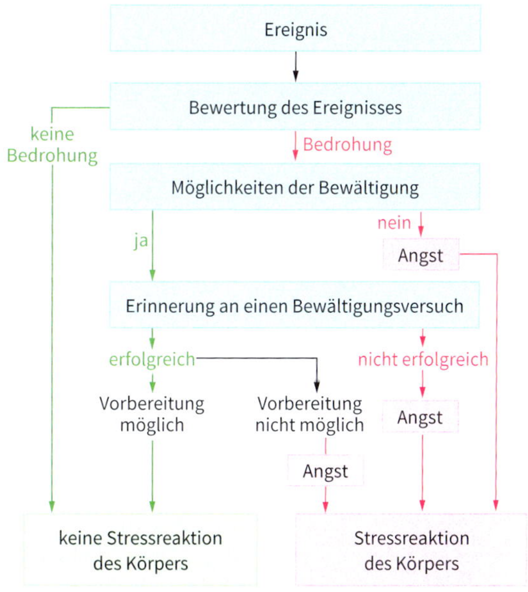

Abb. 6.47: Entstehung und Bewältigung von Stress

griech. *eu* = gut, richtig, leicht

griech. *dys* = miss-, schlecht

6.8 Muskelkontraktion

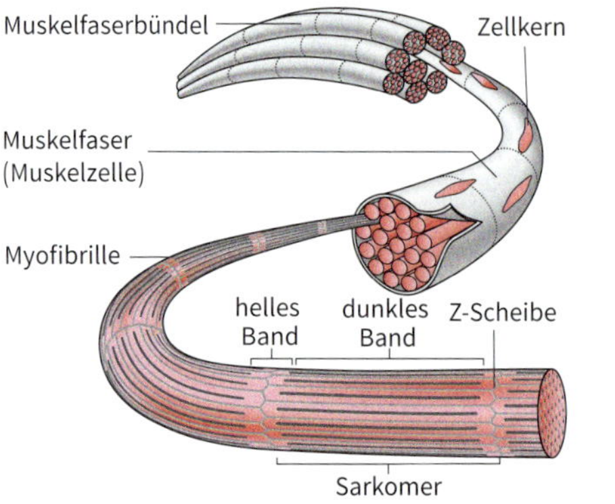

Abb. 6.48: Bau eines Skelettmuskels

Bau der quergestreiften Skelettmuskeln

Alle Tiere, außer Einzeller und Hohltiere, besitzen Muskeln. Die **quergestreiften Skelettmuskeln** der Wirbeltiere (= Muskeln, die an Skeletteilen ansetzen) weisen dabei folgende Kennzeichen auf:

- Sie sind willkürlich zu bewegen und arbeiten sehr schnell.
- Sie sind äußerst leistungsfähig, haben aber einen hohen Energieverbrauch.
- Sie weisen ein deutliches Querstreifenmuster auf (→ Abb. 6.48).

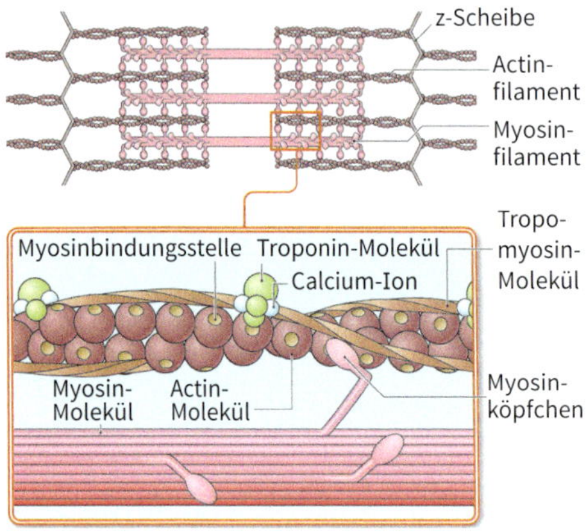

Abb. 6.49: Molekularer Aufbau einer Sarkomers

Skelettmuskeln sind aus **Muskelfaserbündeln** zusammengesetzt. Jedes dieser Bündel besteht aus einer Reihe vielkerniger **Muskelfasern (Muskelzellen)**, die den Muskel der Länge nach durchziehen und an den Enden in die Sehnen übergehen. Jede Muskelfaser wiederum enthält zahlreiche parallel angeordneten Untereinheiten, die **Myofibrillen**, und sieht damit wie ein vieladriges Elektrokabel aus. Eine Myofibrille besteht aus vielen hintereinandergeschalteten Funktionseinheiten, den **Sarkomeren**. Die Sarkomere werden von den dunklen Z-Scheiben begrenzt. Jedes Sarkomer setzt sich aus dünnen **Actin-** und dickeren **Myosin-Filamenten** zusammen.

Die **Actin-Filamente** sind an den Z-Scheiben fest verankert. Aufgebaut sind sie aus G-Actin, einem kugelförmigen Protein. 200 solcher G-Actin-Moleküle sind zu einer Kette polymerisiert. Zwei dieser perlenkettenartigen Moleküle wiederum sind umeinander gewunden und bilden eine Doppelhelix. Diese stellt das Actin-Filament dar. Es besitzt zahlreiche Bindungsstellen für Myosin. Im ruhenden, entspannten Muskel sind diese Bindungsstellen durch Blockadeproteine (Tropomyosin in Kombination mit Troponin) blockiert.

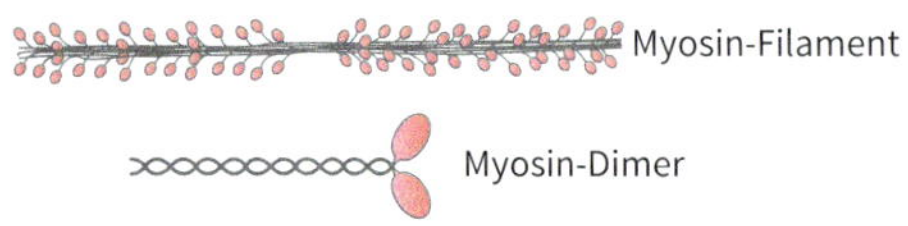

Abb. 6.50: Myosin-Filament

Die dickeren **Myosin-Filamente** sind aus dem Protein Myosin aufgebaut. Ein Myosin-Molekül erinnert in seiner Raumstruktur an einen Golfschläger: Es weist einen fädigen Schwanz- und einen verdickten Kopfteil auf. Beide sind über einen beweglichen Halsteil miteinander verbunden. Jeweils zwei Myosin-Moleküle lagern sich zu einem Myosin-Dimer zusammen. Etwa 100 Dimer bilden ein Myosin-Filament. Dabei ragen die Köpfchen seitlich aus dem Filament heraus. Ein bestimmter Abschnitt jedes Kopfteiles ist in der Lage, ATP zu spalten. Er wirkt damit als ATPase. Die Myosin-Filamente liegen zwischen den Actin-Filamenten.

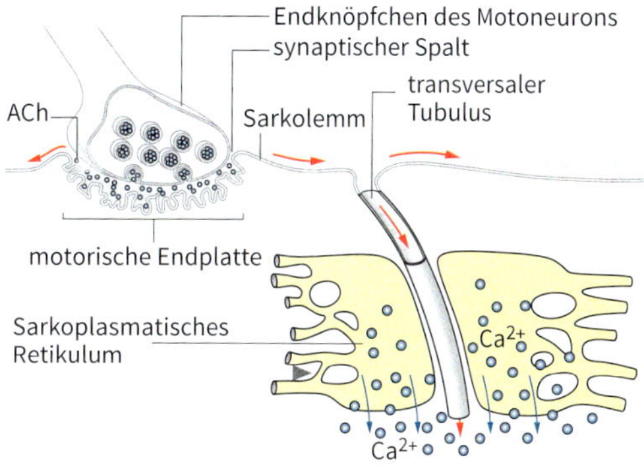

Abb. 6.51: Aufbauelemente einer Muskelzelle

Jede Muskelzelle wird von einem eigenen Nervenausläufer innerviert. Dieser bildet mit der Muskelzelle eine auffällige Synapse aus, die **motorische Endplatte** (→ Abb. 6.51). Eine Erregungsleitung von Muskel zu Muskel gibt es nicht. Damit kann jede Muskelzelle separat angesteuert und zur Kontraktion gebracht werden. Die Membran der Muskelzelle ist eingestülpt. In regelmäßigen Abständen ziehen diese Einstülpungen als feine Röhren (Tubuli) in das Innere der Zelle. Man bezeichnet sie als **Transversal-** oder **T-Tubuli** (→ Abb. 6.51). Die T-Tubuli stehen in engem Kontakt mit einem Geflecht aus säckchenartigen Hohlräumen, dem **sarkoplasmatischen Reticulum**, das als intrazellulärer Calcium-Speicher dient. Es umgibt die **Myofibrillen** wie ein Netzstrumpf das Bein.

Kontraktion des Muskels (nach dem Gleitfilament-Modell)

Ausgangszustand – Muskel ist entspannt (→ Abb. 6.52, ①)

- Das sarkoplasmatische Reticulum nimmt aktiv Ca^{2+} auf. Der Ca^{2+}-Spiegel in der Muskelfaser ist folglich gering.
- Die Myosinköpfchen haben keinen Kontakt zum Actin-Filament, da die potenziellen Anheftungsstellen am Actin-Filament blockiert sind.
- An den Myosinköpfchen sind ADP und Phosphat gebunden.

Erregung und Kontraktion

- Ein Aktionspotenzial erreicht die motorische Endplatte. An der Muskelmembran entsteht ein Endplattenpotenzial, das die Bildung eines Muskel-Aktionspotenzials auslöst.
- Dieses wird über die T-Tubuli bis zum sarkoplasmatischen Reticulum (SR) geleitet und bewirkt dort die Öffnung von Ca^{2+}-Kanälen. Ca^{2+} wird aus dem SR freigesetzt. In der Muskelfaser steigt so der Ca^{2+}-Spiegel an.
- Ca^{2+} bindet an das Troponin, wodurch sich dessen Raumstruktur ändert. Die Blockade der Myosinbindungsstellen am Actin-Filament wird so aufgehoben.
- Myosinköpfchen können sich jetzt an das Actin-Filament anheften (②).
- ADP und Phosphat lösen sich von den Köpfchen.

- Durch Bindung an das Actin-Filament kommt es beim Myosin zu innermolekularen Veränderungen, die zum „Umklappen" des Köpfchens führen (③).
- Die Folge: Das am Köpfchen haftende Actin-Filament wird zur Sarkomermitte hin verschoben. Das Sarkomer verkürzt sich. Geschieht dies gleichzeitig an vielen Sarkomeren, kommt es zur **Muskelkontraktion**.

lat. *contrahere* = zusammenziehen, verkleinern

- Nun bindet sich ein Molekül ATP an das Myosinköpfchen (④). Dadurch löst sich das Köpfchen vom Actin und „klappt zurück" in die Ausgangsstellung ①.
- ATP wird durch ATPase-Wirkung des Myosins in ADP und Phosphat gespalten.
- Ist der Ca^{2+}-Spiegel in der Muskelfaser weiterhin hoch, bleiben die Myosinbindungsstellen am Actin unblockiert. Das Myosinköpfchen lagert sich an die nächste Anheftungsstelle des Actin-Filaments an. Der Zyklus beginnt erneut. So zieht sich ein Myosin-Filament immer tiefer zwischen zwei Actin-Filamente.
- Jedes neue Aktionspotenzial an der Muskelmembran führt zur Ausschüttung von Ca^{2+} aus dem sarkoplasmatischen Reticulum. Solange der Muskel erregt wird, geht die Kontraktion also weiter bzw. bleibt in Maximalstellung erhalten.

Entspannung

- Erreicht jedoch kein weiteres Aktionspotenzial den Muskel, so befördern Ca^{2+}-Pumpen Ca^{2+} zurück in das sarkoplasmatische Reticulum.
- Ca^{2+} löst sich vom Troponin. Die Myosinbindungsstellen des Actin sind wieder blockiert. Nach und nach lösen sich alle Myosinköpfchen vom Actin-Filament.
- Wird der Muskel z. B. von seinem **Gegenspielermuskel (Antagonisten)** gedehnt, gleiten die „kontaktlosen" Actin-Filamente passiv auseinander. Das Sarkomer verbreitert sich wieder. Der Muskel entspannt, erschlafft.

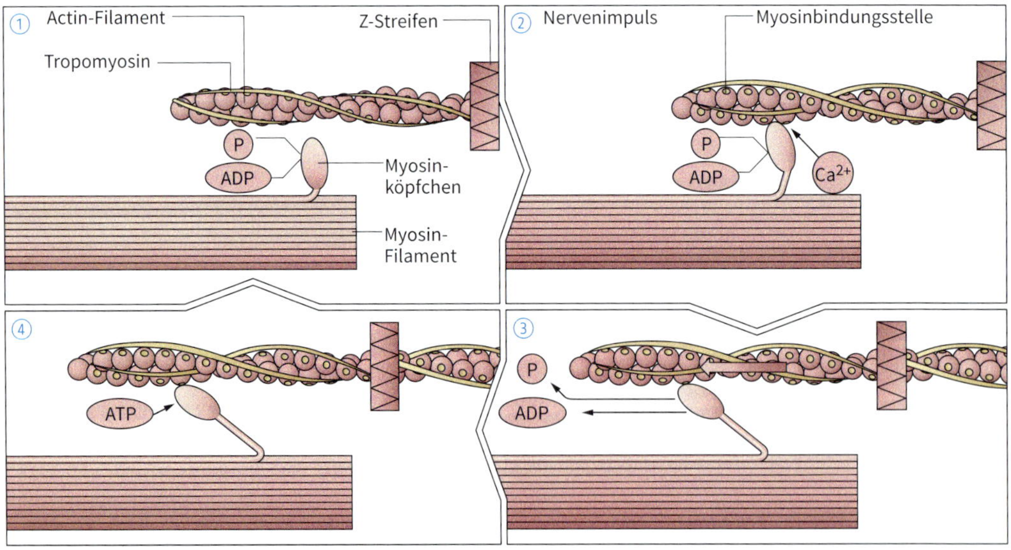

Abb. 6.52: Ablauf der Muskelkontraktion nach dem Gleitfilament-Modell

Neurobiologie und Hormone 6

Die Arbeit der Neuronen

RUHEPOTENZIAL

= Membranpotenzial, das erregbare Zellen im nicht erregten Zustand aufweisen

Chemischer Gradient an der Membran:

→ intrazellulär überwiegen K^+ und Protein-Anionen

→ extrazellulär dominieren Na^+ und Cl^-

Elektrischer Gradient an der Membran (→ Spannungswert −50 bis −100 mV):

→ Außenseite positive geladen

→ Zellinneres negative geladen

Spannungsgesteuerte Na^+- und K^+-Kanäle sind geschlossen

AKTIONSPOTENZIAL

Phase	spannungsgesteuerte Na^+-Kanäle	spannungsgesteuerte K^+-Kanäle	Ionenstrom
Depolarisation (Initialphase)	einige offen	geschlossen	zunehmender Na^+-Einstrom
Depolarisation (Aufstrich)	sehr viele offen	zum Ende hin einige offen	lawinenartiger Na^+-Einstrom
Spitze (Peak)	schließen sich zunehmend	öffnen sich zunehmend	abnehmender Na^+-Einstrom, zunehmender K^+-Ausstrom
Repolarisation	nur noch wenige offen	sehr viele offen	K^+-Ausstrom schwillt an
Hyperpolarisation	geschlossen	schließen sich zunehmend	K^+-Ausstrom versiegt

ERREGUNGSWEITERLEITUNG AN CHEMISCHEN SYNAPSEN

Aktionspotenzial erreicht Präsynapse → Öffnung Ca^{2+}-Kanäle und Ca^{2+}-Einstrom in Präsynapse → Fusion transmittergefüllter Vesikel mit präsynapt. Membran → Ausschüttung Transmitter in synaptischen Spalt (Exocytose) → Anlagerung Transmitter an Rezeptoren in postsynapt. Membran → Öffnung von Ionenkanälen in postsynaptischer Membran → EPSP oder IPSP in Postsynapse

6 Neurobiologie und Hormone

INFORMATIONSCODIERUNG UND -VERARBEITUNG AN NEURONEN

- Aktionspotenziale = Transportcode neuronaler Information
- Am Axonhügel ankommende Potenziale werden verrechnet.
- Dabei zeitliche und räumliche Summation von EPSP und IPSP.
- Codierung neurale Information → in Aktionspotenzialfrequenz (Frequenzcodierung) und → im benutzten Leitungsweg (Kanalspezifität).

SINNESPHYSIOLOGIE

- Reizaufnahme durch Rezeptoren
- diese sprechen nur auf für sie adäquate Reize optimal an
- Transduktion: Reiz wird durch Rezeptor in ein neurales Signal „übersetzt" (Rezeptorpotenzial)
- Transformation: Rezeptorpotenzial wird in Abfolge von Aktionspotenzialen umgewandelt → bei primären Sinneszellen am Axon → bei sekundären Sinneszellen erst in nachgeschalteter Nervenzelle.

VERGLEICH NERVENSYSTEM – HORMONSYSTEM

Kriterium	Nervensystem	Hormonsystem
Signalweiterleitung	über eigenes Leitungsnetz aus Nervenzellen	über das Blut, per Diffusion (Gewebshormone)
Signalübermittlung	elektrisch (an Dendriten, Soma, Axon) und chemisch (an Synapse)	chemisch (Hormone)
Zielzellen	andere Nervenzellen, Drüsen, Muskeln	Körperzellen mit passendem Hormonrezeptor
Zielspezifität der Signalübermittlung	sehr eng (Präsynapse → Postsynapse)	weniger eng (oft Beeinflussung vieler Organe)
Wirkungseintritt	nach Millisekunden bis Sekunden	nach Sekunden bis Stunden (oder Wochen)
Wirkungsdauer	kurz, nicht anhaltend	länger andauernd
ausgelöster Effekt	Aktivierung anderer Nervenzellen, Muskelkontraktion, Drüsensekretion	insbesondere Veränderung der Stoffwechselaktivitäten
Vergleich aus dem Bereich Technik	→ Telefonnetz Eins-zu-eins-Verbindung von Sender zu Empfänger	→ Radio Sender erreicht alle, die empfangsbereit sind

Verhaltensbiologie

7

Nach der Vorstellung verschiedener Blickwinkel, unter denen tierisches und menschliches Verhalten untersucht werden kann, werden angeborene und erlernte Verhaltensweisen näher betrachtet. Beim vorwiegend angeborenen Verhalten stehen Reflexe und Instinktverhalten, beim Lernverhalten die klassische und die operante Konditionierung sowie höhere Lernformen im Fokus. Der letzte Teil des Kapitels stellt die Sicht der Verhaltensökologie und der Soziobiologie auf das Verhalten von Tier und Mensch dar.

7.1 Untersuchung von Verhalten

Verhalten beinhaltet alle von außen beobachtbaren Aktionen und Reaktionen von Tieren und Menschen. Hierzu zählen u. a.

- alle beobachtbaren Bewegungen, Körperstellungen und Ruhezustände;
- alle kurzfristigen, reversiblen Form- und Farbveränderungen;
- Lautäußerungen, Drüsenabsonderungen und sonstige ausgesandten Signale.

Fragestellungen zur Untersuchung von Verhalten sind:

- **Wie verhält sich ein Tier oder Mensch?**
  Hier ist objektives Beobachten und Beschreiben des jeweiligen Verhaltens gefordert. Alle Verhaltensweisen, ihre Häufigkeit und der zeitliche Verlauf ihres Auftretens werden protokolliert. Das Protokoll kann dabei das gesamte Verhaltensinventar eines Tieres (**Ethogramm**) oder nur einzelne Funktionskreise wie z. B. das Paarungsverhalten erfassen (**Teilethogramm**).

griech. *ethos* = Gewohnheit

griech. *gramma* = Inschrift, Geschriebenes

- **Warum zeigt ein Tier oder Mensch das beobachtete Verhalten?**
  Diese Frage kann aus verschiedenen Blickwinkeln untersucht werden:

Steuerung des Verhaltens	**Entwicklung des Verhaltens**	**Nutzen des Verhaltens**
• Welche inneren Mechanismen führen zu diesem Verhalten? • Wie wirken innere und äußere Faktoren bei der Steuerung des Verhaltens zusammen?	• Wie hat sich das Verhalten entwickelt? • Welche Ursachen liegen seiner Entwicklung zugrunde?	• Welche biologische Funktion hat das Verhalten? • Wie trägt es zur reproduktiven Fitness bei? • Erhöht es den evolutionären Erfolg des Lebewesens?
Forschungsdisziplin: → Verhaltensphysiologie	**Forschungsdisziplinen:** → Verhaltensontogenie → Lernforschung → Verhaltensgenetik	**Forschungsdisziplinen:** → Verhaltenökologie → Soziobiologie

Ontogenese = Individualentwicklung

7.2 Verhaltensphysiologie

lat. *proximus* = der nächste, sehr nahe (liegend)

Verhaltensphysiologie und Verhaltensontogenie analysieren die konkreten Wirkursachen, also die unmittelbaren Gründe des Verhaltens (**proximate Ursachen**). Dies können verhaltensauslösende Gegebenheiten im Inneren des Lebewesens wie auch äußere Auslöser und soziale Rahmenbedingungen sein.

Unbedingte Reflexe

Kennzeichen

unbedingt = angeboren, nicht erlernt

- Ein unbedingter Reflex stellt eine durch bestimmte Außenreize hervorgerufene Reaktion dar, die nach einem festen, angeborenen Bewegungsmuster abläuft.
- Reizstärke und Reizdauer bestimmen weitgehend Auslösung und Dauer der Reaktion (direkter Reiz-Reaktions-Zusammenhang).
- Reflexe sind artspezifisch.
- Neuroanatomisch sind sie über einen *Reflexbogen* verschaltet (→ Abb. 7.1). Bei Wirbeltieren besteht dieser im einfachsten Fall aus folgenden Komponenten:
  - *Rezeptor* (eine den Reiz aufnehmende Struktur; z. B. eine Muskelspindel ①)
  - *sensorisches Neuron* (afferente Bahn ③), das Erregung ins ZNS leitet und im Vorderhorn des Rückenmarks auf ein motorisches Neuron umgeschaltet wird ④
  - *motorisches Neuron* (efferente Bahn ⑤)
  - *Effektor*, das Organ, welches die Reflexantwort ②, ausführt (z. B. ein Muskel ⑥)

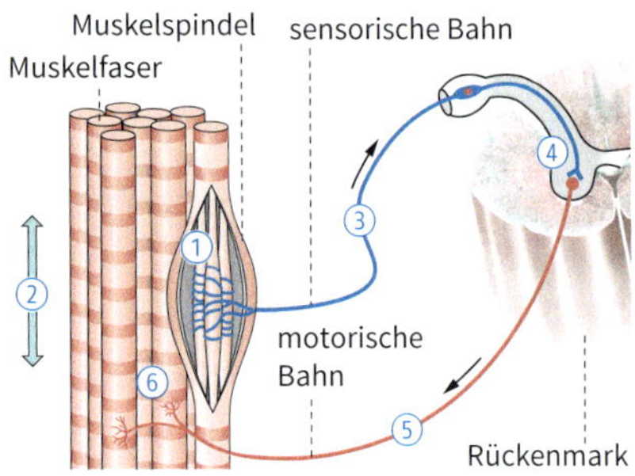

Abb. 7.1: Reflexbogen eines monosynaptischen Eigenreflexes

Bedeutung

- Sicherstellen komplexer, elementarer Bewegungsabläufe von Lebensbeginn an (z. B. Klammerreflex bei Primatenbabys);
- Sicherstellen einer korrekten Körperhaltung bei der Fortbewegung, beim Stehen und Sitzen (Haltungs- und Stellreflexe);
- Schutz des Körpers (Schutzreflexe, z. B. Niesreflex, Lidschlussreflex).

Klassifizierung nach dem Verschaltungszentrum

- *Rückenmarksreflexe* laufen über das Rückenmark, z. B. Patellarsehnenreflex.
- *Hirnstammreflexe* laufen über den Hirnstamm (Nachhirn und Mittelhirn; (→ Seite 144), z. B. Lidschluss-, Pupillen- und Würgereflex.

Klassifizierung nach Zahl der Synapsen im Reflexbogen

- Bei *monosynaptischen Reflexen* beinhaltet der Reflexbogen nur zwei Nervenzellen, die über eine einzige Synapse verschaltet sind.
- Bei *polysynaptischen Reflexen* ist zusätzlich mindestens ein Interneuron (Schaltneuron) am Reflexbogen beteiligt.

griech. *monos* = allein, einzeln

griech. *poly* = viele

Klassifizierung nach Lage von Rezeptor und Effektor

- Bei *Eigenreflexen* liegen Rezeptor und Effektor im gleichen Organ (→ Abb. 7.1). Der Reflexbogen ist meist monosynaptisch, selten polysynaptisch. Die Schaltung erfolgt über das Rückenmark. Der Ablauf von Eigenreflexen ist unwillkürlich und sie sind kaum ermüdbar. Die Latenzzeit ist sehr kurz (ca. 20 bis 30 ms) und weitgehend konstant.
- Eigenreflexe dienen meist zur Unterstützung der aufrechten Körperhaltung und helfen, willentliche Körperbewegungen auszubalancieren (z. B. Patellarsehnenreflex, Bizepssehnenreflex).
- Bei *Fremdreflexen* liegen Rezeptor und Effektor in verschiedenen Organen. Der Reflexbogen ist immer polysynaptisch. Die Schaltung erfolgt über Reflexzentren im Rückenmark (z. B. Rückziehreflex der Extremitäten; → Abb. 7.2) oder im Hirnstamm. Der Ablauf ist in der Regel unwillkürlich, jedoch oft auch willentlich beeinflussbar. Die Latenzzeit ist relativ lang (ca. 60 bis 200 ms), wird jedoch mit zunehmender Reizintensität kürzer.
- Fremdreflexe sind Schutzreflexe (z. B. Lidschluss- oder Niesreflex), sichern den fehlerfreien Ablauf grundlegender komplexer Bewegungen von Geburt an (z. B. Schluckreflex oder Saugreflex bei Neugeborenen) und ermöglichen das Ausbalancieren des Körpers (z. B. Labyrinthreflexe).

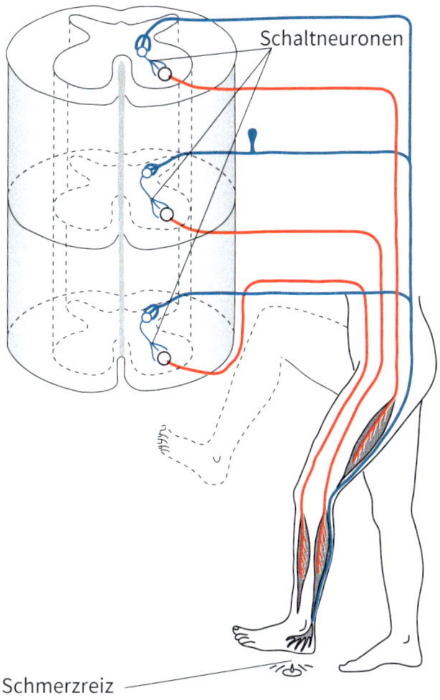

Abb. 7.2: Der Extremitäten-Rückziehreflex als Beispiel eines polysynaptischen Fremdreflexes

Latenzzeit = Zeit zwischen Reizeinwirkung und Reaktion

Komplexe Reiz-Reaktionen – Instinktverhalten

Kennzeichen

- Instinktverhalten tritt nur bei einer gegebenen inneren Handlungsbereitschaft auf. Daher gibt es unter Umständen Zeiten mit hoher Auftrittswahrscheinlichkeit, aber auch Zeiten, in denen es gar nicht auftritt.
- Es beinhaltet deutlich komplexere Verhaltensabläufe als die Reflexe.
- Instinktverhalten ist artspezifisch.
- Häufig beinhaltet es neben angeborenen auch erlernte Elemente. Beide sind meist eng verzahnt. Instinktverhalten ist so variabler als es Reflexe sind.

Genereller Ablauf – Beispiel: Das Beutefangverhalten der Erdkröte

Der Beutefang der Erdkröte wird in der *klassischen Ethologie* unterteilt in:

Abb. 7.3: Das Beutefangverhalten der Erdkröte

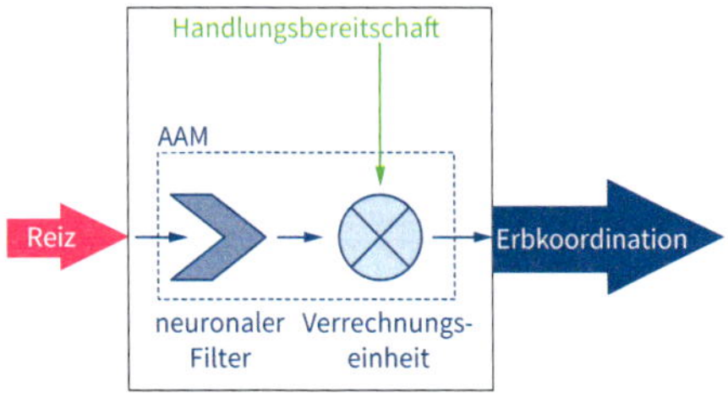

Abb. 7.4: Funktionsschaltbild einer Instinkthandlung

Phase 1 – Appetenzverhalten

- Der Nährstoffgehalt im Blut der Erdkröte ist gering. Sie ist „hungrig". Dies bedingt eine hohe *spezifische Handlungsbereitschaft (Motivation)* für den Beutefang.
- Die Erdkröte durchstreift ihr Jagdrevier und verharrt an einer Stelle in Warteposition. Dieses unspezifische, variable Suchverhalten ohne auslösende Außenreize wird als *ungerichtetes Appetenzverhalten* bezeichnet. Es wird durch Erfahrungen beeinflusst.

Phase 2 – Taxis

- Eine Fliege krabbelt ins Blickfeld der Erdkröte. Diese wendet sich der Fliege zu und fixiert sie mit beiden Augen. Befindet sich die Fliege in größerer Entfernung, bewegt sich die Kröte zuvor noch auf diese zu.
- Die durch *richtende Reize* (hier: Reize der Fliege) gesteuerte Hinorientierung zum möglichen Zielobjekt nennt man *Taxis (gerichtetes Appetenzverhalten)*.

Phase 3 – Erbkoordination

- Die Fliege liefert der Erdkröte Informationen, an denen sie diese als Beute erkennt (Größe, Form, Geruch, Bewegung). Man nennt die Gesamtheit dieser Informationen *Schlüsselreiz*, jede Einzelinformation *Schlüsselreizkomponente*.
- Der Schlüsselreiz löst über einen *angeborenen auslösenden Mechanismus (AAM)* die Beutefanghandlung aus: Die Zunge der Kröte schnellt vor, erfasst die Beute und zieht sie ins Maul.
  Diese komplexe Handlung wird als *Erbkoordination (instinktive Endhandlung)* bezeichnet. Sie ist in ihrem Ablauf weitgehend starr.
- Taxis und Erbkoordination sind hier zeitlich getrennt. Bei anderen Instinkthandlungen laufen beide jedoch zeitgleich ab. Sie sind *simultan verschränkt*.
- Der *AAM* ist eine neuronale Funktionseinheit im Gehirn, die in der Regel aus mehreren Nervenzellgruppen in verschiedenen Gehirnbereichen besteht. Sie beinhaltet einen *neuronalen Filter* (Selektor) und eine *Verrechnungseinheit*.
- Der *neuronale Filter* identifiziert aus der Fülle der von den Rezeptoren eingehenden Informationen die Schlüsselreizkomponenten.

- Die *Verrechnungseinheit* prüft, ob der Schlüsselreiz eine vorgegebene Reizschwelle überschreitet. Sie verrechnet zudem dessen Qualität mit der Intensität der Handlungsbereitschaft. Bei Überschreiten eines Schwellenwertes löst sie die Erbkoordination aus.
- Es gilt das *Prinzip der doppelten Quantifizierung*: Intensität, Geschwindigkeit und Ausführungshäufigkeit der Erbkoordination hängen von der Qualität des Schlüsselreizes *und* von der Stärke der spezifischen Handlungsbereitschaft ab.
- Das Ausführen der Erbkoordination bewirkt in der Regel eine Verringerung der Handlungsbereitschaft. Hier: Verdauung der Beute → Erhöhung des Nährstoffgehaltes im Blut → Handlungsbereitschaft der Kröte für Beutefang nimmt ab.

Verschränkte Handlungskette

Im Rahmen der Balz, beim Kommentkampf und bei der Brutpflege sind häufig *verschränkte Handlungsketten* zu beobachten. Deren Kennzeichen sind:

Kommentkampf = ritualisierter Kampf, bei dem die Verletzungsgefahr der Kontrahenten gering ist; Gegensatz: Beschädigungskampf

- Es handelt sich um eine Abfolge von thematisch miteinander verknüpften, sich wechselseitig auslösenden Erbkoordinationen zweier Partner.
- Die Endhandlung des einen Partners liefert dabei den Schlüsselreiz für die jeweils folgende Endhandlung des zweiten Partners.
- Dies dient der Koordination des Verhaltens beider Partner.
- Führt ein Partner eines der Handlungselemente der Handlungskette nicht aus, kommt es zu deren Abbruch.

Kritik am Instinktkonzept der klassischen Ethologie

- Handlungsbereitschaft ist nicht als „steigender Pegel aktionsspezifischer Energie“ zu beschreiben, wie im psychohydraulischen Instinktmodell von KONRAD LORENZ (→ Abb. 7.5).
- Handlungsbereitschaft ist nicht direkt messbar. Sie wird aus Intensität und Häufigkeit der Erbkoordination erschlossen.
- Die starre Verknüpfung von Schlusselreiz und Erbkoordination besteht so nicht. Der Schlüsselreiz wird im Kontext der Situation und in Wechselwirkung mit anderen Reizen bewertet. Seine Wirkung kann sich im Lebensverlauf ändern.
- Die starre Mechanik des AAM im LORENZ'schen Instinktmodell entspricht nicht den Befunden. In vielen Fällen ist er durch Lernen veränderbar. Ein so modifizierter AAM wird als EAAM (= durch Erfahrung ergänzter AAM) bezeichnet.
- Durch Lernen kann auch eine neue Schlüsselreiz-Endhandlungs-Kombination entstehen. Man spricht hier von einem EAM (= erlernter Auslösemechanismus).

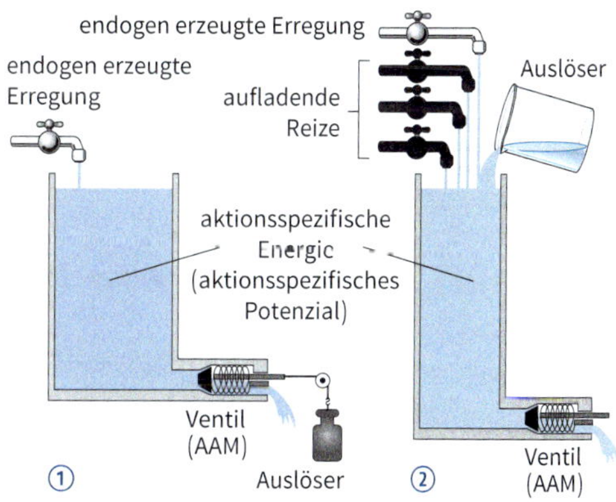

Abb. 7.5: ① Erstes und ② zweites psychohydraulisches Instinktmodell nach KONRAD LORENZ

KONRAD LORENZ (1903–1989): österreichischer Zoologe; Hauptvertreter der klassischen Ethologie

7.2 Verhaltensphysiologie

Reflexe & Instinkte

URSACHEN VON VERHALTEN

→ Proximate Ursachen = konkrete Wirkursachen; unmittelbare Gründe des Verhaltens (innere Bedingungen, die Verhalten beeinflussen + äußere Auslöser + soziale Bedingungen)

→ Ultimate Ursachen = evolutionsbiologische Ursachen; Selektionsvorteil, der mit einem bestimmten Verhalten verbunden ist

REFLEXE

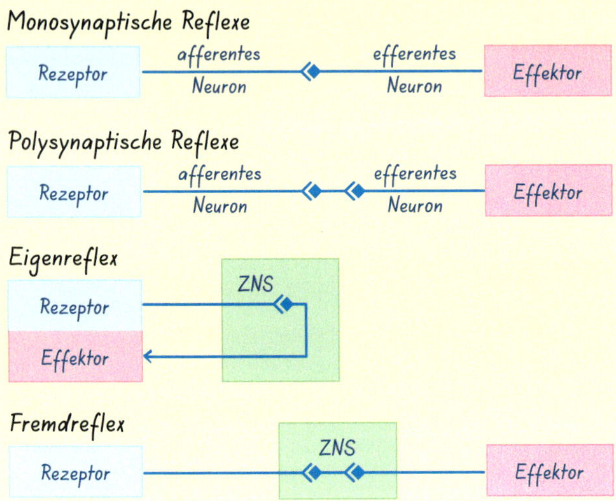

INSTINKTVERHALTEN

→ Auslösung, Ablauf und Intensität werden durch äußere Reize und innere Bedingungen eines Tieres bestimmt (Prinzip der doppelten Quantifizierung)

→ ist überwiegend angeboren, kann aber neben angeborenen auch erlernte Elemente enthalten, wobei beide meist eng miteinander verzahnt sind

→ ist artspezifisch

INSTINKTVERHALTEN AUS SICHT DER KLASSISCHEN ETHOLOGIE

→ erfordert eine spezifische Handlungsbereitschaft (Motivation)

→ gliedert sich in drei Phasen:
1. ungerichtetes Appetenzverhalten 2. Taxis 3. Erbkoordination (instinktive Endhandlung)

→ Schlüsselreiz löst über einen AAM die Erbkoordination aus

- → Schlüsselreiz besteht in der Regel aus verschiedenen Schlüsselreizkomponenten
- → AAM besteht aus neuronalem Filter und Verrechnungseinheit

→ neuronaler Filter identifiziert Schlüsselreizkomponenten

→ Verrechnungseinheit verrechnet Schlüsselreizqualität + Handlungsbereitschaft

7.3 Verhaltensontogenie

Angeboren oder erlernt?

Eine individuelle Verhaltensweise kann auf zwei Arten entstanden sein:
- Sie ist genetisch bestimmt, also angeboren.
- Sie wird durch Erfahrung erworben, ist also umweltbedingt.

Die meisten Verhaltensweisen eines Lebewesens enthalten angeborene *und* erworbene Komponenten, die eng miteinander verflochten sind.

Kriterien zur Identifizierung angeborenen Verhaltens

Angeborenes Verhalten lässt sich anhand folgender Merkmale erkennen:
- Das Verhalten läuft starr, immer gleich ab, ist *formkonstant*.
- Es läuft bei allen Lebewesen einer Art gleich ab, ist *artspezifisch*.
- Es wird vom Individuum bereits beim ersten Mal perfekt ausgeführt.
- Das Verhalten tritt auch bereits auf, wenn dazugehörige Organe noch nicht voll ausgebildet und funktionsfähig sind.

Ansätze zur Untersuchung angeborenen Verhaltens

Insbesondere zwei experimentelle Ansätze werden hier genutzt:
- *Kreuzungsexperimente.* Sie liefern einen direkten Nachweis dafür, dass ein bestimmtes Verhaltenselement genetisch bedingt ist.
- *Erfahrungsentzugsexperimente* (*Deprivationsexperimente*). Im Rahmen solcher Experimente entzieht man dem Lebewesen bestimmte Erfahrungsmöglichkeiten. Ein Beispiel ist das KASPAR-HAUSER-Experiment:
  - Man lässt ein Tier isoliert von Artgenossen in reizloser Umwelt aufwachsen (= Aufzucht unter Entzug sozialer Erfahrungen).
  - Das von diesem Tier gezeigte Verhalten müsste angeboren sein.

  Die Problematik solcher KASPAR-HAUSER-Experiment ist:
  - Auch hier ist Lernen möglich, z. B. durch Üben spontaner Verhaltensweisen.
  - Zudem führen KASPAR-HAUSER-Experimente insbesondere bei Säugetieren zu schwerwiegenden Verhaltensstörungen und sind daher ethisch bedenklich.

KASPAR HAUSER (1812 – 1833): angeblich bis zum 16. Lebensjahr allein in einem dunklen Raum gefangen gehaltener Junge

Lernen

Lernen umfasst den Prozess, der zu einer individuellen, erfahrungsbedingten Ausprägung neuer oder einer Änderung alter Verhaltensweisen führt.

Vorteile des Erlernens von Verhalten

- Es ermöglicht eine schnelle Verhaltensanpassung an neue Umweltsituationen.
- Lernprozesse sind in vielen Fällen reversibel; Verhalten kann so immer neu an veränderte Umweltgegebenheiten angepasst werden (→ hohe Flexibilität).

Nachteile des Erlernens von Verhalten

- Im Gegensatz zu angeborenem Verhalten steht das zu erlernende Verhalten dem Lebewesen nicht direkt zur Verfügung.
- Vergessen ist möglich. Dies bedeutet den Verlust des Erlernten.
- Erlerntes Verhalten muss von jedem Individuum in jeder Generation wieder neu erworben werden. Dies kostet Zeit und Energie.
- Lernen beinhaltet auch Fehler. So können auch schädliche Verhaltensweisen gelernt werden (z. B. das Rauchen).

Klassische Konditionierung (→ unter anderem I. P. PAWLOW)

IWAN P. PAWLOW (1849 – 1936): russischer Mediziner und Physiologe; legte durch seine Forschungen den Grundstein für die behavioristischen Lerntheorien (→ Seite 290)

Ein Beispiel für die enge Verzahnung angeborenen und erlernten Verhaltens ist die klassische Konditionierung. Ihr Ablauf soll anhand des PAWLOW'schen Hundeversuches vorgestellt werden.

- **Vorbedingung**: Eine klassische Konditionierung ist nur bei entsprechender Lernmotivation möglich (hier: der Hund muss hungrig sein).
- **Nullphase (Vortest)**: Ein von Natur aus reaktionsauslösender, unbedingter Reiz (hier: Futter) löst eine unbedingte (angeborene) Reaktion aus (hier: Speichelfluss). Ein neutraler Reiz (hier: Glockenton) löst keine Reaktion aus.

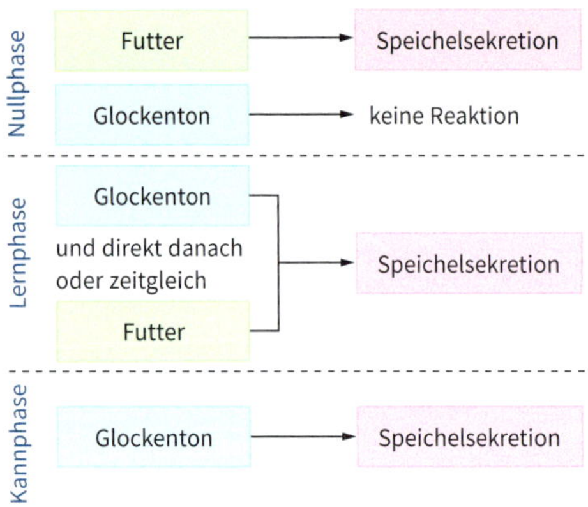

Abb. 7.6: Klassische Konditionierung beim Hund

- **Lernphase**: Der neutrale Reiz (Glockenton) wird unmittelbar vor bzw. zeitgleich mit dem unbedingten Reiz (Futter) dargeboten. Der Hund sondert Speichel ab. Zu Beginn erfolgt dies noch als unbedingter Reflex auf das Zeigen des Futters hin. Nun wiederholt man die zeitlich eng gekoppelte Präsentation beider Reize viele Male. Im Gehirn des Hundes wird die Verknüpfung zwischen dem neutralen und dem unbedingten Reiz in Form eines *Engramms* (Gedächtnisspur) abgespeichert.
- **Kannphase**: Man bietet nur den Glockenton dar. Der Hund reagiert mit Speichelfluss. Aus dem neutralen Reiz ist ein bedingter (erlernter) Reiz geworden, auf den jetzt erfahrungsbedingt der Speichelfluss folgt. Dieser wird daher nun als bedingte (erlernte) Reaktion bezeichnet. Die Reaktion des Hundes hat sich also nicht verändert. Sie wird aber infolge des im Gehirn gespeicherten Engramms jetzt durch einen anderen Reiz ausgelöst.

lat. *extinguere* = löschen, auslöschen

- **Extinktionsphase (Löschungsphase)**: Der bedingte Reiz (Glockenton) wird mehrmals dargeboten, ohne dass Futter folgt. Der Speichelfluss wird bei jeder Darbietung schwächer. Schließlich hört er ganz auf. Im Gehirn des Hundes wird eine neue Verknüpfung gespeichert („Auf den Glockenton folgt doch kein Futter"). Nach einer Pause erfolgt bei Darbietung des bedingten Reizes wieder die bedingte Reaktion (spontane Erholung), aber deutlich abgeschwächt. Erst mehrfaches Wiederholen des Versuches führt zum völligen Verschwinden der Reaktion. Das Lernen einer bedingten Reaktion ist also reversibel. Die Extinktion (Löschung) ist ein aktiver neuer Lernvorgang.

Operante Konditionierung (→ unter anderem B. F. Skinner)

Burrhus F. Skinner (1904 – 1990): US-amerikanischer Psychologe; prominentester Vertreter des Behaviorismus

Bei der häufigsten Variante der operanten Konditionierung wird ein spontan gezeigtes Verhalten durch nachfolgende Belohnung in seiner Häufigkeit *erhöht*.

- **Vorbedingung**: Lernmotivation muss gegeben sein. Zudem muss das Lebewesen spontane Aktionen zeigen.
- **Nullphase**: Ein Lebewesen zeigt z. B. beim Neugier- oder Spielverhalten eine spontane, nicht zielgerichtete Aktivität (neutrale Aktion).
- **Lernphase**: Auf die spontane Aktion folgt eine *Belohnung* (Verstärkung). Dies kann eine *direkte Belohnung* (ein positiver Verstärker; z. B. Futter, Lob) oder eine *indirekte Belohnung* sein (ein negativer Verstärker; Beseitigung einer unangenehmen Situation; z. B. das Abschalten eines grellen Lichtes). In beiden Fällen führt die Belohnung dazu, dass die anfangs spontane Aktion häufiger oder mit größerer Intensität auftritt. Sie wird zur *bedingten (erlernten) Aktion*. Im Gehirn wird eine Assoziation zwischen der neutralen Aktion und dem Folgen einer Belohnung gespeichert. Häufig unterscheidet man *primäre Verstärker* (sie wirken von Lebensbeginn an; z. B. Nahrung, Zuwendung) und *sekundäre Verstärker* (sie müssen als solche gelernt werden; z. B. Geld, Orden).
- **Kannphase**: Das Lebewesen setzt die bedingte Aktion jetzt zielgerichtet ein, um die Belohnung zu erhalten. In *Lernkurven* ist dieses z. B. zu erkennen an einer gleichbleibend hohen Zahl bedingter Aktionen im Skinner-Box-Versuch (→ Abb. 7.7), der gleichbleibend niedrigen Fehlerzahl im Labyrinthversuch (→ Abb. 7.8) oder einer gleichbleibend hohen Rate an Richtigwahlen im Musterwahlversuch (in der Regel > 75 %).

Skinner-Box: reizarmer Käfig für Lernversuche; typischer Aufbau: leerer Käfig mit Hebel oder Pickscheibe sowie einer von außen befüllbaren Futterschale und einer Leuchte

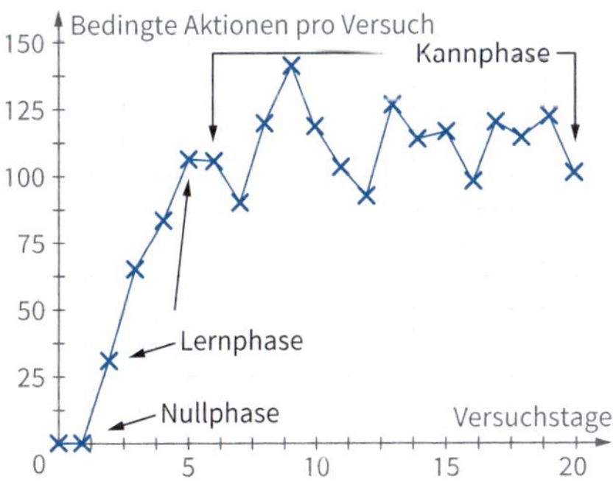

Abb. 7.7: Lernkurve eines Goldhamsters im Skinner-Box-Versuch. Jede bedingte Aktion (Betreten und Drehen eines Laufrades) wurde mit Futter belohnt.

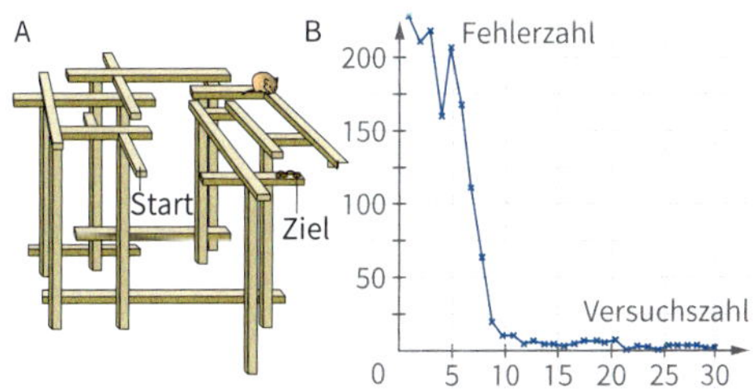

Abb. 7.8: (A) Hochlabyrinth (B) Lernkurve eines Goldhamsters im Labyrinthversuch. Am Ziel lag Futter.

- **Extinktionsphase (Löschungsphase)**: Folgt auf die bedingte Aktion mehrfach hintereinander keine Belohnung, kommt es zur Abnahme der Häufigkeit oder Intensität der bedingten Aktion. Die erlernte Verknüpfung wird gelöscht.

lat. *aversio* = das Abwenden, Ekel

Bestrafung statt Belohnung. Bei der zweiten Form der operanten Konditionierung folgt in der Lernphase auf die spontane Aktion eine *Bestrafung*. Auch hier gibt es zwei Varianten: *aversive Bestrafung* (direkte Strafe; z. B. Schlag, ein Stromstoß) und *entziehende Bestrafung* (Entzug eines angenehmen Ausgangsreiz; z. B. „Liebesentzug"). Beide Formen *verringern* die Auftrittswahrscheinlichkeit der spontanen Aktion. Hier ist also das Ausbleiben der Aktion der Lernerfolg.

Weitere Lernformen

E. L. THORNDIKE (1874 – 1949): US-amerikanischer Psychologe; entwickelte aus Verhaltensstudien an Tieren die „Theorie vom Lernen durch Versuch und Irrtum"

Lernen durch Versuch und Irrtum – Trial-and-Error-Lernen (→ E. L. THORNDIKE)

- Am Beginn steht ein Problem (z. B. Wie öffne ich die Tür?).
- Nun werden Strategien zur Lösung des Problems ausprobiert (= *Versuch*).
- In der Regel führen manche dieser Versuche nicht zum Ziel (= *Irrtum*).
- Man probiert nun so lange, bis man bei einem der Versuche Erfolg hat.
- Die Verhaltensweise/Strategie, die zum Ziel führt, wird in Zukunft in gleichen oder ähnlichen Problemsituationen wieder eingesetzt („Lernen am Erfolg").

Soziales Lernen = Veränderung des Verhaltens durch Interaktion mit Artgenossen

Beobachtungslernen (Nachahmungslernen, soziales Lernen)

- Nach intensiver Beobachtung wird die Handlung eines Artgenossen oder eines artfremden Individuums kopiert. Die Ausbildung von *Traditionen* ist möglich.
- Jungtieren steht so das von den Eltern erlernte Verhalten direkt zur Verfügung.

Prägung (→ unter anderem K. LORENZ)

- Dieser Lernprozess ist an eine genetisch festgelegte, zeitlich eng begrenzte *sensible Phase* in der Verhaltensentwicklung des Lebewesens gebunden. Unterbleibt hier das Prägungslernen, kann es später nicht nachgeholt werden.
- Prägungslernen erfolgt schnell und effektiv. Es ist in vielen Fällen irreversibel.
- *Objektprägung:* hier wird ein reaktionsauslösendes Reizmuster erlernt (*Beispiele:* Nachfolgeprägung, sexuelle Prägung)
- *Motorische Prägung*: hier wird ein Aktionsmuster bzw. ein Bewegungsablauf erlernt (*Beispiel:* Gesangsprägung bei Vögeln)

irreversibel = unumkehrbar

W. KÖHLER (1887 – 1967): einer der Begründer der Gestaltpsychologie bzw. der Gestalttheorie

Lernen durch Einsicht – Kognitives Lernen (→ unter anderem W. KÖHLER)

Das Lebewesen erfasst im Kopf die Struktur einer Problemsituation und bestimmt das Handlungsziel. In Gedanken spielt es Wege zum Erreichen des Zieles durch. Dabei korrigiert es fehlerhafte Lösungen, bis es (oft plötzlich) zur Erkenntnis des richtigen Lösungsweges kommt („Aha-Erlebnis"; *Einsicht*). Nun besitzt es einen fertigen Plan und führt diesen in einem Zug aus (*Anwendung*). Bei Erfolg überträgt es den Lösungsweg auf ähnliche Problemsituationen (*Lerntransfer*).

7.4 Verhaltensökologie/Soziobiologie

Untersuchungsrahmen

Verhaltensökologie und Soziobiologie gehen folgenden Fragestellungen nach:
- Welchen Nutzen bringt ein bestimmtes Verhalten dem Tier/Menschen?
- Welchen Beitrag leistet es zu seiner reproduktiven Fitness?
- Weshalb hat sich dieses Verhalten im Verlauf der Evolution durchgesetzt?

Sie untersuchen also die Zweckursachen des Verhaltens (**ultimate Ursachen**). Dabei untersucht die **Verhaltensökologie**, welche Selektionsvorteile bzw. -nachteile ein bestimmtes Verhalten dem Lebewesen unter bestimmten Umweltbedingungen bringt.

lat. *ultimus* = der entfernteste, entlegenste

Der Schwerpunkt der **Soziobiologie** ist die Untersuchung der Auswirkungen eines bestimmten Sozialverhaltens auf die *reproduktive Fitness* des Individuums. Die Soziobiologie erklärt das Sozialverhalten strikt durch *Individualselektion* und *genetischen Eigennutz*. Ein bestimmtes Sozialverhalten setzt sich evolutionär durch, wenn es dem Lebewesen zu einer Maximierung der Gesamtfitness verhilft.

Zentrale Begriffe

Reproduktive Fitness

Die reproduktive Fitness (kurz: Fitness) ist das Maß für die relative Anzahl an Allelen, die ein Individuum in den Genpool der nächsten Generation einbringt, sei es durch eigene Fortpflanzung *(direkte Fitness)* oder den Fortpflanzungserfolg von Verwandten, mit denen es Allele gemeinsam hat *(indirekte Fitness)*. Direkte und indirekte Fitness zusammen ergeben die *Gesamtfitness* eines Individuums.

Um den Effekt bestimmter Eigenschaften/Verhaltensweisen auf die *direkte Fitness* abschätzen zu können, werden sie hinsichtlich zweier Fragen untersucht:
- Erhöht die Eigenschaft/Verhaltensweise die individuelle Lebenserwartung? Dies ist z. B. der Fall, wenn man Feinden besser entkommen oder sich Nahrung effizienter beschaffen kann bzw. dank leistungsfähigeren Gehirns besser lernt.
- Erhöht die Eigenschaft/Verhaltensweise den Fortpflanzungserfolg direkt? Dies ist z. B. der Fall, wenn das Lebewesen mehr/bessere Keimzellen erzeugt, häufiger kopulieren kann oder wenn im Verlauf des Lebens mehr Nachkommen erzeugt werden, die selber reproduktionsfähig werden.

Eine hohe Lebenserwartung hat nicht zwangsläufig zur Folge, dass das Individuum mehr Nachkommen erzeugt. Sie ist damit nur ein indirektes Maß für den Fortpflanzungserfolg. Auch ist eigentlich nicht die Zahl der direkten Nachkommen, sondern die Zahl der Enkel ein Maß für die reproduktive Fitness. Denn nur wenn der eigene Nachwuchs sich fortpflanzt, ist die Weitergabe der Gene garantiert.

Individualselektion

Soziobiologen und Verhaltensökologen sehen das Individuum als Grundeinheit der natürlichen Selektion. Es geht ihrer Meinung nach stets um die Frage: Maximiert eine Verhaltensweise den Reproduktionserfolg eines Individuums im Vergleich zu anderen Individuen?

Entscheidend für die Bewertung von Verhalten im Lichte der Evolution ist also der Umfang, in dem die Allele des Individuums an die nachfolgenden Generationen weitergegeben werden. Die Allele von Individuen mit maximierter Fitness werden dabei häufiger weitergegeben als die Allele anderer Tiere der gleichen Art. Im Verlauf der Generationen wird so der Anteil fitnessmaximierender Allele am Genpool einer Art beständig zunehmen, ebenso das durch diese Allele gesteuerte fitnessmaximierende Verhalten.
Die heute in weiten Teilen als überholt geltende Gegenmeinung traditioneller Evolutionsbiologen geht davon aus, dass Selektion an einem Kollektiv von Organismen (einer Gruppe, Population oder Art) ansetzt; im Sinne einer solchen *Gruppenselektion* wäre Verhalten, das der Gruppe als Ganzes nutzt, selektionsbegünstigt (Prinzip der Arterhaltung).

Kosten-Nutzen-Bilanz

Um den **B**eitrag eines Verhaltens zur reproduktiven Fitness des Individuums abschätzen zu können, müssen **N**utzen (= Fitnessgewinn) und **K**osten (= Fitnessverlust; z. B. Zeitverlust, Energieaufwand) in einer Kosten-Nutzen-Analyse gegenübergestellt werden.

Dabei gilt:
- ***B*** (Beitrag des Verhaltens zur reproduktiven Fitness) = $\frac{\textbf{\textit{N}}\text{ (Nutzen)}}{\textbf{\textit{K}}\text{ (Kosten)}}$
- Je größer ***B***, desto größer ist der Gewinn an Fitness, den ein Lebewesen aus dem untersuchten Verhalten zieht, und desto stärker wird dieses Verhalten durch die Selektion gefördert (*Prinzip der Fitnessmaximierung*).

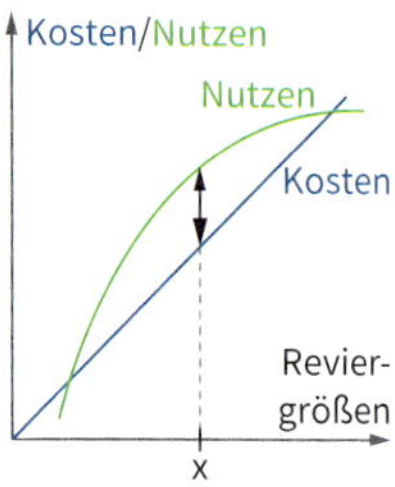

Abb. 7.9: Kosten-Nutzen-Bilanz für verschieden große Reviere bei Vögeln (x = optimale Reviergröße)

Dies sei am Beispiel „Wahl der Reviergröße bei Vögeln“ (→ Abb. 7.9) erläutert:
- Die Wahl der Reviergröße bei Vögeln ist durch Kosten und Nutzen bestimmt.
- Bei zunehmender Reviergröße steigt der Aufwand z. B. für die Revierverteidigung (Kosten).
- Gleichzeitig steht aber auch mehr Nahrung zur Verfügung und die Paarungswahrscheinlichkeit wird größer (Nutzen).
- Bei einer bestimmten Reviergröße gibt es einen maximalen Nutzenüberschuss (= optimale Reviergröße).
- Die Wahl eines Reviers dieser Größe wird von der Selektion besonders gefördert.

Verwandtenselektion (kin selection)

Hat ein bestimmtes Verhalten Einfluss auf den Fortpflanzungserfolg von Verwandten, so spielt in der Kosten-Nutzen-Bilanz ein weiterer Faktor eine wichtige Rolle: die *indirekte Fitness*. Sie ist das Maß für den Fortpflanzungserfolg von Verwandten, mit denen ein Individuum Allele gemeinsam hat. Auch durch die Unterstützung seiner Verwandten (**altruistisches Verhalten**; → Seite 177) kann ein Individuum die Weitergabe seiner Allele sichern. Für den Umfang dieser Weitergabe spielt der Verwandtschaftsgrad eine Rolle. So haben z. B. Eltern und Kinder mehr Allele gemeinsam als Cousins/Cousinen.

Den Anteil gemeinsamer Allele drückt der Verwandtschaftskoeffizient *r* aus.

Verwandtenbeziehung	Wahrscheinlichkeit, ein bestimmtes Allel gemeinsam zu haben	Verwandtschaftskoeffizient *r*
eineiige Zwillinge	100 %	1
Mutter/Vater – Kind	50 %	0,5
Geschwister	50 %	0,5
Großeltern – Enkel	25 %	0,25
Cousins 1. Grades	12,5 %	0,125

(Angaben gelten für Populationen ohne Inzucht)

Tab. 7.1: Verwandtenbeziehung und Verwandtschaftskoeffizient

Unter Einbezug des Verwandtschaftskoeffizienten *r* muss die Kosten-Nutzen-Bilanz für altruistisches Verhalten zur HAMILTON-Ungleichung erweitert werden: $K < r \cdot N$.

Damit altruistisches Verhalten selektionsbegünstigt ist, muss die rechte Seite der Ungleichung (***r*** mal **N**utzen des Verhaltens für den Geholfenen) größer sein als die linke (**K**osten des Verhaltens für den Helfer).

WILLIAM D. HAMILTON (1936 – 2000): britischer Biologe; durch seine theoretischen Arbeiten zur Verwandtenselektion (u. a. HAMILTON-Ungleichung 1964) einer der Wegbereiter der Soziobiologie.

Strategie und Taktik

Zum Erreichen einer optimalen Kosten-Nutzen-Bilanz wenden Individuen bestimmte Strategien an. Eine *Strategie* ist ein komplexes Verhaltensmuster zum Erreichen eines Zieles. Jede Strategie beruht auf genetisch fixierten Verhaltenskomponenten, kann jedoch auch erlernte und damit flexible Elemente beinhalten.

In der Evolution stehen verschiedene Strategien in Konkurrenz zueinander. Die Selektion bestimmt dabei den Erfolg einer Strategie: Der Maßstab für den Erfolg ist der Beitrag, den diese zur Maximierung der Fitness leistet.
Der Wert einer Strategie hängt dabei von den jeweiligen Umweltbedingungen ab. Zudem in vielen Fällen auch davon, welche anderen Strategien von Organismen im gleichen Lebensraum angewandt werden und in welcher Zahl die Individuen mit alternativen Strategien im Lebensraum vertreten sind. Alternative Verhaltensvarianten innerhalb einer Strategie bezeichnet man als *Taktik*.

Evolution von Strategien

Jede Strategie ist das Ergebnis eines evolutionären Prozesses. Eine **evolutionsstabile Strategie (ESS)** ist dabei eine Strategie,

- die sich im Selektionsprozess behaupten konnte, also nicht durch andere mögliche Strategien verdrängt wurde und
- zu der es unter den gegebenen Bedingungen keine bessere Alternative gibt.

Manchmal existieren auch mehrere alternative ESS, die alle zu gleichen Fortpflanzungserfolgen führen. Eine Änderung der Umweltbedingungen (z. B. Änderung des Beutetierspektrums oder des Nistplatzangebotes) kann zur Folge haben, dass andere/neue Strategien evolutionär stabil werden.

lat. *conditionalis* = bedingt, mit einer Bedingung verbunden

Konditionale Strategien sind Strategien,

- bei denen genetisch ein bestimmtes Verhaltensspektrum festgelegt ist, das verschiedene Taktiken (alternativer Verhaltensmöglichkeiten) beinhaltet,
- bei denen das Individuum aus dieser Palette an Taktiken die für die jeweilige Situation am besten geeignete auswählen kann,
- die dann evolutionsstabil sind, wenn dank ihrer Flexibilität eine gleich hohe oder höhere Fitness erreicht wird als durch Strategien mit nur einer Taktik.

Ein Sonderfall sind **Mischstrategien**. Diese können nur erfolgreich und damit evolutionsstabil sein, wenn in einer Population die Zahl ihrer Nutzer zur Zahl der Nutzer anderer Strategien in einem bestimmten Zahlenverhältnis steht.

Kooperation in Tierverbänden

Soziale Verbände, in denen Tiere aufgrund sozialer Attraktion zusammenkommen und -bleiben, werden von vielen Tierarten gebildet. Sie können für begrenzte Zeit oder dauerhaft bestehen bleiben. Man unterscheidet:

- *Offene anonyme Verbände:* Mitglieder kennen sich nicht individuell; jedes artgleiche Tier kann sich anschließen; Beispiel: Fischschwarm, Vogelschwarm
- *Geschlossene anonyme Verbände:* Mitglieder kennen sich nicht individuell, können sich aber z. B. über den verbandsspezifschen Geruch als Verbandsmitglieder identifizieren; Anschluss gruppenfremder Tiere wird nicht/nur unter Widerstand zugelassen; Beispiel: Staaten bildende Insekten
- *Individualisierte Verbände:* Mitglieder kennen sich individuell; es gibt eine Rangordnung/Ausbildung von Revieren; Beispiel: Löwenrudel, Paviangruppe

Abb. 7.10: Kooperatives Jagen bei Löwen

Ein zentraler Vorteil sozialer Verbände ist die Möglichkeit zur **Kooperation (Zusammenarbeit)**, etwa bei der Jagd, der Brutpflege oder der Verteidigung von Ressourcen. Dabei kooperieren Lebewesen mit übereinstimmenden Interessen, weil alle Kooperationspartner aus der Zusammenarbeit Vorteile ziehen, die größer sind als die getätigten Investionen (**N**utzen > **K**osten, → Seite 280).

Altruismus

Unter Altruismus versteht man Verhalten, bei dem ein Individuum einem anderen hilft, ohne dafür eine direkte Gegenleistung zu erhalten. Solch „uneigennütziges" Verhalten mindert die reproduktive Fitness des *Altruisten (Hilfeleistenden)* und erhöht die des *Nutznießers („Beschenkten")*. Dies kann im Extremfall mit einer Aufopferung des altruistisch Handelnden verbunden sein. Im Regelfall geht es aber um Hilfeleistungen, die das Leben des Altruisten nicht gefährden. Auf den ersten Blick scheint Altruismus einer Fitnessmaximierung entgegenzustehen. Schaut man genauer hin, sieht dies jedoch anders aus.

lat. *alter* = der andere, der Nächste, der Mitmensch

Beim **reziproken Altruismus** etwa gilt:

- Der Altruist kann erwarten, dass der Nutznießer die Hilfe bei anderer Gelegenheit erwidert („Wie du mir, so ich dir").
- Der Hilfeleistende nimmt eine momentane Minderung seiner Fitness in Kauf, um zu einem späteren Zeitpunkt durch die dann erhaltene Hilfe einen Fitnessgewinn zu erzielen, der die vorherige Fitnessminderung mindestens ausgleicht.
- Vorbedingungen sind:
  - Die Partner müssen sich (in der Regel) individuell kennen.
  - Die Kosten dürfen für den Altruisten nicht zu hoch sein.
  - Er darf keine schlechten Erfahrungen mit „Betrügern" gemacht haben.
  - Die Lebenserwartung beider Beteiligter darf nicht zu gering sein („Rückerstattungschance" muss bestehen).

lat. *reciprocare* = hin- und zurückfließen

Altruistisches Verhalten wird wahrscheinlicher, wenn der Geber zuvor bereits selber Empfänger war.

	Kosten an	Nutzen an		
	direkter Fitness	direkter Fitness		indirekter Fitness
Kooperation	gering	ja	und/oder	ja
nepotistischer Altruismus	ja	nein		ja
reziproker Altruismus	ja	ja	und/oder	ja

Tab. 7.2: Kosten-Nutzen-Bilanz für Kooperation und Altruismus

Beim **nepotistischen Altruismus** hilft der Altruist Verwandten ohne Aussicht auf eine entsprechende Gegenleistung. Dies führt zwar zur Minderung der direkten, aber zur Steigerung der indirekten Fitness. Diese Steigerung ist umso größer, je näher Altruist und Nutznießer verwandt sind (→ Tab. 7.2). Der Verlust an direkter Fitness muss für den Altruisten aber kleiner sein als der Gewinn an indirekter Fitness ($K < r \cdot N$; Verwandtenselektion; → Seite 175).

lat. *nepos* = Nachkommen, Enkel

Das Gegenteil von Altruismus ist **Egoismus**.

7.3 Verhaltensontogenie
7.4 Soziobiologie

➡ **Lernformen & evolutiver Nutzen von Verhalten**

OPERANTE KONDITIONIERUNG

Erhöhung der Häufigkeit/Intensität einer zunächst spontan gezeigten Aktion bewirkt durch:

- Verstärker (Belohnung)
  - positiver Verstärker (direkte Belohnung)
    - primärer Verstärker
    - sekundärer Verstärker
  - negativer Verstärker (indirekte Belohnung)

Verringerung der Häufigkeit/Intensität einer zunächst spontan gezeigten Aktion bewirkt durch:

- Bestrafung
  - entziehende Bestrafung (indirekte Bestrafung)
  - aversive Bestrafung (direkte Strafe)

KLASSISCHE KONDITIONIERUNG

→ Ablauf: **Nullphase** – **Lernphase** – **Kannphase** – **Extinktionsphase**

→ neutraler Reiz wird **wiederholt vor** unbedingtem Reiz gegeben

→ jetzt löst der ehemals neutrale Reiz alleine die Reaktion aus → er ist nun ein bedingter (erlernter) Reiz

→ **Extinktion** (Löschung) = die erlernte Reiz-Reaktions-Kopplung wird durch aktives Umlernen wieder gelöst

SOZIOBIOLOGIE

→ **Soziobiologie** erklärt Sozialverhalten strikt durch Individualselektion und genetischen Eigennutz

→ **Individualselektion** = die Selektion fördert Verhalten, das dem Fortpflanzungserfolg des Individuums dient

→ **reproduktive Fitness** = direkte Fitness + indirekte Fitness = Maß für den genetischen Beitrag eines Individuums zur nächsten Generation

KOSTEN-NUTZEN-BILANZ VON VERHALTEN

→ $B = \frac{N}{K}$

B = Beitrag des Verhaltens zur **reproduktiven Fitness**;
N = Nutzen des Verhaltens (Fitnessgewinn);
K = Kosten des Verhaltens (Fitnessverlust)

→ **Verwandtenselektion:** für altruistisches Verhalten gegenüber Verwandten gilt HAMILTON-Ungleichung $K < r \cdot N$

K = Kosten des Verhaltens für den Altruisten
r = Verwandtschaftskoeffizient
N = Nutzen des Verhaltens für den Nutznießer

Ökologie

8

In diesem Kapitel stehen die Wechselbeziehungen zwischen den Organismen und ihrer Umwelt im Fokus. Abiotische und biotische Umweltfaktoren werden dabei ebenso behandelt wie Aspekte der Populationsökologie. Anhand ausgewählter Ökosysteme werden im Anschluss Grundprinzipien von Ökosystemen erläutert und der Einfluss des Menschen auf Ökosysteme problematisiert.

8.1 Abiotische Faktoren

Toleranz und ökologische Potenz

Abiotische Umweltfaktoren beeinflussen die Aktivität von Lebewesen in charakteristischer Weise. Variiert man experimentell einen Faktor und misst die sich ergebende Lebensaktivität, so erhält man eine typische **Toleranzkurve**. Diese wird durch das *Minimum* und das *Maximum* begrenzt. Unter bzw. über diesem Wert ist kein Leben möglich. Dazwischen liegt der *Toleranzbereich* mit dem *Optimum*. Hier ist die Aktivität der Lebewesen am höchsten. Bewegliche Lebewesen suchen nach Möglichkeit den *Vorzugsbereich* (Präferendum) auf.

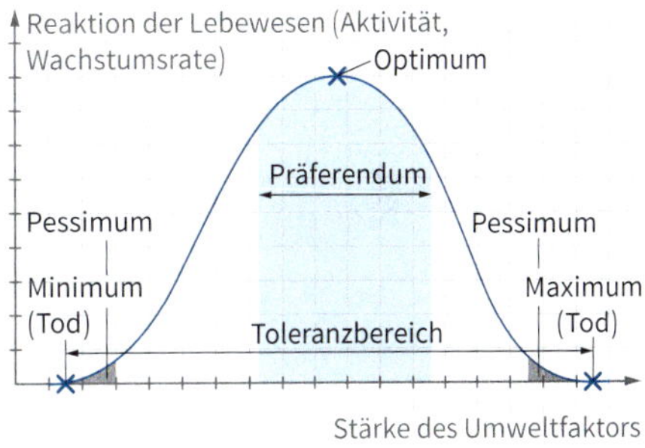

Abb. 8.1: Toleranzkurve

- **Stenopotente Arten** verfügen über einen engen Toleranzbereich. *Beispiel:* Das Wollgras wächst nur auf sehr feuchten Moorböden.
- **Eurypotente Arten** zeigen einen weiten Toleranzbereich hinsichtlich eines Faktors. *Beispiel:* Die Waldkiefer gedeiht sowohl an sandig trockenen wie auch an feuchten Standorten.

gr. *stenos* = eng
gr. *eurys* = weit

Der Toleranzbereich eines Lebewesen wird nicht nur durch abiotische, sondern auch durch biotische Umweltfaktoren bestimmt. Dabei gibt die **physiologische Potenz** an, inwieweit eine Art ohne Konkurrenz durch andere Organismen Schwankungen eines Umweltfaktors toleriert. Sie ist genetisch festgelegt und eine eher theoretische, unter Laborbedingungen ermittelte Größe.
Die **ökologische Potenz** beschreibt hingegen die Fähigkeit einer Art, unter den Bedingungen natürlicher Konkurrenz, Schwankungen des untersuchten Umweltfaktors zu ertragen (→ „Beispiel" auf Seite 180). Da eine solche Konkurrenz in der Natur der Regelfall ist, zeigt die ökologische Potenz das tatsächliche Vorkommen einer Art unter den betrachteten Umweltfaktoren an. Sie ist in der Regel deutlich geringer als die physiologische Potenz.

BEISPIEL

Die Schwarzerle besitzt für die Bodenfeuchte eine breite physiologische Potenz. Sie könnte theoretisch alle Böden besiedeln.
Unter natürlichen Bedingungen wird sie jedoch durch die Konkurrenz verschiedener anderer Baumarten auf sehr nasse Standorte verdrängt.
Ihre ökologische Potenz für die Bodenfeuchte ist gering. Die Schwarzerle ist damit **stenök**. Sie zeigt im Waldökosystem sehr feuchte Standorte an 3und ist folglich eine **Zeigerpflanze** für große Bodenfeuchte.
Arten mit einer breiten ökologischen Potenz werden dagegen als **euryök** bezeichnet. Sie sind als Zeigerpflanzen ungeeignet.

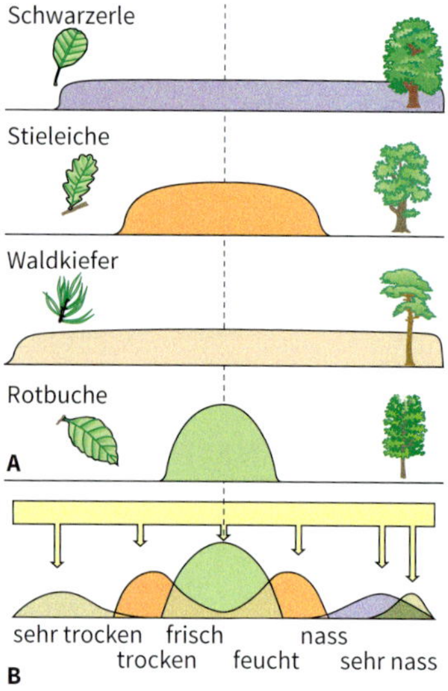

Abb. 8.2: **A** Physiologische Potenz **B** Ökologische Potenz verschiedener Baumarten bezüglich des abiotischen Umweltfaktors „Bodenfeuchte“

Umweltfaktor Temperatur

Sämtliche Lebensvorgänge sind temperaturabhängig, da ihnen temperaturabhängige chemische Reaktionen zugrunde liegen. Die individuellen Ansprüche an eine bestimmte Temperatur differieren jedoch von Art zu Art. Nach der Regulation der Körpertemperatur unterscheidet man bei Tieren zwei Typen: wechselwarme und gleichwarme Organismen. Diese weisen unterschiedliche Merkmale auf:

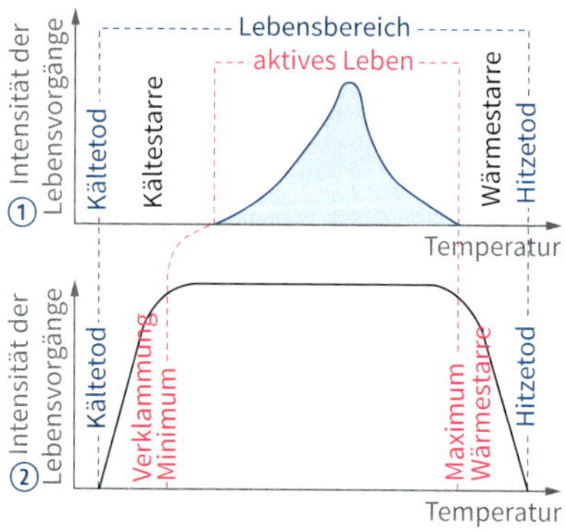

Abb. 8.3: Temperatur-Toleranzkurven ① wechselwarme Tiere, ② gleichwarme Tiere

Wechselwarme oder poikilotherme Organismen

- geringe Wärmeproduktion durch eigenen Stoffwechsel
- Körpertemperatur gleicht sich der Umgebungstemperatur an
- im Bereich zwischen Minimum und Optimum werden die Lebensprozesse bei einer Temperaturerhöhung um 10 °C um das Zwei- bis Dreifache beschleunigt (**RGT-Regel** → Seite 29)

- unterhalb sowie oberhalb bestimmter Temperaturgrenzwerte zeigen sie keine aktiven Lebensäußerungen (Kältestarre bzw. Wärmestarre)
- keine bzw. kaum Kühlungsmechanismen (z. B. kein Schwitzen)
- Energie- und damit auch Nahrungsbedarf geringer als bei gleichwarmen Tieren ähnlicher Größe
- Vorteile: geringerer Nahrungsbedarf als bei gleichwarmen Tieren; im Winter keine Nahrungszufuhr nötig
- Nachteile: Es können nur Regionen mit hinreichenden Temperaturen besiedelt werden (Ausnahme: Sonderanpassungen z. B. bei arktischen Fischen)
- Tiergruppen: Wirbellose, Fische, Amphibien, Reptilien

Gleichwarme oder homoiotherme Organismen

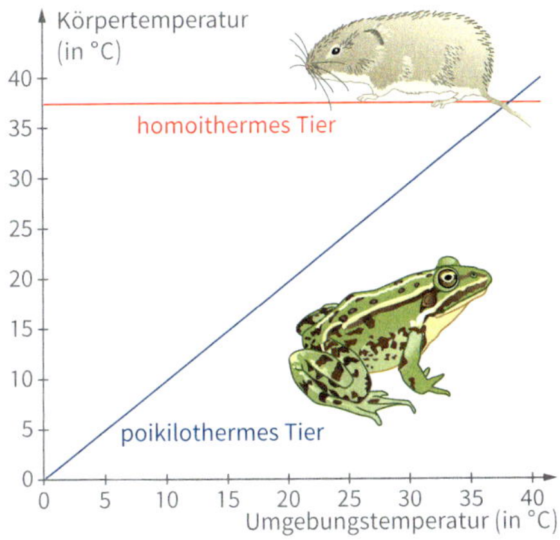

Abb. 8.4: Körpertemperatur eines gleichwarmen und eines wechselwarmen Tieres im Vergleich

- hohe Wärmeproduktion durch eigenen Stoffwechsel
- annährend konstante Körpertemperatur unabhängig von der Umgebungstemperatur
- Federn, Haarkleid, Fettschichten usw. unterstützen die Wärmeregulation (Isolationseffekt)
- effiziente Temperaturregulation durch körpereigene Regulationsmechanismen: bei sinkenden Außentemperaturen Gegenmaßnahmen wie Muskelzittern (Wärmeproduktion), Aufstellen der Haare oder Einrollen; bei steigenden Außentemperaturen Möglichkeit zur Kühlung des Körpers durch Schwitzen oder Hecheln
- Energie- und damit auch Nahrungsbedarf deutlich höher als bei wechselwarmen Tieren ähnlicher Größe
- Vorteile: optimale Aktivität in einem breiten Temperaturspektrum; auch bei Temperaturen unter 0 °C Aktivität möglich; daher Besiedlung annähernd aller Lebensräume der Erde möglich
- Nachteile: hoher Nahrungsbedarf für Wärmeproduktion bzw. Kühlung
- Tiergruppen: Vögel, Säugetiere
- **Winterruhe** – wenig abgesenkte Körpertemperatur und damit relativ geringer Energieverbrauch; Beispiele: Eichhörnchen, Dachs, Bär
- **Winterschlaf** – stark abgesenkte Körpertemperatur und damit hohe Energieeinsparung; Beispiele: Igel, Hamster, Fledermaus

Klimaregeln für gleichwarme Tiere

Für gleichwarme Tiere lassen sich folgende Regeln formulieren, die den Zusammenhang zwischen dem Klima und der Tiergestalt beschreiben:

BERGMANN'SCHE REGEL

Individuen einer Art oder nahe verwandter Arten sind in kalten Gebieten größer als in warmen Regionen.

Physiologisch wird die BERGMANN'sche Regel so erklärt, dass große Tiere im Verhältnis zum Körpervolumen eine relativ geringe Körperoberfläche besitzen. Das Volumen eines Körpers steigt mit wachsender Größe in der dritten Potenz, die Oberfläche nur mit der zweiten Potenz.
In kühlen Regionen ist eine kleine Körperoberfläche bei relativ großem Volumen von Vorteil, da der Wärmeaustausch mit der Umwelt über die Oberfläche erfolgt. Voraussetzung für diesen Zusammenhang ist jedoch ausreichende Nahrung.

Abb. 8.5: In kalten Regionen lebende Pinguine sind größer als solche aus warmen Regionen.

ALLEN'SCHE REGEL

Bei verwandten Arten gleichwarmer Tiere sind Körperanhänge wie Ohren oder Schwänze in kalten Klimazonen kleiner als in wärmeren Gebieten.

Auch die ALLEN'sche Regel wird durch die zuvor genannten Zusammenhänge verständlich: Große Körperanhänge haben eine relativ große Oberfläche. Sie kühlen daher schnell aus. In warmen Regionen dienen beispielsweise große Ohren der Abgabe überschüssiger Wärme und somit der Thermoregulation.

Abb. 8.6: ALLEN'sche Regel am Beispiel verschiedener Fuchsarten

Umweltfaktor Wasser

Wassertiere: Der Wasserhaushalt aquatisch lebender Organismen wird durch den osmotischen Wert des umgebenden Mediums bestimmt.

- **Isoosmotisch**: Bei marinen Wirbellosen wie Muscheln und Würmern entspricht die Konzentration osmotisch aktiver Moleküle in der Körperflüssigkeit der des umgebenden Wassers.
- **Hyperosmotisch**: Bei Süßwassertieren und Wirbeltieren des Meeres ist die Konzentration osmotisch aktiver Moleküle in der Körperflüssigkeit höher als im umgebenden Medium. Durch aktive Wasserausscheidung wird dem osmotischen Wassereinstrom entgegengewirkt und das Ionenmilieu der Tiere konstant gehalten.
- **Hypoosmotisch**: Bei Meerwasserfischen weisen die Flüssigkeiten innerhalb des Körpers eine niedrigere Konzentration als das umgebende Wasser auf. Dies führt zu einem konstanten Wasserverlust. Durch Trinken von Meerwasser und Ausscheiden der aufgenommenen Salze über die Kiemen gleichen diese Fische den Wasserverlust aus.

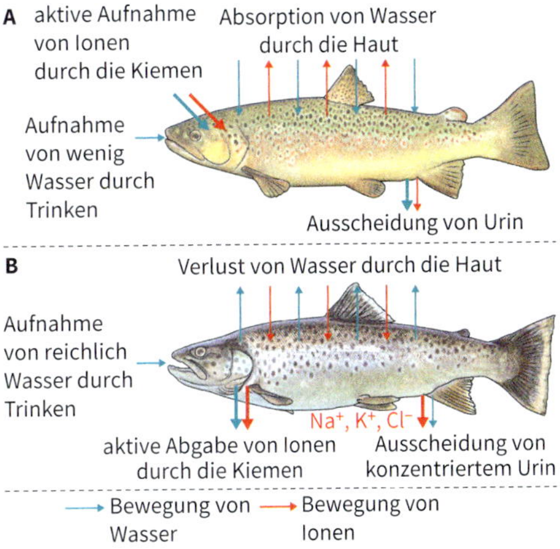

Abb. 8.7: Osmoregulation bei Fischen: **A** im Süßwasser; **B** im Salzwasser

griech. *iso* = gleich
griech. *hypo* = unter
griech. *hyper* = über

Landtiere: Auch für Landtiere ist ein konstanter osmotischer Wert der Körperflüssigkeit notwendig. Dem Wasserverlust durch Verdunstung und Ausscheidungsprodukte (Kot, Harn) steht ein Gewinn durch Trinken und die Wasseraufnahme über die Haut entgegen. Um den Wasserverlust gering zu halten, haben **Trockenlufttiere** unterschiedliche Mechanismen des Verdunstungsschutzes entwickelt: Wachsüberzüge aus Chitin bei Insekten, Horn- und Haarbildungen bei Säugern, Vögeln und Reptilien. **Feuchtlufttieren** wie Amphibien und Nacktschnecken fehlt ein solcher Schutz. Sie können nur in einer Umgebung mit hoher Luftfeuchtigkeit überleben.

Pflanzen: Moose und Flechten sind **wechselfeuchte Pflanzen**. Bei ihnen variiert der Wassergehalt mit der Umgebungsfeuchte. Geringe Luftfeuchtigkeit führt zur Austrocknung der Pflanzenkörper. Die Pflanzen gehen dann in einen Ruhezustand über. Bei hoher Luftfeuchtigkeit erfolgt Wasseraufnahme über Quellung. Die Lebensvorgänge werden wieder aktiviert. Im Gegensatz dazu ist der Wassergehalt **eigenfeuchter Pflanzen** weitgehend unabhängig von der aktuellen Luftfeuchtigkeit. Der Wasserverlust über Transpiration wird durch wachsartige Überzüge des Pflanzenkörpers eingeschränkt. Eine kontrollierte Wasserabgabe erfolgt über die Spaltöffnungen.

Je nach Wasserangebot ihres Standortes zeigen Pflanzen charakteristische Angepasstheiten:

griech. *hydros* = Wasser
griech. *phyton* = Pflanze

- **Wasserpflanzen (Hydrophyten)**: Bei untergetauchten Pflanzenorganen fehlen die Spaltöffnungen und meist auch die Cuticula, sodass Wasser und Mineralien über die gesamte Oberfläche aufgenommen werden können. Die Schwimmblätter besitzen große Interzellularen, die den Auftrieb erleichtern. Die Spaltöffnungen sind auf der Blattoberseite.

griech. *hygros* = feucht, nass

- **Feuchtpflanzen (Hygrophyten)**: Pflanzen feuchter Standorte verfügen über Merkmale, die die Transpiration fördern, z. B. zarte Blätter mit dünner Cuticula sowie oft auch herausgehobene Spaltöffnungen.

griech. *trope* = Umkehr, Wendung

- **Wandlungsfähige Pflanzen (Tropophyten)**: Diese Pflanzen sind in gemäßigten Klimazonen beheimatet und überstehen ungünstige Jahreszeiten durch Laubabwurf.

griech. *xeros* = trocken

- **Trockenpflanzen (Xerophyten)**: Kleine Blätter mit eingesenkten Spaltöffnungen und verdickter Cuticula sind Merkmale dieser Pflanzen. Dadurch wird die Transpiration verringert. Sukkulenten wie Kakteen und Euphorbien speichern Wasser in Geweben. Einige Sukkulenten (CAM-Pflanzen → Seite 47) zeigen eine besondere Stoffwechselanpassung: Sie öffnen die Spaltöffnungen nur nachts und schränken so die Transpiration ein. Des nachts fixiertes Kohlenstoffdioxid wird am Tag in Zucker umgewandelt.

Umweltfaktor Licht

Der Einfluss des Lichtes auf Tiere ist vielfältig:

- **Vogelzug**: Veränderungen der Tageslänge im Laufe des Jahres bewirken Änderungen im Hormonhaushalt mancher Vogelarten. Es entsteht die Zugunruhe und die Bereitschaft zum Vogelzug.
- **Vogeluhr**: Ausgelöst durch die morgendliche Helligkeit beginnen die verschiedenen Vogelarten nacheinander mit ihrem Gesang. Auch Verhaltensweisen anderer Tiere wie etwa das nächtliche Schwärmen der Mücken werden durch periodische Änderungen der Lichtintensität ausgelöst. Man spricht hier von *Fotoperiodik*.
- **Vitamin-D-Bildung**: Bei Säugern ist längerwelliges UV-Licht für die Bildung von Vitamin D erforderlich. Lichtmangel hat eingeschränkte Vitamin-D-Bildung mit Knochenerweichung (Rachitis) zur Folge.

lat. *circa* = etwa,
lat. *dies* = Tag

- **Innere Uhr und circadiane Rhythmik**: Tiere und Menschen verfügen über eine sogenannte innere Uhr, die biologische Aktivitäten steuert und beeinflusst. So ist z. B. eine Ratte nachtaktiv und ruht am Tag. Diese Aktivitäten zeigen etwa einen 24-Stunden-Wechsel, die circadiane Rhythmik. Unter natürlichen Bedingungen ist das Licht der Taktgeber für die innere Uhr.

Bei Pflanzen liefert Licht die Energie für die Fotosynthese und beeinflusst pflanzliche Differenzierungs- und Anpassungserscheinungen.

Kurz- und Langtagspflanzen: Die Anlage der Blüten wird bei vielen Arten durch die Tageslänge bestimmt.

- Kurztagspflanzen blühen nur, wenn eine bestimmte kritische Tageslänge nicht überschritten wird, z. B. Mais, Hirse, Reis, Soja.
- Langtagspflanzen blühen nur, wenn die kritische Tageslänge überschritten wird, z. B. Zwiebel, Senf, Karotte, Kopfsalat.
- Daneben gibt es auch tagneutrale Pflanzen wie Erbse oder Sonnenblume.

Sonnen- und Schattenblätter: Beide Blatttypen unterscheiden sich in ihrer Morphologie und ihrer Fotosyntheseleistung: Sonnenblätter verfügen über ein ausgeprägtes, meist mehrlagiges Blattgewebe mit zahlreichen Chloroplasten. Schattenblätter besitzen hingegen eine zarte Epidermis und einen hohen Chlorophyllgehalt bei geringer Blattdicke. Schattenblätter zeigen im Vergleich zu Sonnenblättern niedrigere Lichtkompensationspunkte und geringe Lichtsättigungen. Sie erreichen folglich bereits bei niedrigen Lichtintensitäten eine positive Fotosynthesebilanz. Die maximale Syntheserate fällt jedoch im Vergleich zu Sonnenblättern gering aus. Vergleichbare Angepassheit findet man auch bei **Sonnenpflanzen** und **Schattenpflanzen**. Diese sind allerdings mit ihrem ganzen Organismus an sonnige oder schattige Standorte angepasst.

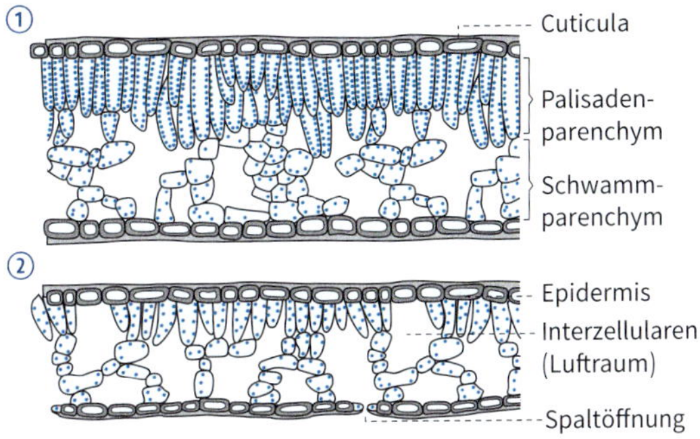

Abb. 8.8: ① Sonnenblatt, ② Schattenblatt

Umweltfaktoren im Wechselspiel

Einzelne Umweltfaktoren wirken nie isoliert, sondern stets im Zusammenspiel mit anderen Faktoren. Nach Liebig bestimmt jeweils der im Minimum vorliegende Faktor die Möglichkeiten des Lebewesens zu leben, zu wachsen und sich fortzupflanzen (**Minimumgesetz**).

Ein Mangel an Mineralstoffen zum Beispiel limitiert das pflanzliche Wachstum, auch wenn die übrigen Umweltfaktoren im Optimum vorliegen. Verallgemeinernd kann man formulieren: Der Faktor, der am meisten vom Optimum entfernt ist, bestimmt am stärksten das Gedeihen einer Art (**Wirkungsgefüge der Umweltfaktoren**).

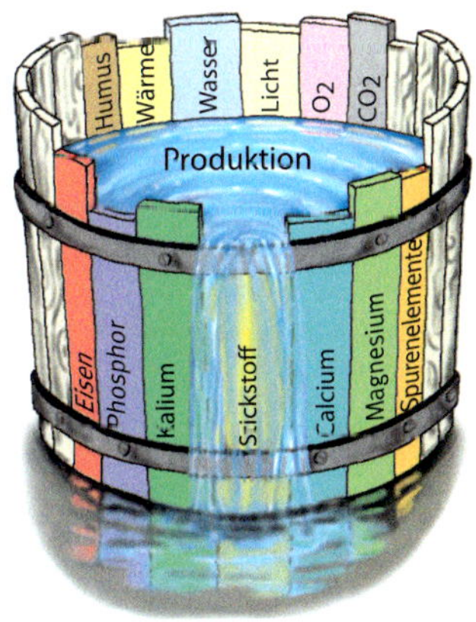

Abb. 8.9: Minimumgesetz

8.2 Biotische Faktoren

Konkurrenz: Die Lebewesen einer Biozönose stehen in Konkurrenz um Nahrung, Raum und sonstige Ressourcen. Der Konkurrenzkampf fällt umso deutlicher aus, je ähnlicher die Ansprüche der konkurrierenden Arten an die Umwelt sind. Auf längere Sicht kann sich in dieser Situation nur eine von zwei miteinander konkurrierenden Arten durchsetzen, die andere stirbt aus. Man spricht vom **Konkurrenzausschlussprinzip**. Arten mit gleichen ökologischen Ansprüchen können demnach nicht gemeinsam existieren. Eine Konkurrenz kann vermieden werden, wenn unterschiedliche Ansprüche an die Umwelt entwickelt werden.

BEISPIEL

Pantoffeltierchen der Arten *P. aurelia* und *P. caudatum* zeigen typische Wachstumskurven. In gemeinsamer Kultur konkurrieren sie um die begrenzte Nahrung. Die schneller wachsende Art *P. aurelia* verdrängt dann *P. caudatum*. Hält man *P. aurelia* zusammen mit *P. bursaria*, so ist eine Koexistenz möglich. Denn *P. bursaria* bevorzugt als Nahrung Bakterien am Boden des Gefäßes und *P. aurelia* an der Oberfläche.

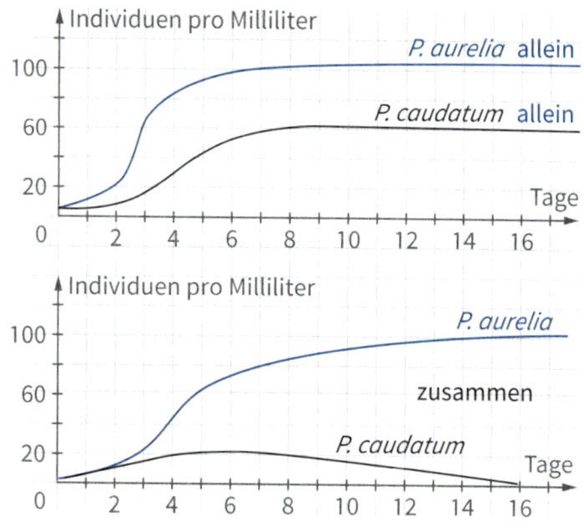

Abb. 8.10: Konkurrenzausschlussprinzip

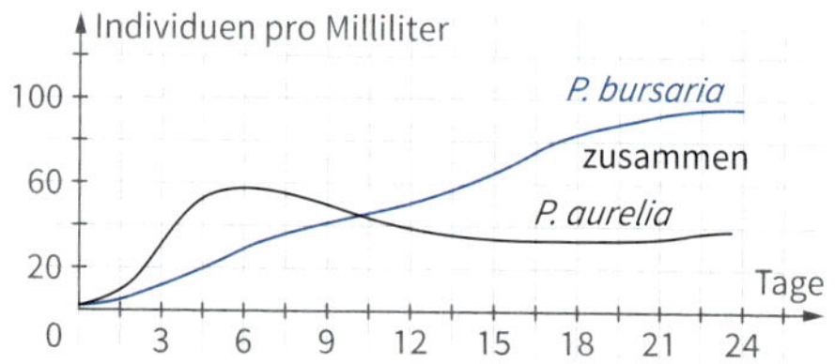

Abb. 8.11: Konkurrenzvermeidung

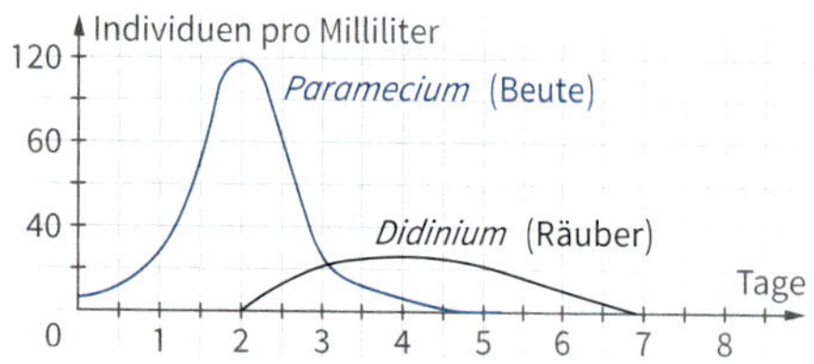

Abb. 8.12: Räuber-Beute-Beziehung

Räuber-Beute-Beziehungen: Räuber ernähren sich von ihrer Beute. Werden beide im Laborversuch zusammengeführt, so sterben sowohl Räuber als auch Beute nach kurzer Zeit aus. Der Räuber rottet die Beute aus und verhungert anschließend. In der Natur entwickelt sich zwischen Räuber und Beute jedoch häufig ein komplexes Zusammenspiel, das die Koexistenz beider erlaubt.

Parasitismus: Ähnlich wie bei der Räuber-Beute-Beziehung lebt beim Parasitismus ein Individuum auf Kosten des anderen. Der Parasit tötet jedoch seinen Wirt in der Regel nicht, er schädigt ihn aber auf vielfältige Art und Weise. Unter Parasitismus versteht man folglich eine wechselseitige Beziehung zwischen zwei verschiedenen Organismen zum einseitigen Vorteil des Parasiten auf Kosten des Wirtes. Parasiten zeigen oft charakteristische Anpassungen an ihren Lebensraum bzw. Wirt, beispielsweise eine Reduktion von Sinnes- und Bewegungsorganen (z. B. Flügellosigkeit bei Läusen) oder Veränderung der Körpergestalt. Viele Parasiten sind wirtsspezifisch: Humanparasiten wie der Syphiliserreger finden sich beispielsweise nur bei Menschen.

Abb. 8.13: Die Kopflaus, ein Ektoparasit des Menschen

Die Vielzahl der Parasiten lässt sich nach unterschiedlichen Kriterien ordnen:

- **Ektoparasiten** leben auf der Oberfläche des Wirtes, z. B. Flöhe, Läuse.
- **Endoparasiten** leben im Körperinneren, z. B. Bandwürmer, Leberegel.
- **Fakultative** (temporäre) **Parasiten** schmarotzen nur zeitweise, z. B. Stechmücken.
- **Vollparasiten** sind höhere Pflanzen, die ihre autotrophe Lebensweise verloren haben und völlig auf die Nährstoff- und Wasserzufuhr der Wirtspflanze angewiesen sind, z. B. Schuppenwurz, Nesselseide.
- **Halbparasiten** besitzen Chlorophyll und betreiben Fotosynthese. Ihrer Wirtspflanze entnehmen sie Wasser und gelöste Salze, z. B. Mistel.

griech. *ektos* = außen
griech. *endo* = innen

Symbiose: Der Begriff Symbiose beschreibt das Zusammenleben artverschiedener Lebewesen zum wechselseitigen Nutzen. Bei dieser interspezifischen Beziehung wird folglich keiner der beiden Partner geschädigt.
Weniger eng sind die wechselseitigen Beziehungen beim **Nutznießertum** (Kommensialismus). Hier hat nur einer der Partner einen deutlichen Nutzen. So profitieren Aasgeier einseitig von den Beuteresten der Raubtiere.
Die **Allianz** kennzeichnet eine gleichfalls eher lockere Beziehung, bei der beide Partner aber einen Vorteil haben. Die Putzsymbiose zwischen bestimmten Vögeln (Madenhackern) und Huftieren beschreibt eine solche Allianz und ist gleichzeitig Beispiel für eine **Ektosymbiose**, da hier jeder Partner außerhalb des anderen lebt. Im Gegensatz dazu lebt bei der **Endosymbiose** ein Partner im Inneren des anderen. Die Cellulose abbauenden Bakterien und Ciliaten im Darm von Wiederkäuern stellen ein solches Beispiel dar.

Bei der **obligaten Symbiose** handelt es sich um eine sehr enge symbiotische Beziehung, die für wenigstens einen der Partner lebensnotwendig ist. Ein Beispiel sind Flechten, eine Symbiose zwischen heterotrophem Pilz und verschiedenen Algenarten. Der Pilz nimmt Wasser und Nährsalze auf und gibt diese an die Algen weiter. Im Gegenzug liefern diese dem heterotrophen Pilz Assimilate.

8.3 Populationsökologie

Populationswachstum

Populationen sind dynamische Systeme. Ihre Individuenzahl ändert sich durch Vermehrung und Tod ständig. Ein Wachstum findet naturgemäß nur dann statt, wenn die Geburtenrate (Natalitätsrate) größer als die Sterberate (Mortalitätsrate) ist. Man unterscheidet zwei Wachstumsformen.

- **Exponentielles oder ungebremstes Wachstum**: Bei gleichbleibender Vermehrungsrate und dem Fehlen von Faktoren, die das Wachstum der Population einschränken könnten, wächst diese um einen gleichbleibenden Prozentsatz. Dies ist häufig dann möglich, wenn Organismen neue Lebensräume konkurrenzlos besiedeln können.
- **Logistisches oder gebremstes Wachstum**: Populationen können nicht dauerhaft unbegrenzt wachsen. Als Folge steigender Individuenzahlen wirken intraspezifische Faktoren (z. B. Konkurrenz um Nahrung und Raum). Die Geburtenrate sinkt, die Sterberate steigt. Das Wachstum verlangsamt sich. Nimmt die Populationsdichte weiter zu, so hört das Wachstum auf (**stationäre Phase**). Geburtenrate und Sterberate sind nun gleich groß. Die Population hat ihre **Umwelt-Kapazität K** erreicht. Darunter versteht man die unter den gegebenen Umweltbedingungen maximale Populationsgröße einer Art. Häufig schwankt die Populationsgröße um diese Kapazitätsgrenze. Diese Schwankungen werden als **Massenwechsel** bezeichnet.

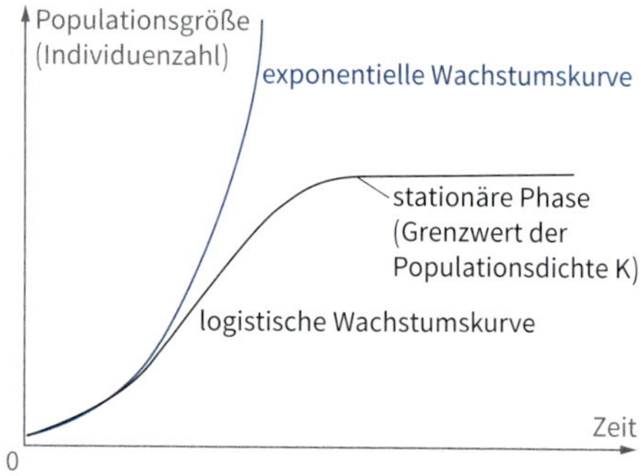

Abb. 8.14: Exponentielle und logistische Wachstumskurve

K- und r-Strategen

Organismen zeigen beim Populationswachstum verschiedene Strategien.

- **K-Strategen** (K = Kapazität) setzen auf geringe Vermehrungsraten, Langlebigkeit und Sicherung der Nachkommen durch Brutpflege. Die spezifische Umweltkapazität K wird erreicht. K-Strategen finden sich in Lebensräumen mit relativ konstanten Umweltbedingungen. *Beispiel:* Menschenaffen
- **r-Strategen** (r = Rate der Vermehrung) zeigen hohe Vermehrungsraten und Kurzlebigkeit. Sie erreichen nur selten den K-Wert und finden sich in Lebensräumen mit schwankenden Umweltbedingungen. Veränderungen der Umweltkapazitäten können sie durch rasches Populationswachstum nutzen. *Beispiele:* Wasserflöhe, viele Insekten, Mäuse

Regulation der Populationsdichte

Die Populationsdichte gibt die Zahl der Individuen einer Art in einem bestimmten Raum an. Je nachdem, ob sie von der Individuenzahl der Population abhängig ist oder nicht, unterscheidet man dichteabhängige und dichteunabhängige Faktoren.

Dichteabhängige Faktoren

Mit der Zunahme der Individuenzahl wächst auch die Bedeutung von Faktoren, die direkt von der Populationsdichte abhängen: Die Nahrung wird knapp, die Anzahl artspezifischer Feinde wächst an, sozialer Stress kommt hinzu. Als Folge sinkt die Geburtenrate, die Sterberate steigt.

BEISPIEL

Feldmäuse vermehren sich innerhalb von wenigen Jahren oft explosionsartig. Bei anhaltendem Populationswachstum führt der **Gedrängefaktor** zu Störungen des Hormonsystems mit sinkender Fortpflanzungsfähigkeit der Weibchen. Kannibalismus kommt hinzu. In der Folge bricht die Population zusammen. Einige Tiere überleben und bauen die Population neu auf. Wiederholt sich dieser Massenwechsel, so entstehen **Populationswellen**.

Dichteunabhängige Faktoren

Populationsschwankungen können auch durch Klimaeinflüsse, nicht spezifische Feinde oder nicht ansteckende Krankheiten verursacht werden. Diese Schwankungen treten ein, gleichgültig, ob in der Ausgangspopulation eine hohe oder niedrige Dichte herrscht. So wird z. B. in extrem kalten Wintern eine bestimmte Anzahl von Meisen erfrieren, unabhängig von der Populationsgröße. Da die Geburten- und Sterberate hier unabhängig von der Populationsdichte sind, gibt es auch keinen Regulationsmechanismus, welcher das Populationswachstum verlangsamen könnte. Es fehlt damit – im Gegensatz zu dichteabhängigen Faktoren – eine Beschränkung des Populationswachstums durch negative Rückkopplung.

Dichteabhängige Faktoren	Dichteunabhängige Faktoren
– intraspezifische Konkurrenz, z. B. Nahrungsmenge, Raumangebot, Revierbildung	– Klima und Wetter, z. B. Temperatur, Niederschlag, Luftfeuchte, Wind
– Gedrängefaktor (sozialer Stress)	– Boden
– Tierwanderungen	– Nahrungsqualität
– Kannibalismus	– Katastrophen (Vulkanausbruch usw.)
– artspezifische Feinde, z. B. Räuber, Parasiten	– nicht spezifische Feinde: Räuber, die sich normalerweise von anderer Beute ernähren.
– ansteckende Krankheiten	– nicht ansteckende Krankheiten

Tab. 8.1: Dichteregulierende Faktoren

Räuber-Beute-Beziehungen

Zu den dichteabhängigen Faktoren zählt auch die Beziehung zwischen artspezifischem Fressfeind (Räuber) und seiner Beute. Bewohnen beide den gleichen Lebensraum und ernährt sich der Räuber primär von dieser Beute, so führt eine Zunahme der Beutetiere auch zur Vermehrung der Räuber. Gleicht die Vermehrungsrate der Beuteart diese Verluste nicht aus, so wird die Beutepopulation dezimiert. Der entstehende Nahrungsmangel beim Räuber verringert unter anderem dessen Fruchtbarkeit und erhöht die Anfälligkeit für Parasiten und Krankheiten. Die Räuberpopulation verringert sich und die Beuteart kann sich wieder vermehren. Es entstehen fortgesetzte Populationswellen zwischen Räuber und Beute.

ALFRED J. LOTKA (1880–1949): österreichisch-US-amerikanischer Chemiker und Statistiker
VITO VOLTERRA (1860–1940): italienischer Mathematiker und Physiker

Die Beziehungen zwischen Räuber und Beute wurden von LOTKA und VOLTERRA in einem mathematischen Modell beschrieben und folgendermaßen zusammengefasst (**LOTKA-VOLTERRA-Regeln**):

① Die Individuenzahlen von Räuber und Beute schwanken periodisch. Die Maxima für die Räuber folgen phasenverschoben denen für die Beute.
② Langfristig bleiben die Mittelwerte beider Populationen konstant.
③ Eine Ursache, die Räuber und Beute gleichermaßen dezimiert, vergrößert die Beutepopulation und vermindert die des Räubers.

BEISPIEL

Marienkäfer (Räuber) und Zitrusschildläuse (Beute) zeigen Populationsschwankungen, die der 1. und 2. Regel entsprechen. Durch Anwendung von Insektiziden (z. B. DDT) versuchte man, die schädlichen Schildläuse anhaltend zu dezimieren.

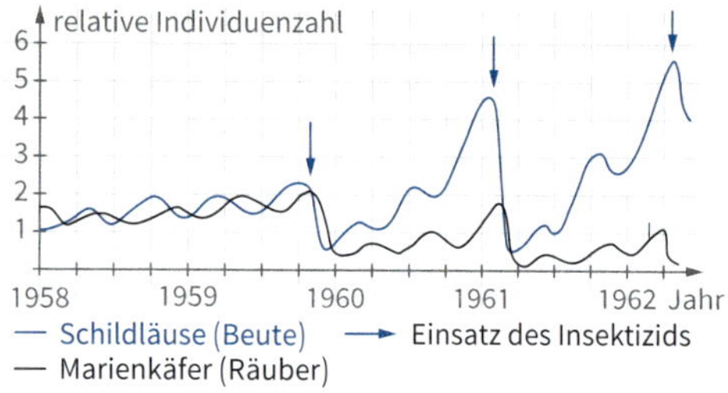

Abb. 8.15: Räuber-Beute-Beziehung

Das Insektizid traf jedoch auch die Marienkäfer. Nach Wegfall der chemischen Bekämpfung wuchs die Zahl der schädlichen Schildläuse zunächst schneller als die der Marienkäfer. Die Marienkäfer wurden durch den Nahrungsmangel (fehlende Beute) zusätzlich dezimiert.

Die LOTKA-VOLTERRA-Regeln beschreiben nur einen vereinfachten Fall, da weitere abiotische und biotische Faktoren, die Einfluss auf die Entwicklung der Räuber- und/oder Beutezahlen haben, nicht erfasst werden (z. B. kalte Winter, Dichtestress). Auch gelten die Regeln nur, wenn eine enge Wechselbeziehung zwischen Räuber und Beute besteht. Wenn sich also der Räuber nur von dieser einen Beute ernährt und die Beute nur diese Räuberart als Fressfeind hat.

8.4 Ökologische Nische

Einfache Definition der ökologischen Nische: Jede Art besitzt ein Spektrum *ökologischer Potenzen* (Fähigkeiten, die Ressourcen der Umwelt zu nutzen) und *ökologischer Toleranzen* (Fähigkeiten, Umweltbedingungen in bestimmten Grenzen zu ertragen). Aus diesen Fähigkeiten einer Art ergeben sich ihre Umweltansprüche. Man bezeichnet die Gesamtheit der ökologischen Potenzen/Toleranzen und der daraus resultierenden Umweltansprüche der Art als deren **ökologische Nische**. Die Gesamtheit der ökologischen Potenzen/Toleranzen, die eine Art isoliert zeigt (also etwa im Labor), heißt dabei **Fundamentalnische**. In der Natur lässt allerdings die interspezifische Konkurrenz in der Regel nur die Nutzung eines bestimmten Teils der Fundamentalnische zu. Dieser Teil wird **Realnische** genannt. (Leitfrage: „Was kann die Art?“)

Ökologische Planstelle: In einem Ökosystem liegen die abiotischen und biotischen Faktoren in einer Fülle von Kombinationen vor. Damit stellt ein Ökosystem eine Vielzahl unterschiedlicher Existenzangebote für Organismen (**ökologische Planstellen**) bereit. (Leitfrage: „Was bietet die Umwelt?“) Jede noch unbesetzte, freie ökologische Planstelle kann nun von einem Organismus mit entsprechendem Potenz-/Toleranzmuster besetzt werden. Besetzt ein Organismus eine ökologische Planstelle, so spricht man von **Einnischung**.
Der Begriff **Standort (Habitat)** bezeichnet hingegen den Ort, an dem ein Organismus lebt.

Komplexe Definition der ökologischen Nische: Viele Ökologen sehen die obige Definition der ökologischen Nische als zu starr an. Lebewesen nehmen nicht einfach einen ihnen angebotenen Platz im Ökosystem ein. Vielmehr beeinflussen sie ihrerseits die Umwelt, stehen mit ihr in Wechselwirkung. Diese Wechselwirkungen und Abhängigkeiten zwischen Organismus und Umwelt werden nach der erweiterten Definition als **ökologische Nische** bezeichnet.

Konkurrenzvermeidung durch Einnischung: Die Ausprägung unterschiedlicher ökologischer Realnischen stellt ein wirkungsvolles Prinzip zur Vermeidung interspezifischer Konkurrenz dar. So können zwei in ihren Potenzen und Toleranzen ähnliche Arten Konkurrenz dadurch vermeiden, dass sie z. B.

- unterschiedliche Nahrungsgröße bevorzugt (*Beispiel:* Sperber jagt überwiegend kleine Vögel, Habicht mittelgroße Vögel und Säuger);
- ihre Nahrung an unterschiedlichen Orten suchen (*Beispiel:* Kohlmeisen suchen Nahrung am Boden, Blaumeisen im Bereich der Astspitzen);
- unterschiedliche Aktivitätszeiten besitzen (*Beispiel:* nachtaktive Eulen, tagaktive Greifvögel wie Mäusebussard oder Turmfalke).

8.1–8.4 Umweltfaktoren/ Populationsökologie

Abiotische und biotische Faktoren, Population

1 ABIOTISCHE FAKTOREN

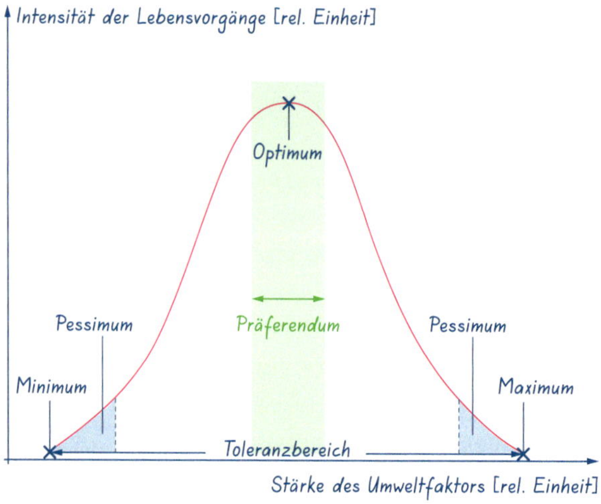

→ **Physiologische / ökologische Potenz** = Fähigkeit, Schwankungen eines Umweltfaktors ohne Konkurrenz/mit Konkurrenz zu tolerieren

→ stenök/euryök = geringe / große ökologische Potenz

→ **Wechselwarme / poikilotherme Tiere** = Körpertemperatur gleicht der Umgebungstemperatur; Amphibien, Reptilien, Fische, Insekten

gleichwarme / homoiotherme Tiere = Körpertemperatur unabhängig von der Umgebungstemperatur; Vögel, Säugetiere

→ Klimaregeln

BERGMANN'sche Regel: Individuen einer Art oder nahe verwandte Arten sind in kalten Regionen größer als in warmen; gilt nur für gleichwarme Tiere

ALLEN'sche Regel: Körperanhänge verschiedener Arten sind in warmen Regionen größer als in kalten

2 BIOTISCHE FAKTOREN

→ **Konkurrenz** = Wettbewerb um begrenzte Ressourcen; Arten mit vergleichbaren Ansprüchen an eine begrenzte Ressource können nicht in einem Lebensraum koexistieren (Konkurrenzausschlussprinzip)

→ **Parasitismus** = Wechselwirkung zwischen zwei Arten, bei der eine Art auf Kosten der anderen lebt

→ **Symbiose** = Beziehung zwischen zwei Arten zu deren gegenseitigem Vorteil

→ **ökologische Nische** = Gesamtheit der Ansprüche einer Art an ihre abiotische und biotische Umwelt; fundamentale Nische ohne Konkurrenz

3 POPULATIONSÖKOLOGIE

- **Population** = Gruppe von Individuen einer Art, die zeitgleich im gleichen Verbreitungsgebiet leben und eine Fortpflanzungsgemeinschaft bilden
- exponentielles Wachstum bei unbegrenzten Ressourcen; Verdoppelung des Populationswachstums in einem bestimmten Zeitraum
- logistisches Wachstum bei begrenzten Ressourcen
- **Populationsdichte** = Individuenzahl einer Art in einem bestimmten Raum

dichteabhängige Faktoren	dichteunabhängige Faktoren
intraspezifische Konkurrenz, z. B. Nahrungsmenge, Revierbildung	Klima, Licht, Temperatur, Wind, Boden, Nahrungsqualität
artspezifische Feinde: Räuber, Parasiten	nicht artspezifische Feinde
ansteckende Krankheiten	nicht ansteckende Krankheiten

- **Fortpflanzungsstrategien**
  - r-Strategen: hohe Vermehrungsrate, Kurzlebigkeit, geringes elterliches Investment;
  - K-Strategen: geringe Vermehrungsrate, Langlebigkeit, hohes elterliches Investment

- **LOTKA-VOLTERRA-Regeln**

1. Regel: Die Dichten von Räuber und Beute schwanken periodisch, die Maxima sind phasenverschoben

2. Regel: Die Mittelwerte der Populationsdichte von Räuber und Beute bleiben langfristig konstant

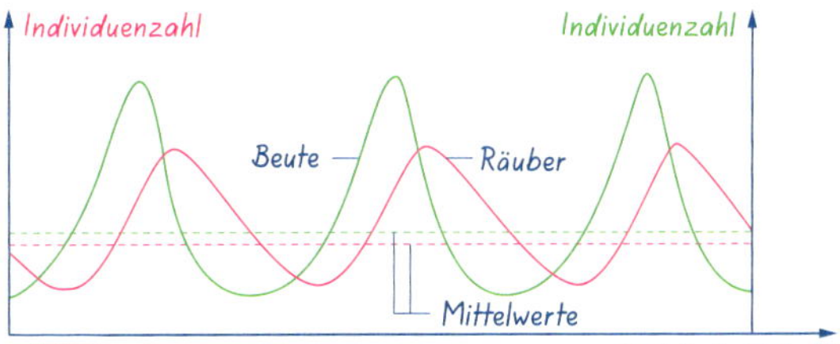

1. und 2. Regel

3. Regel: Nach einer Störung der Individuenzahlen nimmt die Dichte der Beutetiere schneller zu als die der Räuber

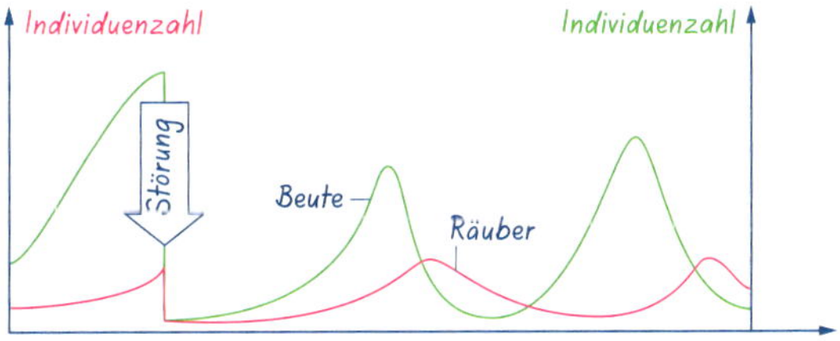

3. Regel

8.5 Ökosysteme

Kennzeichen von Ökosystemen

Ökosysteme sind komplex.

- Sie beinhalten ein komplexes Netz von Wechselbeziehungen zwischen den abiotischen Faktoren des *Biotops* und der das Biotop bevölkernden *Biozönose*.

griech. *bios* = Leben
griech. *koinos* = gemeinsam

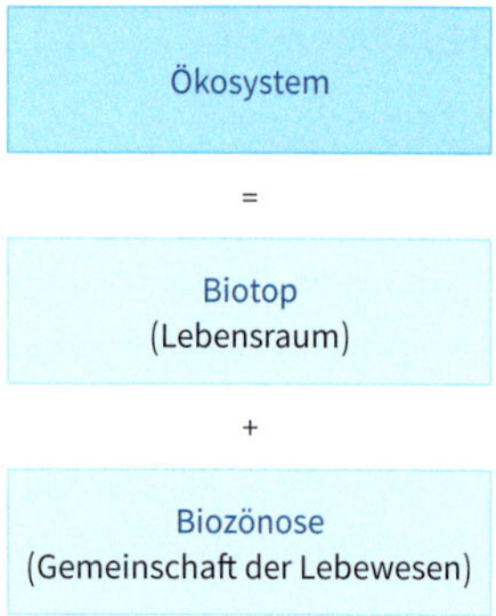

Abb. 8.16: Grobgliederung eines Ökosystems

Ökosysteme sind offen.

- Energie, Stoffe und Lebewesen können von außen eingebracht werden (z. B. Sonneneinstrahlung, Zuwanderung von Tieren).
- Sie können das Ökosystem aber auch verlassen (z. B. Nährstoffverluste durch abfließendes Wasser, Abwanderung von Tieren).

Ökosysteme sind dynamisch.

- Sie beinhalten Selbstorganisations- und Anpassungsprozesse.
- Ökosysteme verändern und entwickeln sich auf verschiedenen räumlichen Ebenen (z. B. Sukzession bis zur Klimaxgesellschaft; → Abb. 8.22.)

Ökosysteme sind kybernetische Systeme.

- Sie besitzen (bis zu einem gewissen Grad) die Fähigkeit zur Selbstregulation.
- Ökosysteme weisen Stoffkreisläufe auf, die trotz Zu- und Abflüssen über längere Zeit zu weitgehend konstanten Verhältnissen der abiotischen Parameter führen (*Fließgleichgewicht*).
- In ihrem Endstadium umfassen sie eine Biozönose, die sich in einem dynamischen Gleichgewicht befindet, die also trotz Zu- und Abgängen sowie jahreszeitlichen Schwankungen langfristig eine weitgehend stabile Zusammensetzung aufweist (*biozönotisches Gleichgewicht*).

Ökosysteme sind bezüglich ihrer Biozönose in Organismengruppen gegliedert.

- Solche Organismengruppen sind z. B.: Produzenten (Erzeuger), Konsumenten (Verbraucher) und Destruenten (Zersetzer).
- Diese Gruppen sind über einfache *Nahrungsketten* bzw. komplexe *Nahrungsnetze* miteinander verbunden.

Ökosysteme sind klassifizierbar.

- Zum Beispiel unterscheidet man nach dem Grad menschlicher Einflussnahme natürliche, naturnahe und künstliche Ökosysteme.
- Nach der Lage teilt man sie in terrestrische (Land-), aquatische (Gewässer-) und urban-industrielle (Stadt-) Ökosysteme ein.

Ökosysteme sind räumlich gegliedert.

- Terrestrische Ökosysteme sind z. B. in Schichten (z. B. Wald → Abb. 8.23), aquatische Ökosysteme in Zonen gegliedert (z. B. See → Abb. 8.35).

Struktur eines Ökosystems

Ein Ökosystem beinhaltet vier Komponenten:

Abiotische Umwelt: Licht, Wärme, Wasser, Mineralstoffe/Nährsalze, CO_2, O_2 usw.

Produzenten (Erzeuger): Dies sind Lebewesen, die organische Substanzen (Biomasse) aus anorganischem Material aufbauen. Zu ihnen zählen neben chemo- bzw. fotoautotrophen Bakterien auch die Fotosynthese betreibenden Pflanzen. Im Wasser handelt es sich bei diesen vor allem um Algen, an Land um höhere grüne Pflanzen. Von der Biomasse, die die Produzenten aufbauen, leben alle anderen Organismen eines Ökosystems.

Konsumenten (Verbraucher): Sie ernähren sich von lebender organischer Substanz. Zu ihnen zählen pflanzenfressende Tiere (**Herbivoren**), fleischfressende Tiere (**Carnivoren**) und pflanzliche wie tierische Parasiten. Herbivore und Carnivore sind über **Nahrungsketten** miteinander verbunden. Entsprechend der Stellung in einer solchen Nahrungskette werden sie als Primär-, Sekundär- oder Tertiärkonsumenten bezeichnet. Das Endglied einer Nahrungskette nennt man Endkonsument.
Beispiel: Gras (Produzent) → Kaninchen (Primärkonsument, Herbivore) → Fuchs (Sekundärkonsument, Carnivore) → Habicht (Tertiärkonsument, Carnivore, Endkonsument).
Pflanzenfresser verzehren in der Regel nicht nur eine Pflanzenart und Fleischfresser ernähren sich meist von unterschiedlichen Beutetieren. So sind verschiedene Nahrungsketten miteinander zu einem komplexen **Nahrungsnetz** verwoben.
Es gibt Tierarten, die Pflanzen- und zugleich Fleischfresser sind (Allesfresser, **Omnivoren**).

Destruenten (Reduzenten, Zersetzer): Sie bauen tote organische Substanz (Tierleichen, Laub, Kot usw. = *Detritus*) zu einfachen anorganischen Stoffen ab.

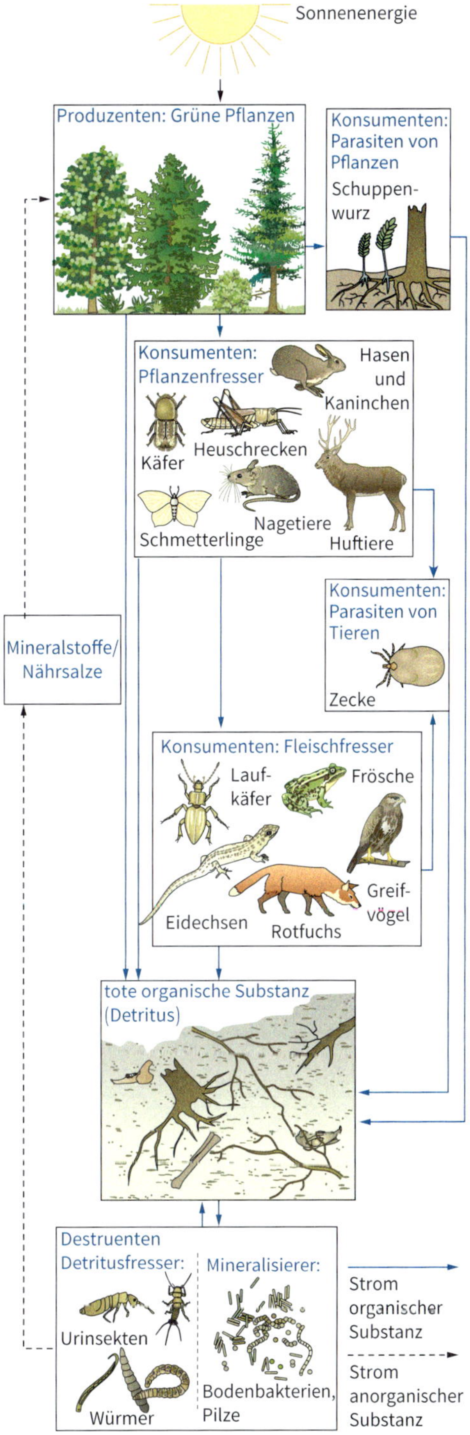

Abb. 8.17: Funktionelle Gliederung und Stoffflüsse in einem mitteleuropäischen Waldökosystem

lat. *detritus* = Abnutzung, Abrieb, Abfall

Man unterscheidet **Detritusfresser** (Abfallfresser, Saprovoren) wie z. B. Würmer oder Insektenlarven, die sich von Streu, Aas usw. ernähren, selber aber wieder organisches Material ausscheiden, und **Mineralisierer** (Bakterien, Pilze usw.), die das organische Material zu anorganischen Verbindungen abbauen. Die anorganischen Stoffe stehen dann den Produzenten wieder zur Verfügung.

Energiefluss und Produktivität in Ökosystemen

griech. *trophie* = Nahrung, Ernährung

Die Lebewesen eines Ökosystems lassen sich verschiedenen **Trophieebenen** (Trophiestufen, Ernährungsstufen) zuordnen. Als Trophieebene bezeichnet man eine Stufe in der Nahrungskette bzw. im Nahrungsnetz, die alle Organismen mit ähnlicher Ernährung umfasst.
Trophieebenen sind z. B.: ① Produzenten ② Primärkonsumenten (Herbivoren) ③ Sekundärkonsumenten (Carnivoren 1. Ordnung) ④ Tertiärkonsumenten (Carnivoren 2. Ordnung, häufig zugleich auch Endkonsumenten) ⑤ Destruenten.

In einer Nahrungskette bzw. einem Nahrungsnetz wird Energie in Form chemischer Verbindungen von Trophieebene zu Trophieebene weitergegeben. Dies wird **Energiefluss** genannt. Merkmale des Energieflusses im Ökosystem sind:

- Jeder Organismus nutzt nur einen Teil der zugeführten Energie zum Aufbau eigener Biomasse.
- Auf jeder Trophieebene kommt es zu Energieverlusten durch Zellatmung und Wärmeabgabe.
- Zudem wird Energie in Form toter organischer Substanz (Laub, Kot usw.) aus dem Hauptenergiefluss abgezweigt.
- Die Energieweitergabe von Trophieebene zu Trophieebene stellt eine „Einbahnstraße“ dar und wird deshalb als Energie**fluss** bezeichnet.
- Ökosysteme sind daher prinzipiell auf Energieinput von außen angewiesen.

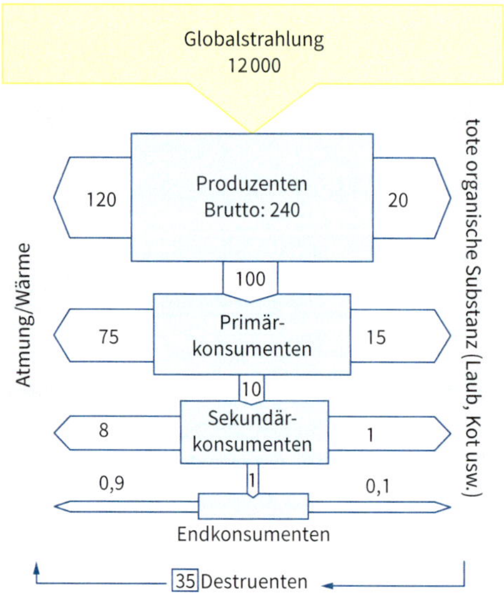

Abb. 8.18: Energiefluss durch ein Ökosystem (durchschnittliches Musterökosystem; Angaben in KJ/m²/Tag)

Der Energiefluss durch ein Ökosystem lässt sich als **Energieflussdiagramm** darstellen (→ Abb. 8.18): Seinen Energieinput erhält das Ökosystem in Form von Sonnenstrahlung, die in unseren Breiten ca. 12 000 kJ/m²/Tag beträgt. Nur ca. 240 kJ/m²/Tag davon werden für die **Bruttoprimärproduktion**, die Bildung neuer organischer Substanz per Fotosynthese, genutzt. Etwa 50 % der neu gebildeten organischen Substanz wird von den Produzenten selbst veratmet, dient also der Aufrechterhaltung ihrer Lebensprozesse, bzw. wird in Wärme überführt. Die verbleibenden 50 % bezeichnet man als **Nettoprimärproduktion**. Sie werden für den Aufbau neuer Pflanzenmasse verwendet. Bis zum Ende des Pflanzenlebens fallen im Schnitt 20 kJ/m²/Tag als organischer Abfall an (Laub, Holz usw.). 100 kJ/m²/Tag können also von Primärkonsumenten gefressen werden, die rund 10 % davon in Körpermasse anlegen. Der Rest wird veratmet, in Wärme umgewandelt oder als Kot usw. abgegeben. Sekundär- und Endkonsumenten weisen eine ähnliche Energiebilanz auf. Die letzte Stufe sind die Destruenten, die rund 35 kJ/m²/Tag zur Remineralisierung des Detritus benötigen, der bei einem „vollen Durchlaufen" der Nahrungskette anfällt.

Ökosysteme weisen bezogen auf die Individuenzahl, die Biomasse oder den Energiegehalt charakteristische Mengenverhältnisse zwischen den Trophieebenen auf. Diese Trophiestruktur eines Ökosystems kann in **ökologischen Pyramiden** dargestellt werden. Dabei sind drei Typen gängig (→ Abb. 8.19):

- **Zahlenpyramiden**: Hier wird die Anzahl der Individuen jeder Trophieebene auf einer bestimmten Fläche zu einem bestimmten Zeitpunkt angegeben.
- **Biomassenpyramiden**: Hier wird die aufsummierte Biomasse der Einzelorganismen jeder Trophiestufe auf einer bestimmten Fläche zu einem bestimmten Zeitpunkt dargestellt.
- **Energiepyramiden**: Sie stellen den Energiegehalt der Lebewesen auf den einzelnen Trophieebenen dar. Alternativ kann die Produktivität der einzelnen Trophiestufen, also die in einer bestimmten Zeit hinzukommende Energie, als **Produktionspyramide** abgebildet werden. Beide Pyramiden beziehen sich auf einen längeren Zeitraum.

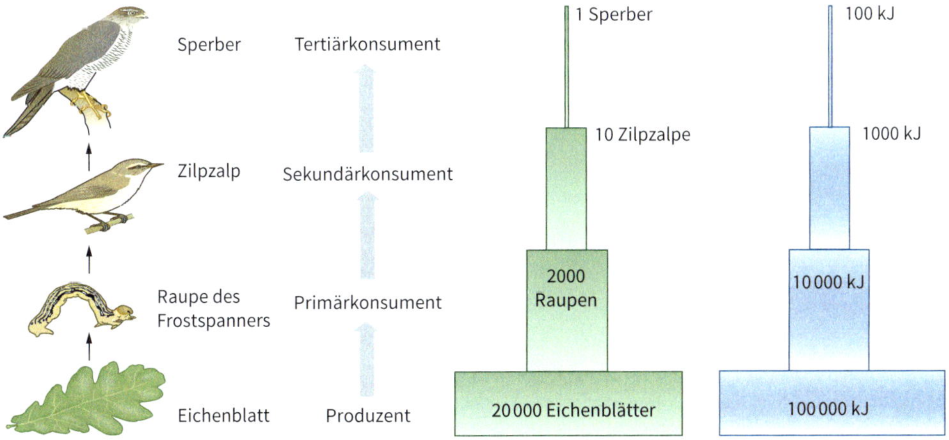

Abb. 8.19: Trophieebenen, Zahlenpyramide und Energiepyramide in einem Waldökosystem

Stoffkreisläufe in Ökosystemen

Anorganische Stoffe durchlaufen im Ökosystem einen beständigen Kreislauf. Sie werden in der Nahrungskette in Form verschiedener Verbindungen von Stufe zu Stufe weitergereicht. Durch Ausscheidung oder Mineralisierung toten organischen Materials gelangen sie wieder in den abiotischen Bereich. Nun können sie erneut von den Lebewesen aufgenommen werden.

Kreisläufe existieren sowohl für **Makronährstoffe** wie Kalium, Calcium, Kohlenstoff oder Stickstoff als auch für **Spurenelemente** wie Jod oder Kupfer.

Kohlenstoffkreislauf

Für alle Organismen stellt Kohlenstoff einen Grundbaustein dar.
Der Kohlenstoffkreislauf weist außer dem **Hauptkreislauf** (Biosphärischer Kohlenstoffkreislauf: CO_2 → Fotosynthese → organische Verbindungen → Atmung/Gärung → CO_2) zwei **Nebenkreisläufe** auf: Kohlenstoff kann für längere Zeit in Kalkgesteinen (Carbonaten) oder fossilen Brennstoffen (z. B. Kohle, Öl, Erdgas) gebunden sein und damit aus dem Hauptkreislauf ausscheiden. Durch Verwitterung der Carbonate bzw. Verbrennung fossiler Brennstoffe kehrt er jedoch wieder in diesen zurück. Dabei führt die übermäßige Verbrennung von Kohle, Gas und Erdöl zu einer Erhöhung des CO_2-Gehaltes der Atmosphäre, weil die Produzenten nicht alles freigesetzte CO_2 verwerten können.

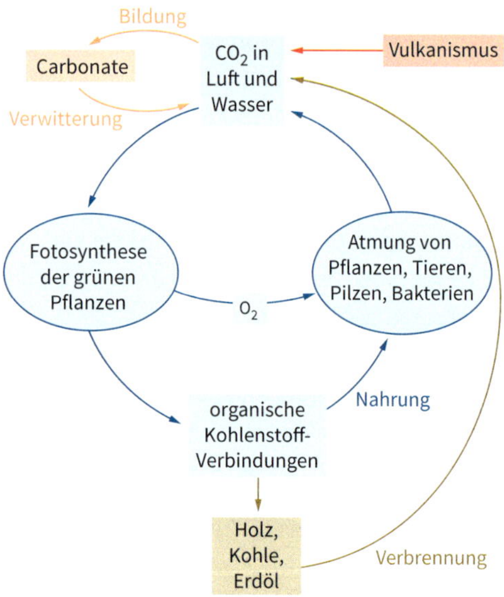

Abb. 8.20: Der Kohlenstoffkreislauf

CO_2 gehört zu den Treibhausgasen. Diese kommen auch natürlicherweise in der Atmosphäre vor. Sie halten die langwellige Wärmeabstrahlung der Erde fest, was zu einer Erwärmung der Atmosphäre führt (**natürlicher Treibhauseffekt**). Die durch menschliche Aktivitäten bedingte Freisetzung von CO_2 verstärkt diesen natürlichen Treibhauseffekt (**anthropogener [Zusatz-]Treibhauseffekt**). Die Folge ist eine Erhöhung der globalen Mitteltemperatur, welche gravierende Auswirkungen hat (→ Seite 232).

anthropogen = vom Menschen gemacht

Stickstoffkreislauf

Stickstoff hat einen Anteil von 78 % an den Gasen der Atmosphäre. Dennoch ist er in vielen Ökosystemen ein Minimumfaktor. Denn den Luftstickstoff (N_2) können Pflanzen und Tiere nicht nutzen. Stickstoff ist aber Bestandteil von Eiweißen, Cofaktoren und Nukleinsäuren und damit für alle Lebewesen unverzichtbar. Während ihn Tiere mit der Nahrung aufnehmen, decken Pflanzen ihren Stickstoffbedarf in terrestrischen Ökosystemen meist aus dem Boden, in aquatischen aus dem Wasser.

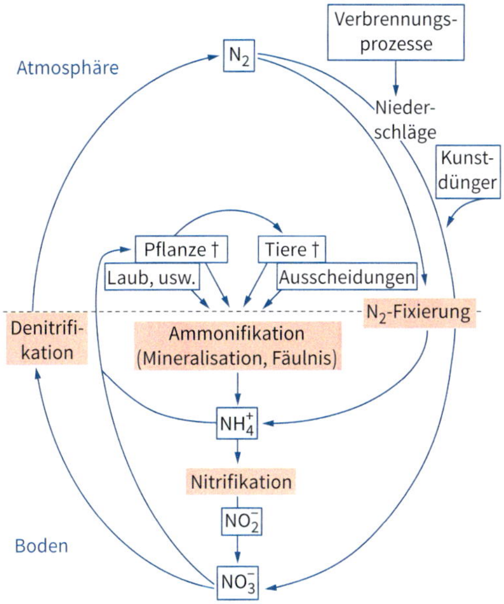

Abb. 8.21: Der Stickstoffkreislauf

Stickstoff liegt dort überwiegend als Nitrat (NO_3^-) bzw. Ammonium (NH_4^+) vor. Dieses entsteht durch:

- **Stickstofffixierung**: Elementarer atmosphärischer Stickstoff (N_2) kann auf drei Wegen in Nitrat oder Ammonium umgewandelt werden und zwar durch:
  - *biotische Stickstofffixierung* durch Bakterien (Stickstofffixierer);
  - *abiotische Stickstofffixierung* bei Verbrennungsprozessen, Blitzschlägen oder Vulkanausbrüchen; dabei entstehen Stickoxide (NO_x), die mit dem Regen in den Boden gelangen („saurer Regen“);
  - *technische/industrielle Stickstofffixierung* bei der Kunstdüngerherstellung.
- **Ammonifikation**: Auf allen Trophieebenen fällt Detritus an (Laub, Kot usw.). Destruenten setzen den darin enthaltenen Stickstoff in Form von Ammonium (NH_4^+) oder Ammoniak (NH_3) frei.
- **Nitrifikation**: Nitrifiziernde Bakterien oxidieren Ammonium über Nitrit (NO_2^-) zu Nitrat (NO_3^-). Dieses ist für Pflanzen besser verwertbar als Ammonium. Die Bakterien gewinnen bei diesem Prozess Energie.

Der in Form von Nitrat (NO_3^-) gebundene Stickstoff kann jedoch durch denitrifizierende Bakterien (Denitrifikanten) wieder in molekularen Stickstoff (N_2) bzw. in Stickoxide umgewandelt werden (**Denitrifikation**). Diese gewinnen damit Energie. Der molekulare Stickstoff entweicht in die Atmosphäre. Durch die Denitrifikation geht den Produzenten eine Stickstoffquelle verloren.

Ökosystem Wald

Ein Ökosystem kann z. B. unter folgenden Aspekten analysiert werden:

- Entwicklung und Aufbau des Ökosystems
- Zusammensetzung der Biozönose
- chemische und physikalische Parameter
- Stoffkreisläufe
- das Ökosystem und der Mensch

Für das Ökosystem Wald sei eine solche Analyse vorgestellt:

Entwicklung des Ökosystems Wald

Ursprüngliche Wälder werden als **Primärwälder** bezeichnet. In weiten Teilen der Erde haben Eingriffe des Menschen diese Primärwälder verändert oder verschwinden lassen. Teils werden die ehemaligen Urwaldflächen heute landwirtschaftlich genutzt, teils haben sich hier andere Vegetationsformationen entwickelt (Steppen, Heide usw.), teils aber auch wieder Waldformationen, die man **Sekundärwälder** nennt. Sekundärwälder sind vom Menschen angepflanzt worden oder nach der Abholzung auf natürlichem Wege entstanden. Dabei lässt sich eine bestimmte zeitliche Abfolge verschiedener Organismengemeinschaften, eine **Sukzession**, beobachten. Im **Initialstadium** einer Sukzession besiedeln anspruchslose **Pionierpflanzen (Pionierarten)** die kahlen Flächen. In den **Folgestadien** werden diese dann zunehmend durch anspruchsvollere Gewächse verdrängt. Das verhältnismäßig stabile, dauerhafte Endstadium einer Sukzession wird **Klimaxwald** genannt. Dabei können sich in benachbarten Räumen je nach Boden-, Relief- und Klimabedingungen deutlich verschiedene Klimaxgesellschaften ausbilden (→ Abb. 8.22).

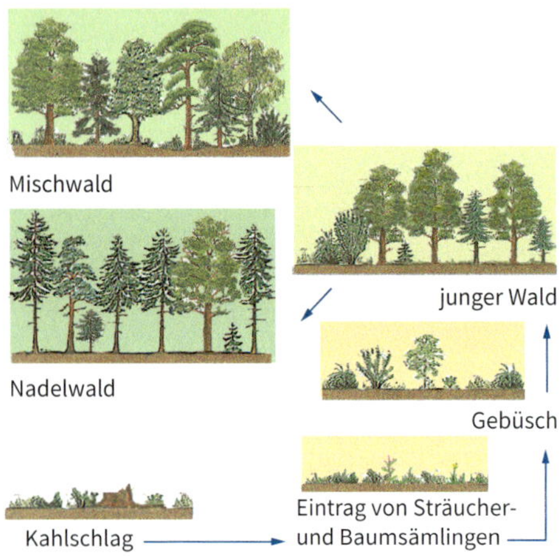

Abb. 8.22: Sukzession vom Kahlschlag zum Bergwald

Aufbau des Ökosystems Wald

Viele der heutigen Hochwälder Mitteleuropas sind vom Menschen gepflanzt worden. Bei der Anpflanzung wurden häufig schnellwachsende Nadelbäume den Laubbäumen vorgezogen, sodass, anders als in den ursprünglichen Urwäldern, in vielen heutigen **Wirtschaftswäldern** Nadelbäume überwiegen. Teils wurden die Nadelbäume als **Monokulturen** gesetzt. Da diese sich als sehr anfällig gegenüber Schädlingen, Windbruch und Waldbrand erwiesen, werden heute bei Neuanpflanzungen naturnahere **Mischwälder** bevorzugt. Sie weisen, wie alle naturnahen Wälder, einen typischen **Stockwerkbau** auf.

Das oberste Stockwerk bilden jeweils die Baumriesen (in Mitteleuropa meist Buchen, Eichen oder Fichten mit bis zu 40 m Höhe). Darunter befindet sich ein zweites Baumstockwerk mit nachwachsenden Jungbäumen und kleineren Baumarten. Es folgt die Strauchschicht mit Heckenkirsche, Holunder usw. und die aus Baumschösslingen, Zwergsträuchern (Heidelbeere, Preiselbeere usw.) Farnen, Kräutern und Gräsern bestehende Krautschicht. Direkt am Boden bilden Moose, Pilze und Flechten die Moosschicht (→ Abb. 8.23). Andere Waldgesellschaften, so die tropischen Regenwälder, weisen gegebenenfalls noch weitere Baumstockwerke auf.

Abb. 8.23: Stockwerke eines Laubwaldes

Zusammensetzung der Biozönose

Die Komplexität der Wechselbeziehungen innerhalb der Lebensgemeinschaft des Waldes (Waldbiozönose) lässt sich nur schwer darstellen. Auch in dieser Biozönose können aber die Trophieebenen benannt werden:

- **Produzenten** (überwiegend Bäume, in geringerem Maße auch Sträucher, Kräuter usw.)
- **Primärkonsumenten** (z. B. Reh, Hase, Käfer)
- **Sekundärkonsumenten** (z. B. Igel, Fuchs, Meise)
- **Tertiärkonsumenten** (z. B. Uhu, Habicht)

Im Wald fällt durch Laub, Bruchholz, Tierkot usw. jährlich eine große Menge an Detritus an. Von besonderem Interesse im Nahrungsnetz des Waldes sind daher die **Destruenten**, welche dafür sorgen, dass diese „Waldabfälle" den Produzenten wieder als Nährstoffe zur Verfügung stehen. Sie zählen zum **Edaphon** (Gesamtheit aller im Boden lebenden Organismen) und wandeln das tote organische Material teilweise durch **Humifizierung** in langlebige Huminstoffe, teilweise durch **Mineralisierung** in Mineralstoffe (Nährsalze) um. An dieser Umwandlung sind eine Vielzahl von Lebewesen beteiligt, die zusammen das Nahrungsnetz des Edaphons bilden (→ Abb. 8.24). Einige dieser Lebewesen ernähren sich von Kot. Man bezeichnet sie als Koprophagen (Kotfresser). Diese meisten Lebewesen des Edaphons arbeiten aerob, verbrauchen also Sauerstoff und geben Kohlenstoffdioxid ab.

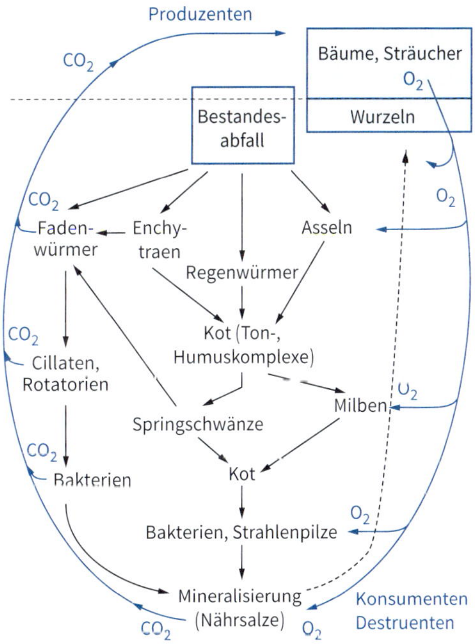

Abb. 8.24: Ausschnitt aus dem Nahrungsnetz des Edaphons

griech. *edaphos* = Boden
lat. *aer* = Luft

Der Boden als Basis des Ökosystems Wald

Dem Boden entnehmen die Produzenten die für den Aufbau neuer Biomasse wie für den Zellstoffwechsel benötigten Mineralstoffe. Böden sind in Abschnitte, die Bodenhorizonte, gegliedert. Man unterscheidet

- **L-Horizont**: Streu (Laub, Bruchholz; nicht bzw. wenig zersetzte Pflanzensubstanz)
- **O-Horizont**: weitgehend zersetztes Pflanzenmaterial; Humus
- **A-Horizont**: mineralischer Oberboden mit relativ hohem Humusanteil
- **B-Horizont**: mineralischer Unterboden, durch Verwitterung des Ausgangsgesteins entstanden; auch Einschwemmungen aus dem Oberboden sind hier eventuell bedeutend
- **C-Horizont**: Gestein unter dem Boden; meist das weitgehend unverwitterte Bodenausgangsgestein

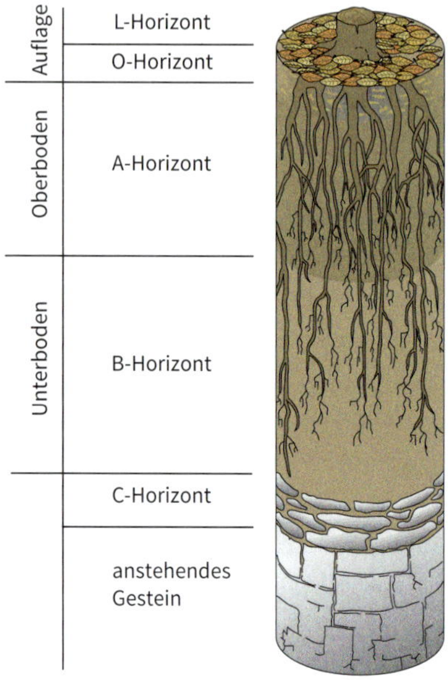

Abb. 8.25: Bodenprofil eines Laubwaldbodens

Für Produzenten wichtige Bodenbestandteile sind

- **Mineralstoffe**: Dies sind die für Pflanzen wichtigen Nährstoffe, so z. B. K^+, Ca^{2+}, Mg^{2+}, NH_4^+ oder NO_3^-. Sie stammen aus verschiedenen Quellen: aus der Verwitterung des Ausgangsgesteins, der Mineralisierung toten organischen Materials durch die Destruenten sowie aus dem Regen.
- **Tonminerale**: Sie haben die Eigenschaft, positiv geladene Nährstoff-Ionen reversibel anzulagern und so z. B. deren Auswaschung aus dem Boden durch Sickerwasser zu verhindern. Diese Eigenschaft, Kationen anzulagern und bei Bedarf wieder an die Pflanzen abzugeben, nennt man *Kationen-Austausch-Kapazität* (KAK).
- **Huminstoffe**: Ihre Kationen-Austausch-Kapazität ist noch größer als die der Tonminerale. Sie bilden mit diesen auswaschungsresistente Ton-Humus-Komplexe. Sie sind beim Abbau von Detritus durch Humifizierung entstanden. Es sind komplexe Verbindungen, die selber Nährstoffe enthalten, welche aber erst nach und nach durch Humuszersetzung frei werden. Huminstoffe erhöhen die Bodenfruchtbarkeit in besonderem Maße.
- **Poren**: In ihnen sind insbesondere auch das für Pflanzen wichtige Bodenwasser, aber auch Luft und damit Sauerstoff enthalten.

Die **Bodenfruchtbarkeit** wird unter anderem bestimmt durch:

- Menge und Art der Tonminerale und Huminstoffe (d. h. Höhe der Kationen-Austausch-Kapazität)
- Mineralstoffgehalt und Mineralstoffzusammensetzung des Bodens
- Boden-pH-Wert (→ siehe unten)
- Porenvolumen und Porengröße (Güte des Wasser- und Lufthaushalts des Bodens).

Die meisten Landpflanzen (darunter alle Bäume) decken ihren Nährstoffbedarf aber nur teilweise dadurch, dass sie über ihre Feinwurzeln Nährstoffe direkt aus dem Bodenwasser entnehmen. Vielmehr nutzen sie zur Nährstoffaufnahme vor allem die Symbiose mit bestimmten Pilzen. Diese Symbiose wird **Mykorrhiza** („Pilzwurzel") genannt.

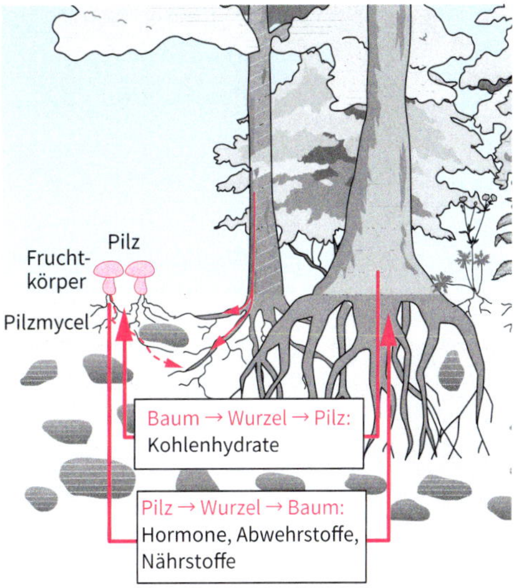

Abb. 8.26: Mykorrhiza – Symbiose von Pilz und Pflanze

Vorteil dieser Symbiose für die Pilze

- Sie erhalten von ihrem pflanzlichen Symbiosepartner Kohlenhydrate, die sie selber nicht herstellen können, da ihnen die Fähigkeit zur Fotosynthese fehlt.

Vorteile dieser Symbiose für die Pflanzen

- Die Pilze vermögen Nährstoffe besser aufzunehmen als ihre pflanzlichen Partner. Sie fungieren als sehr effiziente Nährstofffallen.
- Teilweise bereiten sie die Nährstoffe sogar erst pflanzengerecht auf.
- Die Pflanzen erhalten die optimal aufbereiteten Nährstoffe zusammen mit Wasser, Hormonen und Abwehrstoffen über die unterirdischen Pilzhyphen („Pilzfäden"), das Mycel.
- Sie verzichten daher (zumindest in Teilen) auf den Aufbau eigener Feinwurzeln und sparen somit Baumaterial und Energie.

Chemische und physikalische Parameter

Im Wald-Ökosystem beeinflussen abiotische Umweltfaktoren wie Klima oder chemische Bodenparameter die Zusammensetzung der Biozönose. Hierfür ist der **Boden-pH-Wert** ein Beispiel. Er bestimmt unter anderem die Pflanzenverfügbarkeit wichtiger Nährstoffe. So sind Stickstoff, Calcium und Magnesium für Pflanzen bei leicht saurem bis leicht basischem Boden-pH besonders gut verfügbar. Ähnliches gilt für Phosphor und Kalium. Insgesamt ist die Nährstoffverfügbarkeit bei pH-Werten von 6 bis 7 (leicht sauer bis neutral) am höchsten, in stark saurem Boden am niedrigsten. Zudem werden bei niedrigem Boden-pH Aluminium-Ionen freigesetzt, die für viele Pflanzen toxisch wirken. Damit legt

pH-Wert = ein Maß für den Säuregrad einer wässrigen Losung

toxisch = giftig

der pH-Wert bereits grob fest, welche Bäume bevorzugt an welchen Standorten vorkommen. Nimmt man weitere Standortfaktoren hinzu, ergibt sich ein immer differenzierteres Bild:

	stark sauer	mäßig sauer	neutral
trocken	–	Eiche	Eiche
mäßig trocken	Traubeneiche	Eiche, Elsbeere	Eiche, Linde, Ahorn
mäßig frisch	Stieleiche	Rotbuche	Esche
frisch	Hängebirke	Rotbuche	Rotbuche
mäßig feucht		Winterlinde	Esche, Bergahorn, Bergulme
feucht	Moorbirke	Hainbuche	Bergahorn
mäßig nass	Moorbirke	Moorbirke	Esche, Ulme, Schwarzerle

Tab. 8.2: Standorte von Baumarten (Standortfaktoren: Bodenfeuchte und Boden-pH)

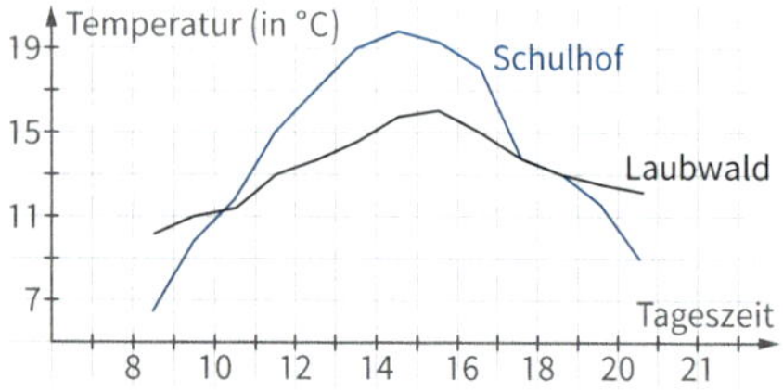

Abb. 8.27: Tagestemperaturgang in einem Laubwald und auf einem nahen Schulhof, ermittelt am 29.5. ca. 50 cm über dem Boden

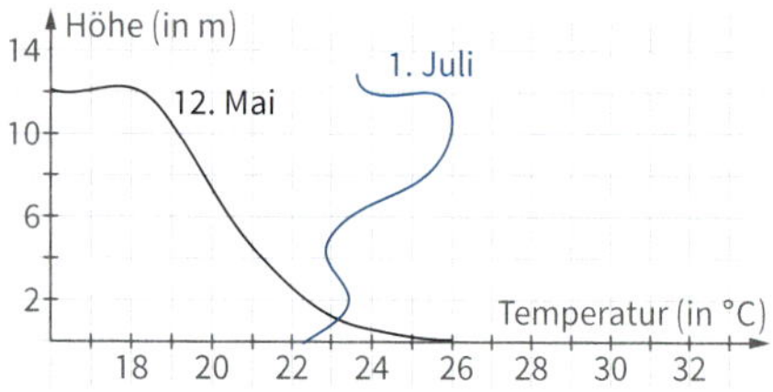

Abb. 8.28: Vertikale Temperaturprofile in einem Eichenwald

Umgekehrt wirkt der Wald auf verschiedene abiotische Parameter ein. So beeinflusst er z. B. den Temperaturgang.

Belaubter Wald wirkt temperaturdämpfend, das heißt die Tagesspitzen der Temperatur werden gegenüber freien Flächen abgemildert. Nachts ist es im Wald wärmer und tagsüber kühler als auf freiem Feld (→ Abb. 8.27). In den Wäldern der Tropen treten am Boden teilweise sogar so gut wie keine Temperaturschwankungen auf.

Dieser kühlende Effekt der Waldvegetation im Sommer (z. B. im Juli) lässt sich an einem vertikalen Temperaturprofil beobachten. Er nimmt zum Boden hin zu, wofür die zunehmende Dicke des abschirmenden Laubdaches verantwortlich ist. Sind die Bäume wie z. B. im Mai noch weitgehend ohne Laub, so dreht sich dieser Effekt. Jetzt erreicht ein Großteil der Sonnenstrahlen den Waldboden und wird hier in Wärme umgewandelt. Es kommt zu einem Erwärmungseffekt in Bodennähe (→ Abb. 8.28).

Zu den Frühblühern zählen z. B. Scharbockskraut, Buschwindröschen, Lerchensporn oder Leberblümchen.

Bei anderen physikalischen Parametern lässt sich Ähnliches beobachten. So nimmt im belaubten Wald die Lichtmenge von oben nach unten ab. Dies hat unter anderem für die Pflanzen der Krautschicht erhebliche Konsequenzen: Im mitteleuropäischen Wald herrschen am Boden im Frühling günstige Lichtverhältnisse (ca. 50 % des Sonnenlichtes erreicht den Boden) und relativ hohe Temperaturen – ideale Bedingungen für lichtliebende **Frühblüher** wie z. B. das Buschwindröschen. Im Sommer sind die Temperaturen in Bodennähe zwar oft ähnlich wie im Frühling, doch ist der Lichteinfall geringer. Nur ca. 2 % des Sonnenlichtes erreicht den Boden. Viele krautige Pflanzen können unter diesen Bedingungen nicht gedeihen. Sie verlieren ihre Blätter und überdauern als Knolle, Zwiebel oder Wurzelstock. Die in diesen Speicherorganen deponierten Reservestoffe erlauben es ihnen dann im Frühjahr rasch zu wachsen und Laub auszubilden, um so die für sie optimalen Lichtverhältnisse effizient zu nutzen. Oberirdische Teile schützen viele Frühblüher durch spezielle Anpassungen, wie etwa der Einlagerung von Frostschutzmitteln (Zucker oder Salze) vor den im Frühjahr auftretenden Nachtfrösten. Teilweise sind ihre Blätter und unterirdischen Speicherorgane zudem giftig, als Fraßschutz gegen hungrige Herbivoren. Ihre auffälligen, signalstarken Blüten und ihre reichhaltige Ausstattung mit Pollen und Nektar locken Bienen und Hummeln an.

Abb. 8.29: Frosttoleranz beim Leberblümchen

Stoffkreisläufe im Wald

Die Stoffkreisläufe im Wald unterscheiden sich nicht grundsätzlich von denen in anderen Ökosystemen (→ Abb. 8.30).

Die Produzenten sind hier aber vor allem die Bäume. Diese binden das im Zuge der Fotosynthese aufgenommene CO_2 längerfristig in Blättern/Nadeln und im Holz.

Blätter werden regelmäßig abgeworfen. Sie sind wesentlicher Teil der Streuschicht. Von den Destruenten werden sie in Huminstoffe um- bzw. zu Mineralstoffen abgebaut. Letztere stehen den Produzenten wieder zur Verfügung. Die vollständige Mineralisierung des Laubstreus dauert bei uns fünf bis zehn Jahre, die des Nadelstreus in den Wäldern der Taiga aber durchaus Jahrhunderte.

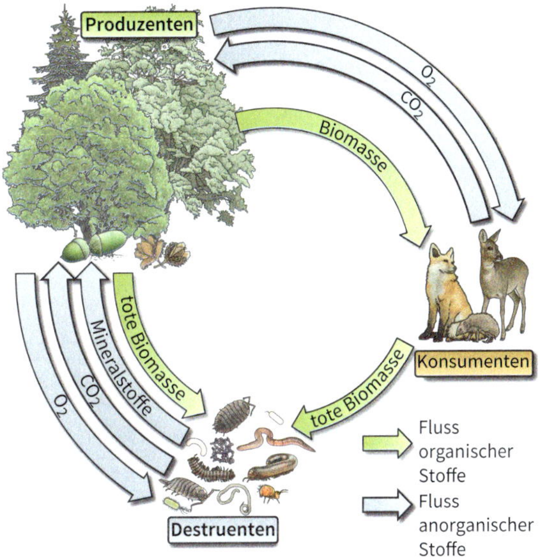

Abb. 8.30: Stoffkreisläufe im Wald

Holz besteht etwa zur Hälfte aus Zellulose und zu je einem Viertel aus Hemizellulose und Lignin (Holzstoff). Letzteres ist zentral für die Festigkeit pflanzlicher Gewebe, vor allem für ihre Druckfestigkeit. Es ermöglicht den hohen Wuchs der Bäume. Der Abbau von Holz und speziell von Lignin ist nur ganz bestimmten Bakterien und Pilzen möglich. Die „Holzfresser“ unter den Tieren benötigen zum Abbau die Assistenz von Mikroorganismen, die als Symbionten in ihrem Darm leben. Der Holzabbau findet unter aeroben Bedingungen statt und ist sehr energieaufwendig. Auch das Holz ist Teil der Stoffkreisläufe im Wald. Allerdings sind Aufbau, Bestand und Abbau von Holz langfristige Prozesse. Im Naturwald dauert der Zyklus des Holzes Jahrhunderte. Daher ist Holz, das zu etwa 50 % aus Kohlenstoff besteht, ein längerfristiger Kohlenstoffspeicher.

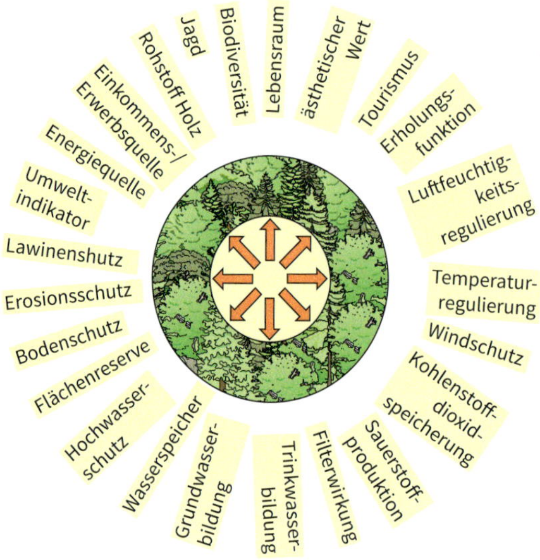

Abb. 8.31: Leistungen der Wälder

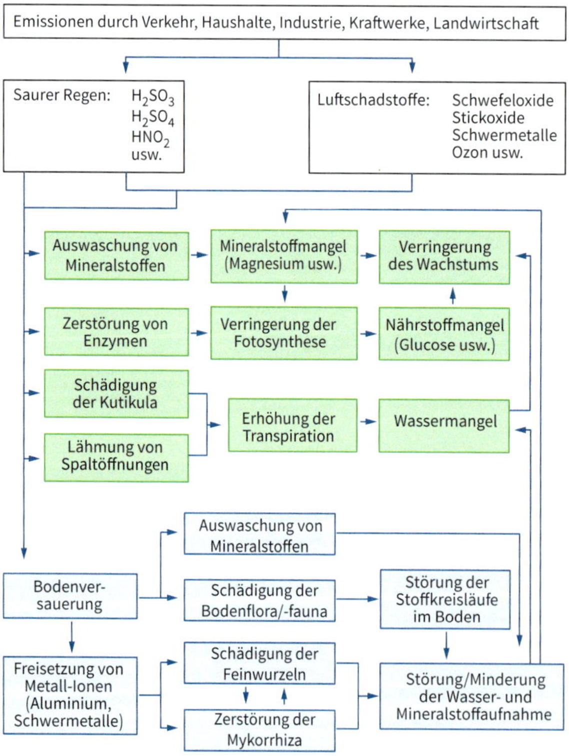

Abb. 8.32: Die Folgen eines vom Menschen verursachten Schadstoffeintrags in das Ökosystem Mitteleuropäischer Wald (grün: Blattorgane, blau: Boden/ Wurzeln)

Wald und Mensch

Wälder sind für den Menschen von großer Bedeutung (→ Abb. 8.31). Zwei Beispiele:

Regulation des Wasserhaushaltes: Der Wald ist ein wichtiger Wasserspeicher mit ausgleichender Funktion im Wasserhaushalt der Landschaft. Er nimmt große Mengen an Regenwasser auf und gibt sie nach und nach durch Transpiration wieder an die Atmosphäre ab. Damit leistet er einen bedeutsamen Beitrag zur Aufrechterhaltung des regionalen Wasserkreislaufs. Ein übermäßiger Abfluss von Regenwasser wird verhindert, der Gefahr von Hochwasser vorgebeugt. Das Kronendach sorgt dafür, dass der Regen den Boden nur stark abgebremst erreicht. Der Boden wird zudem von den Pflanzenwurzeln festgehalten. Beides trägt zu einer Minimierung des Bodenabtrags (Erosion) bei. Der humusreiche Waldboden saugt den ankommenden Regen wie ein Schwamm auf, filtert ihn und trägt so zur Bildung von qualitativ hochwertigem Grundwasser bei. Dieses kann als Trinkwasser genutzt werden.

Wirtschaftsfaktor: Wälder sind Wirtschafträume. Sie liefern den Rohstoff Holz für industrielle Prozesse und zur Verbrennung. Sie sind aber auch Erholungs- und Erlebnisraum und damit beliebte touristische Ziele. Außerdem sind sie Jagdreviere. Und in all diesen Bereichen bieten sie Arbeitsplätze.

Gefährdung durch den Menschen

So wichtig die Wälder für den Menschen sind, so stark sind sie auch durch menschliche Aktivitäten in ihrer Stabilität und Selbstregulationsfähigkeit gefährdet.

Eingriffe des Menschen, die zu Störungen in Wald-Ökosystemen führen sind z. B.:

- Abholzung und Brandrodung von Wäldern (insbesondere in den Tropen)
- Anlegen von Monokulturen. Dies führt zu einer Verringerung der Biodiversität und erhöht die Anfälligkeit für Schädlinge.
- Zerschneidung von Waldgebieten durch Straßen und Siedlungen. Dies führt zur (Zer)störung der Lebensräume von Pflanzen und Tieren.
- Emissionen durch Verkehr, Industrie, Landwirtschaft usw. Der Eintrag der Schadstoffe über Luft und Wasser („saurer Regen") führt zu Schäden an den Pflanzen (→ Abb. 8.32). Diese sind zunächst oft gering, können sich aber im Laufe der Zeit summieren. Zudem setzt bereits eine geringe Schädigung die Pflanzen unter Stress. Sie sind dann nicht bzw. nur noch in geringerem Umfang in der Lage, natürliche Stressfaktoren (UV-Strahlung, Frost, Trockenheit, Schädlinge) zu verkraften.
- Der anthropogene Zusatztreibhauseffekt und der hierdurch verursachte Klimawandel (→ Seite 230). In dessen Folge kommt es zu einer Zunahme von Hitzeperioden und Phasen extremer Trockenheit. Dies führt
  - → zu erhöhtem Trockenstress bei den Bäumen. Die Folge: eine direkte Schädigung der Pflanzen sowie eine Zunahme des Schädlingsbefalls (z. B. Borkenkäfer) infolge abnehmender Abwehrkräfte der Bäume.
  - → zu einer Zunahme von Waldbränden (zum Teil ausgelöst durch Brandstiftung oder Unachtsamkeit im Umgang mit offenem Feuer).

Abb. 8.33: Großflächige Brandrodung in Amazonien

Nachhaltigkeit

Die Begriffe „Nachhaltigkeit" und „nachhaltiges Wirtschaften" stammen ursprünglich aus der Forstwirtschaft. Sie bezeichnen eine Wirtschaftsweise, bei der dem Wald nur so viel Holz entnommen wird, wie nachwachsen kann. Der Wald kann sich so immer wieder regenerieren. Heute werden diese Begriffe auf alle Lebensbereiche übertragen. Menschliches Handeln ist dann nachhaltig, wenn es die aktuellen Bedürfnisse befriedigt, ohne die Lebensgrundlage zukünftiger Generationen zu schmälern. Nachhaltiges Handeln ist also langfristig ausgerichtet. Es hat die Gegenwart und die Zukunft im Blick. Dabei sind nach heutigem Verständnis vier Bereiche *gleichgewichtig* zu berücksichtigen (→ weißes Kästchen in der Mitte der Abb. 8.34):

- **Ökologie**. Ziel: Natur und Umwelt für die nachfolgenden Generationen erhalten. Aspekte sind u. a.: mit den natürlichen Ressourcen sparsam umgehen, Belastungen des Ökosystems vermeiden/minimieren, Artenvielfalt erhalten, das Klima schützen.
- **Ökonomie**. Ziel: so wirtschaften, dass dauerhaft eine tragfähige Grundlage für wirtschaftlichen Erfolg und Wohlstand gegeben ist. Aspekte sind u. a.: Wachstum langfristig planen und gestalten, Ressourcen optimal und schonend nutzen, Kapital effizient und zukunftsorientiert einsetzen.

Abb. 8.34: Nachhaltigkeitsviereck

- **Soziales**. Ziel: so handeln und wirtschaften, dass alle Mitglieder der Gesellschaft angemessen am Wohlstand teilhaben können. Aspekte sind u.a.: Erhöhung des Lebensstandards für alle, Eröffnung von Aufstiegschancen, Ausgleich sozialer Unterschiede, Gerechtigkeit zwischen den Generationen.
- **Politik**. Ziel: eine Regierungsführung, die die Verantwortung für das Wohlergehen aller Mitglieder der Gesellschaft und den schonenden Umgang mit der Natur im Blick hat. Aspekte sind u.a.: Staatstätigkeit und Staatsfinanzen zukunftsfähig gestalten, Korruption beseitigen, Frieden erhalten.

Damit sähe eine **nachhaltige Waldwirtschaft** etwa so aus:

- Der Wald ist so angelegt, dass in ihm standortgemäße Baumarten wachsen. In seiner Artenzusammensetzung und Bestandsstruktur gleicht er weitgehend den in der Region ursprünglich vorkommenden Wäldern.
- Verjüngung des Waldes erfolgt über natürlich aufgeschlagene Schösslinge.
- Bäume werden einzeln gefällt und bodenschonend abtransportiert.
- Der Holzeinschlag gewährt Waldbesitzern ein kalkulierbares Einkommen.
- Die Waldarbeiter werden gerecht entlohnt und ggf. am Gewinn beteiligt.
- Die Nutzung des Waldes als Erholungsraum ist reglementiert. Autoverkehr ist verboten. Es dürfen z. B. nur die naturnah angelegten Wege genutzt werden. Es gibt ein Angebot an geführten Walderlebniswanderungen. Die Erlöse kommen den Waldbesitzern zugute.
- Die beschriebene Form der Waldnutzung ist gesetzlich festgeschrieben.

Ökosystem See

Aquatische Ökosysteme unterteilt man in *Meere* und *Binnengewässer*. Bei den Binnengewässern wird unterschieden zwischen *Fließgewässern* (natürliche Fließgewässer wie Flüsse und künstlich angelegte wie Kanäle) und *Stillgewässern* (natürliche stehende Gewässer wie Tümpel und künstliche wie Stauseen).

Kennzeichen eines Sees

Definition: Bei einem See handelt es sich in der Regel um ein natürliches Stillgewässer, doch kann er auch vom Menschen künstlich angelegt sein (Baggersee, Stausee). Seen haben stets eine gewisse Tiefe (in der Regel mehr als drei bis fünf Meter), sodass sich im Sommer eine über längere Zeit stabile Temperaturschichtung ausbilden kann. Im tiefen Bereich ist der Boden eines Sees wegen der hier zu geringen Lichtmenge ohne Pflanzenbewuchs.

Räumliche Gliederung (→ Abb. 8.35): Man unterteilt einen See in

griech. *pélagos* = offene See

- die **Freiwasserzone** (das **Pelagial**), die den Wasserkörper des Sees oberhalb des Gewässerbodens bis zu den ersten wurzelnden Wasserpflanzen im Uferbereich umfasst;

- die **Uferzone** (das **Litoral**); sie ist sonnenlichtdurchflutet und daher Lebensraum verschiedener im Boden wurzelnder, ganz oder teilweise vom Wasser umspülter Pflanzen; in Abhängigkeit von der Wassertiefe ist der Bewuchs sehr unterschiedlich; den Uferbereich kann man deshalb in verschiedene Zonen untergliedern (z. B. Röhrichtzone, Tauchpflanzenzone).

lat. *litus* = Küste, Ufer

- den **Gewässerboden** (das **Benthal**), den man wiederum in den durchsonnten Uferbereich (Litoral) und den lichtlosen **Bodenbereich im tiefen Teil des Sees** (das **Profundal**) untergliedert.

griech. *bénthos* = Tiefe
lat. *profundum* = Meerestiefe

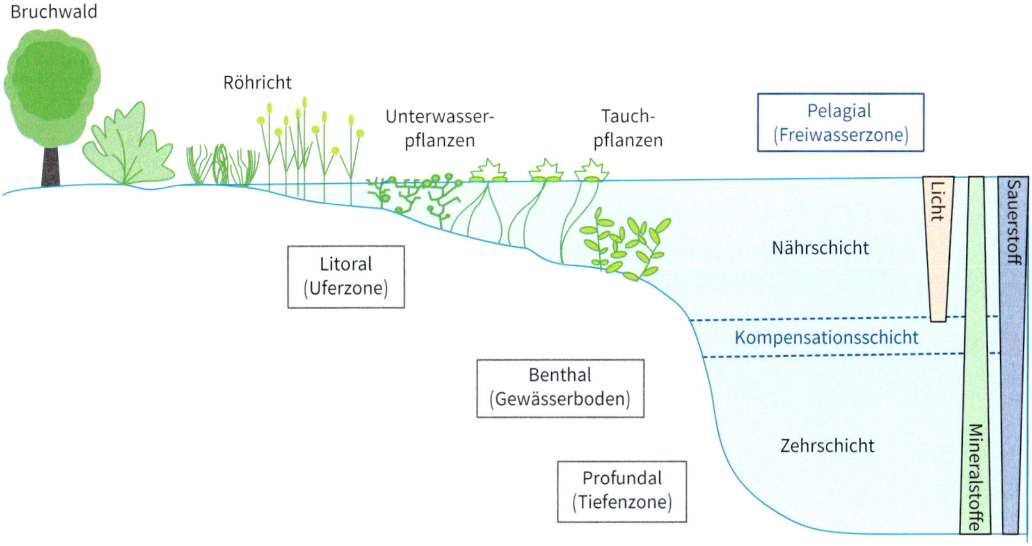

Abb. 8.35: Räumliche Gliederung eines Sees

Rahmenbedingungen für das Leben im See:

- **Im oberen Teil des Sees**. Das Oberflächenwasser wird vom Sonnenlicht durchflutet. Im Sommer sorgt die hohe Sonneneinstrahlung für warme Temperaturen. An der Seeoberfläche diffundiert fortlaufend Sauerstoff aus der Luft ins Wasser. All dies schafft ideale Bedingungen für viele Lebewesen. So ermöglicht das einfallende Licht fotoautotrophen Organismen (z. B. Grünalgen) den Aufbau neuer Biomasse. Ihre Fotosynthesetätigkeit erhöht den Sauerstoffgehalt des Wassers. Der hohe Sauerstoffgehalt wiederum erlaubt heterotophen Lebewesen (z. B. Fischen) die Atmung. Der obere Teil des Sees ist also reich an Leben. In der Summe produzieren hier fotoautotrophe Organismen mehr Sauerstoff und Biomasse, als durch deren eigene Zellatmung und die Atmung heterotropher Organismen verbraucht wird. Deshalb bezeichnet man den oberen Teil des Sees als **Nährschicht**.

- **Im bodennahen Teil des Sees**: Hierher kommt kaum/kein Licht. Aufgrund des Lichtmangels ist Fotosynthese so gut wie unmöglich. Wegen des großen Abstands zur Seeoberfläche und fehlender Fotosynthese ist der Sauerstoffgehalt des Wassers gering. Allerdings sinkt Detritus aus der Nährschicht in diesen Bereich, den am/im Seeboden lebende Destruenten abbauen. Sie verbrauchen den wenigen vorhandenen Sauerstoff, wodurch es zeitweilig zu anaeroben Verhältnissen kommt. In diesem Teil des Sees dominiert der Abbau von Biomasse. Der Verbrauch von Sauerstoff überwiegt hier dessen Produktion, weshalb man diese Zone als **Zehrschicht** bezeichnet.
- **Zwischen Nähr- und Zehrschicht** liegt die *Kompensationsschicht*, in der sich Fotosynthese und Zellatmung ungefähr die Waage halten.

Jahreszeitliche Temperaturveränderungen im See

Die Temperaturverhältnisse in einem See hängen im Wesentlichen von drei Faktoren ab:

- der Sonneneinstrahlung,
- der Wasserbewegung und
- einer besonderen physikalischen Eigenschaft des Mediums Wasser, der **Dichteanomalie des Wassers**. Wie bei anderen Flüssigkeiten auch nimmt die Dichte des Wassers bei Abkühlung zu. Dies gilt bis ca. 4 °C. Kühlt man Wasser aber unter 4 °C ab, so verringert sich seine Dichte wieder. Es bildet Kristallgitter aus, die mehr Platz benötigen. Bei Temperaturen unter 4 °C dehnt sich Wasser also wieder aus, ein Verhalten, das Wasser von fast allen anderen Flüssigkeiten unterscheidet.

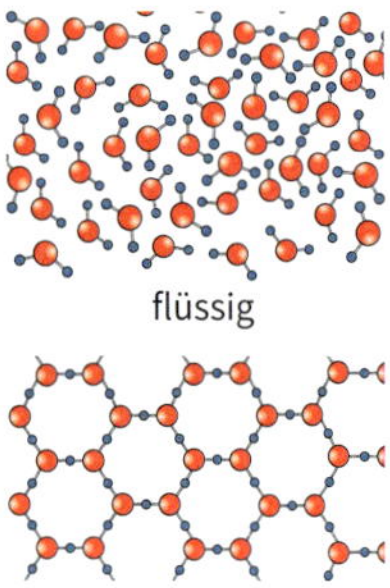

Abb. 8.36: Wasser in den Aggregatzuständen flüssig und fest

Im Jahresgang sehen die Temperaturverhältnisse nun wie folgt aus (→ Abb. 8.37):

- Im **Sommer** erwärmt die starke Sonneneinstrahlung das Oberflächenwasser, das dadurch weniger dicht und folglich leichter wird. Im oberen Teil des Sees kommt es zudem zu geringfügigen Umwälzbewegungen, ausgelöst durch Wind bzw. durch den Wechsel von Erwärmung am Tag und Abkühlung in der Nacht. Diese reichen ebenso wie der erwärmende Einfluss des Sonnenlichtes aber nur bis in eine bestimmte Wassertiefe. Die obere, wärmere und damit leichtere Wasserschicht wird **Epilimnion** genannt.

  griech. *epi* = auf, darauf
  griech. *límnion* = kleiner Teich

  Die Wasserschicht in der Tiefe des Sees wird von der Sonne nicht mehr erreicht. Hier hat sich das „schwerste“ Seewasser, das Wasser mit der größten Dichte gesammelt. Gemäß der Dichteanomalie des Wassers hat dies eine Temperatur von etwa 4 °C. Es bleibt den ganzen Sommer über bei dieser Temperatur. Diese Wasserschicht in der Tiefe des Sees bezeichnet man als **Hypolimnion**.

  griech. *hypo* = unter, darunter

  Die Schicht zwischen Epilimnion und Hypolimnion ist durch eine rasche Abnahme der Wassertemperatur gekennzeichnet. Man nennt diese „Temperatursprungschicht“ **Metalimnion**.

  griech. *meta* = dazwischen, inmitten

Diese Schichtung des Seewassers bleibt im Prinzip den ganzen Sommer über erhalten. Daher spricht man auch von der **Sommerstagnation**. Im Laufe des Sommers kann aber mit zunehmender Erwärmung des Epilimnions die Temperatursprungschicht immer weiter nach unten wandern. In flachen Seen erreicht sie teilweise sogar den Seeboden.

Mit der Temperaturschichtung geht auch eine auffällige Ungleichverteilung chemischer Parameter einher. So ist der Sauerstoffgehalt im Epilimnion hoch, dank der intensiven Fotosynthesetätigkeit der Produzenten und der Aufnahme von Luftsauerstoff an der Wasseroberfläche. Im Hypolimnion hingegen kann beim Anfallen größerer Mengen Detritus der gesamte Sauerstoff durch die Aktivitäten der Destruenten aufgebraucht werden.

- Im **Herbst** wird die Sonneneinstrahlung geringer. Das Epilimnion kühlt ab, sein Wasser wird damit dichter und schwerer. Es sinkt in größere Tiefe. Im Gegenzug steigt noch sommerwarmes, leichteres Wasser auf. Es bildet sich ein Wasserkreislauf, den man als **Herbstzirkulation** bezeichnet. Winde unterstützen diesen Prozess. Er läuft so lange ab, bis der gesamte Wasserkörper eine gleichmäßige Temperatur von etwa 4 °C erreicht hat. Durch die Herbstzirkulation wird Sauerstoff bis zum Seeboden transportiert. Im Gegenzug gelangen die von den Destruenten am Boden frei gesetzten Mineralstoffe bis an die Seeoberfläche.
- Im **Winter** kühlt das Oberflächenwasser unter 4 °C ab. Seine Dichte verringert sich. Es ist damit leichter als das Tiefenwasser und bleibt an der Seeoberfläche. Die Zirkulation kommt zum Erliegen. In kalten Wintern gefriert das Wasser an der Oberfläche. In der Tiefe liegt die Wassertemperatur hingegen weiterhin bei etwa 4 °C. So können hier z. B. Fische und Amphibien überwintern. Dieses Bild bleibt den ganzen Winter über erhalten. Man spricht daher auch von der **Winterstagnation**.
- Im **Frühjahr** erwärmt sich das Oberflächenwasser wieder. Irgendwann ist das Wasser des Sees fast gleichmäßig 4 °C warm. Nun reicht schon ein starker Wind, um das Seewasser bis in die Tiefe des Sees zu durchmischen. Diese Zirkulation des Wassers, bei der Sauerstoff und auch Mineralstoffe gleichmäßig im See verteilt werden, bezeichnet man als **Frühjahrszirkulation**.

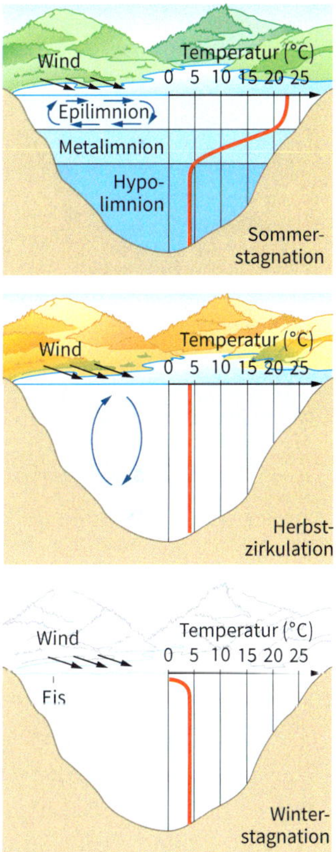

Abb. 8.37: Temperaturverhältnisse im See im Jahresverlauf

In tropischen Regionen ist die Sonneneinstrahlung das ganze Jahr über hoch. Tropische Seen weisen daher oftmals ganzjährig annähernd gleichbleibende Temperaturverhältnisse und eine ausgeprägte Schichtung auf.

Zusammensetzung der Biozönose

Die Biozönose im See setzt sich aus den gleichen Organismengruppen zusammen wie die Biozönose anderer Ökosysteme. Die Besonderheit ist jedoch, dass viele der hier lebenden Organismen mikroskopisch klein sind und in sehr großen Zahlen vorkommen. Sie gehören zum **Plankton**, das alle Schwebeorganismen im Pelagial umfasst, also alle Organismen deren Bewegungsrichtung allein von der Wasserströmung bestimmt wird. Im See findet man:

griech. *planktos* = umherirrend, umhergetrieben

- **Produzenten**. In diese Gruppe fallen neben den im Litoral anzutreffenden Wasserpflanzen insbesondere das **Phytoplankton** („pflanzliches" Plankton). Zu letzterem zählen alle fotoautotrophen Organismen des Planktons (z. B. Grünalgen, Kieselalgen oder Cyanobakterien).

griech. *phyto* = pflanzlich

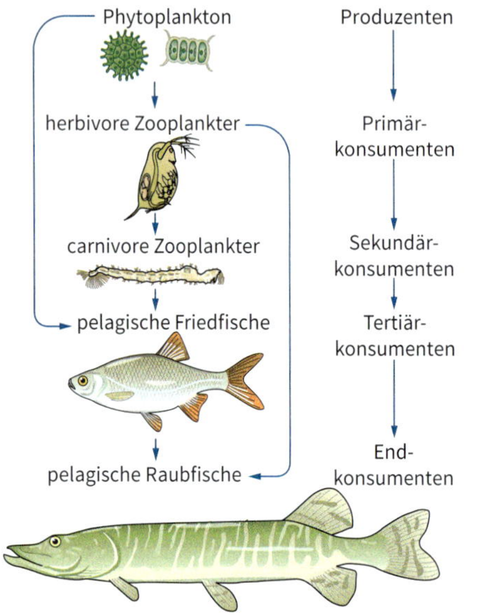

Abb. 8.38: Nahrungskette im Pelagial

- **Konsumenten**. Hierzu zählen neben Säugetieren, Fischen, Amphibien, Schnecken, Krebsen und Insekten bzw. deren Larven insbesondere auch die Kleinstlebewesen des **Zooplanktons** („tierisches" Plankton; z. B. Wasserflöhe, Ruderfußkrebse, Hüpferlinge). Die Herbivoren unter ihnen ernähren sich von Wasserpflanzen oder Phytoplankton.
- **Destruenten**. In diese Gruppe gehören z. B. Würmer, Pilze und Bakterien. Sie leben überwiegend am oder im Seeboden und zersetzen dort das herabsinkende organische Material. Meist arbeiten sie aerob, verbrauchen also Sauerstoff, und setzen Mineralstoffe frei, die dann den Produzenten wieder zur Verfügung stehen.

Auch im See sind die Organismen über Nahrungsketten miteinander verbunden. Deren Gesamtheit bildet das Nahrungsnetz eines Sees. Dabei können auch Lebewesen, die nicht dauerhaft im Wasser leben, Teil dieses Nahrungsnetzes sein (z. B. Fischadler, Reiher oder Bär).

Chemische Parameter

Die chemischen Zusammensetzung des Seewassers hängt ab von:

- dem Gestein bzw. Lockermaterial (z. B. Sand), das den See umgibt,
- dem Eintrag in den See über eventuelle ober- oder unterirdische Zuflüsse,
- Einspülungen aus dem ufernahen Bodenbereich oder auch
- Eintrag durch Niederschlag und Verlusten durch Verdunstung.
- Auch Aktivitäten des Menschen haben Einfluss, etwa durch das Ausbringen von Dünger auf seenahe Felder oder die Verschmutzung der Wasserzuflüsse.

Die Art der im Seewasser gelösten oder im Seeboden enthaltenen chemischen Stoffe wie auch deren Menge bzw. Mengenverhältnisse bestimmen die chemischen Eigenschaften des Seewassers.

Die Vielfalt der Seentypen kann anhand verschiedener Kriterien klassifiziert werden. Eine gängige Klassifizierung orientiert sich an der **Menge der Mineralstoffe**, die den Produzenten im See für das Wachstum zur Verfügung stehen. So unterscheidet man (→ Tab. 8.3):

- **Oligotrophe Seen** mit niedrigem Mineralstoffgehalt und niedriger Produktion neuer Biomasse durch die Produzenten (Primärproduktion). Diese Seen weisen zwar eine geringe Individuendichte auf, doch leben hier viele unterschiedliche Spezialisten, die das knappe Nahrungsangebot effizient nutzen.
- **Mesotrophe Seen** mit mittlerem Mineralstoffgehalt.
- **Eutrophe Seen** mit hohem und **hypertrophe Seen** mit extrem hohem Mineralstoffgehalt. Sie weisen insbesondere im Sommer eine starke Primärproduktion auf. In der oberflächennahen, lichtdurchfluteten Nährschicht ist die große Zahl an Produzenten im Wasser oftmals mit dem bloßen Auge zu erkennen („Algenblüte"). Sterben diese und sinken dann in die Zehrschicht ab, können aerob arbeitende Destruenten den großen Anfall an toter Biomasse nicht mehr bewältigen. In der Folge lagert sich unzersetztes organisches Material als **Faulschlamm** am Seeboden ab (→ Seite 215).

griech. *oligos* = wenig
griech. trophos = nährend

griech. *mesos* = mittel, mäßig
griech. *eu* = gut

Seetyp	oligotroph	mesotroph	eutroph	hypertroph
Mineralstoffe	●	●●	●●●	●●●●
Primärproduktion	●	●●	●●●	●●●●
Artenreichtum	●●●●	●●●●	●●	●
Individuenzahl	●	●●	●●●	●●●●
Sauerstoffgehalt	●●●●	●●●	●●	●

Legende: ● wenig/gering ●●●● sehr viel/sehr groß

Tab. 8.3: Klassifizierung von Seen nach ihrem Mineralstoffgehalt

Stoffkreisläufe im See – das Beispiel des Phosphorkreislauf

Neben Stickstoff und Kohlenstoff (→ Kreisläufe siehe Abb. 8.20 und Abb. 8.21) zählt auch Phosphor zu den Makronährstoffen. Im See ist dieser allerdings oftmals nur in geringen Mengen vorhanden und somit ein **begrenzender Faktor** für das Wachstum der Produzenten.

Ablauf des Phosphorkreislaufs:

① Anders als Stickstoff oder Kohlenstoff kommt Phosphor in der Atmosphäre nicht in nennenswerter Menge vor. Der für die Produzenten verfügbare Phosphor stammt deshalb ganz überwiegend aus Gesteinen oder natürlichen Phosphatvorkommen in der Erdkruste. Mit organischem Material, über Zuflüsse oder durch per Wind transportiertem Staub gelangt er in den See.

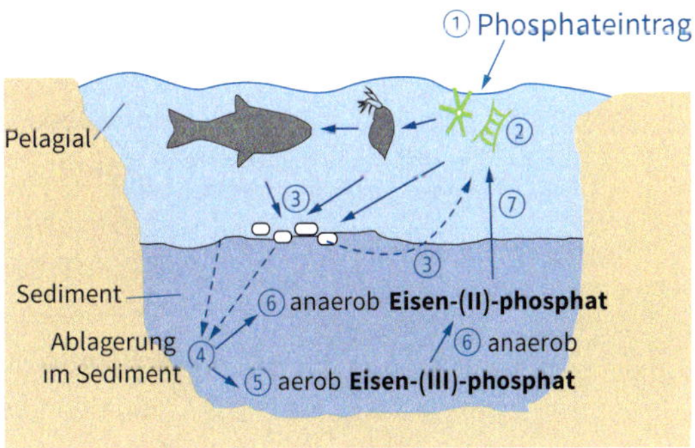

Abb. 8.39: Phosphorkreislauf im See

② Phytoplankter nehmen den Phosphor als gelöste organische Phosphate auf. Sie nutzen ihn zum Aufbau von Nukleinsäuren, ATP und anderen Phosphatverbindungen.

③ Über die Nahrungsketten gelangt der Phosphor bis zu den Destruenten, die im Zuge der Mineralisierung toten organischen Materials einen Teil des Phosphors wieder ins Seewasser freisetzen.

④ Ein anderer Teil aber wird in Form organischer Verbindungen im Sediment des Seebodens abgelagert. Er kann für längere Zeit dort verbleiben oder durch den Abbau der organischen Verbindungen nach und nach freigesetzt werden.

⑤ Die freigesetzten Phosphate werden im Sediment an Eisenionen gebunden. Ist im Tiefenwasser hinreichend Sauerstoff vorhanden, so liegt das Eisen in Form von Fe^{3+}-Ionen vor.
Diese bilden mit dem Phosphat unlösliches Eisen-(III)-phosphat, das am Seeboden verbleibt. Phosphat ist damit im Sediment „gefangen" („Phosphatfalle") und dem Nährstoffkreislauf des Sees entzogen.

⑥ Kommt es am Grunde des Sees z. B. durch die intensive Abbautätigkeit der Destruenten zu anaeroben Verhältnissen, so wird das Eisen zu Fe^{2+} reduziert. Aus Eisen-(III)-phosphat wird lösliches Eisen-(II)-phosphat.

⑦ Dieses wird in das Seewasser freigesetzt und gelangt somit zurück in den Nährstoffkreislauf.

Die Verfügbarkeit von Phosphat im See hängt damit in starkem Maße vom Sauerstoffgehalt im Hypolimnion ab.

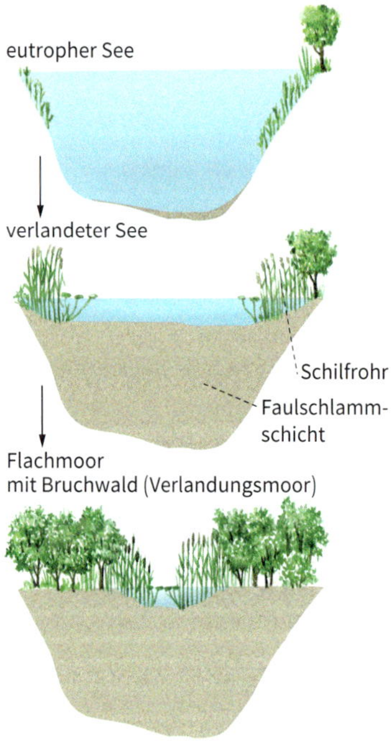

Abb. 8.40: Sukzession eutropher Seen

Eutrophierung

Durch den Eintrag von Mineralstoffen aus angrenzenden Gebieten kommt es in allen Seen zu einer fortschreitenden natürlichen Eutrophierung (Anreicherung/Zunahme von Nährstoffen). Diese vollzieht sich in Zeiträumen von Jahrtausenden und führt dazu, dass aus oligo- oder mesotrophen Gewässern irgendwann eutrophe Seen werden, die schließlich verlanden und vermooren können (→ Abb. 8.40).

Durch den Einfluss des Menschen kann die Eutrophierung wesentlich beschleunigt werden. Es kann sogar zum **„Umkippen" eines Sees** kommen:

- Ausgangspunkt ist das Wirtschaften des Menschen. Drei der wichtigsten Eingriffe sind dabei die Einleitung ungeklärter phosphat- und nitrathaltiger Abwässer, die Überdüngung von Feldern und die intensive Weidenutzung in der Nähe von Seen.
- Dadurch kommt es zu einem massiven Eintrag von Nährstoffen in den See.
- Die Folge ist ein starkes Wachstum des Phytoplanktons („Algenblüte") in den Frühjahrs-/Sommermonaten.
- Bei dessen Absterben kommt es zu einem hohen Anfall toter organischer Materie.

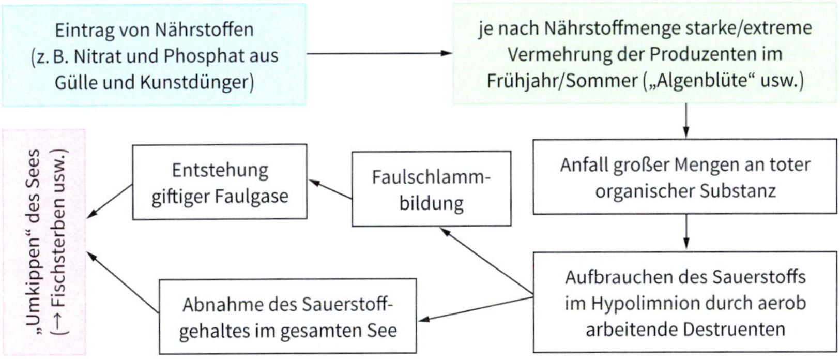

Abb. 8.41: „Umkippen” eines Sees als Folge der Eutrophierung

- Das hohe Aufkommen toter organischer Materie kann wiederum dazu führen, dass von den Destruenten der gesamte Sauerstoff im Hypolimnion für den Detritus-Abbau verbraucht wird.
- Der Sauerstoffmangel im Hypolimnion hat drei gravierende Folgen:
  - Zum einen wird die „Phosphatfalle“ außer Kraft gesetzt, was zur Freisetzung von zuvor gebundenem Phosphat aus dem Sediment und damit zu einer Verstärkung der Algenblüte führt.
  - Zum anderen stellen aerob arbeitende Destruenten ihre Abbautätigkeit ein. Das massenhaft anfallende tote organische Material lagert sich nun unzersetzt am Seeboden ab. Es entsteht **Faulschlamm**, in welchem anaerob arbeitende Mikroorganismen den Detritusabbau übernehmen. Bei deren Tätigkeit entstehen giftige Gase wie Methan, Ammoniak oder Schwefelwasserstoff.
  - Schließlich nimmt der Sauerstoffgehalt im gesamten See drastisch ab.
- Es kommt zu einem Absterben höherer Lebewesen (Fischsterben usw.).
- Im Ergebnis ist das Gewässer dann biologisch tot.

Den aus der Eutrophierung resultierenden Prozess, der zum Zusammenbrechen der Seebiozönose infolge von Sauerstoffmangel sowie der Produktion giftiger Gase führt, bezeichnet man als *„Umkippen“ des Sees*.

Allerdings kommt es häufig nicht so weit, sondern es stellt sich vorher ein biologisches Gleichgewicht auf niedriger trophischer Ebene ein. Den Grad der Eutrophierung eines Gewässers kann man unter anderem am Auftreten bestimmter **Indikatororganismen** (z. B. der Häufigkeit bestimmter Fischarten) erkennen.

Um bei erkannter Eutrophierung einem möglichen „Umkippen“ vorzubeugen, kann man unter anderem

- Sauerstoff in den See einleiten
- Biomasse aus dem See entfernen (z. B. Algen)

- Faulschlamm bzw. in Form von Eisen-(III)-phosphat gebundenen Phosphor aus dem See entfernen
- Chemikalien zum Eindämmen des Algenwachstums einsetzen.

Alle diese Maßnahmen sind jedoch aufwändig und teuer.

Besser wäre es daher, einer durch menschliche Aktivitäten bedingten **Eutrophierung vorzubeugen**, indem man etwa

- die Einleitung ungeklärter phosphat- und nitrathaltiger Abwässer vermeidet/verringert (z. B. durch den Bau von Kläranlagen),
- den Düngereinsatzes auf seenahen Feldern vermindert,
- die Nutzung der seenahen Weiden extensiviert (Umwandlung in Brachland bzw. extensives Weideland) oder auch
- bei kleineren Seen die Fütterung von Wasservögeln und Fischen verbietet sowie ufernahe Bäume fällt (Verminderung des Laubfalls).

Ökosystem Fließgewässer

Kennzeichen von Fließgewässern

- Es handelt sich um ständig oder zumindest zeitweise oberirdisch fließende Gewässer, die ihrer Größe nach als Bach, Fluss oder Strom bezeichnet werden.
- Jedes Fließgewässer besitzt einen höher gelegenen Ursprung (Quelle) und eine tiefer gelegene Mündung (in einen See oder das Meer). Das Wasser fließt dem Gesetz der Schwerkraft folgend von der Quelle zur Mündung.
- Fließgewässer besitzen eine langgezogene Form. Sie lassen sich in die Abschnitte Quelle, Oberlauf, Mittellauf, Unterlauf und Mündung gliedern. Zudem gibt es meist eine Reihe von kleineren Zuflüssen (Nebenflüsse).
- Das Ökosystem der Fließgewässer ist durch die naturräumlichen Gegebenheiten ihres Einzugsgebietes geprägt (Klima, Geologie, Relief, Boden und Vegetation). In den einzelnen Abschnitten eines Fließgewässers können diese deutlich variieren.
- Fließgewässer stellen hochdynamische Ökosysteme dar. Zentrale Prozesse sind: Erosion (Abtragung), Transport und Sedimentation (Ablagerung), Umlagerung sowie eine permanente strömungsbedingte Durchmischung des Wassers.

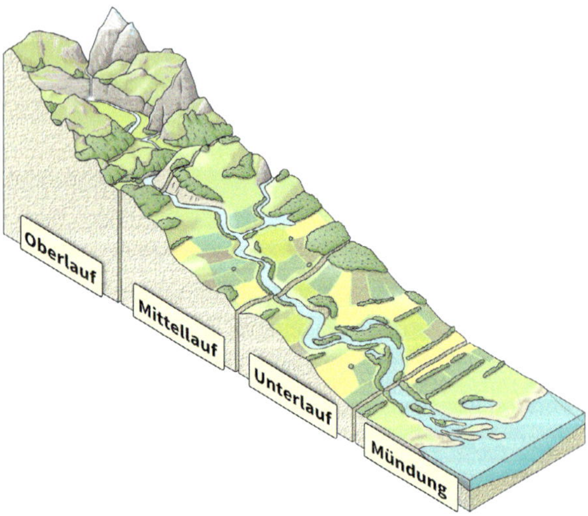

Abb. 8.42: Gliederung eines Fließgewässers

- Durch die langgezogene Form des Fließgewässers gibt es vielfältige Berührungspunkte mit den angrenzenden, eventuell sehr unterschiedlichen terrestrischen Ökosystemen.
- Fließgewässer sind besonders offene Ökosysteme. Der Eintrag von anorganischen und organischen Substanzen prägt sie ebenso wie der (eventuell auch nur kurzfristige) Zu- bzw. Fortzug von Lebewesen.

Abiotische Umweltfaktoren
In Fließgewässern findet eine *permanente Durchmischung* statt, deren Intensität durch die Fließgeschwindigkeit des Wassers und die Struktur des Gewässerbettes bestimmen ist. Dadurch wird eine Ausbildung der für Stillgewässer typischen Temperatur- und Sauerstoffschichtung verhindert.
Die **Wassertemperatur** ist so vor allem von der Sonneneinstrahlung abhängig. Beschattung durch üppigen Uferbewuchs kann die Einstrahlung insbesondere im Quellbereich und im Oberlauf deutlich schmälern. Auch Zuflüsse können sich auf die Wassertemperatur in der Nähe der Einmündungsstelle auswirken, ebenso auch auf den Nährstoffgehalt und die Trübstoffmenge.
Der **Gehalt der anorganischen Substanzen** wird vor allem durch die Gesteine, die Böden und die Vegetation des Einzugsgebietes bestimmt.
Auch **organische Stoffe** können von außen eingetragen werden (z. B. über Laubfall oder Einschwemmung von Bodenpartikeln).

Quellwasser ist in aller Regel kalt, klar und nährstoff- sowie sauerstoffarm.

Charakteristisch für den ***Oberlauf*** sind:
- eine schmale Form des Gewässerbettes, ein zumeist großes Gefälle, eine hohe Fließgeschwindigkeit und eine starke Strömungsdynamik;
- grobes Material am Fließgewässergrund (Fels, Steine, Kies);
- die Erosion überwiegt bei weitem die Sedimentation;
- ein hoher Sauerstoffgehalt des Wassers; dieser resultiert aus den turbulenten Wasserbewegungen, durch die viel Sauerstoff aus der Luft ins Wasser gelangt, und daraus, dass das Wasser eine niedrige Temperatur besitzt (kaltes Wasser kann mehr Sauerstoff aufnehmen als warmes);
- geringe Schwankungen der Sauerstoffkonzentration im Jahres- und Tagesgang; Ursache sind die geringen Temperaturschwankungen des Wassers, die wiederum aus der Nähe zur Quelle und der weitgehenden Beschattung durch die Ufervegetation resultieren;
- eine Uferregion, die schmal und kieselhaltig ist; ausgeprägte Flussauen fehlen;
- Eintrag organischer Stoffe durch die angrenzende Vegetation; der Gehalt an organischen Stoffen ist allerdings insgesamt gering;
- klares Wasser mit wenig Trübstoffen.

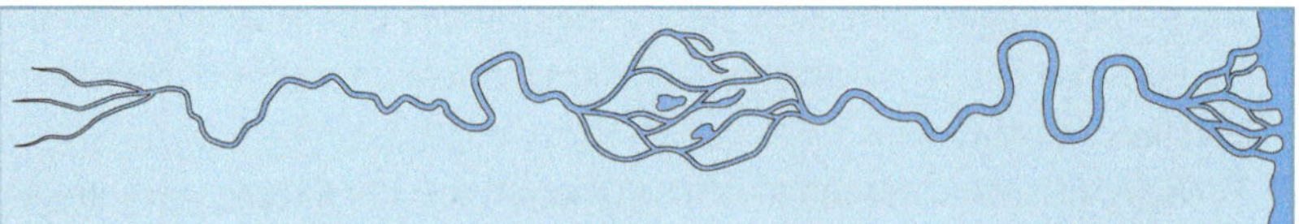

	Quelle	Oberlauf	Mittellauf	Unterlauf	Mündung
Strömungsgeschwindigkeit, Gefälle	nimmt stetig ab				
Wassertrübung, Gehalt organischer Stoffe	nimmt stetig zu				
Gewässergrund	Fels, Steine	Steine, Kies	Kies, Sand, Feinsediment	Sand, Feinsediment	Sand, Feinsediment
max. Temperatur	< 10° C	< 15° C	< 15° C	< 20° C	> 20° C

Abb. 8.43: Änderung abiotischer Umweltfaktoren in einem Fließgewässer

Charakteristisch für den ***Mittellauf*** sind:

- ein verringertes Gefälle und eine zunehmende Breite des Gewässerbettes;
- eine Reduktion der Fließgeschwindigkeit und dadurch eine Verminderung des Transportvermögens des Wassers;
- ein annäherndes Gleichgewicht zwischen Erosion und Sedimentation; für diesen Gewässerabschnitt sind daher Umlagerungsprozesse typisch;
- eine verminderte Beschattung durch die Ufervegetation;
- die Ausbildung von Flussauen, die bei Hochwasser überflutet und mit Schotter, Kies oder Sand bedeckt werden;
- die Bildung von Mäandern (Flussschlingen) in den Gewässerabschnitten, die ein geringes Gefälle und genügend Raum im Auenbereich besitzen;
- ein recht hoher Sauerstoffgehalt des Wassers, der jedoch deutliche Schwankungen im Tages- und Jahresverlauf aufweist, da der Sauerstoff hier überwiegend aus der von der Sonneneinstrahlung abhängigen Fotosynthese der Algen und Wasserpflanzen stammt.

Charakteristisch für den ***Unterlauf*** sind:

- ein geringes Gefälle und dementsprechend eine gleitende Wasserbewegung ohne größere Turbulenzen (außer an Hindernissen);
- abnehmenden Transport und vermehrte Sedimentation auch feinkörniger Partikel;
- die vermehrte Bildung von Mäandern in den oftmals breiten Flussauen;
- ein hoher Gehalt an Nährstoffen;
- ein hoher Gehalt an feinen organischen Stoffen (Trübstoffen), die die Sicht- und Lichtverhältnisse im Wasser verschlechtern;

- ein geringer Sauerstoffgehalt; begründet ist dieser in der hohen Wassertemperatur und Verminderung der Fotosynthese infolge der Trübung des Wassers;
- häufige Überschwemmungen der Flussauen; dadurch gelangen Fest- und Nährstoffe in die Auen;
- zur ***Mündung*** hin prägen sich die Charakteristika des Unterlaufes verstärkt aus.

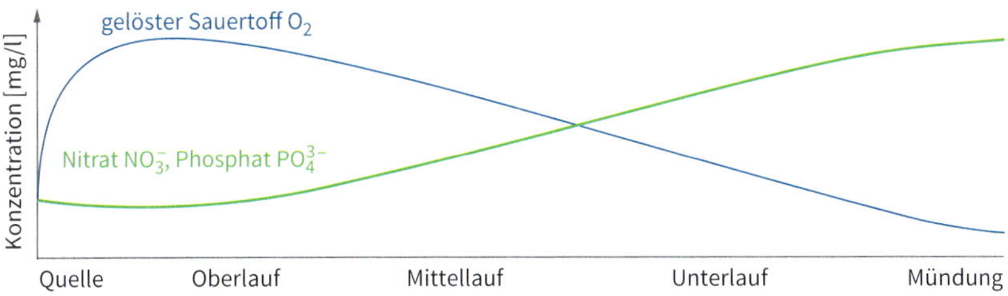

Abb. 8.44: Sauerstoff- und Nährstoffgehalt eines Fließgewässers

Biotische Umweltfaktoren

Auch in Fließgewässern sind die Mitglieder der Biozönose über *Nahrungsketten* bzw. *Nahrungsnetze* miteinander verbunden. Man unterscheidet hier folgende Organismengruppen:

Produzenten

- Wasserpflanzen, Aufwuchsalgen, Phytoplankton und Cyanobakterien
- Stellenweise bilden Algen zusammen mit Bakterien, Pilzen und Protozoen (z. B. Wimpern- und Geißeltierchen) einen **Biofilm**. Dies ist ein feiner Film, der aus Mikroorganismen und dem von diesen gebildeten Schleim besteht. Man findet Biofilme an Grenzoberflächen zwischen Fest- und Flüssigphase, also z. B. auf Steinen, Kieseln oder Pflanzen im Wasser. Lebensgemeinschaften in Biofilmen sind widerstandsfähiger gegenüber problematischen Umwelteinflüssen als frei im Wasser schwimmende Individuen.

Abb. 8.45: Wasserpflanze

Primärkonsumenten

Nach ihrer Ernährungsweise unterscheidet man:

- *Weidegänger (z. B. Schnecken, Köcherfliegenlarven, Eintagsfliegenlarven).* Sie schaben („weiden“) den vorwiegend aus Algen und Bakterien bestehenden Aufwuchs bzw. Biofilm von Steinen ab.
- *Zerkleinerer (z. B. Bachflohkrebse, Wasserasseln).* Sie beißen z. B. größere Teile aus Wasserpflanzen und aus den Laubblättern heraus, die von den am Ufer stehenden Bäumen ins Wasser fallen, und zerkleinern diese.

Abb. 8.46: Köcherfliegenlarve

Abb. 8.47: Wasserassel

Abb. 8.48: Flussmuschel

Abb. 8.49: Rollegel

- *Sedimentfresser (z. B. Zuckmückenlarven, Röhrenwürmer).* Sie fressen Schlamm, Sand und Detritus und ernähren sich vor allem von den darin enthaltenen Bakterien und Algen.
- *Filtrierer (z. B. Muscheln, Zuckmücken- und Kriebelmückenlarven).* Sie filtern Detritus und Plankton aus dem strömenden Wasser.

Sekundärkonsumenten
- Räuber *(z. B. Wasserinsekten, Egel, Strudelwürmer, aber auch Fische wie Elritze oder Hasel sowie Amphibien und kleinere Wasservögel)*. Sie ernähren sich von anderen Tieren, die sie gezielt erbeuten.

Tertiärkonsumenten/Endkonsumenten
- Fische, Amphibien, fischfressende Wasservögel und Säugetiere *(z. B. Hecht und Zander, Kranich und Fischreiher oder Fischotter)*. Sie fressen Primär- und Sekundärkonsumenten aber auch andere Wirbeltiere.

Destruenten
- Pilze, Bakterien und andere Mikroorganismen. Sie zersetzen totes organisches Material. Die dabei entstehenden Nährstoffe werden dann von den Produzenten zum Aufbau neuer Biomasse genutzt.

Unter den Tier- und Pflanzenarten gibt es solche, die für einen bestimmten Typ von Biotop oder eine bestimmte Biozönose charakteristisch sind. Man bezeichnet sie als **Leitarten**. Sie stellen ganz spezielle Ansprüche an ihren Lebensraum, sind damit eng an bestimmte Lebensraumeigenschaften gebunden. Auf Veränderungen im Biotop reagieren sie daher besonders empfindlich. Zur Untergliederung von Fließgewässern werden vor allem bestimmte Fischarten als Leitarten verwandt.

In Abhängigkeit von den abiotischen Umweltfaktoren ist die Artenzusammensetzung in den einzelnen Abschnitten eines Fließgewässers ausgesprochen unterschiedlich:

Region der Quelle
- Das nährstoff- und sauerstoffarme Quellwasser bietet keine guten Bedingungen für Flora und Fauna. Falllaub stellt den einzig nennenswerten Eintrag an Biomasse dar. Zerkleinerer und Filtrierer nutzen dieses und dominieren daher im Spektrum der Primärkonsumenten.
- Fische kommen nicht vor, dafür jedoch Amphibien.
- Leitart ist der *Feuersalamander*.

Oberlauf

- Das Gefälle ist meist noch stark, die Fließgeschwindigkeit hoch. Ebenso die Verwirbelung des Wassers. Hierdurch nimmt es viel Sauerstoff auf. Sein Nährstoffgehalt ist aber nach wie vor gering. Zudem beschatten am Ufer stehende Bäume und Sträucher das noch schmale Gewässer. Ihr Laub fällt ins Wasser.
- Für die Produzenten sind diese Bedingungen nicht ideal. Dementsprechend findet man in diesem Abschnitt nur wenige Wasserpflanzen und Algen.
- Unter den Primärkonsumenten dominieren die Zerkleinerer, die vor allem das Falllaub verwerten.
- Eine Vielfalt an Insekten nutzt diesen Lebensraum. Sie sind Beute für *Forellen* und *Äschen*, die Leitarten in diesem Gewässerabschnitt.

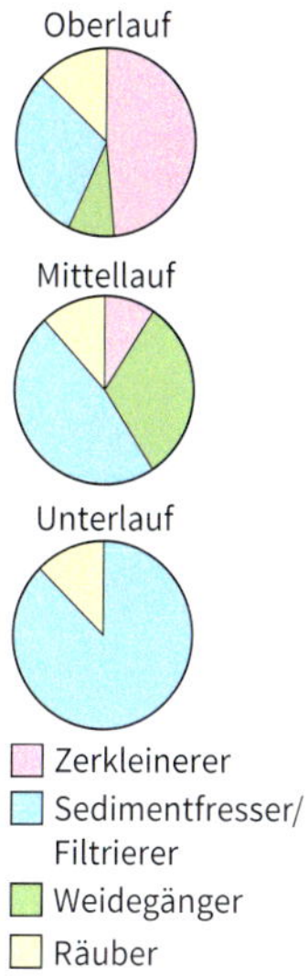

Abb. 8.50: Anteile der Ernährungstypen in den Abschnitten eines Fließgewässers

Mittellauf

- Das Gefälle des Gewässers hat deutlich abgenommen. Seine Breite nimmt zu, die Beschattung durch die Ufervegetation damit ab. Wasser und Sediment enthalten mehr und mehr Detritus. Durch Auswaschung aus dem Gestein sowie durch die Arbeit der Destruenten nimmt der Nährstoffgehalt des Wassers stetig zu. Noch ist dieses relativ klar. Sein Sauerstoffgehalt ist nach wie vor hoch.
- Dieser Gewässerabschnitt bietet damit günstige Bedingungen für Produzenten, die sich unter Wasser ansiedeln (Wasserpflanzen, Algen). Deren Biomassenproduktion ist größer als der Eintrag von außen (z. B. durch Falllaub).
- Bei den Primärkonsumenten überwiegen die Sedimentfresser und Filtrierer.
- Dank des starken Algenwachstums finden Weidegänger günstige Bedingungen.
- Infolge des breiteren Nahrungsangebotes nimmt die Artenvielfalt zu. So stoßen auch Fischotter und Reiher hier auf reiche Beute.
- Leitart ist die *Barbe*, ein Fisch, der sich von Wirbellosen, kleinen Fischen und Algen ernährt.

Unterlauf

- Das geringe Gefälle bedingt eine niedrige Fließgeschwindigkeit. In der Folge lagern sich verstärkt Schlamm und feinere Sedimente ab. Das Wasser ist trüb und nährstoffreich. Durch die intensive Tätigkeit aerob arbeitender Mikroorganismen ist sein Sauerstoffgehalt gering.
- Für am Gewässerboden wachsende, lichtabhängige Wasserpflanzen ist der Unterlauf kein attraktiver Standort. Freischwimmende Algen und anderes Phytoplankton finden hier hingegen günstige Bedingungen.
- Im *Makrozoobenthos* (= alle mit dem bloßen Auge erkennbaren, wirbellosen Tiere, die am/im Gewässerboden leben) dominieren Sedimentfresser und Filtrierer.
- Leitart ist die *Brachse*, ein Fisch, der sich hauptsächlich von Schnecken, Muscheln, Würmern und Phytoplankton ernährt.

griech. *makros* = groß
griech. *bénthos* = Tiefe
Benthal = Bodenzone eines Gewässers

Gewässergüte von Fließgewässern

Bis zur Einführung der Europäischen Wasserrahmenrichtlinie (WRRL) im Jahre 2000 nutzte man in Deutschland zur Bewertung der Güte von Fließgewässern den **Saprobienindex**.

griech. *sapros* = faul
griech. *bios* = Leben

Saprobien sind Organismen, die in verunreinigten Gewässern, insbesondere in stark verschmutzten, faulenden Abwässern vorkommen. Zu ihnen gehören bestimmte Pilze, Bakterien, Algen sowie tierische Ein- und Mehrzeller. Sie bauen organische Stoffe ab und sind daher zentral für die biologische Selbstreinigung eines Gewässers. Bestimmte Saprobienarten kommen typischerweise in Fließgewässern mit einem bestimmten Grad an Belastung durch organisches Material vor, was sie zu **Bioindikatoren** für die Stärke der Verunreinigung eines Gewässers macht. Die vorkommenden Saprobienarten wie auch deren Häufigkeit fließen in die Berechnung des Saprobienindex ein, den man zur Fließgewässer-Gütekartierung nutzt.
Klassisch unterscheidet man vier **Gewässergüteklassen**:

- Gewässergüteklasse I – unbelastet bis sehr gering belastet
- Gewässergüteklasse II – mäßig belastet
- Gewässergüteklasse III – stark verschmutzt
- Gewässergüteklasse IV – übermäßig verschmutzt

Durch Einführung von Zwischenstufen wurde das Saprobiensystem weiter verfeinert. Schließlich bestand das Klassifizierungssystem aus acht Stufen.

Durch die WRRL wurde ein neues europaweit gültiges System der Fließgewässerbewertung eingeführt. Bei der Beurteilung des ökologischen Gewässerzustandes werden nun neben den organischen Belastungen auch der Eintrag von Nähr- und Schadstoffen sowie die Veränderung der Gewässerstruktur berücksichtigt. Wichtigster Indikator des ökologischen Gewässerzustandes bleiben aber nach wie vor die im Wasser lebenden Organismen, spiegelt doch die Zusammensetzung der Biozönose die Summe aller Einflussfaktoren und Belastungen wider. Die WRRL bezeichnet sie als **biologische Qualitätskomponenten**. Neben Wasserpflanzen, Algen und Fischen stehen dabei auch die am Gewässerboden lebenden wirbellosen Tiere (Makrozoobenthos) im Fokus. Bestimmt werden Vorkommen und Auftrittshäufigkeit der einzelnen Arten. In diesem Zusammenhang gelangt auch ein überarbeiteter Saprobienindex als biologische Komponente der Gewässerklassifizierung zur Anwendung. Um der Vielfalt der Fließgewässer Rechnung zu tragen, wurden dabei 21 Fließgewässertypen mit jeweils eigenen Wertevorgaben für den Saprobienindex definiert.

Der ökologische Zustand eines Gewässers ergibt sich nun aus dem Vergleich der tatsächlich in ihm lebenden Organismen mit dem Bestand, der im jeweiligen Gewässertyp natürlicherweise vorkommt. Je größer die Abweichung vom natürlichen Zustand desto schlechter die Einstufung. Dabei gilt das „Worst-Case-Prinzip“: Die biologische Qualitätskomponente mit der schlechtesten Bewertung bestimmt die ökologische Klassenzugehörigkeit. Insgesamt gibt es fünf **ökologische Zustandsklassen** (→ Abb. 8.51).

Die Bewertung nach der WRRL bezieht sich in der Regel auf einzelne Abschnitte eines Fließgewässers. In einer **Gewässergütekarte** werden diese Abschnitte dann mit der Farbe der jeweiligen ökologischen Zustandsklasse markiert.

Bio-Indikatoren (Wirbellose)

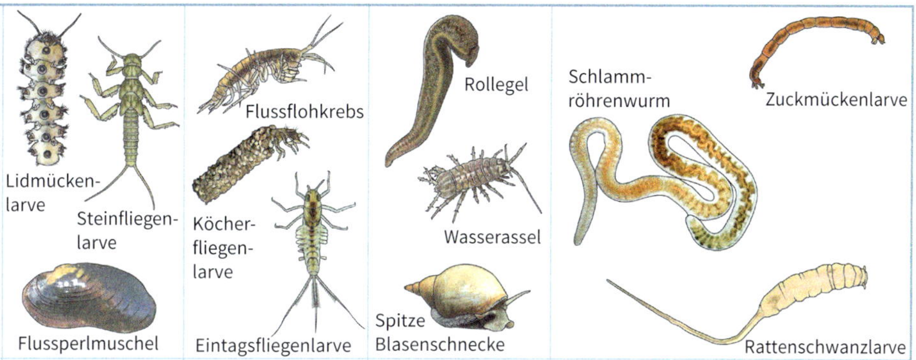

Saprobien Index	≤ 1,45	1,45–2,0	> 2,0–2,65	> 2,65–3,35	> 3,35
Sauerstoff					
Ökologische Zustandsklasse	1 sehr gut	2 gut	3 mäßig	4 unbefriedigend	5 schlecht

Abb. 8.51: Biologische und chemische Komponenten der ökologischen Zustandsklassen (Beispiel: Gewässertyp 5 – grobmaterialreicher Mittelgebirgsbach)

Fließgewässer und Mensch

Flüsse und Bäche erfüllen für uns Menschen eine Reihe wichtiger Funktionen:

- Sie dienen der Wasserversorgung wie auch der Energiegewinnung.
- Schiffbare Flüsse sind bedeutende Verkehrswege.
- Fließgewässer sind wichtig bei der Abwasserbehandlung. Als Vorfluter nehmen sie das Abwasser nach dessen Aufbereitung im Klärwerk auf.
- Die Industrie nutzt sie zu Kühlzwecken bzw. zur Entnahme von Wasser für eine Fülle von Produktionsprozessen.
- Der Landwirtschaft liefern sie Wasser zur Bewässerung.
- Ihr Wasser hat insbesondere in städtischen Räumen eine ausgleichende Wirkung auf das Lokalklima. Ihre Ufer sind begehrte Wohnlagen.
- Vielfach sind Bäche und Flüsse touristische Highlights, bieten Besuchern und Anwohnern die Möglichkeit, sich zu erholen und sportlich zu betätigen.

Oftmals greift der Mensch in das Fließgewässer ein, damit dieses bestimmte von ihm gewünschte Aufgaben erfüllen kann: Flüsse werden begradigt oder umgeleitet, ihre Ufer werden versiegelt und Staudämme hemmen den natürlichen Wasserfluss. Solche Anpassungen an die Bedürfnisse des Menschen führen häufig zu Schäden und zur Beeinträchtigung der natürlichen Leistungen des Ökosystems. Diese Schäden auszugleichen oder abzumildern ist Ziel der Gewässerrenaturierung. Unter **Renaturierung** wird dabei die aktive Wiederherstellung eines möglichst natürlichen Gewässerzustandes verstanden. Hierdurch soll die Funktionsfähigkeit des Fließgewässers gesichert bzw. restauriert werden. Langfristig muss es dann das Ziel einer **nachhaltigen Gewässerbewirtschaftung** sein, die unterschiedlichen menschlichen Nutzungsinteressen aufeinander abzustimmen und zugleich die ökologische Funktionsfähigkeit des Gewässers sicherzustellen.

Abb. 8.52: Abwassereinleitung in ein Fließgewässer

Immer wieder kommt es jedoch beabsichtigt oder unbeabsichtigt zur Einleitung giftiger **Abwässer** mit teils gravierenden Folgen für die Biozönosen an der Einleitungsstelle wie auch gewässerabwärts (z. B. Fischsterben).
Neben Abwässern mit giftigen Substanzen werden in die Bäche und Flüsse auch solche mit organischen Komponenten eingebracht (z. B. aus der Lebensmittelindustrie, der Landwirtschaft oder aus Kläranlagen). Auch diese Abwässer führen zu deutlichen Veränderungen in der Biozönose (→ Abb. 8.53):

- Nach dem Einleiten kommt es zunächst zu einer starken Vermehrung jener Bakterien, die organische Stoffe verwerten.

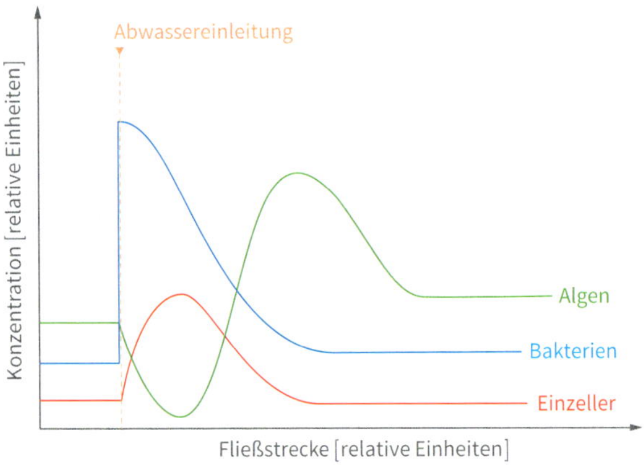

Abb. 8.53: Veränderung der Biozönose nach Abwassereinleitung

- Flussabwärts steigt auch die Zahl tierischer Einzeller, die sich von diesen Bakterien ernähren.
- Die eingeleiteten organischen Partikel trüben das Wasser. Algen werden so in der Fotosynthese beeinträchtigt. Ihre Konzentration im Wasser nimmt ab.
- Durch die Tätigkeit der Bakterien sinkt die Konzentration der organischen Stoffe. Bakterien finden so weniger abzubauendes Substrat. Ihre Dichte verringert sich gewässerabwärts. Desgleichen die Zahl der sich von ihnen ernährenden Einzeller.
- Die Algendichte hingegen nimmt zu. Zum einen, weil sich die Lichtverhältnisse durch den Abbau und die fortlaufende Verdünnung der eingeleiteten organischen Stoffe verbessern. Zum anderen, weil ihnen die Endprodukte des bakteriellen Stoffabbaus in großer Menge als Nährstoffe zur Verfügung stehen.
- Schließlich stellt sich das ursprüngliche Bild der Biozönose nahezu wieder ein.

Durch die Einleitung organischer Stoffe verändern sich auch die chemischen Parameter im Wasser (→ Abb. 8.54):

- Beim Abbau der organischen Stoffe verbrauchen die Bakterien Sauerstoff. Die Folge: Die Bedingungen im Wasser werden anaerob.
- Die Bakterien setzen beim Abbau Ammonium und Phosphat frei. Dessen Menge im Wasser steigt.
- Gewässerabwärts nimmt die Fotosynthesetätigkeit der Algen zu, was zu einem Wiederanstieg der Sauerstoffkonzentration führt.
- Unter den nun wieder aeroben Bedingungen wird Ammonium zu Nitrat oxidiert.
- Algen und Wasserpflanzen nutzen Nitrat, Phosphat und Ammonium als Nährstoffe.

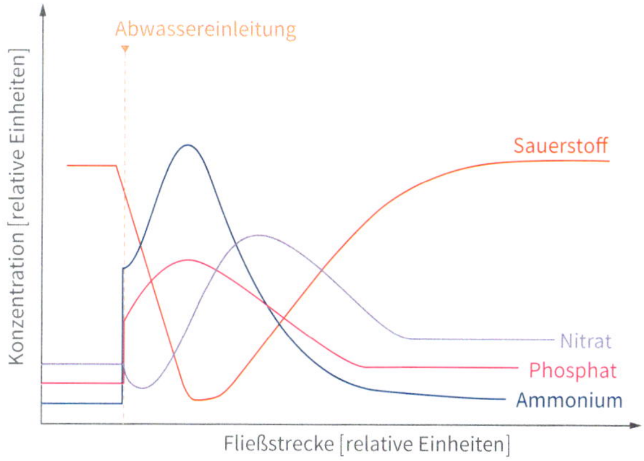

Abb. 8.54: Veränderung der Stoffkonzentrationen nach Abwassereinleitung

Damit hat sich nach einer gewissen Fließstrecke der ursprüngliche Zustand annähernd wieder eingestellt. Fließgewässer sind also zur **Selbstreinigung** fähig. Allerdings bleibt der Mineralstoffgehalt dauerhaft höher, als er ohne Abwassereinleitung wäre.

Die Selbstreinigungsfähigkeit der Gewässer kann jedoch an ihre Grenzen kommen, wenn z. B.

- zeitgleich eingeleitete giftige Substanzen die Biozönose nachhaltig schädigen und verändern.
- die Menge der eingeleiteten organischen Stoffe sehr groß ist, sodass es zu einer extremen Algenvermehrung kommt („Algenblüte“). Sterben diese Algen ab, ist der Anfall toter Biomasse so enorm, dass die Destruenten den gesamten Sauerstoff verbrauchen. Anaerob arbeitende Mikroorganismen übernehmen den Detritusabbau. Der Fluss „kippt um“ (→ vgl. Seite 214).
- die Wassermenge eines Fließgewässers sich etwa im Zuge einer Dürreperiode drastisch verringert und die Wassertemperatur stark ansteigt. Im Zuge der durch den anthropogenen Treibhauseffekt ausgelösten klimatischen Veränderungen tritt dieses Phänomen seit einigen Jahren auch in Mitteleuropa in den Sommermonaten zunehmend häufiger auf.

8 Ökosysteme ⇨ Ökosystem allgemein

1 DEFINITION ÖKOSYSTEM

→ Ökosystem = komplexes Netz von Wechselbeziehungen zwischen den abiotischen Faktoren eines **Biotops** und der dieses bevölkernden **Biozönose**

→ Auch Mitglieder der Biozönose sind untereinander durch ein Geflecht von Beziehungen verbunden.

2 STRUKTUR DER BIOZÖNOSE

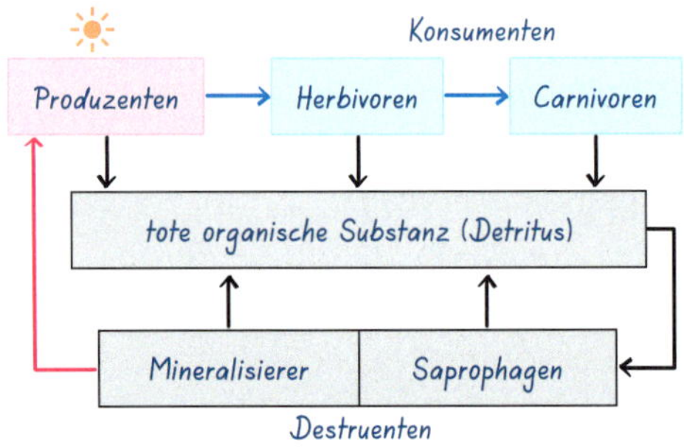

Legende: → lebende organische Substanz
→ tote organische Substanz
→ anorganische Substanzen (Mineralstoffe, Nährsalze)

3 ENERGIEFLUSS

→ Produzenten wandeln ☀ in chemische Energie um (**Bruttoprimärproduktion**).

→ Diese wird in Nahrungskette/Nahrungsnetz von Trophieebene zu Trophieebene weitergereicht (Energiefluss).

→ Auf allen Trophieebenen gibt es Energieverluste durch Zellatmung & Wärmeabgabe.

→ **Nettoprimärproduktion** = von Produzenten neu gebildete organische Substanz minus des von ihnen durch Zellatmung selbst verbrauchten Anteils

4 KOHLENSTOFF-KREISLAUF

Es gibt einen ...

→ Hauptkreislauf
(Fotosynthese und Zellatmung)

→ anorganischen Nebenkreislauf
(Kalkgestein und Verwitterung)

→ organischen Nebenkreislauf
(fossile Energieträger und Verbrennung; → **anthropogener Treibhauseffekt**)

5 STICKSTOFFKREISLAUF

Zentrale Stoffwechselprozesse sind ...

→ Stickstofffixierung (molekularer Stickstoff → Ammonium, Nitrat usw.)

→ Ammonifikation (Detritus → Ammonium)

→ Nitrifikation (Ammonium → Nitrit → Nitrat)

→ Denitrifikation (Nitrat → molekularer Stickstoff)

Ökosysteme Wald – See – Fluss

1 KENNZEICHEN ÖKOSYSTEM WALD

- → Stockwerke Laub-/Mischwald: Moos-, Kraut-, Strauch-, 1./2. Baumschicht
- → nach Kahlschlag Sukzession bis zum Klimaxwald
- → Böden sind Grundlage für den Wald.
- → Wichtige Bodenteile: Mineralstoffe – Huminstoffe – Tonminerale – Poren
- → Mykorrhiza = Symbiose Baum & Pilz
  Baum → Wurzel → Pilz: Kohlenhydrate
  Pilz → Wurzel → Baum: Nährstoffe usw.

2 WALD UND MENSCH

- → Wichtige Funktionen des Waldes:
  - Holzlieferant + Erholungsraum
  - O_2-Produktion + CO_2-Senke
  - Erosionsschutz + Lawinenschutz
- → Gefährdung des Waldes durch:
  - Abholzung + Brandrodung
  - Monokultur + „sauren Regen"
  - anthropogenen Treibhauseffekt
- → nachhaltige Waldwirtschaft: Ökologie + Ökonomie + Soziales ausgewogen berücksichtigen

3 KENNZEICHEN ÖKOSYSTEM SEE

- → oben Nährschicht (O_2-Prod. > Verb.)
- → dazwischen Kompensationsschicht (O_2-Produktion = Verbrauch)
- → unten Zehrschicht (O_2-Prod. < Verb.)
- → Temperatur: Sommer-/Winterstagnation – Frühjahrs-/Herbstzirkulation
- → Wichtig: Dichteanomalie des Wassers

4 EUTROPHIERUNG

hoher Nährstoffeintrag (oft durch Mensch)
↓
Algenblüte → Algensterben
↓
Aufbrauchen O_2 durch Destruenten → Faulschlamm + Faulgase
↓
„Umkippen" des Sees

5 KENNZEICHEN ÖKOSYSTEM FLUSS

Abschnitt	Trübung	Nährstoffgehalt	Sauerstoffgehalt	Leitorganismus	Dominierende Konsumenten
Oberlauf	–	– Falllaub!	+ kaum Schwankungen	Forelle, Äsche	Zerkleinerer
Mittellauf	○	○/+	+ Schwankungen Tag/Jahr	Barbe	Sedimentierer, Filtrierer und Weidegänger
Unterlauf	+	+	–	Brachse	Sedimentierer und Filtrierer

9 Der Mensch als Umweltfaktor

**Im Juni 2023 leben acht Milliarden Menschen auf der Erde.
In allen Ökosystemen der Erde ist der Mensch damit ein wichtiger, oft sogar der wichtigste Umweltfaktor.
Doch nicht nur die reine Zahl der menschlichen Erdenbewohner macht deren Bedeutung aus. Vielmehr wird ihr Einfluss durch den Einsatz technischer Hilfsmittel in Industrie, Landwirtschaft und Verkehr potenziert. Der Mensch ist damit zum bestimmenden Faktor für das globale Ökosystem geworden.
Die Umweltauswirkungen seiner Tätigkeiten betreffen den ganzen Planeten. Konsequenterweise sehen viele Forscher die Erde am Anfang eines neuen, vom Wirken des Menschen bestimmten Erdzeitalters, des Anthropozäns. Dieses begann ihrer Meinung nach mit dem Einsetzen der Industrialisierung um 1800.**

9.1 *Wachstum der Weltbevölkerung*

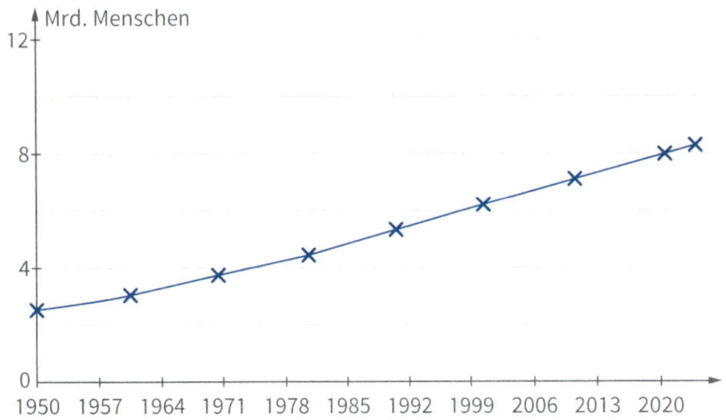

Abb. 9.1: Entwicklung der Weltbevölkerung 1950 – 2023

Von 1950 bis 2023 hat sich die Weltbevölkerung mehr als verdreifacht. Laut Prognose der Vereinten Nationen (UN) wird sie ihren höchsten Wert in den 2080er-Jahren mit rund 10,4 Mrd. Menschen erreichen. Das Wachstum fand und findet dabei vor allem in den Ländern des globalen Südens statt.
Die **Ursachen für die hohen Geburtenraten** in den sogenannten „Entwicklungs- und Schwellenländern" sind vielfältig:

- Kinder tragen hier schon in jungen Jahren als Arbeitskräfte in der Landwirtschaft oder im informellen Sektor zum Familieneinkommen bei. Armut und das Fehlen von Sozialversicherungen lassen sie für ihre Eltern zu alleinigen Versorgern in Krankheit und Alter werden.
- Lange Zeit war die Säuglings- und Kindersterblichkeit sehr hoch. Inzwischen hat sie deutlich abgenommen. Allerdings realisieren die Menschen erst verzögert, dass ihre Alters-/Sozialabsicherung nun auch mit weniger Kindern gegeben ist.
- Fehlende oder mangelhafte Bildung insbesondere für Mädchen und Frauen. In der Folge mangelt es den jungen Menschen auch an fundierter Aufklärung über Verhütung und Schwangerschaft.

- Eine zu geringe Verfügbarkeit von Verhütungsmitteln.
- Kinder gelten oftmals bis heute als Statussymbol.
- Aus religiösen Gründen streben die Eltern eine hohe Kinderzahl an.

Gleichzeitig hat sich dank des medizinischen Fortschritts in den meisten Ländern des globalen Südens die Lebenserwartung deutlich erhöht. Die Sterberate sinkt.

Die Auswirkungen des starken Wachstums der Weltbevölkerung sind gravierend.

Ökonomische/Soziale Folgen sind z. B.:

- In den Ländern des globalen Südens wird die Befriedigung der Grundbedürfnisse zunehmend erschwert. Versorgungsengpässe und Hunger sind die Folge.
- Wasser wird immer mehr zu einem Mangelgut.
- Bereits erzielte Fortschritte im wirtschaftlichen und sozialen Bereich werden zurückgedreht bzw. stagnieren. Zunehmende Verarmung Vieler ist die Folge.
- Die soziale und politische Stabilität in den Ländern des globalen Südens ist dadurch gefährdet. Daraus können Unruhen und Bürgerkriege resultieren.
- Landflucht führt zur Entstehung von Groß- und Megastädten.
- Es kommt zu unkontrollierter internationaler Migration auch in die Länder des globalen Nordens, die dort politische und soziale Verwerfungen auslöst.

Ökologische Folgen sind z. B.:

- Um die wachsende Bevölkerung mit Nahrungsmitteln und Wasser zu versorgen, werden die natürlichen Ressourcen übermäßig in Anspruch genommen. In der Folge kommt es in den Ländern des globalen Südens zur Zerstörung der (Regen)Wälder, zu Desertifikation und Bodenerosion, wie auch zur Verschmutzung der Gewässer und zu deren Austrocknung.
- Die Einleitung ungeklärter Abwässer in die Gewässer führt zur Minderung der Wasserqualität und zur Schmälerung der Trinkwasserressourcen.
- Die Umwandlung von Wäldern und Savannen in Acker und Weideland bedingt einen Rückgang der Artenvielfalt. Ebenso auch die Überfischung der Meere.
- Die hohen Emissionen von CO_2, Methan und anderen Treibhausgasen insbesondere in den Industrie und Schwellenländern führen global zu einer Veränderung des Klimas. Dies hat gravierende Folgen (→ Seite 232).
- Eine hohe Belastung für die Umwelt stellt auch das zunehmende Müllaufkommen dar. Ein nicht unerheblicher Teil des Mülls landet in der Natur und verbleibt, wie etwa der Plastikmüll, dort oftmals für lange Zeit. Bei der Müllzersetzung werden zudem häufig Substanzen freigesetzt, die für den Menschen gesundheitsbeeinträchtigend oder giftig sind.
- Emissionen aus dem stark anwachsenden Verkehr beeinträchtigen weltweit, insbesondere aber in den Megastädten die Gesundheit der Menschen.

lat. *desertus facere* = wüst machen
Desertifikation = Wüstenbildung/-ausbreitung infolge menschlicher Aktivitäten in Regionen mit relativ trockenem Klima; die natürlichen Ressourcen Boden, Wasser und Vegetation werden dabei dermaßen beeinträchtigt oder zerstört, dass sie sich nicht regenerieren können.

9.2 Treibhauseffekt und Klimawandel

Der Motor des Wetter- und Klimageschehens auf der Erde ist die Strahlung der Sonne. Die Menge der Sonnenstrahlung, die die Erde erreicht, ist allerdings über die Jahrmillionen keineswegs immer gleich. So schwankt die Aktivität der Sonne innerhalb von Jahrzehnten (Sonnenfleckenzyklen). Ebenso variieren innerhalb von Jahrzehntausenden die astronomischen Erdbahnparameter (Form der Erdumlaufbahn, Erdachsenneigung, Präzession der Erdachse). Auch die gasförmige Hülle der Erde, die Atmosphäre, welche die Sonnenstrahlung auf ihrem Weg zur Erdoberfläche passieren muss, verändert sich. Infolge von Meteoriteneinschlägen oder Vulkanausbrüchen können große Mengen verdunkelnder Substanzen in die Atmosphäre geschleudert werden. Zudem beeinflussen der Gasausstoß der Vulkane und die Aktivtäten der Pflanzen und Tiere auf der Erde die Zusammensetzung der Atmosphäre. All dies führt dazu, dass das Klima auf der Erde einem ständigen Wandel unterworfen ist. So schwankt etwa die globale Durchschnittstemperatur in den Jahrmillionen der Erdgeschichte erheblich.

Abb. 9.2: Funktion eines Treibhauses

In jüngster Zeit kommt der Mensch als weiterer Einflussfaktor hinzu. Sein Wirken betrifft vor allem jene Elemente der Atmosphäre, die als **Treibhausgase** bezeichnet werden. Die Glashülle eines Treibhauses lässt zwar das kurzwellige Sonnenlicht weitgehend passieren, verhindert aber, dass die langwellige Wärmestrahlung nach außen abgegeben wird. So erwärmt sich das Innere des Treibhauses.

In der Erdatmosphäre übernehmen die von Natur aus dort vorkommende Treibhausgase wie Kohlenstoffdioxid, Methan oder Lachgas die Funktion des Glases. So kann die kurzwellige Sonnenstrahlung die Atmosphäre zu einem großen Teil passieren, erreicht die Erdoberfläche und wird dort zum Teil in langwellige Wärmestrahlung umgewandelt. Trifft diese auf ihrem Weg zurück ins Weltall auf eines der Treibhausgasmoleküle, so wird es von diesem aufgenommen und kurze Zeit später wieder in alle Richtungen abgegeben. Dadurch erwärmen sich Atmosphäre wie auch Erdboden.

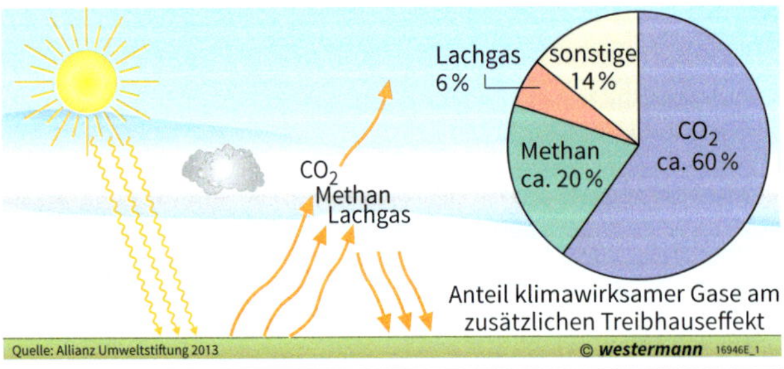

Abb. 9.3: Treibhauseffekt und dessen Verstärkung durch den Menschen

Dank dieses **natürlichen Treibhauseffektes** liegt die globale Durchschnittstemperatur auf der Erde bei + 15 °C. Ohne ihn würde sie – 18 °C betragen. Wasser in flüssiger Form käme dann allenfalls kurzzeitig oder an einzelnen Stellen auf der Erde vor. Die Bedingungen für die Entwicklung von Leben wären erheblich schlechter.

Am Treibhauseffekt beteiligt sind dabei nur ein Bruchteil der Gase der Erdatmosphäre: Die Treibhausgase Wasserdampf, Kohlenstoffdioxid, Methan, Distickstoffoxid und Ozon machen zusammen nur rund 1 Vol.-% der Gashülle der Erde aus. Die Hauptbestandteile der Atmosphäre, Stickstoff (78,1 Vol.-%), Sauerstoff (20,9 Vol.-%) und Argon (0,9 Vol.-%), haben hingegen keine Treibhauseffekt-Eigenschaften.

So positiv der natürliche Treibhauseffekt für das Leben auf der Erde ist, so problematisch ist dessen Verstärkung durch die Aktivitäten des Menschen. Industrie, Landwirtschaft, Haushalte und Verkehr setzen Treibhausgase in die Atmosphäre frei (→ Tab. 9.1). Das führt zu einer Steigerung des Treibhauseffektes und in der Folge zu einer Erhöhung der globalen Durchschnittstemperatur. Man bezeichnet dies als **anthropogenen (Zusatz)Treibhauseffekt**.

anthropogen = vom Menschen gemacht

Treibhausgas	Natürliche Quellen	Anthropogene Quellen	Anteil am gesamten Treibhauseffekt
Kohlenstoffdioxid	Vulkane, Waldbrände, Atmung tierischer Lebewesen	Verbrennung fossiler Energieträger (Erdöl, Kohle, Erdgas), Brandrodung von Wäldern	23,9 %
Methan	Verdauungsvorgänge bei Tieren (z. B. Rindern), Sümpfe	Massentierhaltung, Reisanbau, Mülldeponien, Kläranlagen, Erdgasförderung	5,9 %
Lachgas	Abbau stickstoffhaltiger Verbindungen durch Bakterien im Boden	Verbrennung von Biomasse, stickstoffhaltiger Dünger in der Landwirtschaft	2,3 %
halogenierte Treibhausgase	–	Kältemittel, Löschmittel, Verschäumungsmittel, Treibgas	3,9 %

Tab. 9.1: Langlebige Treibhausgase und deren Beitrag zum Treibhauseffekt 2023

Neben den in Tab. 9.1 aufgeführten langlebigen Treibhausgasen ist Wasserdampf mit rund 64 % am Gesamttreibhauseffekt beteiligt. Dessen Konzentration in der Atmosphäre wird allerdings nur zu einem geringen Teil direkt durch Aktivitäten des Menschen bestimmt (etwa durch Bewässerung in trockenen Regionen, durch Kraftwerkskühlung usw.). Zudem ist seine Verweildauer in der Atmosphäre gering, da er nach relativ kurzer Zeit als Niederschlag ausfällt. Sie beträgt im Schnitt nur etwa zehn Tage, die der übrigen Treibhausgase hingegen Jahre bis Jahrhunderte.

Emittierte Treibhausgase verteilen sich in der Atmosphäre weltweit. Regionale Emissionen haben damit globale Auswirkungen. Deren Folgen betreffen alle Bewohner der Erde und dies in einer Zeit, in der, bedingt durch das starke Anwachsen der Weltbevölkerung, immer mehr Menschen in Regionen leben, die aufgrund ihrer geografischen und klimatischen Rahmenbedingungen als besonders vulnerabel gelten müssen.

vulnerabel = verletzlich, gefährdet, risikobehaftet

Folgen des anthropogenen Treibhauseffektes

Die globale Mitteltemperatur steigt schneller und stärker als dies ohne anthropogene Treibhausgasemissionen der Fall wäre. Da die Temperatur eine zentrale Stellschraube im Klimageschehen ist, kommt es in der Konsequenz weltweit zu einer langsamen, aber zunehmend spürbaren Veränderung des Klimas (**Klimawandel**).

Klima = für ein bestimmtes geografisches Gebiet typischer jährlicher Ablauf der Witterung

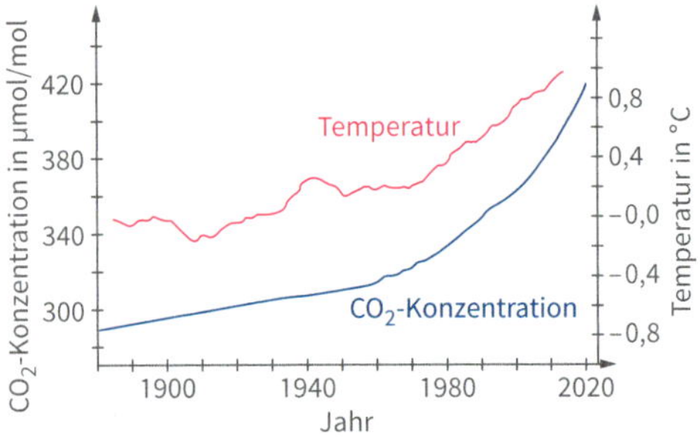

Abb. 9.4: Veränderung der atmosphärischen Kohlenstoffdioxid-Konzentration und der globalen Mitteltemperatur seit 1880

Für Deutschland bedeutet dies z. B.:
- Die Winter werden kürzer und wärmer.
- Hitzeperioden treten häufiger und in größerer Intensität auf. Das Risiko längerer Trocken-/Dürrezeiten steigt.
- Vermehrt kommt es zu Extremwettereignissen (extreme Niederschläge, schwere Stürme, Sturmfluten usw.). Die Folge: Überschwemmungen, schwere Schäden an Gebäuden und Fahrzeugen, der Verlust von Menschenleben.
- In den Alpen schmelzen die Gletscher und verschwinden zum Teil ganz.

Weltweit bedeutet dies z. B.:
- Es kommt zu einer Erwärmung der Meere. Damit steigt die Gefahr heftiger Wirbelstürme und einer Verlagerung von Meeresströmungen (z. B. Golfstrom).
- Wärmeres Meerwasser kann weniger CO_2 binden als kühleres. Damit verliert eine **CO_2-Senke** an Kraft. Der CO_2-Gehalt in der Atmosphäre steigt so schneller. In den polaren und subpolaren Zonen taut der Permafrostboden. Dabei wird beim Abbau organischer Stoffe durch anaerob arbeitende Mikroorganismen Methan freigesetzt, das den Treibhauseffekt verstärkt.
  In beiden Fällen spricht man von sich **selbst verstärkenden Effekten** bzw. **positiver Rückkopplung**.
- Ökosysteme werden destabilisiert; Pflanzen- und Tierarten sterben aus.
- Der Meeresspiegel steigt, weil das Eis der Polkappen und die Gletscher schmelzen. Küstenregionen und Inselstaaten droht Überschwemmung.
- Klimaextreme nehmen zu (extreme Hitze, Dürren, Überschwemmungen).
- Da das Leben in den vulnerablen Regionen der Erde schwieriger und unsicherer wird, kann es zu einer Zunahme der Migration kommen (**Klimaflüchtlinge**).

CO_2-Senke = Ökosystem oder natürliches Reservoir, das mehr CO_2 aufnimmt und speichert als es abgibt (z. B. Wälder, Moore, Meere).

Angesicht der Auswirkungen des Klimawandels sind nationale wie internationale **Maßnahmen zur Minderung der Treibhausgasemissionen dringend geboten**.

9.3 Kipppunkte im Erdklimasystem

Der Klimawandel birgt für alle Menschen auf der Erde große Risiken. Die Mehrzahl dieser Risiken nimmt mit zunehmender Erwärmung *kontinuierlich* zu. Es gibt aber auch Elemente im globalen Klimasystem, die sich anders verhalten: Auf Temperaturstress reagieren sie lange Zeit kaum. Steigt die Temperatur aber in einen bestimmten kritischen Bereich, so erfolgt eine heftige, unaufhaltsame Reaktion, das „Umkippen" in einen qualitativ neuen Zustand. Solche Elemente des globalen Klimasystems wie z. B. die Gebirgsgletscher oder die Atlantikzirkulation werden **Kippelemente** genannt. Den kritischen Schwellenwert, bei dem es zu ihrer plötzlichen, unumkehrbaren Reaktion kommt, bezeichnet man als **Kipppunkt**. Ein Gedankenexperiment mag das verdeutlichen: Schiebt man einen Teller („Kippelement") an den Rand eines Tisches, so scheint er lange Zeit stabil zu stehen, ragt aber schließlich ein Stück über den Rand hinaus. Schiebt man weiter, kippt der Teller plötzlich in die Tiefe. Zwischen den beiden Zuständen lag der „Kipppunkt".

Vorsorgeprinzip = vorausschauende vorsorgliche Vermeidung von Belastungen und Schäden

Das Potsdam-Institut für Klimafolgenforschung definiert 16 Kippelemente (→ Abb. 9.5). Das Problem: Bei den meisten weiß man zwar, dass es für sie einen Kipppunkt gibt, nicht aber, wo dieser genau liegt und wie weit man aktuell von diesem kritischen Grenzwert entfernt ist. Für den Umgang mit ihnen sind daher eine umfassende Risikoanalyse und das Vorsorgeprinzip geeignete Ansätze.

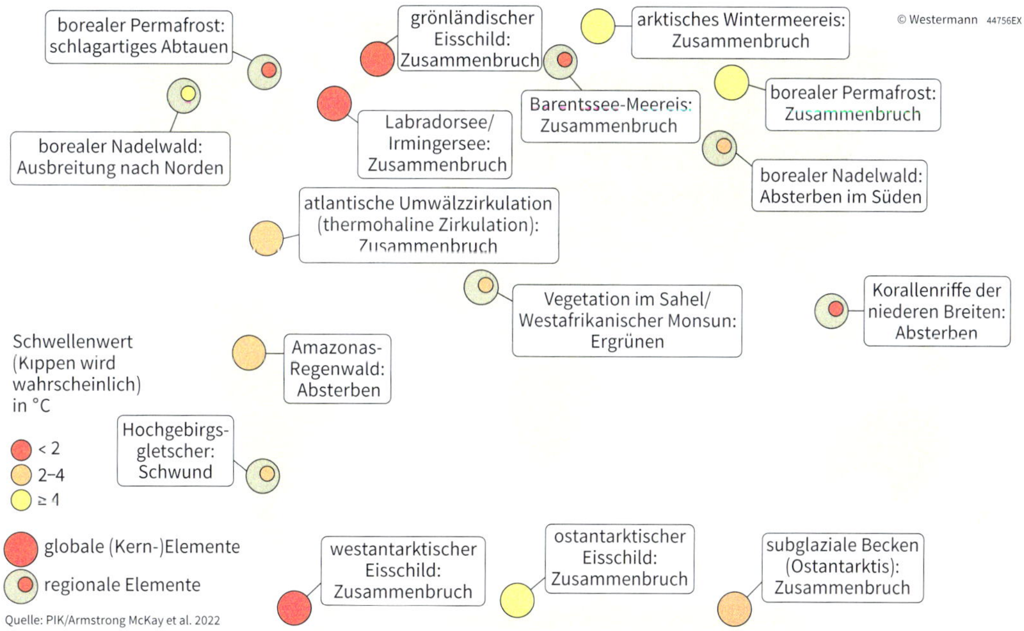

Abb. 9.5: Räumliche Verteilung der globalen und regionalen Kippelemente. Die Farben bezeichnen den Temperaturbereich, in dem ein Kippen wahrscheinlich wird.

9.4 Biodiversität und Artenschutz

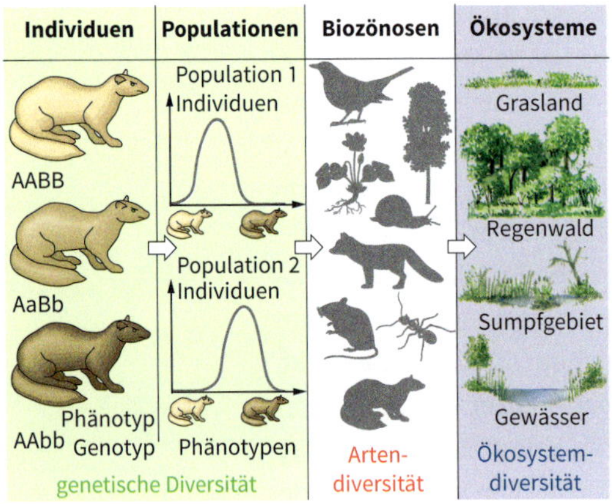

Abb. 9.6: Ebenen der Biodiversität

Biodiversität oder **biologische Vielfalt** meint die Vielfalt des Lebens auf der Erde. Dies auf drei Ebenen (→ Abb. 9.6):

- **Genetische Diversität** meint die Vielfalt der Variationen im Genbestand der Individuen wie auch der Populationen einer Art. Diese ist entscheidend für die Fähigkeit zur Bewältigung von Umweltveränderungen und bildet die Grundlage für die Evolution.
- **Artendiversität** meint die Vielfalt der verschiedenen Organismen, die auf der Erde existieren. Sie umfasst alle Arten der Pflanzen, Tiere, Pilze und Mikroorganismen in sämtlichen Lebensräumen der Erde.
- **Ökosystemdiversität** meint die Vielfalt der unterschiedlichen Ökosysteme. Sie ist die Grundlage der Artendiversität, da viele Lebewesen speziell an das Leben in ihrem Ökosystem angepasst sind.

griech. *bios* = Leben
lat. *diversitas* = Verschiedenheit, Unterschied

Die **Bedeutung der Biodiversität für den Menschen** ist vielfältig. Sie wird zumeist unter dem Begriff **Ökosystemdienstleistungen** zusammengefasst und beinhaltet:

- **Versorgungsleistungen**: Pflanzen sind die Basis unserer Ernährung, liefern Fasern für Kleidung, Baumaterialien und Wirkstoffe für Medikamente. Pflanzen und Tiere sind Vorbild für technische Entwicklungen (Bionik). Ihre genetischen Ressourcen dienen als Grundlage für die Entwicklung neuer Nutzpflanzen, Medikamente und industrieller Rohstoffe. Bestimmte Tiere stellen die Bestäubung von Wild- und Kulturpflanzen sicher.
- **Regulierende Leistungen**: In den verschiedenen Ökosysteme nehmen Pflanzen CO_2 auf und setzen O_2 frei. Sie wirken als CO_2-Senke, verhindern Bodenerosion, schützen vor Hochwasser und Lawinen, wirkend regulierend auf das Mikro- und Makro-Klima. Pilze und Mikroorganismen sind wichtig für den Abbau und den Entzug von Schadstoffen aus der Umwelt.
- **Kulturelle Leistungen**: Die Vielfalt der Ökosysteme ist entscheiden für die Vielfalt der Landschaften. Das Heimatgefühl der Menschen hängt meist mit einem bestimmten Landschaftsbild zusammen. In Freizeit und Urlaub suchen sie hingegen häufig Erholung in anderer Umgebung. Die Vielfalt der Natur macht glücklich.
- **Unterstützende Leistungen**: Verschiedene Leistungen der Ökosysteme kommen dem Menschen eher in zweiter Linie zugute, so z. B. die Bodenbildung, die Aufrechterhaltung der Nährstoffkreisläufe und des Wasserkreislaufs.

Generell gilt: Je größer die Biodiversität, desto stabiler sind Ökosysteme und desto besser können sie sich veränderten Umweltbedingungen anpassen. Dies sichert die Leistungen, die sie für den Menschen erbringen. Dabei ist es gerade der Mensch, der die biologische Vielfalt massiv bedroht. Im Jahre 2019 schätzte der **Weltbiodiversitätsrat**, ein Gremium aus renommierten internationalen Forschern, dass von den acht Millionen Arten auf der Erde aktuell eine Million vom Aussterben bedroht sind. 2023 erbrachte eine für den europäischen Raum angefertigte Studie die Erkenntnis, dass sogar rund einem Fünftel der europäischen Flora und Fauna das Aussterben droht. Besonders betroffen sind hier Pflanzen und wirbellose Tiere. Man spricht von einer **menschengemachten Biodiversitätskrise**.

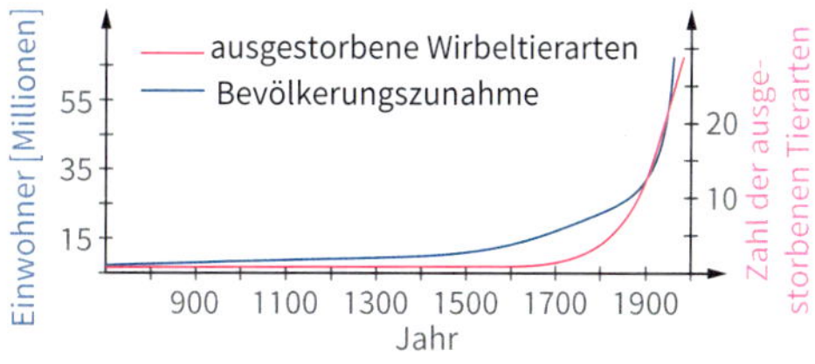

Abb. 9.7: Bevölkerungsentwicklung und Rückgang der Wirbeltierarten in Deutschland

Die **Ursachen für das Artensterben** sind dabei unter anderem:

- der Verlust von Lebensräumen (z. B. durch landwirtschaftliche Nutzung, Abholzung, die Gewinnung von Siedlungs- und Verkehrsflächen, Tourismus)
- der Ersatz artenreicher Ökosysteme durch Monokulturen
- die Übernutzung von Ökosystemen (z. B. Überfischung der Meere)
- durch den Klimawandel verursachte Extremwetterlagen
- die Schädigung von Pflanzen und Tieren durch Gewässer- und Luftverschmutzung und den Einsatz von Pestiziden
- durch Aktivitäten des Menschen gewollt oder ungewollt eingeschleppte ökosystemfremde Arten (Neobiota), die heimische Arten verdrängten

Durch das Anwachsen der Bevölkerung und die Intensivierung ihrer wirtschaftlichen Aktivitäten hat sich das Artensterben in den vergangenen Jahrzehnten beschleunigt (→ Abb. 9.7).

Artenschutzmaßnahmen. Es gibt eine Reihe von Ansätzen, das vom Menschen verursachte Artensterben aufzuhalten. So verabschiedete die EU 1992 die **Fauna-Flora-Habitat-Richtlinie (FFH-Richtlinie)**, die den Aufbau eines zusammenhängenden länderübergreifenden Netzes von Schutzgebieten (**Natura 2000**) in Europa vorsieht. Das Ziel: wildlebende Arten, ihre Lebensräume und deren Vernetzung zu erhalten und zu schützen. Auf der 15. Weltnaturkonferenz in Montreal wurde 2022 beschlossen, bis 2030 mindestens 30 % der weltweiten Land- und Meeresfläche unter effektiven Schutz zu stellen. Auch sollen die Risiken durch Pestizide bis 2030 halbiert werden. Die internationale Finanzierung für den Schutz der Natur in den Entwicklungsländern soll bis 2030 von aktuell 10 auf 30 Mrd. US-Dollar pro Jahr steigen. Geplante Maßnahmen sind unter anderem: Einrichtung von Naturschutzgebieten mit durchdachtem Schutzmanagement, Renaturierung degradierter Ökosysteme und Extensivierung der Landwirtschaft.

degradiert = in ihrem ökologischen Wert herabgesetzt

9.5 Umweltschadstoffe

Merkmale der Umweltschadstoffe

Abb. 9.8: Gefahrensymbol „umweltgefährlich“

- Es sind Substanzen, die ab einer bestimmten Konzentration für Organismen schädlich sind oder Ökosysteme in ihren Funktionen beeinträchtigen.
- Sie können von Natur her in der Umwelt vorkommen (z. B. radioaktive Elemente und Schwermetalle in Gesteinen) oder vom Menschen hergestellt und in das Ökosystem eingebracht werden (anthropogene Schadstoffe).
- Anthropogene Umweltschadstoffe können aus Industrie, Verkehr und Energiewirtschaft wie auch aus Haushalten und der Landwirtschaft stammen.
- Zu ihnen gehören z. B.
  - in der Luft: Ruß und Feinstaub oder Schwefeldioxid und Stickoxide (saurer Regen);
  - im Boden: Schwermetalle und Pestizide;
  - im Wasser: Mikroplastik, Medikamentenrückstände oder ein Übermaß an anorganischen Nährstoffen, wie Phosphor und Stickstoffverbindungen (Eutrophierung, → Seite 214 f).
- Sie sind besonders gefährlich, wenn sie drei Eigenschaften in sich vereinen:
  - Sie werden nicht oder nur sehr langsam abgebaut (sie sind **p**ersistent).
  - Sie reichern sich in Organismen und damit in der Nahrungskette an (sie sind **bi**oakkumulierend).
  - Sie sind in einer bestimmten, meist schon geringen Konzentration für den Menschen oder andere Organismen giftig (sie sind **t**oxisch).

  Solche **PBT-Stoffe** können über sehr lange Zeiträume in Böden, Gewässern und auch in der Nahrungskette verbleiben. Ihre toxische Wirkung kann daher zeitlich verzögert auftreten.

lat. *persistere* = fortdauern, beharren

lat. *accumulare* = anhäufen, aufhäufen

griech. *toxikón* = (Pfeil)gift

- Umweltschadstoffe unterscheiden sich in Art und Intensität ihrer „Giftigkeit“:
  - Sie können direkt oder erst langfristig wirken.
  - Zu den langfristigen Wirkungen zählen die Veränderung des Erbgutes (mutagene Wirkung), das Hervorrufen von Krebs (karzinogene Wirkung) und die Störung des Hormonhaushalts (endokrine Wirkung).
- Von Tieren und Menschen können Umweltschadstoffe bei der Atmung, über die Haut oder mit der Nahrung aufgenommen werden.
- Die Wirkung von Schadstoffen auf Einzelindividuen kann sehr unterschiedlich sein und hängt neben der erhaltenen Dosis und der Länge der Exposition auch von der individuellen „Empfindlichkeit“ der Person für den jeweiligen Schadstoff ab.

lat. *expositio* = Aussetzung, etwas ausgesetzt sein

- Der negative Einfluss der Schadstoffe auf ein Ökosystem kann darin bestehen, dass sie zu einer Verringerung der Individuenzahl, einer Reduktion der Artenvielfalt oder zu Veränderungen im Artenspektrum der Biozönose führen.

Beispiel 1: Hormonaktive Substanzen in der Umwelt

Hormonaktive Substanzen sind Umweltschadstoffe, die störend in den Hormonhaushalt von Organismen eingreifen.

Klassen hormonaktiver Substanzen

- Natürliche Hormone von Mensch und Tier.
- Synthetische Hormone, die als Medikamente hergestellt wurden (z. B. Inhaltsstoffe der Antibabypille).
- Synthetische Stoffe, die im Haushalt, in Landwirtschaft oder Industrie eingesetzt werden, deren Hormonwirkung aber nicht beabsichtigt ist (→ Tab. 9.2). In der Umwelt ist gerade die Menge dieser Substanzen in den vergangenen Jahren stark angestiegen.

	Stoffgruppen	Funktion	Vorkommen
Verpackungen	**Phthalate**	Weichmacher für PVC	Dichtungsmasse für Schraubdeckel
			Schläuche in Verarbeitungsanlagen
	Bisphenole Beispiel: Bisphenol A	Herstellung von Epoxidharzen	Schutzlack von Konservendosen
		Herstellung von Polycarbonat	Getränkeflaschen
Umwelt	**Chlororganische Verbindungen**	Kühlflüssigkeit	Altlast etwa aus Transformatoren
	Beispiel: PCB	Weichmacher	Altlast aus Isoliermedien, Hydraulikölen etc.
	Beispiel: Dioxine	Nebenprodukte aus Verbrennungen	überall im Boden
	Pestizide Beispiel: Lindan; DDT	Pflanzenschutzmittel	Altlasten im Boden

Tab. 9.2: Hormonaktive Substanzen

Einbringung in die Umwelt

Hormonaktive Stoffe können direkt in Luft, Boden oder Gewässer eingebracht werden (z. B. Pestizide). Sie können jedoch auch mit Sickerwasser aus Altlasten oder Deponien in Flüsse und Meere gelangen. Desgleichen über Kläranlagen, da diese nur teilweise oder gar nicht in der Lage sind, solche Stoffe zurückzuhalten (z. B. Arzneimittel oder Inhaltsstoffe aus Kosmetika).

Altlasten = stillgelegte Deponien/Müllkippen sowie Grundstücke mit stillgelegten Industrie- und Gewerbeanlagen, von denen Verunreinigungen in Boden und Grundwasser gelangen können, die gesundheitsgefährdend für Lebewesen sind

Aufnahme durch den Menschen

Teilweise nimmt der Mensch diese Stoffe über die Atemluft oder die Haut auf (z. B. aus Sonnencreme oder Kosmetika). Überwiegend erfolgt die Aufnahme jedoch über die Nahrung. Dabei können die hormonaktiven Substanzen direkt in die Nahrungsmittel gelangt sein (etwa Phthalate aus Verpackungsmaterialien und Pestizide in pflanzlicher Nahrung) oder sich über **Bioakkumulation** in der Nahrungskette angereichert haben (z. B. PCB oder auch Pestizide wie DDT in Fischen; → Abb. 9.11).

Wirkungsmechanismen

Im Körper der Tiere wie auch des Menschen wirken hormonaktive Substanzen auf unterschiedliche Weise:

- Einige von ihnen binden an körpereigene Hormonrezeptoren und lösen dadurch die gleiche Wirkung aus wie körpereigene Hormone. So z. B. **Ethinylestradiol** (→ Abb. 9.9): *Estradiol* ist ein körpereigenes Stereoidhormon, das von Frauen, in geringerer Menge aber auch von Männern gebildet wird. Das synthetisch hergestellte *Ethinylestradiol* hat im Körper die gleiche Wirkung. Als Medikament wird es zur Empfängnisverhütung und in der Hormonersatztherapie eingesetzt. Sein Wirkmechanismus: ① Bindung an den Estradiol-Rezeptor im Cytoplasma der Zielzelle, ② Wanderung des so aktivierten Hormon-Rezeptor-Komplexes in den Zellkern, ③ Bindung des Komplexes als Transkriptionsfaktor an regulatorische DNA-Abschnitte bestimmter Zielgene, ④ Auslösen der Transkription → Synthese von mRNA, ⑤ Translation → Proteinbildung.
- Andere hormonaktive Substanzen *blockieren* Hormonrezeptoren und unterbinden so die Wirkung körpereigener Hormone.
- Auch indirekte Wirkungen auf das Hormonsystem sind möglich, etwa indem die Stoffe Synthese oder Abbau körpereigener Hormone beeinflussen und so das fein austarierte hormonelle Gleichgewicht des Körpers stören.

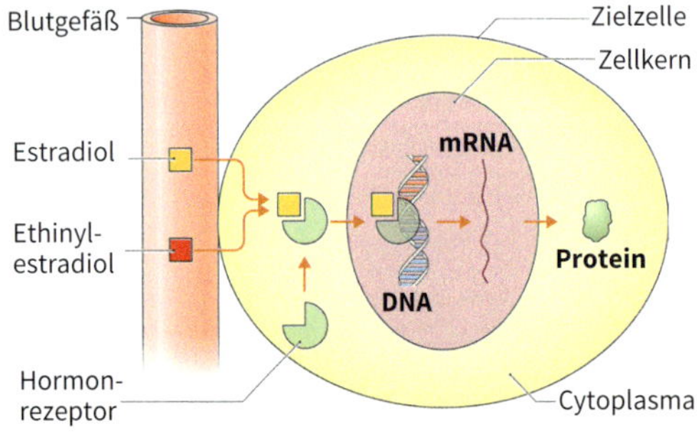

Abb. 9.9: Ein Wirkungsmechanismus hormonaktiver Substanzen

Auswirkungen in der Umwelt

Die Wirkung hormonaktiver Substanzen auf Tiere und Menschen festzustellen ist oft nicht einfach. Zum einen können zwischen deren Einwirken und der Ausbildung erkennbarer Folgen Jahre oder gar Jahrzehnte liegen. Zum anderen haben die Substanzen teilweise nur in bestimmten Entwicklungsabschnitten oder nur bei einzelnen „sensiblen“ Individuen negative Auswirkungen.

Am besten dokumentiert sind die Wirkungen im Bereich der Fortpflanzung der Tiere (→ Veränderungen im Sexualverhalten, Störungen im Zahlenverhältnis der Geschlechter, Verringerung der Fruchtbarkeit oder dünnere Eierschalen bei Vögeln). Zusammenhänge zwischen hormonaktiven Substanzen in der Umwelt und Populationseinbrüchen konnten u. a. für Vögel (Ursache DDT), Fischotter (Ursache PCB) und Alligatoren (Ursache Pestizide) festgestellt werden. Für verschiedene Gewässer wird das Auftreten von Intersex-Fischen mit der Einleitung hormonaktiver Substanzen in Verbindung gebracht.

Beim Menschen stehen hormonaktive Substanzen im Verdacht, Tumore auszulösen (Brust-, Prostata- und Hodenkrebs). Auch wird deren Einfluss auf die

Entwicklung von Stoffwechselerkrankungen wie Diabetes oder neurologischer Erkrankungen wie Alzheimer diskutiert. Ebenso ihr negativer Einfluss auf die Spermienqualität bei Männern.

Umgang mit hormonaktiven Substanzen

Eine Reihe dieser Stoffe sind bereits heute durch eine entsprechende internationale Chemikaliengesetzgebung („Stockholm-Konvention" 2004) zulassungsbeschränkt bzw. verboten (u. a. DDT, PCB, Lindan), wenn auch nicht wegen ihrer Hormonaktivität sondern wegen anderer toxischer Eigenschaften. Aktuell unterstützen WHO und EU die Forschung zur Identifizierung hormonaktiver Substanzen und zur Klärung ihrer Wirkungsweise wie auch ihres Gefahrenpotenzials.

WHO = World Health Organisation (Weltgesundheitsorgnisation der UN)

Beispiel 2: Plastik – Kunststoffe in Gewässern

Mit „Plastik" bezeichnet nennt man umgangssprachlich Kunststoffe, die hauptsächlich aus Makromolekülen bestehen. Ausgangsmaterial für ihre Herstellung ist in mehr als 90 % aller Fälle Erdöl. Die Auswahl der verwandten Makromoleküle und zugegebene Zusatzstoffe wie Weichmacher, Lichtschutzmittel, Füll- und Farbstoffe bestimmen ihre Eigenschaften. Kunststoffe sind bruchfest, elastisch, vielfältig in Härte und Form, leicht, temperaturbeständig und sehr langlebig. Die Palette ihrer Verwendungsbereiche ist riesig und reicht von Tüten, Einweggeschirr, Verpackungsmaterialien und Kosmetika bis hin zu Textilfasern, Rohren, Bodenbelägen und Elementen im Fahrzeugbau. 2022 wurden weltweit 400 Mio. Tonnen Kunststoff produziert. 2002 waren es nur die Hälfte.

Problematisch an Plastik sind …

- Der Ausgangsstoff der Produktion. Erdöl ist ein endlicher Rohstoff.
- Die energieaufwändige Produktion, bei der viel Wasser verbraucht, giftige Chemikalien eingesetzt und klimawirksames CO_2 in großer Menge produziert wird.
- Die verwandten Zusatzstoffe, von denen viele gesundheitsschädlich sind oder im Verdacht stehen, karzinogen zu sein.
- Eine Reihe von Bestandteilen, die Ähnlichkeit mit Hormonen haben (hormonaktive Substanzen).
- Seine sehr lange Haltbarkeit. Biologisch abgebaut, also durch Mikroorganismen zersetzt, wird Plastik nicht. Vielmehr zerfällt es im Verlauf der Jahrzehnte/Jahrhunderte in immer kleinere Teile (Mikroplastik = Kunststoffteilchen kleiner 5 mm; Nanoplastik = Kunststoffteilchen kleiner 0,1 µm). Diese kleinen Kunststoffteilchen bleiben dauerhaft in der Umwelt enthalten.
- Die mangelhafte Entsorgung.
  - In vielen Ländern wird Plastikmüll nicht fachgerecht entsorgt.

- Gerade in diese Länder wird oft noch Plastikmüll aus Industriestaaten exportiert (deutsche Plastikmüll-Exporte 2020: 1 Mio. Tonnen).
- Zum Teil werfen Menschen Einwegplastik und Verpackungen achtlos in die Umwelt. Per Wind und Flüsse gelangen diese ins Meer.
- Fischereischiffe entsorgen defekte Netze direkt ins Meer.

All dieses hat dazu geführt, dass sich in den Weltmeeren fünf riesige Plastikmüllstrudel gebildet haben. Allein im Nordpazifischen Müllstrudel befinden sich geschätzt 1,8 Billionen Plastikteile. Tiere fressen diese und sterben daran. Sie verfangen sich in Tüten und Fischernetzen und verenden so. Und das beim Zerreiben durch Wind und Wellen entstehende Mikroplastik landet schließlich über die Nahrungskette auch auf dem Teller des Menschen.

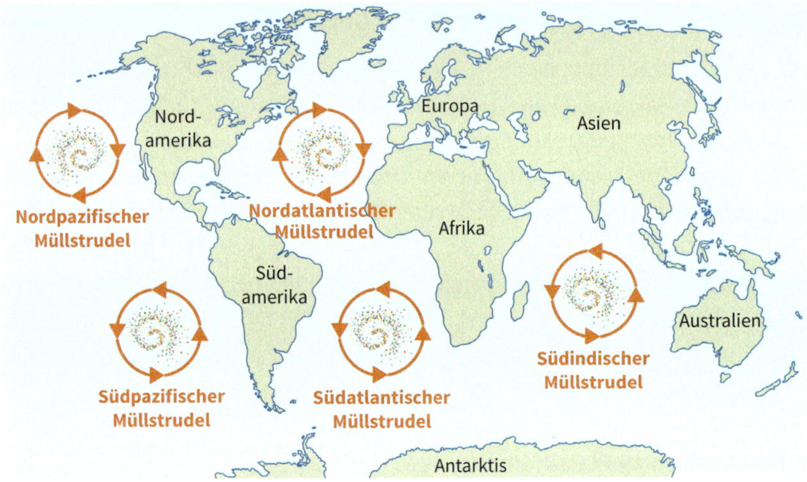

Abb. 9.10: Plastikmüllstrudel in den Meeren

Mikroplastik

Primäres Mikroplastik wird bewusst hergestellt und Produkten beigemischt (z. B. Kosmetika, Schiffsfarben). Sekundäres Mikroplastik entsteht bei bzw. nach der Nutzung von Plastikprodukten (z. B. Faserabrieb beim Waschen synthetischer Textilien, Abrieb von Autoreifen, Zerkleinerung von Plastikmüll). Mikroplastik kommt im Fluss- und in großen Mengen auch im Meerwasser vor. Der Wind verteilt es über weite Entfernungen. Wühlende Tiere arbeiten es in den Boden ein. Damit ist es heute weltweit verbreitet.

Der Mensch nimmt Mikroplastik mit der Atemluft, dem Trinkwasser und der Nahrung auf. Im März 2022 belegte eine Studie erstmals dessen Vorkommen in menschlichem Blut. Welche Auswirkungen dies auf die menschliche Gesundheit hat, ist derzeit noch unklar.

Im Wasser kann Mikroplastik zudem Schadstoffe wie das wegen seiner Giftigkeit schon lange verbotene PCB an sich binden. Über die Nahrungskette gelangen solche Tandems auch in höhere Lebewesen, sammeln sich dort als unverdaulicher Ballast im Verdauungstrakt. Die Schadstoffe kommen über das Blut ins Fettgewebe und reichern sich hier an. Eine solche Anreicherung von Substanzen im Organismus durch Aufnahme aus dem umgebenden Medium und/oder über die Nahrung bezeichnet man als **Bioakkumulation**. In der Nahrungskette nimmt die Konzentration der Schadstoffe von Trophieebene zu Trophieebene zu (→ Abb. 9.11).

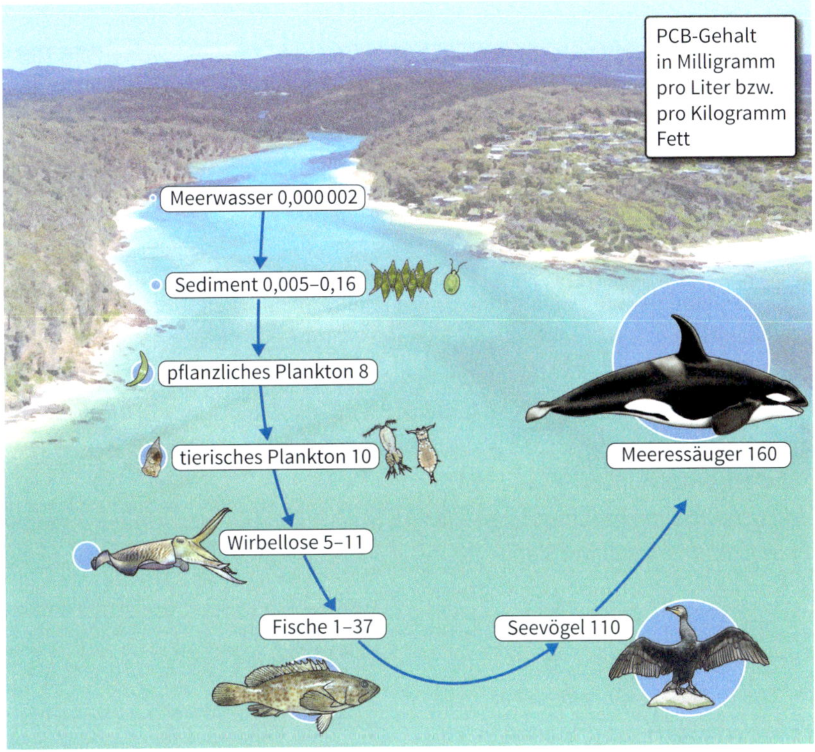

Abb. 9.11: Bioakkumulation von PCB

Umgang mit dem „Plastik-Problem“

Plastikrecycling und Plastikvermeidung sind die effektivsten Ansätze zur Minderung des globalen „Plastik-Problems“. Seit 2021 gilt in der EU ein Verkaufsverbot für bestimmte Plastikteile, wie Einweggeschirr oder Wattestäbchen. Ab Januar 2022 dürfen Geschäfte keine Plastiktüten mehr ausgeben, die dünner als 0,05 Millimeter sind. Allerdings sind sehr dünne Plastiktüten (weniger als 0,015 mm) weiterhin erlaubt, wenn sie zur Verpackung von Käse, Fleisch, Obst und Gemüse dienen. Im März 2022 beschlossen 170 Staaten, im Rahmen der UN ein Abkommen anzustreben, das verbindliche Vorgaben für den gesamten Lebenszyklus von Kunststoffen festlegt (Menge, Produktdesign, Entsorgung, Recycling).

9.6 Ökosystemmanagement

ökologische Integrität = Erhalt der natürlichen Strukturen und Funktionen eines Ökosystems

Das in den 1990er-Jahren entwickelte Konzept des **Ökosystemmanagements** stellt einen umfassenden Ansatz zur **nachhaltigen Bewirtschaftung von Ökosystemen** dar. Ziel dieses Ansatzes ist es, ökologische Integrität, Biodiversität und menschliche Nutzungsinteressen in Einklang zu bringen. Er hat damit stets das Ökosystem als Ganzes im Blick, einschließlich des hier aktiven Menschen. Grundlage ist dabei die Erkenntnis, dass menschliche Aktivitäten immer direkte oder indirekte Auswirkungen auf die Umwelt haben. Im Sinne eines optimalen Ökosystemmanagements muss es also bei wirtschaftlichen Aktivitäten des Menschen nicht nur darum gehen, die nachhaltige Nutzung von Ressourcen sicherzustellen, sondern auch die Resilienz und ökologische Stabilität der Ökosysteme zu bewahren. Dies versucht man durch die Integration von Wissenschaft, Politik, Wirtschaft und lokaler Beteiligung in das Management zu erreichen.

Resilienz = Widerstandsfähigkeit; hier: Fähigkeit eines Ökosystems, seine natürlichen Eigenschaften und Funktionen auch gegenüber Störungen aufrechtzuerhalten

Im Zentrum des Ökosystemmanagements steht die Anerkennung der Biodiversität als essenziellem Bestandteil für die Funktionsfähigkeit von Ökosystemen. Die Bewahrung und Förderung der Vielfalt von Pflanzen, Tieren und Mikroorganismen ist wichtig für die Stabilität und Produktivität der Ökosysteme als Ganzes. Ein besonderes Augenmerk wird dabei auch auf die Erhaltung von **Ökosystemdienstleistungen** gelegt, wie z. B. Pflanzenbestäubung, sauberes Wasser und die Regulation des Klimas (→ Seite 234).

Voraussetzungen für ein gelingendes Ökosystemmanagement sind:

- Vertiefte Kenntnisse des Aufbaus und der Funktionsweise der Ökosysteme.
- Verständnis der Rolle des Menschen .
- Beherrschung einer breiten Palette von Methoden für alle Phasen des Projektzyklus (→ Abb. 9.12).
- Fundierte Kenntnis unterschiedlicher Managementansätze (z. B. Biotopschutz, Renaturierung, Abwasserbehandlung).

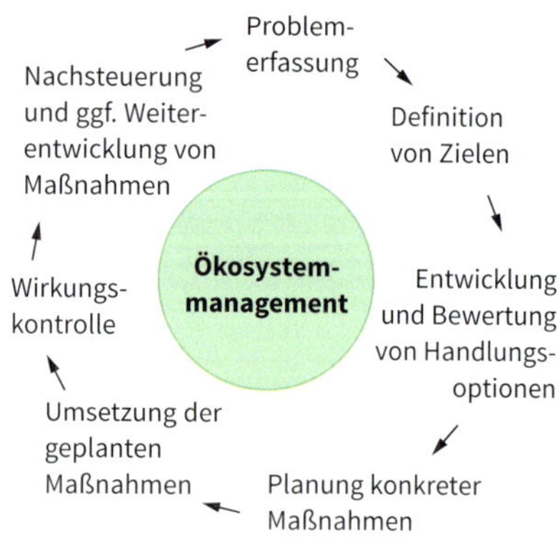

Abb. 9.12: Der Projektzyklus beim Ökosystemmanagement

Angesichts globaler Umweltprobleme wie dem Klimawandel und dem Verlust der Biodiversität gewinnt das Ökosystemmanagement zunehmend an Bedeutung. Die Herausforderung besteht darin, eine nachhaltige Balance zu finden, die sowohl ökologische Integrität als auch die Erfüllung menschlicher Interessen gewährleistet.

9.7 Ökobilanz und ökologischer Fußabdruck

Unter einer **Ökobilanz** versteht man eine Methode zur systematischen Analyse und Bewertung der (potenziellen) Umweltwirkungen eines Produktes oder einer Dienstleistung. Sie bezieht sich immer auf den gesamten Lebenszyklus des Produktes *(cradle-to-grave)*. Zur Ökobilanz einer Ware gehört also von der Rohstoffgewinnung und Aufbereitung über die Produktion, den Transport bis zur Entsorgung und zum Recycling alles, was einen (potenziellen) Einfluss auf die Umwelt hat. Deshalb spricht man auch von der **Lebenszyklusanalyse**. In die Ökobilanz fließen alle relevanten Entnahmen aus der Umwelt wie auch die Emissionen in die Umwelt ein.

Der **CO_2-Fußabdruck** bildet hiervon nur eine Teilmenge ab, nämlich die Menge der CO_2-Emissionen, die im Lebenszyklus eines Produktes direkt oder indirekt verursacht werden. Wie die Ökobilanz kann auch der CO_2-Fußabdruck nicht nur für Waren, sondern für Dienstleistungen, Unternehmen, ganze Länder und Einzelpersonen ermittelt werden. Für letztere wird berechnet, wie viel CO_2 durch ihren persönlichen Konsum freigesetzt wird. Grundsätzlich gilt: je kleiner der CO_2-Fußabdruck, desto geringer ist die Klimaschädlichkeit. Der CO_2-Fußabdruck kann auch überraschen: So wird beim Transport von Äpfeln aus Neuseeland in etwa so viel CO_2 freigesetzt wie bei der 150 Tage dauernden Kühlhauslagerung von Äpfeln aus Deutschland ohne Ökostrom (→ Abb. 9.13).

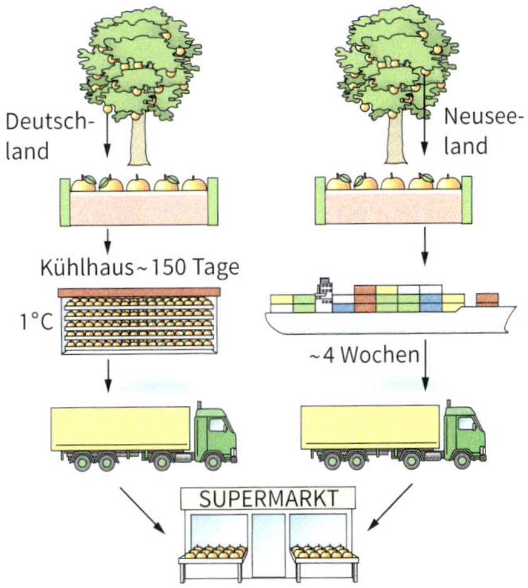

Abb. 9.13: Äpfel in Deutschland im Winterhalbjahr

Der CO_2-Fußabdruck macht ca. 60 % des **ökologischen Fußabdrucks** aus. Dieser gibt an, wieviel produktive Land- und Wasserfläche ein Mensch benötigt, um alle von ihm konsumierten Ressourcen zu erzeugen und seine Abfälle zu absorbieren. Dabei fließen Faktoren wie Energieverbrauch, Landnutzung, CO_2-Emissionen und Wasserverbrauch in die Berechnung ein. Der ökologische Fußabdruck wird in globalen Hektar (gha) gemessen.

globaler Hektar (gha) = ein Hektar mit weltweit durchschnittlicher biologischer Produktivität

Ihm gegenüber steht die **Biokapazität**, die Fähigkeiten der Erde, in Anspruch genommene Ressourcen zu regenerieren und „Abfälle" wie Treibhausgase zu absorbieren/abzubauen. Die Biokapazität wird ebenfalls in globalen Hektar (gha) gemessen. Ihr Wert gibt an, wie viel biologisch produktive Fläche auf der Erde verfügbar ist. 2018 lag die Biokapazität bei rund 1,6 gha pro Erdenbürger. Dem stand ein ökologischer Fußabdruck in Höhe von 2,8 gha gegenüber. Für 2018 hatte die Menschheit damit rechnerisch am 29. Juli die für dieses Jahr zur Verfügung stehenden natürlichen Ressourcen aufgebraucht (**Erdüberlastungstag**).

9 Der Mensch als Umweltfaktor

1 WACHSTUM DER WELTBEVÖLKERUNG

- → Seit 1950 hat sich die Weltbevölkerung mehr als verdreifacht!
- → Wachstum vor allem in Entwicklungs- und Schwellenländern
- → Dort hohe Geburtenrate bei sinkender bzw. niedriger Sterberate.
- → Starkes Bevölkerungswachstum hat negative ökonomische und ökologische Folgen.

2 TREIBHAUSEFFEKT

- → Treibhausgase: CO_2, Methan, Lachgas
- → Treibhauseffekt: Erhöhung globaler Mitteltemperatur dank Treibhausgase
- → Natürlicher Treibhauseffekt ermöglicht Leben.
- → Anthropogener (Zusatz)Treibhauseffekt verursacht Klimawandel.

3 KIPPUNKTE IM KLIMASYSTEM

- → Kipppunkt = kritischer Temperaturwert, bei dem es zu einer plötzlichen heftigen Reaktion bestimmter Kippelemente kommt
- → Kippelemente: Amazonas-Regenwald, Grönlandeis, Atlantische Zirkulation ...

4 BIODIVERSITÄT

- → Def.: Vielfalt des Lebens auf der Erde
- → Ebenen: ① genetische Diversität ② Artendiversität ③ Ökosystemdiversität
- → Biodiversität wichtig für Sicherung der Ökosystemdienstleistungen
- → Gefahr: Artensterben durch Aktivitäten des Menschen
- → Wichtig: Artenschutzmaßnahmen!

5 UMWELTSCHADSTOFFE

- → Ursprung natürlich oder anthropogen
- → z. B. Feinstaub, Pestizide, Mikroplastik
- → PBT-Stoffe besonders gefährlich; sind persistent, bioakkumulierend, toxisch
- → Langfristige Wirkungen sind z. B.:
  im Individuum → Erbgutveränderung, Krebs, Störung Hormonhaushalt
  im Ökosystem → Abnahme der Individuenzahl und der Biodiversität

6 ÖKOLOGISCHER FUSSABDRUCK

- → ökologischer Fußabdruck = produktive Fläche, die benötigt wird, um konsumierte Ressourcen zu erzeugen und Abfälle zu absorbieren
- → Biokapazität = produktive Fläche, die zur Verfügung steht, um konsumierte Ressourcen zu regenerieren und Abfälle zu absorbieren
- → Angabe in globalen Hektar (gha)

Evolution

10

In diesem Kapitel werden zunächst unterschiedliche Evolutionstheorien und Evolutionsfaktoren thematisiert.
Es folgen Belege für die Evolution aus verschiedenen Bereichen der Biologie.
Den Abschluss bildet die Evolution des Menschen.

10.1 *Evolutionstheorien*

Die Lehre von der Artkonstanz

Bevor der **Evolutionsgedanke** in der Mitte des 18. Jahrhunderts allmählich Gestalt annahm, dominierte über Jahrtausende die **Lehre von der Artkonstanz**: Danach sind alle Lebewesen ewig und unveränderlich. Eine Weiterentwicklung der Lebewesen nach heutigem Verständnis gab es nicht. Die großen Weltreligionen übernahmen diese Lehre von der Artkonstanz und erweiterten sie um den Gedanken, dass Gott alle Lebewesen erschuf.

lat. *evolvere* = abwickeln

CARL VON LINNÉ (1707 – 1778). Der schwedische Naturforscher schuf ein hierarchisch gegliedertes System, mit dem die Vielzahl verschiedener Pflanzen und Tiere geordnet werden konnte. Es basierte auf dem Prinzip abgestufter Ähnlichkeiten. Noch heute gilt die von ihm konzipierte **binäre Nomenklatur**, wonach jede Art eindeutig durch ihren Gattungsnamen und ihren Artnamen charakterisiert wird. Für LINNÉ war sein System der Versuch, die göttliche Schöpfungsordnung zu erfassen.

GEORGE DE CUVIER (1769 – 1832). Bei der Erforschung geologischer Schichten fand CUVIER zahlreiche Fossilien, die in den verschiedenen Gesteinsschichten deutlich voneinander getrennt lagen. Er nahm an, dass die Tiere jeder Gesteinsschicht durch immer wiederkehrende Naturkatastrophen umgekommen sein mussten. Auf jede dieser Katastrophen sollte dann die göttliche Neuschöpfung von Arten folgen (**Katastrophentheorie**).

Auch heute noch legen **Kreationisten** die biblische Schöpfungsgeschichte wörtlich aus und lehnen eine Evolution der Lebewesen ab. Vertreter des **Intelligenten Designs**, einer pseudowissenschaftlichen Spielart des Kreationismus, akzeptieren zwar zum Teil den Evolutionsgedanken, nehmen aber teilweise übernatürliche Ursachen an.

lat. *creare* = erschaffen

Lamarck und die Vererbung erworbener Eigenschaften

Lamarck: Vererbung erworbener Eigenschaften

Jean Baptiste de Lamarck (1744 – 1829) legte die erste in sich widerspruchsfreie Evolutionstheorie vor. Er ging – wie später Darwin – von einem kontinuierlichen Artenwandel und der Abstammung heutiger Lebewesen von früheren Formen aus. Die Kernpunkte seiner Theorie sind:

- **Innerer Trieb zur Vervollkommnung** – Diesen Trieb findet man bei allen Lebewesen.
- **Veränderliche innere Bedürfnisse der Lebewesen** – Änderungen der Umwelt rufen veränderte innere Bedürfnisse hervor. Der Organismus ändert daraufhin aktiv sein Verhalten und nutzt bestimmte Organe seines Körpers stärker oder weniger stark.
- **Gebrauch stärkt Organe, Nichtgebrauch schwächt sie** – Der häufige Gebrauch eines Organs führt zu dessen Entwicklung und Stärkung, Nichtgebrauch schwächt es und führt zum Verschwinden des Organs (1. Naturgesetz).
- **Erworbene Eigenschaften sind erblich** – Die durch Gebrauch bzw. Nichtgebrauch von Organen individuell erworbenen Eigenschaften werden weitervererbt (2. Naturgesetz).

Darwin und die Theorie der natürlichen Zuchtwahl

Darwin: Selektionstheorie

Charles Darwin (1809 – 1882) war vom evolutionären Wandel der Lebewesen überzeugt. Er lieferte eine eigene kausale Erklärung des Evolutionsgeschehens. Dabei wurde er durch das **Aktualitätsprinzip** des Geologen Charles Lyell mit beeinflusst. Demnach herrschen heute auf der Erde dieselben geologischen Bedingungen wie in historischer Zeit. Die Ursache für geologische Veränderungen waren seiner Meinung nach nicht plötzliche Katastrophen, sondern langsame und stetige Prozesse. Darwin übertrug dieses Prinzip auf die Biologie: Heute wirksame Faktoren des Artenwandels, wie er sie unter anderem bei der Züchtung von Haustieren beobachtete, mussten auch für die Veränderungen der Lebewesen in der Vergangenheit Gültigkeit besitzen.

Darwin beobachtete bei der Haustierzucht:

- **Variabilität**. Individuen einer Art zeigen individuelle, in Bezug auf die meisten Merkmale erbliche Unterschiede. Darwin bezeichnete sie als Varietäten.
- **Nachkommenüberschuss**. Alle Lebewesen erzeugen mehr Nachkommen als überleben.
- **Auslese**. Aus den vielen Varianten wählt der Züchter die aus, die ihm am geeignetsten erscheinen. Diese werden zur Weiterzucht verwendet.

DARWIN wandte diese Beobachtungen auf die Evolution an. Auch hier gibt es die Faktoren der erblichen Variabilität und des Nachkommenüberschusses. Die Rolle des Züchters, der ausliest, wird von der Natur übernommen (**natürliche Zuchtwahl, Selektion**).

DARWIN zog aus diesen Überlegungen die folgenden Schlussfolgerungen:

- Die Individuen stehen miteinander um knappe Ressourcen in Konkurrenz. Diese Konkurrenz nannte er „struggle for life“, also **Kampf ums Dasein**.
- In diesem Kampf kommt es zum Überleben des an die gegebenen Umweltbedingungen am besten Angepassten (*survival of the fittest*). Dieser hat folglich auch mehr Nachkommen als andere.
- Dieser Prozess der **natürlichen Selektion** hat im Verlauf vieler Generationen zur Veränderung von Arten und damit zur Evolution geführt.

Mit seiner Theorie, die er unter dem Titel: „Die Entstehung der Arten durch natürliche Zuchtwahl“ veröffentliche, zerstörte DARWIN nachhaltig ein jahrhundertelang gelehrtes Weltbild. DARWIN entwickelte später auch die Theorie der „geschlechtlichen Zuchtwahl“, in der er die Grundlagen der **sexuellen Selektion** (→ Seite 254) beschrieb.

Vergleich beider Theorien

Sowohl die Theorie LAMARCKS als auch die Selektionstheorie DARWINS gehen von einem Artenwandel aus. Die Bedeutung der Umwelt und die Rolle des Individuums sind jedoch bei beiden verschieden:

	LAMARCK	DARWIN
Umwelt	Die Umwelt löst beim Individuum innere Bedürfnisse nach Veränderung aus.	Die Umwelt wählt unter den Varietäten die am besten geeigneten aus.
Individuen	Die Individuen passen sich aktiv an die Umwelt an.	Die Individuen werden passiv von der Umwelt angepasst.

Tab. 10.1: LAMARCK und DARWIN im Vergleich

Die Grundaussage LAMARCKS von der Vererbung erworbener Eigenschaften ist aus heutiger Sicht nicht haltbar. Zwar kennt man Änderungen des äußeren Erscheinungsbildes infolge von Umwelteinflüssen (Modifikationen), diese individuell erworbenen Eigenschaften werden jedoch nicht weitervererbt. Und auch die Epigenetik (→ vgl. Seite 71) liefert deutliche Hinweise auf einen Zusammenhang zwischen Umwelt und Erbgut. Ob epigenetische Mechanismen jedoch die Anpassung an Umweltbedingungen erlauben, ist nach wie vor fraglich. DARWINS Theorie hat dagegen in ihren Grundzügen bis heute Bestand.

Synthetische Theorie

DARWINS Theorie einer Evolution der Lebewesen aus gemeinsamen Vorfahren konnte sich rasch durchsetzen. Strittig blieb jedoch die Frage, nach welchem Mechanismus der Artenwandel erfolgen sollte. Die von DARWIN vertretene natürliche Selektion forderte einen Vererbungsvorgang, den er zur damaligen Zeit nicht erklären konnte. So war unklar, wie zufällige Variationen entstehen können und Merkmalsanlagen von den Eltern auf die Nachkommen weitergegeben werden.

Genpol = Gesamtheit der Gene einer Population

Erst die modernen Erkenntnisse der Genetik konnten dieses Problem lösen. Danach sind die Zufallsprozesse Mutation und Rekombination für die Entstehung der Varietäten verantwortlich. Im **Genpool** sammeln sich so kleine Veränderungen an. Sie liefern das Rohmaterial, an dem dann die natürliche Selektion ansetzt und zur Anpassung an eine gegebene Umwelt führt. Evolution wird folglich als Veränderung des Genpools einer Population verstanden. Jeder Faktor, der diesen Genpool ändert, führt zu einer Artumwandlung. Zu diesen Evolutionsfaktoren zählen neben Mutation, Rekombination und Selektion auch **Gendrift** und **Isolation**.

Werden Populationen durch geografische Barrieren getrennt, kann kein Genaustausch mehr zwischen ihnen stattfinden. In den isolierten Teilpopulationen können unabhängig voneinander Mutationen, Rekombinationen und verschiedene Evolutionsfaktoren wirken, die den Genpool verändern. Auf diese Weise kann sich die Ursprungsart in zwei Arten aufspalten.

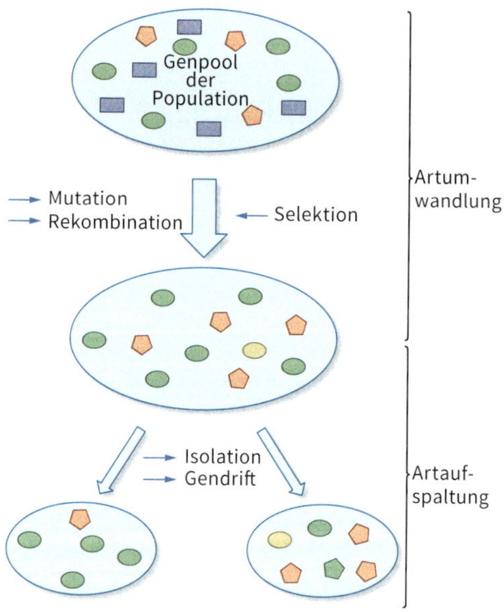

Abb. 10.1: Die Synthetische Theorie der Evolution

Auf diese Weise entstand in den 40er-Jahren des 20. Jahrhunderts die **Synthetische Theorie** der Evolution. Sie vereint die Ideen DARWINS mit den Erkenntnissen der Genetik, insbesondere der Populationsgenetik. Beobachtungen und Entdeckungen aus anderen Bereichen der Biologie, etwa der Biogeografie, der Paläontologie und der Verhaltenslehre stützen die Synthetische Theorie.

Evolutionstheorien

Von der Antike bis heute

10.1

1 ENTWICKLUNG DES EVOLUTIONSGEDANKENS

→ **Lehre von der Artkonstanz:**
Alle Lebewesen sind in einem einmaligen Schöpfungsakt entstanden, sie sind vollkommen und unveränderlich.

→ **Katastrophentheorie:**
In der Erdgeschichte kam es zu mehreren Katastrophen, wodurch viele Arten verschwanden. Neue Arten sind dann durch Neuschöpfung entstanden.

→ **Binäre Nomenklatur:**
Jedes Lebewesen erhält aufgrund bestimmter Merkmale einen Gattungs- und einen Artnamen.

2 ERSTE EVOLUTIONSTHEORIEN

→ LAMARCK: Lebewesen haben ein inneres Bedürfnis nach Vervollkommnung.
Umweltveränderungen rufen veränderte Bedürfnisse hervor.
Gebrauch stärkt Organe,
Nichtgebrauch schwächst sie (1. Naturgesetz).
Die erworbenen Eigenschaften werden vererbt (2. Naturgesetz).

→ DARWIN: Individuen konkurrieren um knappe Ressourcen **(Kampf ums Dasein)**; am besten angepasste Lebewesen überleben **(survival of the fittest)**; natürliche Selektion führt im Laufe der Zeit zu Veränderungen von Arten und damit zur Evolution.

3 SYNTHETISCHE THEORIE DER EVOLUTION

→ Evolution = Veränderung der Häufigkeiten von Genen und Allelen im Genpool einer Population durch Evolutionsfaktoren.

→ Evolutionsfaktoren: Mutation, Rekombination, Selektion, Isolation, Gendrift

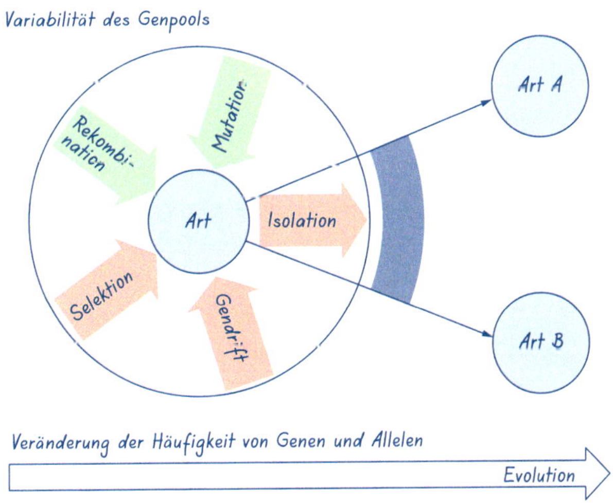

10.2 Evolutionsfaktoren

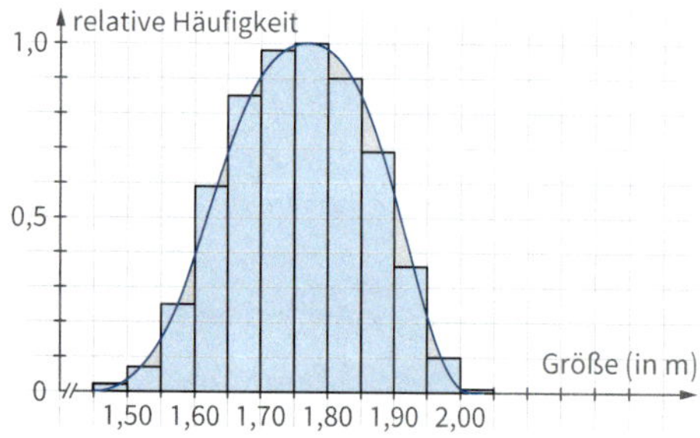

Abb. 10.2: Variabilität des Merkmals Körpergröße

Genetische Variabilität

Populationen zeigen ein hohes Maß an Variabilität für bestimmte Merkmale. Betrachtet man beispielsweise die Verteilung der Körpergröße menschlicher Populationen, so erhält man eine typische Variationskurve. Ursache dieser Variabilität sind Umwelteinflüsse wie unterschiedliche Nahrung, aber auch genetische Einflüsse. Für die Evolution von Bedeutung ist nur die **genetisch bedingte Variabilität**. Sie spiegelt sich im Genpool der Population wieder und ist damit Ansatzpunkt evolutionärer Veränderungen.

Mutation

Neue Gene bzw. neue Allele eines Genpools sind Folge von **Mutationen**. Mutationen entstehen spontan. Sie sind ungerichtet und keine gezielte Antwort auf bestimmte Umwelteinflüsse. Den experimentellen Nachweis erbrachte der **Fluktuationstest** von LURIA und DELBRÜCK (→ Abb. 10.3): Bakterien, die zunächst keine Resistenz gegen ein Antibiotikum zeigten, wurden vermehrt und dann auf mehrere Petrischalen mit Antibiotikum gegeben. Vereinzelt traten danach resistente Bakterienkolonien auf. Die Resistenz konnte nicht durch das Antibiotikum verursacht sein, denn dann wären alle Petrischalen gleichmäßig mit Kolonien übersät gewesen. Die Resistenz war Folge einer zufälligen Mutation. Einige Bakterien besaßen demnach noch vor dem Kontakt mit dem Antibiotikum die Resistenz und somit einen Selektionsvorteil. Diese Anpassung im Voraus nennt man **Prädisposition**.

Mutationen sind seltene Ereignisse. Da die entsprechenden Allele meist rezessiv sind, wirken sie sich bei diploiden Organismen phänotypisch nicht aus. Bei Eukaryoten schätzt man, dass die Mutationsrate bei 10^{-4} bis 10^{-6} Mutationen pro Basenpaar und Generation liegt.

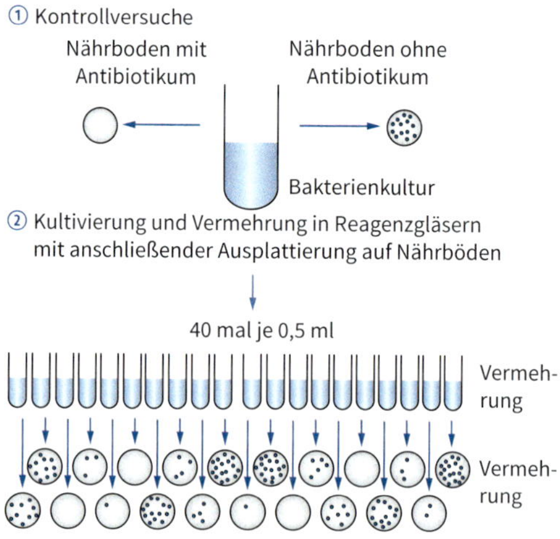

Abb. 10.3: Fluktuationstest

Rekombination

Die genetische Variabilität einer Population wird bei diploiden Organismen durch Rekombination erhöht. Rekombination wird verursacht durch:

- zufällige Verteilung väterlicher und mütterlicher Chromosomen während der Meiose (interchromosomale Rekombination)
- Crossing-over während der Meiose (intrachromosomale Rekombination)
- zufällige Auswahl von Ei- und Samenzelle während der Befruchtung

Rekombination führt zwar nicht zur Bildung neuer Allele, wohl aber zu neuen Allelkombinationen und damit zu Individuen mit neuen Merkmalskombinationen. Lebewesen, die sich ungeschlechtlich fortpflanzen, besitzen diese Möglichkeit der Rekombination nicht.

Gendrift

Der Genpool einer Population kann durch einen weiteren zufallsabhängigen Evolutionsfaktor verändert werden, die **Gendrift**. Beispielsweise kann es vorkommen, dass zufällig der einzige Träger eines bestimmten Allels ganz ohne Nachkommen stirbt. Eine deutliche Änderung des Genpools ist die Folge. Gendrift spielt insbesondere in kleinen Populationen eine Rolle.

Zufallsfaktoren: Mutation + Rekombination + Gendrift

Flaschenhalseffekt

Katastrophen wie Waldbrände oder Wirbelstürme werden häufig nur von einzelnen Individuen zufällig überlebt. Ein Großteil der Population wird vernichtet und wenige Überlebende bilden die Basis für eine neue Population. Man spricht vom **Flaschenhalseffekt**. Die wenigen Individuen, die der Katastrophe zufällig entgehen, repräsentieren nur noch einen kleinen Teil des ursprünglichen Genpools. Die damit einhergehende genetische Verarmung kann schwerwiegende Folgen haben: Die Restpopulation ist möglicherweise anfälliger für Infektionen, fortgesetzte Inzucht führt dazu, dass nachteilige rezessive Gene homozygot werden. Eine Population kann auf diese Weise schnell weiterschrumpfen und damit endgültig aussterben.

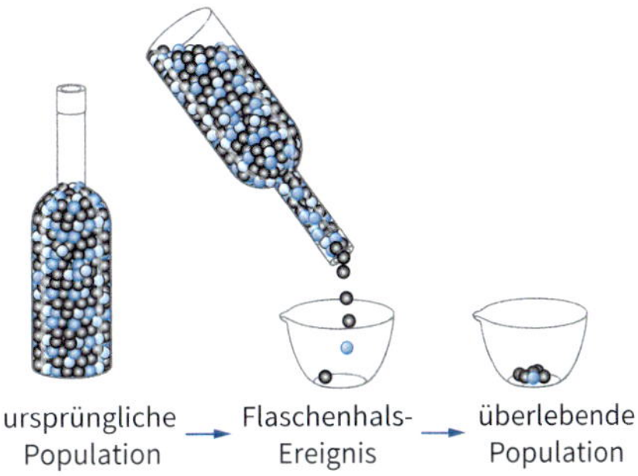

Abb. 10.4: Modell des Flaschenhalseffekts

Gründereffekt

Besiedeln einzelne Individuen einer Stammpopulation zufällig einen neuen Lebensraum, so repräsentieren sie gleichfalls nur einen kleinen Teil des ursprünglichen Genpools. Die Wirkung ähnelt dem Flaschenhalseffekt, mit dem Unterschied, dass die ursprüngliche Population nicht vernichtet wird.

Der Gründereffekt ist insbesondere für die Besiedlung neuer, weit entfernter Inseln von Bedeutung (→ Galapagos-Archipel, Abb. 10.12 auf Seite 262).

Selektion

Die Evolutionsfaktoren Mutation, Rekombination und Gendrift sind Zufallsfaktoren. Sie bilden gleichsam das Rohmaterial, an dem die **Selektion** ansetzt. Erst die Selektion gibt dem Evolutionsgeschehen eine Richtung. Im übertragenen Sinne prüft sie, welches Individuum in einer gegebenen Umwelt mehr oder weniger angepasst ist und sich fortpflanzen kann.

engl. *Fitness* = Angepasstheit, Tauglichkeit

Begünstigt sind die Individuen mit einer größeren **reproduktiven Fitness**. Darunter versteht man die Fähigkeit, mehr Nachkommen als andere zu erzeugen. Selektion wird also als statistische Größe aufgefasst, die zu einer gerichteten Änderung der Gen- bzw. Allelhäufigkeiten eines Genpools führt.
Ursachen dieser unterschiedlichen Fitness sind:
- unterschiedliche Lebenserwartung
- unterschiedliche Fortpflanzungsrate
- unterschiedliche Generationsdauer

Selektionsfaktoren

Die Umwelt verändert durch verschiedene Faktoren den Genpool von Populationen. Je nachdem, ob es sich dabei um Faktoren der unbelebten oder belebten Natur handelt, unterscheidet man abiotische von biotischen Selektionsfaktoren.

Zu den **abiotischen Selektionsfaktoren** zählen beispielsweise:
- Temperatur (→ BERGMANN'sche Regel, Seite 182)
- Gifte (→ Resistenzbildung bei Bakterien, Seite 250)

Abb. 10.5: Helle und dunkle Form des Birkenspanners

Zu den **biotische Selektionsfaktoren** zählen beispielsweise:
- **Fressfeinde** – Lebewesen haben Strategien entwickelt, um sich vor Feinden durch **Tarnung** zu schützen. Der weiß-graue Birkenspanner ist durch seine gefleckten Flügel auf Birkenrinde gut getarnt. In Industriegebieten mit starker Luftverschmutzung werden die hellen Formen des Birkenspanners jedoch auf dunklen Rinden gut erkannt und etwa von Vögeln gefressen. Dunkle Mutanten besitzen hier einen Selektionsvorteil (**Industriemelanismus**).
  Weitere Formen der Tarnung sind die Gestaltsauflösung durch optische Zerlegung der Körperumrisse (Somatolyse) sowie die Nachahmung bestimmter Gegenstände (**Mimese**). So wird das Lebewesen zwar wahrgenommen, aber nicht als potenzielle Beute erkannt. Eine weitere Strategie, sich vor Feinden zu schützen, ist die **Warnung**. Durch auffällige Färbungen, Bänderungen und Zeichnungen warnen wehrhafte, ungenießbare oder giftige Tiere ihre potenziellen Feinde. Bei der Scheinwarntracht (**Mimikry**) haben harmlose Tiere die Warntracht wehrhafter Tiere nachgeahmt. So ahmen etwa Schwebfliegen durch ihre Färbung wehrhafte Wespen nach.

Mimikry = Scheinwarntracht

- **Parasiten** – Ein klassisches Beispiel für den Einfluss von Parasiten auf Populationen ist das Vorkommen der Malariaerreger und die Verbreitung des Sichelzellgens. Homozygote, erkrankte Träger des rezessiven Sichelzellgens (ss) sterben früh an der Sichelzellenanämie. Im Blut heterozygot Erkrankter (Ss) können sich die Erreger nicht ausbreiten. In Malariagebieten besitzen diese daher einen Selektionsvorteil. Trotz starker Selektion gegen das Sichelzellgen verschwindet das entsprechende Allel in diesen Gebieten nicht.
- **Konkurrenten** – Stellen zwei nahe verwandte Arten ähnliche Ansprüche an ihren Lebensraum, so kann sich auf lange Zeit nur eine davon durchsetzen, die andere wird verdrängt (**Konkurrenzausschlussprinzip** → Seite 186).

Selektionsformen

Den Einfluss, den die Umwelt über Selektionsfaktoren auf eine Population ausübt, nennt man **Selektionsdruck**. Dieser führt, je nachdem welche Phänotypen begünstigt werden, zu verschiedenen Selektionsformen:

① **Richtende oder transformierende Selektion** – Einseitiger Selektionsdruck führt zur Veränderung des Genpools in Richtung einer besseren Anpassung.
Beispiel: Die Wuchshöhe eines Grases variiert stark. Beweidung führt dazu, dass höher wachsende Gräser gefressen werden. Nach einiger Zeit mit starker Beweidung hat sich die Population in Richtung der kleineren Formen verändert.

② **Stabilisierende Selektion** – Ist eine Population gut an einen Lebensraum angepasst, so werden extreme Varianten eliminiert. Die Selektion verhindert eine Veränderung.
Beispiel: Die Körpergröße einer Vogelpopulation variiert um einen Mittelwert. Extreme Umweltbedingungen wie Stürme selektieren im Besonderen die kleineren und größeren Tiere. Die Variabilität wird zugunsten der Durchschnittsform verringert.

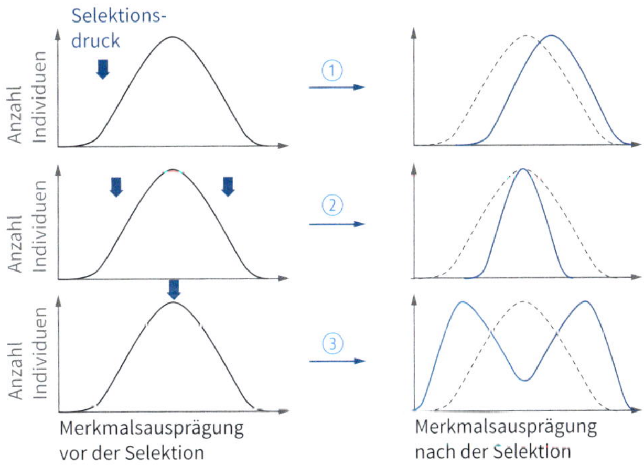

Abb. 10.6: Selektionsformen:
① richtende Selektion, ② stabilisierende Selektion, ③ spaltende Selektion

③ **Spaltende oder disruptive Selektion** – Sind Teile einer Population unterschiedlichen Bedingungen ausgesetzt, so entwickeln sich diese verschieden. Die Population zerfällt in Teilpopulationen.
Beispiel: Die häufigsten Varianten einer Insektenart werden von Vögeln bevorzugt gefressen, da sie auf diese Form geprägt wurden. Die weniger häufigen Formen entwickeln sich dann am stärksten.

Sexuelle Selektion

Männliche Tiere sind meist größer und auffälliger gezeichnet als ihre weiblichen Artgenossen. So findet man beispielsweise nur beim Pfauenhahn eine lange Federschleppe, die Henne ist deutlich unauffälliger. Solche Unterschiede zwischen den Geschlechtern bezeichnet man als **Geschlechts- oder Sexualdimorphismus**. Die natürliche Selektion liefert hier keine Erklärung. Im Gegenteil, die Federschleppe des Pfauenhahns ist eher hinderlich bei der Fortbewegung und stellt somit ein **Handicap** dar. DARWIN erklärte dieses Phänomen mithilfe der **sexuellen Selektion**. Diese erklärt, dass die auffälligen sekundären Geschlechtsmerkmale einen Selektionsvorteil darstellen, da die betreffenden Tiere dadurch vermehrt zur Fortpflanzung gelangen. Der Vorteil durch die höhere Fortpflanzungsrate überwiegt den Nachteil des Handicaps. Das prachtvolle Gefieder des Pfauenhahns ist demnach Ergebnis der weiblichen Partnerwahl *(female choice)*. Die sexuelle Selektion führt daneben zur Konkurrenz zwischen den Männchen um den Zugang zu den Weibchen *(male competition)*. Kräftigere und größere Männchen sind in diesem Wettbewerb im Vorteil.

Verwandtenselektion

Altruismus
lat. *alter* = der Andere

Im Tierreich findet man bei einigen Arten ein Verhalten, dass scheinbar selbstlos oder **altruistisch** ist (→ Seite 177). So verzichten etwa die Arbeiterinnen eines Bienenstaates zeitlebens auf die eigene Fortpflanzung, um bei der Aufzucht ihrer jüngeren Geschwister zu helfen. Dieses Verhalten erklärte man früher damit, dass es dem Erhalt der eigenen Art dienlich sei. Demnach würde die Selektion Merkmale hervorbringen, die dem Wohl der Gruppe oder Art dienen (**Gruppenselektion**). Tatsächlich setzt aber die Selektion am Individuum an und nicht an der Gruppe (**Individualselektion**). Nur Individuen, die sich fortpflanzen, steuern ihre Gene zum Genpool der Population bei. Der Verzicht auf eigene Fortpflanzung stünde aber im Widerspruch dazu.

Gesamtfitness = direkte Fitness + indirekte Fitness

Altruistisches Verhalten lässt sich mithilfe der Individualselektion erklären: Neben der eigenen Fortpflanzung (= **direkte Fitness**) gibt es eine weitere Möglichkeit, eigene Gene an die nächste Generation weiterzugeben: Verwandte tragen Kopien dieser Gene in sich. Indem Bienen-Arbeiterinnen ihren Verwandten bei der Fortpflanzung helfen, gelangen diese Kopien in die nächste Generation (= **indirekte Fitness**). Die Gesamtfitness eines Individuums ergibt sich somit aus der Summe von direkter und indirekter Fitness. Die Verwandtenunterstützung hat also nur scheinbar altruistische Motive. Sie dient ausschließlich der eigenen Fitnessmaximierung. In der Evolution kann sich ein derartiges Verhalten durchsetzen, wenn es der Förderung Verwandter dient und dadurch die Gesamtfitness gesteigert wird.

Hardy-Weinberg-Gesetz

Die Mathematiker Hardy und Weinberg berechneten die Veränderungen der Allelhäufigkeiten in Populationen. Sie gingen von einer **„idealen Population"** aus, in der folgende Bedingungen herrschen:

- *Die Population ist sehr groß* – Die in kleinen Populationen bedeutsamen Zufallsereignisse (Gendrift) spielen hier *keine Rolle.*
- Es herrscht *Panmixie* – Alle Individuen können sich beliebig paaren („jeder kann mit jedem").
- Es finden *keine Mutationen* statt.
- Es erfolgt *keine Migration* – Es findet keine Zuwanderung in die Population oder eine Auswanderung statt.
- Es findet *keine Selektion* statt.

Godfrey Harold Hardy (1877 – 1947)
Wilhelm Weinberg (1862 – 1937)

Beispielhafte mathematische Herleitung

Eine ideale Population soll aus 810 schwarzen Mäusen (Genotyp AA), 180 grauen Mäusen (Aa) und 10 weißen Mäusen (aa) bestehen. Die Population weist folglich insgesamt 2000 Allele auf. Das Allel A tragen schwarze Mäuse jeweils zweimal und graue Mäuse einmal. Das Allel a findet sich entsprechend zweimal bei weißen und einmal bei grauen Mäusen.

- Die Häufigkeit p des Allels A liegt also bei $p = \frac{(810 \cdot 2) + 180}{2000} = 0{,}9$.
- Die Häufigkeit q des Allels a beträgt $q = \frac{180 + (2 \cdot 10)}{2000} = 0{,}1$.
- Für die Allelhäufigkeit der Ausgangspopulation gilt also $p + q = 0{,}9 + 0{,}1 = 1$.

Die Tiere sollen sich nun unter der Annahme einer Idealpopulation vermehren: Damit beispielsweise erneut eine schwarze Maus (AA) entsteht, müssen Eizelle und Spermium das Allel A enthalten. Die Wahrscheinlichkeit dafür, dass aus der Population mit 2000 Allelen eine Eizelle das Allel A enthält, beträgt $p = 0{,}9$. Gleiches gilt für das Spermium. Die Gesamtwahrscheinlichkeit für die Bildung einer schwarzen Maus mit dem Genotyp AA ergibt sich aus dem Produkt der Einzelwahrscheinlichkeiten: $p \cdot p = p^2 = 0{,}9 \cdot 0{,}9 = 0{,}81$. Die Wahrscheinlichkeit für die Entstehung einer grauen Maus (aA), liegt bei: $2 \cdot p \cdot q = 2 \cdot 0{,}9 \cdot 0{,}1 = 0{,}18$ und die für eine weiße Maus (aa) bei: $q \cdot q = 0{,}1 \cdot 0{,}1 = 0{,}01$.

- Genotypenhäufigkeit der F_1-Generation: $p^2 + 2pq + q^2 = 0{,}81 + 0{,}18 + 0{,}01 = 1$
- Allelhäufigkeiten in der F_1-Generation: $p = 0{,}81 + \frac{0{,}18}{2} = 0{,}9$ und $q = \frac{0{,}18}{2} + 0{,}01 = 0{,}1$; $p + q = 0{,}9 + 0{,}1 = 1$.

Ein Vergleich von Ausgangsgeneration und F_1-Generation zeigt, dass sich die Allelhäufigkeiten und die Genotypenhäufigkeiten nicht geändert haben. Gleiches gilt auch für die Folgegenerationen. Die Formulierung des **Hardy-Weinberg-Gesetzes** lautet:

HARDY-WEINBERG-GESETZ

In einer Idealpopulation bleiben die Allelhäufigkeit und die Genotypenhäufigkeit eines Genpools konstant.

Mathematische Formulierung:

Allelhäufigkeit: $p + q = 1$

Genotypenhäufigkeit: $p^2 + 2pq + q^2 = 1$ bzw. $p^2 + 2pq + q^2 = \text{konstant}$

Diese Regel ist gleichbedeutend mit der Feststellung, dass es unter den genannten Voraussetzungen keine Evolution geben kann, da Evolution stets mit einer Änderung des Genpools verbunden ist. Man kann daraus schließen, dass Evolution stets dann stattfindet, wenn die Voraussetzungen einer Idealpopulation *nicht* gelten.

Anwendung des Hardy-Weinberg-Gesetzes

Das Hardy-Weinberg-Gesetz kann näherungsweise auch in natürlichen Populationen für einzelne Allele angewandt werden. Dies gilt insbesondere dann, wenn die Population sich im Gleichgewicht befindet und eine hinreichende Größe besitzt. Das Gesetz wird daher häufig bei dominant-rezessiven Erbgängen benutzt, um den Anteil heterozygoter Individuen (Aa) zu ermitteln, die phänotypisch von dominant homozygoten (AA) nicht zu unterscheiden sind.

BEISPIEL

Albinismus ist eine autosomale rezessive Erbkrankheit, die mit einer Häufigkeit von 1 : 40 000 auftritt.

Für die homozygot rezessiven Individuen gilt:

$aa = q^2 = \frac{1}{40\,000} \Rightarrow q = \sqrt{\frac{1}{40\,000}} = 0{,}005$

Hardy-Weinberg-Gesetz:

$p + q = 1 \Rightarrow p = 1 - q = 1 - 0{,}005 = 0{,}995$

Die Genotypenhäufigkeit der Heterozygoten (Aa) beträgt somit

$2pq = 2 \cdot 0{,}005 \cdot 0{,}995 = 0{,}00995$.

Das heißt, etwa 1 % in der Bevölkerung sind heterozygote Träger des rezessiven Allels.

Isolation und Artbildung

Unter dem Begriff **Isolation** werden Faktoren zusammengefasst, die den Genfluss innerhalb einer Population verhindern und so die Panmixie einschränken. Isolierend kann beispielsweise ein voranschreitender Gletscher wirken, der die Population allmählich in zwei Teilpopulationen trennt. In den getrennten Arealen können nun unterschiedliche Evolutionsfaktoren auftreten. Die Teilpopulationen entwickeln sich dann unterschiedlich. Neue Unterarten und schließlich neue Arten können sich bilden (→ Definitionen unten). Eine Neubildung von Arten ist auf zwei verschiedenen Wegen möglich:

- **Allopatrische Artbildung** – Eine Population wird räumlich in zwei Teile getrennt (**geografische Isolation oder Separation**). Die Tochterpopulationen entwickeln sich in den getrennten Gebieten unterschiedlich. Sind die Unterschiede zwischen diesen so groß, dass keine fruchtbaren Nachkommen mehr möglich sind, so liegt eine **reproduktive Isolation** (Fortpflanzungsisolation) vor. Neue Arten sind entstanden.
- **Sympatrische Artbildung** – Einzelne Individuen einer Population werden durch Mutation schlagartig von der Restpopulation reproduktiv isoliert. Die Artenneubildung findet also innerhalb eines Verbreitungsgebietes ohne vorherige geografische Isolation statt.

WISSEN

Isolation

Unterbindung des Genflusses zwischen Individuen oder Populationen einer Art. Man unterscheidet:

- Geografische Isolation = Separation = räumliche Trennung von Populationen
- Reproduktive Isolation (Fortpflanzungsisolation) = Individuen zweier Populationen paaren sich nicht mehr, obwohl sie nicht (mehr) räumlich getrennt sind.

Artdefinitionen

- Biologische Art: Eine Art (Spezies) ist eine sich wirklich oder potenziell fortpflanzende natürliche Population, die von anderen reproduktiv isoliert ist. Diese Artdefinition versagt bei allen sich ungeschlechtlich fortpflanzenden Individuen sowie bei Fossilien.
- Morphologische Art: Eine Art ist die Gesamtheit der Individuen, die in allen wesentlichen Merkmalen untereinander und mit ihren Nachkommen übereinstimmen.
- Unterart (Subspezies, Rasse): Population einer Art, die sich in wenigstens einem homozygoten Merkmal von der Restpopulation unterscheidet. Bei Pflanzen bezeichnet man Unterarten gelegentlich auch als „Sorten“.

Merke: „Alles, was sich schart und paart, gehört zu einer Art.“

Allopatrische Artbildung

gr. *allos* = anderer, fremd; gr. *patris* = Heimat

Ablauf – Die Auftrennung des Genpools erfolgt bei der allopatrischen Artbildung durch geografische Isolation (Separation). In den isolierten Arealen sind dann vor allem drei Evolutionsfaktoren wirksam.

- **Gendrift**: Gründerindividuen eines neu besiedelten Areals tragen nur eine zufällige Auswahl des Genpools der Stammpopulation.
- **Mutation und Rekombination**: In den isolierten Populationen finden diese Zufallsereignisse unabhängig von der Stammpopulation statt.
- **Selektion**: Die Umweltbedingungen und damit die abiotischen und biotischen Selektionsfaktoren unterscheiden sich im isolierten Areal zumeist von denen im Ausgangsgebiet.

Ist der Genfluss zwischen dem isolierten Areal und dem Stammgebiet für lange Zeit unterbunden, so häufen sich genetische Unterschiede an. Es bilden sich zunächst lokale Unterarten. Weitere Trennung kann dann über eine reproduktive Isolation zur Artenneubildung führen. Geschieht die reproduktive Isolation, ohne das sich der Phänotyp der beiden neuen Arten wesentlich ändert, entstehen sogenannte *Zwillingsarten*.

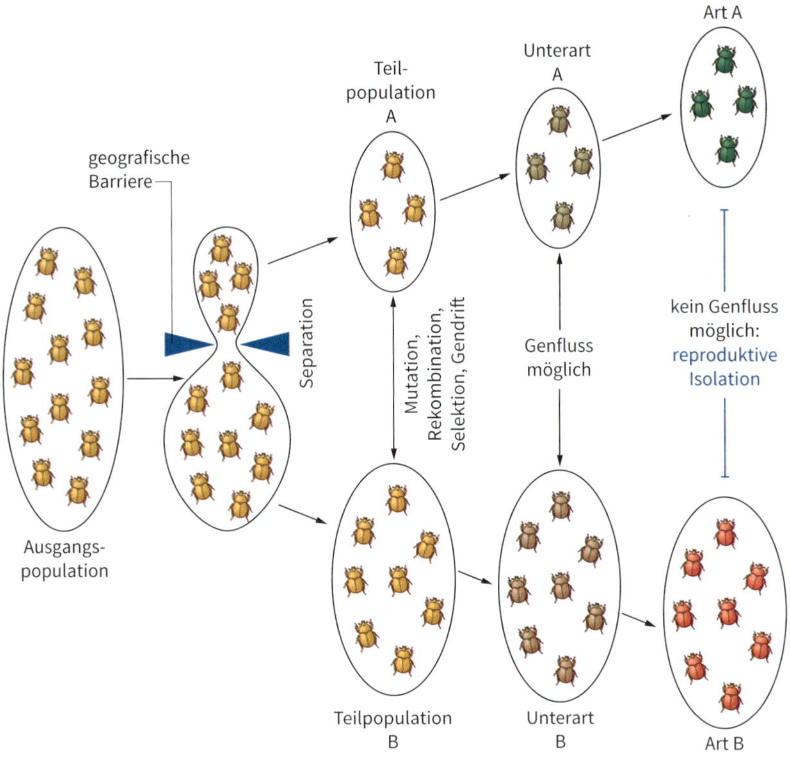

Abb. 10.7: Schema zur allopatrischen Artbildung

Geografische Isolation

Verschiedene Formen geografischer Isolation sind bekannt:

Klimatische Veränderungen können dazu führen, dass ein zunächst zusammenhängendes Siedlungsgebiet einer Art in Teilgebiete getrennt wird.

BEISPIEL

Die Stammpopulation der europäischen Krähen wurde durch das Vordringen der Gletscher in eine westliche und östliche Population getrennt. Es bildeten sich lokale Unterarten (Nebelkrähe und Rabenkrähe). Nach dem Rückzug der Gletscher trafen beide Teilpopulationen im Bereich der Elbe wieder aufeinander und bildeten dort gemeinsam Nachkommen. Nebelkrähe und Rabenkrähe sind folglich verschiedene Unterarten einer Art.

Große Entfernungen zwischen den Randbereichen eines zusammenhängenden Verbreitungsgebietes schränken den Genfluss ein.

BEISPIEL

In Oregon und Kalifornien findet man verschiedene Salamander-Populationen, die sich in ihrer Färbung unterscheiden. Nahezu sämtliche Populationen sind durch Mischformen verbunden. Die genetischen Unterschiede verstärken sich in südlicher Richtung sowohl für die Küsten- als auch für die landeinwärts gelegenen Populationen. Dort wo sich die Gebiete der Küstenform und der Binnenform überlappen, erfolgt keine Hybridisierung. Neue Arten haben sich gebildet.

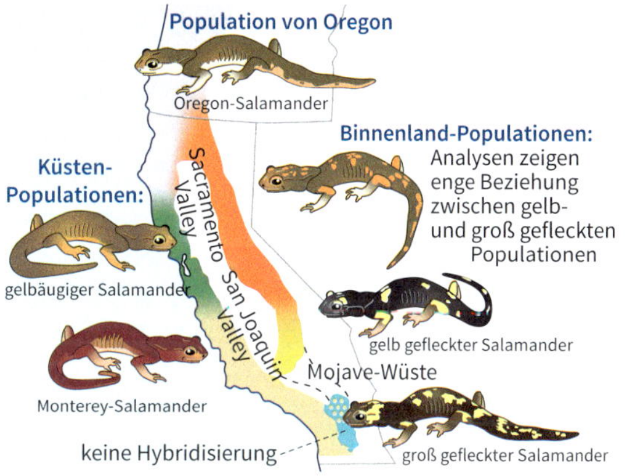

Abb. 10.8: Artbildung bei Salamandern

Tektonische Veränderungen (z. B. Kontinentaldrift) und **Änderungen des Meeresspiegels** können zu unüberwindbaren Barrieren führen.

BEISPIEL

Vor etwa 2,5 Millionen Jahren verband die neu entstandene mittelamerikanische Landbrücke Nord- und Südamerika. Dadurch wurden marine Populationen getrennt, aus denen atlantische und pazifische Arten entstanden.

Reproduktive Isolation

Der wesentliche Schritt zur Artneubildung ist dann erreicht, wenn sich Individuen zweier Populationen nicht mehr miteinander fortpflanzen, obwohl sie die Möglichkeit dazu hätten. Man unterscheidet je nach dem Zeitpunkt, zu dem die reproduktive Isolation wirksam wird, zwei Formen:

1. Präzygotische Barrieren. Bei dieser Form der reproduktiven Isolation ist die Barriere bereits vor einer möglichen Bildung der Zygote wirksam.
Man unterscheidet:

- **Habitatisolation/zeitliche Isolation** – Eine unterschiedliche Einnischung kann zu verschiedenen Paarungszeiten und -orten führen, sodass eine mögliche Paarung verhindert wird. *Beispiele:* Verschiedene Biotope bei Haus- und Wanderratte, tag- bzw. nachtaktive Enten.
- **Verhaltensisolation** – Artspezifische Verhaltensweisen wie Balzrituale, Balzgesänge, Sexuallockstoffe und optische Signale können sich soweit unterscheiden, dass eine reproduktive Isolation vorliegt. *Beispiele:* Unterschiedliche Farbmuster von Möwenaugen, verschiedene Froschrufe, unterschiedliche Pheromone bei Insekten.
- **Mechanische Isolation** – Unterschiede in der Form und Größe der Geschlechtsorgane können ein wirksamer Isolationsmechanismus sein. *Beispiel:* Gewundene Geschlechtsöffnungen bei Schmetterlingen (Heliconia-Falter), die artspezifisch gebaut sind.
- **Gametische Isolation** – Bei artfremden Gameten oder Keimzellen passen die jeweiligen molekularen Erkennungssignale nicht zueinander. *Beispiel:* Chemische Unverträglichkeit bei Pflanzen, die das Austreten des Pollenschlauches auf die Narbe einer artfremden Blüte verhindern.

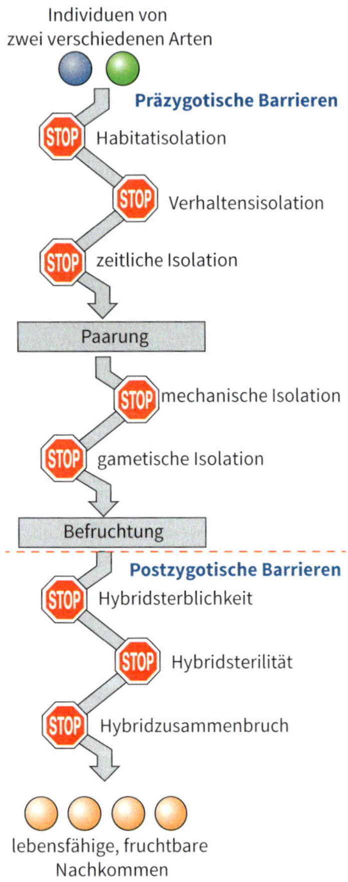

Abb. 10.9: Fortpflanzungsbarrieren im Überblick

2. Postzygotische Barrieren Bei dieser Isolationsform findet zwar noch eine Befruchtung statt, die Nachkommen sind jedoch nicht lebensfähig, steril oder benachteiligt. Man unterscheidet:

- **Hybridsterblichkeit** – Die Mischlinge oder Hybriden sterben kurz nach der Geburt. *Beispiel:* Gelb- und Rotbauchunke.
- **Hybridsterilität** – Es entstehen zwar Nachkommen, diese sind jedoch steril. *Beispiel:* Maultier/Maulesel.
- **Hybridzusammenbruch** – Die fertilen Nachkommen können im Mittel weniger eigene Nachkommen zeugen als die Ausgangsarten. *Beispiel:* Verschiedene Baumwollarten.

Sympatrische Artbildung

Bilden sich neue Arten ohne vorherige geografische Isolation, so liegt eine sympatrische Artbildung vor. Diese Form der Artbildung ist bei Pflanzen gut untersucht. Einzelne Pflanzen werden durch eine Genommutation (Polyploidisierung) sofort von anderen reproduktiv isoliert und bilden somit den Ausgangspunkt für eine neue Art.

gr. *sym* = zusammen, gr. *patris* = Heimat

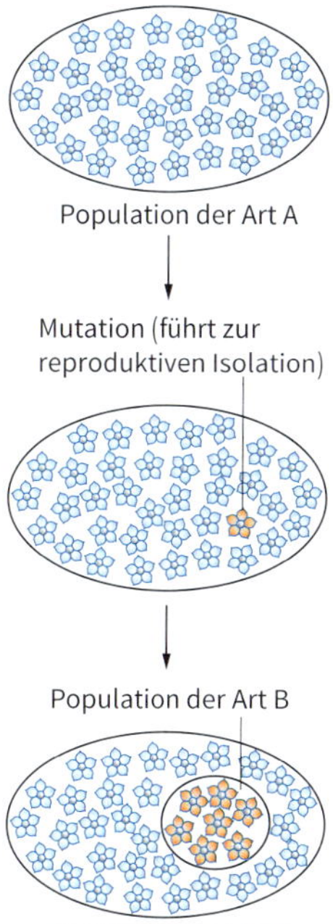

Abb. 10.10: Schema zur sympatrischen Artbildung

Eine sympatrische Artbildung bei Tieren war lange Zeit umstritten, mittlerweile wird sie auch hier akzeptiert. Einen möglichen Mechanismus bildet die weibliche Partnerwahl (→ sexuelle Selektion, Seite 254). Führt eine Mutation zur Änderung des Partnerwahlverhaltens, so paaren sich die Weibchen nur noch mit Männchen, die das entsprechende Merkmal besitzen. Dadurch kann innerhalb der Population eine Teilpopulation entstehen, deren Genpool deutlich von dem der Stammpopulation abweicht. Dieser Mechanismus wird derzeit bei der Evolution der Buntbarsche ostafrikanischer Seen diskutiert.

BEISPIEL

Der Ausfall bzw. die Störung der Meiose führt bei einer diploiden Pflanze (AA) zu diploiden Keimzellen.
Die anschließende Selbstbefruchtung der diploiden Keimzellen führt zur Polyploidisierung, bei der tetraploide, fruchtbare Individuen (AAAA) entstehen.
Diese sind von den diploiden Individuen reproduktiv isoliert, da mögliche triploide Individuen (AAA), die nach erfolgter Meiose beider Ausgangsarten und anschließender Befruchtung entstehen, steril sind. Drei homologe Chromosomen lassen sich nicht gleichmäßig auf zwei Zellen verteilen.

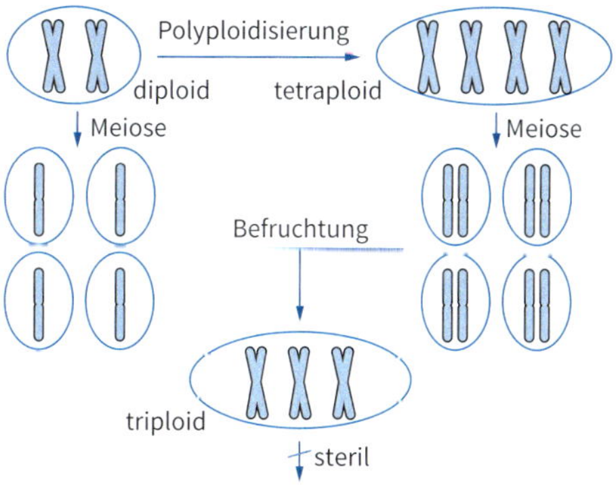

Abb. 10.11: Sympatrische Artbildung durch Polyploidisierung

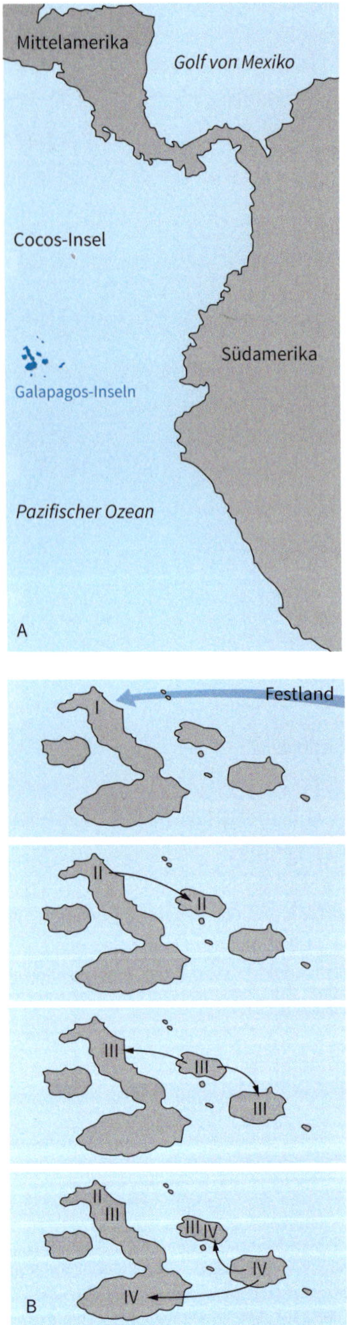

Abb. 10.12: **A** Lage des Galapagos-Archipels. **B** Modell der adaptiven Radiation

Adaptive Radiation

Auf dem Galapagos-Archipel findet man eine Vielzahl von Finkenarten, die nur dort vorkommen (**Endemiten**). Untersuchungen mitochondrialer DNA bestätigten, dass sie aus einer Stammart hervorgingen. Aus dieser haben sich 14 Finkenarten (Darwinfinken) gebildet, die sich unter anderem in der Schnabelform unterscheiden. Die verschiedenen Schnabelformen sind Ausdruck unterschiedlicher Nahrungsquellen und verschieden besetzter ökologischer Nischen. Eine solche Artaufspaltung als Folge unterschiedlicher Einnischung nennt man **adaptive Radiation**.

Die einzelnen Phasen der **adaptiven Radiation** bei Darwinfinken erklärt man modellhaft wie folgt:

I **Gründung der Stammpopulation** – Einige Finken wurden zufällig durch Stürme vom Festland auf den Archipel verschlagen. Auf dem noch unbesiedelten Archipel konnten sich diese Gründerindividuen stark vermehren.

II **Geografische Isolation** – Einige Finken gelangten auf Nachbarinseln. Der Genfluss zur Stammpopulation wurde unterbunden.

III **Einnischung** – Auf den Nachbarinseln herrschten andere ökologische Bedingungen. Mit zunehmender Individuenzahl entwickelte sich im Laufe der Zeit ein starke intraspezifische Konkurrenz. Einnischung führte zur Konkurrenzvermeidung. Die Populationen wurden an unterschiedliche Nahrungsquellen angepasst, die Schnabelformen veränderten sich.

IV **Radiation** – Kehrten Individuen der Nachbarinseln zur Ausgangspopulation zurück, so konnten sie aufgrund unterschiedlicher Ansprüche an die Umwelt nebeneinander existieren, ohne sich zu vermischen (ökologische Isolation). Eine neue Art hatte sich gebildet. Wiederholung der Phasen ② und ③ führte zur heute bekannten Artenzahl.

Adaptive Radiation findet man vor allem dann, wenn ein Areal zahlreiche, noch unbesetzte ökologische Nischen bietet und dieses von wenig spezialisierten Gründerindividuen besiedelt wird. *Beispiele:* Beuteltiere in Australien, Buntbarsche Ostafrikas, Lemuren Madagaskars, Kleidervögel Hawaiis.

Coevolution

Nicht nur Veränderungen in der Umwelt können einen Selektionsdruck auf eine Art ausüben, sondern auch andere Arten. Bei der betroffenen Art führt ein solcher Evolutionsdruck zu einer Veränderung von Merkmalen, zur Anpassung. Diese beeinflusst wiederum die Art, die den Selektionsdruck ausübt. Auch sie zeigt daraufhin spezifische Anpassungen. Den evolutionären Prozess, bei dem sich zwei Arten in wechselseitiger Anpassung aufeinander spezialisieren, nennt man **reziproke Anpassung** oder **Coevolution**.

Beispiele:

- **Räuber und Beute**. Geparde sind sehr schnelle Raubtiere. Ihre Schnelligkeit erzeugt bei ihren bevorzugten Beutetieren, den Gazellen, einen hohen Selektionsdruck in Richtung Schnelligkeit und Wendigkeit. Dadurch erhöhte sich wiederum der Selektionsdruck auf die Geparde, sodass ihre Geschwindigkeit weiter zunahm.
- **Wirt und Parasit**. Der Kuckuck ist ein Brutparasit. Er legt einzelne Eier in Nester anderer Singvogelarten, die diese dann ausbrüten und nach dem Schlüpfen mit Nahrung versorgen. Der Kuckuck übt damit einen Selektionsdruck auf die Wirtsvögel, ein Kuckucksei von den eigenen Eiern unterscheiden zu können. Die Wirtsvögel entfernen daher als artfremd erkannte Eier und schädigen so den Brutparasiten. Damit üben sie ihrerseits einen Selektionsdruck auf den Kuckuck, Eier zu legen, die in Form und Farbe den Eiern ihrer Wirtsvögel sehr ähnlich sind.
- **Pflanzen und ihre Bestäuber**. Bestimmte Passionsblumen besitzen sehr lange Blütenröhren. Sie werden von Kolibris mit passendem, extrem langem Schnabel bestäubt. Dieser hat für die Kolibris den Selektionsvorteil, dass nur er an den Nektar gelangen kann und somit keine Nahrungskonkurrenten hat. Für die Blume ist es von Vorteil, dass sie nur mit Pollen der eigenen Art bestäubt wird. Dieser wechselseitige Selektionsdruck führte im Verlauf der Evolution zu einer gerichteten Selektion in Richtung längerer Schnäbel und Blütenröhren.

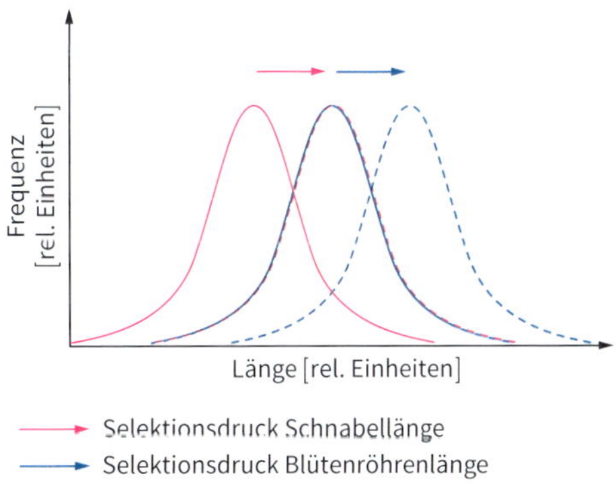

Abb. 10.13: Gerichtete Selektion bei Kolibri und Passionsblume

10.2 Evolutionsfaktoren

➡ **Mutation, Rekombination, Gendrift, Selektion, Isolation**

1 GENETISCHE VARIABILITÄT

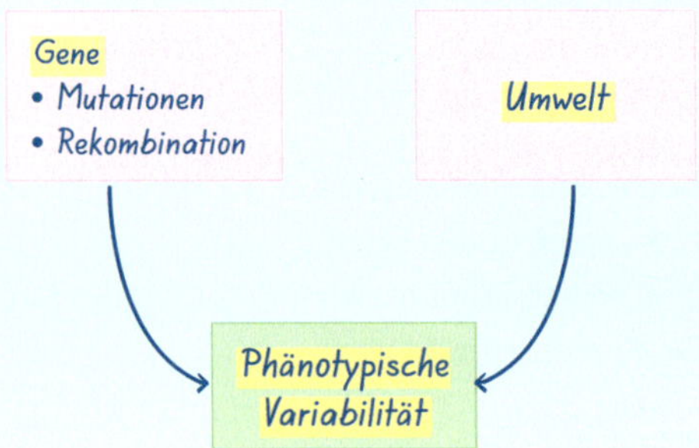

2 POPULATIONEN

→ **Genpool** = Gesamtheit der Gene einer Population

→ **Ideale Population:** sehr große Population, alle Individuen können sich beliebig paaren (Panmixie), keine Mutation, keine Migration, keine Selektion

→ **HARDY-WEINBERG-Gesetz:** In einer idealen Population bleiben die Allelfrequenzen des Genpools konstant:
$p^2 + 2pq + q^2 = 1$

→ **Reale Population:** HARDY-WEINBERG-Gesetz gilt nicht; eine Änderung der Allelfrequenzen im Genpool führt zur Evolution

3 EVOLUTIONSFAKTOREN

Mutation:

→ ungerichtet, spontan, selten

→ führt durch Bildung neuer Allele zur Änderung des Genpools

Rekombination:

→ Folge der Neuverteilung von Chromosomen/ Chromosomenabschnitten während der Meiose

→ führt zu neuen Allelkombinationen und erhöht so die genetische Variabilität von Populationen

Gendrift:

→ Änderung des Genpools einer Population durch Zufallsereignisse (Flaschenhalseffekt, Gründereffekt)

Selektion:

→ gerichteter Vorgang, verringert die genetische Variabilität

→ Selektionsformen: stabilisierende, richtende, spaltende Selektion

→ Sexuelle Selektion: auffällige sekundäre Geschlechtsmerkmale erhöhen die reproduktive Fitness des Merkmalsträgers

→ Verwandtenselektion: Förderung Verwandter steigert die indirekte Fintnss; Gesamtfitness = direkte Fitness + indirekte Fitness

4 ARTBEGRIFF

→ **Morphologischer Artbegriff** = Eine Art ist eine Lebensform, die sich äußerlich in wesentlichen Merkmalen von anderen Lebewesen unterscheidet.

→ **Biologischer Artbegriff**: Arten sind Gruppen von Lebewesen, deren Individuen sich tatsächlich oder potenziell untereinander kreuzen können und die von anderen solchen Gruppen reproduktiv isoliert sind.

→ **Unterart (Subspezies, Rasse)**: Population einer Art, die sich in wenigstens einem homozygoten Merkmal von der Restpopulation unterscheidet. Bei Pflanzen bezeichnet man Unterarten auch als „Sorten"

5 ISOLATION

→ **Isolation** = Unterbrechung des Genflusses zwischen Populationen durch Fortpflanzungsbarrieren

→ **geografische Isolation** = Separation = räumliche Trennung

Beispiele:

- klimatische Veränderungen
- große Entfernungen
- tektonische Veränderungen

→ **reproduktive Isolation** = Fortpflanzungsisolation

- präzygotische Barrieren = Barrieren, die bereits vor der Bildung der Zygote wirksam sind
- postzygotische Barrieren = Barrieren, die erst nach der Bildung der Zygote greifen

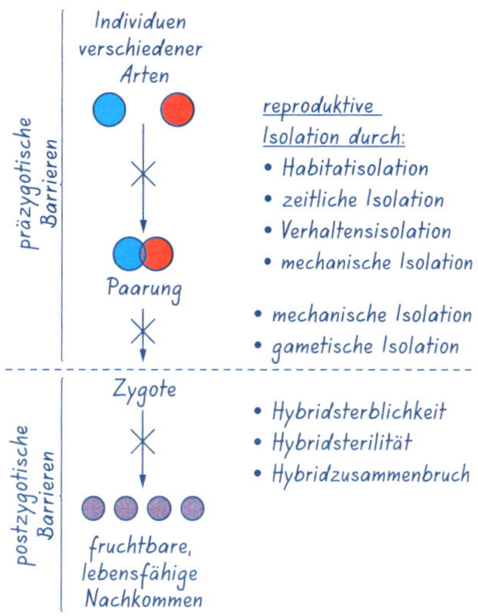

6 ARTBILDUNG

→ **allopatrische Artbildung** = geografische Isolation führt zur Artbildung

→ **sympatrische Artbildung**: = Artbildung innerhalb eines Gebiets ohne vorherige geografische Isolation

→ **adaptive Radiation** = Aufspaltung einer Art in zahlreiche neue Arten unter Anpassung an verschiedenen ökologische Nischen

→ **Coevolution** = evolutionärer Prozess, bei dem sich Arten in wechselseitiger Anpassung aufeinander spezialisieren.

10.3 Belege für die Evolution

Belege aus der Morphologie und Anatomie

Man unterscheidet zwei Formen von Ähnlichkeit: Ähnlichkeit, die auf gleicher Funktion beruht (**Analogie**) und Ähnlichkeit, die auf Übereinstimmung im Bauplan von Organen beruht (**Homologie**).

Analogie

Analogie = Funktionsgleichheit

Diese Form der Ähnlichkeit ist Folge der Anpassung an ähnliche Umweltbedingungen (**konvergente Entwicklung**). Analogie erlaubt keine Aussagen zur Stammesverwandtschaft.
Beispiel: Maulwurf und Maulwurfsgrille besitzen ähnliche Vorderbeine, die zum Graben im Erdreich geeignet sind. Die Vorderextremitäten zeigen jedoch nur eine äußere Übereinstimmung, die Folge gleicher Umweltanforderungen sind. Der Grundbauplan von Säugern und Insekten ist hingegen völlig verschieden.

Homologie

Homologie = Ähnlichkeit aufgrund von Verwandtschaft

Diese Form der Ähnlichkeit beruht auf gemeinsamer Erbinformation und gemeinsamer Abstammung. Unterschiedliche Umweltbedingungen können zu unterschiedlichen Funktionen und unterschiedlichem Aussehen bei gleichem Grundbauplan führen (**divergente Entwicklung**).

BEISPIEL

Die Vorderextremitäten von Maulwurf und Fledermaus haben unterschiedliches Aussehen und unterschiedliche Funktionen.
Beide lassen jedoch denselben allgemeinen Grundbauplan der Wirbeltierextremität erkennen.

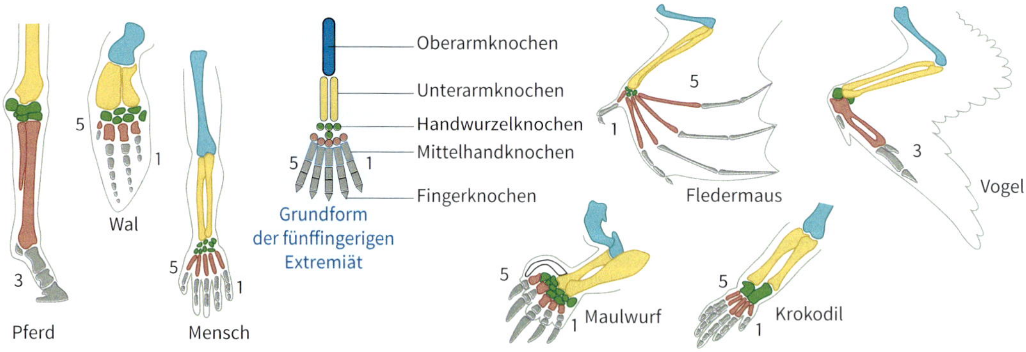

Abb. 10.14: Homologie bei Wirbeltierextremitäten

Homologiekriterien

Als Folge von Spezialisierungen und Funktionswechsel können sich homologe Organe im Verlauf der Evolution deutlich verändern. Eine Homologisierung ist dann schwierig. Eine Hilfe liefern die folgenden Kriterien:

- **Kriterium der Lage** – Organe verschiedener Lebewesen sind homolog, wenn sie nach Zahl und Anordnung einem gemeinsamen Bauplan zugeordnet werden können.
  Beispiel: Gliedmaßen der Wirbeltiere (→ Abb. 10.14).
- **Kriterium der Kontinuität** – Körperteile oder Organe sind homolog, wenn sie sich durch Zwischenformen verbinden lassen. Diese treten manchmal während der Embryonalentwicklung auf, sie lassen sich auch an Fossilfunden nachweisen.
  Beispiel: Zwei Knochen des Kiefergelenkes und ein weiterer Schädelknochen der Knochenfische wurden bei den Säugetieren zu den Gehörknöchelchen Hammer, Amboss und Steigbügel. Es fand also ein Funktionswechsel statt. Beim Säugerembryo wird vorübergehend noch ein primäres Kiefergelenk ausgebildet. Dies belegt die Homologie des primären Kiefergelenks der Fische mit den Gehörknöchelchen der Säuger.
- **Kriterium der spezifischen Qualität** – Komplex gebaute Organe sind dann homolog, wenn sie in zahlreichen Einzelheiten des Baues übereinstimmen.
  Beispiel: Die Zähne der Säugetiere und die Hautzähne von Haien bestehen aus vergleichbaren Strukturen wie Schmelz und Dentin.

Rudimente

Morphologisch-anatomische Hinweise auf die Verwandtschaft und Abstammung der Lebewesen liefern neben homologen Organen auch **Rudimente**. Man versteht darunter funktionslose, zurückgebildete Organe.

lat. *rudimentum* = Rest

BEISPIEL

Bartenwale besitzen im Körperinneren funktionslose Reste des Beckengürtels und des Oberschenkelknochens. Sie zeigen, dass Bartenwale von vierfüßigen Vorfahren abstammen. Als diese vom Land zum Lebensraum Wasser übergingen, wurden die Hintergliedmaßen funktionslos.

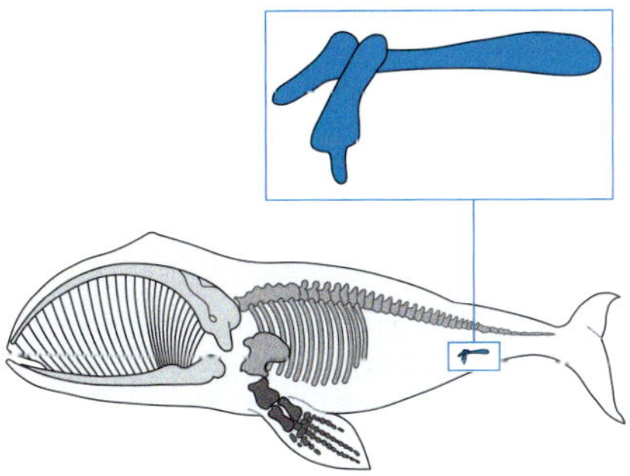

Abb. 10.15: Rudiment beim Bartenwal

Beim **Menschen** sind die Restbehaarung, das Steißbein, aber auch die Weisheitszähne rudimentäre Organe.

Atavismus

lat. *atavus* = Großvater

In seltenen Fällen tritt bei einem Individum ein rudimentäres Organ in einer weniger stark zurückgebildeten Form auf. Ein solches anatomisches Merkmal, das eigentlich für Urahnen des Individums typisch war, nennt man **Atavismus**. Man erklärt die Bildung eines Atavismus damit, dass eine normalerweise abgeschaltete genetische Information durch eine Mutation wieder realisiert wird.

BEISPIEL

Das Steißbein des Menschen besteht aus drei oder vier verkümmerten Wirbelknochen. Es sind seltene Fälle bekannt, bei denen dieses Rudiment schwanzartig verlängert ist.
Weitere Beispiele für Atavismen bei Menschen sind zusätzliche Brustwarzen und eine Ganzkörperbehaarung („Wolfskinder“).

Belege aus der Embryologie

Die Embryonalstadien vieler heute lebender Tiere und Pflanzen zeigen häufig Merkmale, die als Reste ihrer evolutionären Vergangenheit gedeutet werden können. Diese Tatsache kann man nur mit der Abstammung der Lebewesen voneinander erklären.

BEISPIEL

Die frühen Entwicklungsstadien von Fisch, Reptil, Vogel und Mensch weisen bemerkenswerte Übereinstimmungen im äußeren und inneren Aufbau auf. Erst während ihrer weiteren Entwicklung werden sie einander immer unähnlicher. Die gemeinsame Abstammung und die Entwicklungslinie der Wirbeltiere vom Fisch zum Säuger werden hier dokumentiert.

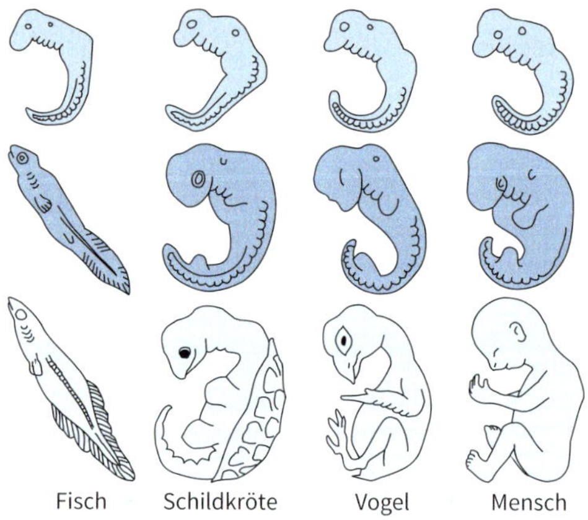

Abb. 10.16: Embryonalstadien bei Wirbeltieren

ERNST HAECKEL formulierte 1866 unter anderem auf der Basis des Vergleichs von Embryonen verschiedener Wirbeltierarten das **biogenetische Grundgesetz**:

HAECKEL

Die Individualentwicklung (Ontogenese) ist eine unvollständige und schnelle Rekapitulation der Stammesentwicklung (Phylogenese).

Diese ursprüngliche Formulierung des biogenetischen Grundgesetzes hat im Laufe der Zeit zahlreiche Modifizierungen erfahren. Nicht vollständige Organe stammesgeschichtlicher Vorfahren werden in der Embryonalphase realisiert, sondern deren Anlagen. So bilden menschliche Embryonen keine Kiemenspalten aus, sondern nur die Anlagen hierzu. Man spricht daher heute besser von der **biogenetischen Regel**.

Belege aus der Molekularbiologie

Morphologische Merkmale wie etwa die Gestalt der Wirbeltiervorderextremität sind genetisch festgelegt. Vergleicht man die entsprechenden Gene und Genprodukte bei verschiedenen Arten, sind Übereinstimmungen und Ähnlichkeiten feststellbar. Solche Ähnlichkeiten von DNA- und Aminosäuresequenzen bei verschiedenen Arten sind ein Beleg für ihre gemeinsame Abstammung und werden **molekulare Homologien** genannt.

Der Vergleich von DNA- und Aminosäuresequenzen bestimmter Gene bzw. Proteine kann genutzt werden, um **phylogenetische Stammbäume** zu erstellen, die die evolutionären Beziehungen zwischen Lebewesen widerspiegeln. Beobachtete Sequenzunterschiede sind durch Mutationen entstanden. Je geringer diese Unterschiede bei zwei Arten sind, desto weniger Mutationen haben sich im Verlauf der Evolution ereignet und desto später haben sich die Arten voneinander getrennt. Große Sequenzunterschiede weisen dagegen auf eine frühe Trennung von Arten hin.

DNA-Sequenzvergleiche

DNA-Sequenzvergleiche werden häufig mit nichtcodierenden DNA-Abschnitten durchgeführt. Sie unterliegen nicht der Selektion, sodass sich hier Mutationen ansammeln können. Auch nutzt man häufig **mitochondriale DNA (mtDNA)** anstellte von **Kern-DNA (ncDNA)**, da diese vergleichsweise häufig mutiert und keine Rekombination bei der Fortpflanzung stattfindet.

Moderne molekularbiologische Methoden erlauben es heute, Gene innerhalb kurzer Zeit zu sequenzieren. Dazu wird zunächst der relevante DNAN-Abschnitt isoliert, mittels PCR vervielfältigt und anschließend seine Basensequenz ermittelt.

Oft ist es schwierig, die DNA-Abschnitte verschiedener Arten Base für Base miteinander zu vergleichen, denn oft hat sich die Länge von DNA-Abschnitten durch Insertionen oder Deletionen von Basen verändert.
Dadurch verschieben sich ehemals homologe Sequenzen. Mithilfe von Computerprogrammen werden daher Lücken in die einzelnen DNA-Bereiche eingefügt, sodass ein direkter Vergleich der DNA-Sequenzen wieder möglich wird und Mutationen erkannt werden können.

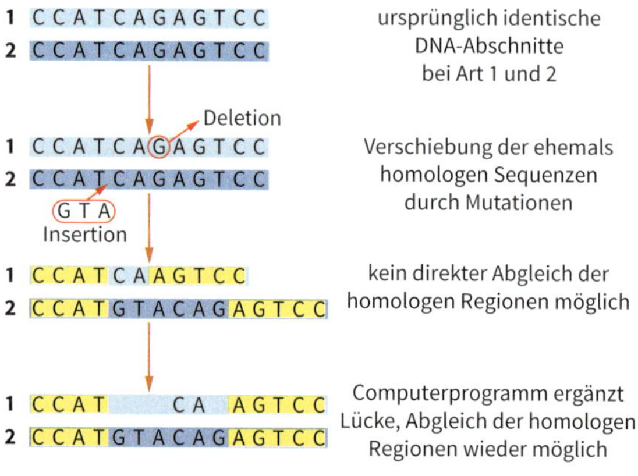

Abb. 10.17: Alignment von DNA-Sequenzen

Ein solcher Ähnlichkeitsvergleich durch Ausrichten der DNA-Abschnitte bis zu ihrer optimalen Übereinstimmung, wird als **Alignment** bezeichnet.
Werden die Sequenzen mehrerer Arten miteinander verglichen, können ihre evolutionären Beziehungen mithilfe der ermittelten Unterschiede in Form eines phylogenetischen Stammbaums dargestellt werden.

Aminosäuresequenz-Vergleiche

Verwandtschaftsbeziehungen von Arten lassen sich auch durch den Vergleich von Aminosäuresequenzen rekonstruieren. Dafür eignen sich vor allem homologe Proteine mit gleicher Funktion, die bei vielen Lebewesen vorkommen.

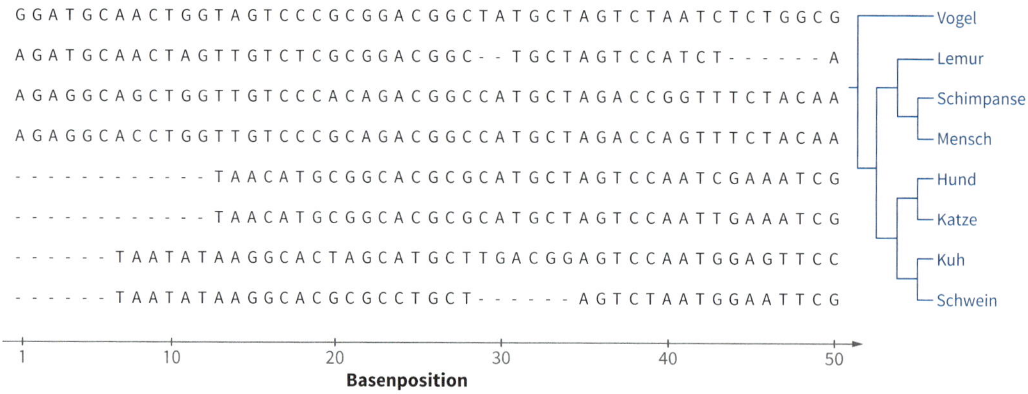

Abb. 10.18: Alignment von DNA-Sequenzen und daraus abgeleiteter Stammbaum (- vom Computerprogramm ergänzte Lücke)

Der Vergleich solcher Sequenzen zeigt:

- Übereinstimmungen in bestimmten Sequenzbereichen. Sie sind für die Funktion des Proteins unerlässlich. Mutationen in solchen **konservierten Bereichen** führen zum Funktionsverlust. Sie sind für die Bestimmung verwandtschaftlicher Beziehungen ungeeignet.
- Abweichungen in einigen Positionen. Verantwortlich hierfür sind Mutationen, die die Funktion des Proteins nicht beeinträchtigen. Aus der Zahl der Unterschiede kann die **evolutionäre Distanz** der Arten ermittelt und zur Erstellung von Stammbäumen genutzt werden.

BEISPIEL

Das Protein Cytochrom c kommt bei allen aeroben Organismen vor und spielt eine wichtige Rolle in der Atmungskette. Beim Menschen umfasst die Primärstruktur von Cytochrom c 104 Aminosäuren.

Mensch	… G D V E K G K K I F I M K C S Q C H T V E K G G K H K T G P N L H G …
Schimpanse	… G D V E K G K K I F I M K C S Q C H T V E K G G K H K T G P N L H G …
Kaninchen	… G D V E K G K K I F **V Q** K C **A** Q C H T V E K G G K H K T G P N L H G …
Taube	… G D **I** E K G K K I F **V Q** K C S Q C H T V E K G G K H K T G P N L H G …
Krallenfrosch	… G D V E K G K K I F **V Q** K C **A** Q C H T **C** E K G G K H K **V** G P N L **Y** G …
Drosophila	… G D V E K G K K I F **V Q R** C **A** Q C H T V E **A** G G K H K **V** G P N L H G …
Weizen	… G **N P D A** G **A** K I F **K T** K C **A** Q C H T V **D A** G **A G** H K **Q** G P N L H G …
Bäckerhefe	… G **S A K** K G **A T L** F **K T R** C **E L** C H T V E K G G **P** H K **V** G P N L H G …

Abb. 10.19: Aminosäuresequenz von Cytochrom c verschiedener Arten (Ausschnitte).
Für die Namen der Aminosäuren wurde der international gebräuchliche Ein-Buchstabencode verwendet.
Die vom menschlichen Cytochrom c abweichenden Aminosäuren sind blau-fett hervorgehoben.

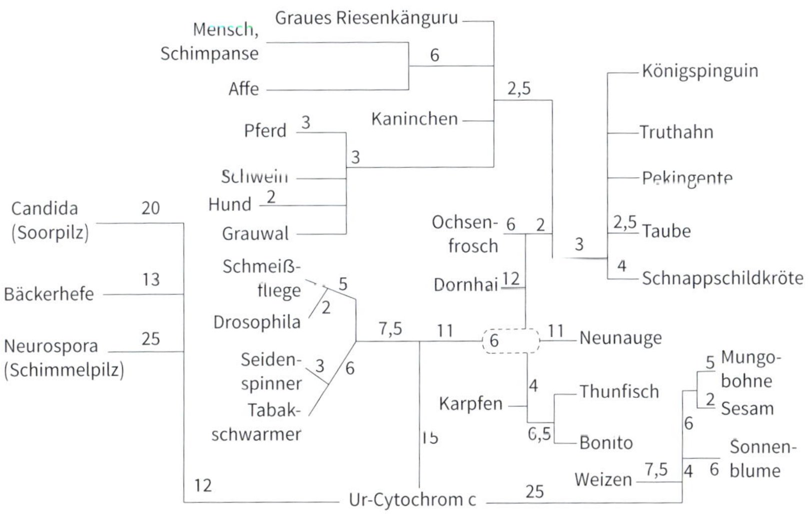

Abb. 10.20: Cytochrom c Stammbaum auf Basis des Aminosäuresequenzvergleichs.
Die Ziffern geben die Zahl der ausgetauschten Aminosäuren bis zum jeweiligen Verzweigungspunkt an.

Molekulare Uhren

In bestimmten Fällen kann die Zahl der ausgetauschten Basen oder Aminosäuren auch als **molekulare Uhr** dienen. Mit ihrer Hilfe lässt sich abschätzen, wann sich zwei Arten aus einem gemeinsamen Vorfahren aufgespalten haben. Die Grundlage bildet die Anzahl von Mutationen seit der Aufspaltung. Dabei gilt: Je mehr Mutationen zwischen zwei vergleichbaren Arten aufgetreten sind, desto mehr Zeit ist verstrichen, bis sich beide Arten aus einem gemeinsamen Vorfahren entwickelt haben. Kennt man den gemeinsamen Vorfahren und kann man anhand von Fossilien sein Alter datieren, so lässt sich so die durchschnittliche Mutationsrate pro Zeiteinheit ermitteln.

Stammbäume verstehen

Die Evolution der Lebewesen und ihre stammesgeschichtliche Verwandtschaft können mithilfe von Stammbäumen anschaulich dargestellt werden. Neue Arten entstehen im Verlauf der Evolution stets durch Aufspaltung einer ursprünglichen Art in zwei neue Arten. In einem phylogenetischen Stammbaum, auch **Dendrogramm** genannt, wird dies durch die Gabelung eines Hauptastes in zwei Nebenäste dargestellt. Der Verzeigungspunkt heißt Knoten. Er steht für den letzten gemeinsamen Vorfahren oder die Stammart. Die Endpunkte der Verzweigungen stehen für heute lebende Arten.

BEISPIEL

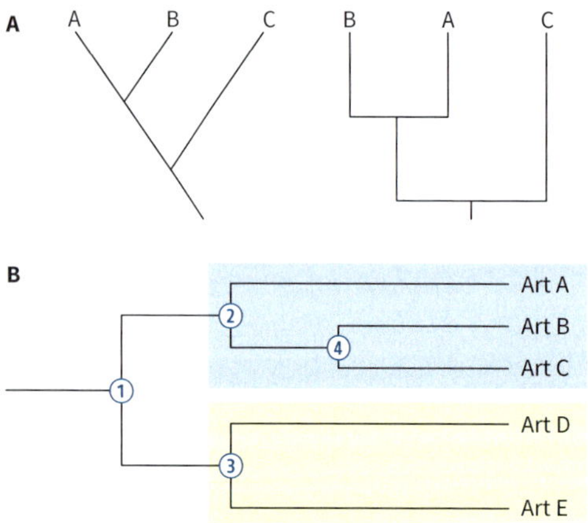

Abb. 10.21: Dendrogramme;
A mit vertikaler; **B** mit horizontaler Achse

Stammbäume mit einer vertikalen Achse werden von unten nach oben, solche mit einer horizontalen Achse von links nach rechts gelesen.
Die Reihenfolge der Verzweigungen entlang der Achse gibt jeweils die relative Abfolge der Artaufspaltungen wieder. So stellt Verzweigungspunkt ② in Abbildung **B** den letzten gemeinsamen Vorfahren der Arten A, B und C dar.
Der Verzeigungspunkt ④ zeigt die spätere Aufspaltung in die Arten B und C. Dadurch wird deutlich, dass die Arten B und C näher miteinander verwandt sind als die Arten A und B.
Das abgebildete Dendrogramm macht keine Aussagen über den absoluten Zeitpunkt der Aufspaltung, wohl aber über deren relative Abfolge.

Eine Gruppe von Lebewesen, die sämtliche stammesgeschichtlichen Abkömmlinge eines Vorfahren umfasst, wird **monophyletische Gruppe** genannt. Zwei Arten, die am nächsten miteinander verwandt sind, bilden **Schwesterarten**. Die entsprechende monophyletische Gruppe heißt Schwestergruppe. So gehören die Arten A, B und C aus Abb. 10.21 einer monophyletischen Gruppe an. Die Arten A und D bilden eine polyphyletische Gruppe, da sie keinen direkten gemeinsamen Vorfahren haben.

Stammbäum erstellen

Phylogenetische Stammbäume werden auf Basis monophyletischer Gruppen erstellt. Die jeweiligen Verwandtschaftsverhältnisse werden durch Homologievergleiche bei heute lebenden Arten ermittelt. Dabei wird zwischen zwei Merkmalen unterschieden

- **plesiomorphe Merkmale** sind ursprüngliche Merkmale, die bereits bei einer sehr frühe Stammart aufgetreten und daher bei allen nachfolgenden Arten vorhanden. Für verwandtschaftliche Untersuchungen sind sie nicht geeignet.
- **apomorphe Merkmale** sind abgeleitete Merkmale, die erstmals bei einer gemeinsamen Stammart auftraten und nur bei deren Nachkommen in abgeleiteter Form vorkommen. Nur solche sind für verwandtschaftliche Untersuchungen von Bedeutung.

BEISPIEL

Der nebensehende Stammbaum der Wirbeltiere wurde anhand verschiedener abgeleiteter Merkmale wie dem Vorhandensein eines Kiefers, einer Lunge oder Krallen und Nägeln etc. erstellt. Dabei wird die Gruppe von Lebewesen, der das eigentliche Interesse gilt, als **Innengruppe** bezeichnet. Die **Außengruppe** ist eine Gruppe oder Art, die sich früher von der Entwicklungslinie abgespalten hat. Als Vergleichsgruppe ermöglicht sie die Unterscheidung von plesiomorphen und apomorhpen Merkmalen der Innengrupppe.

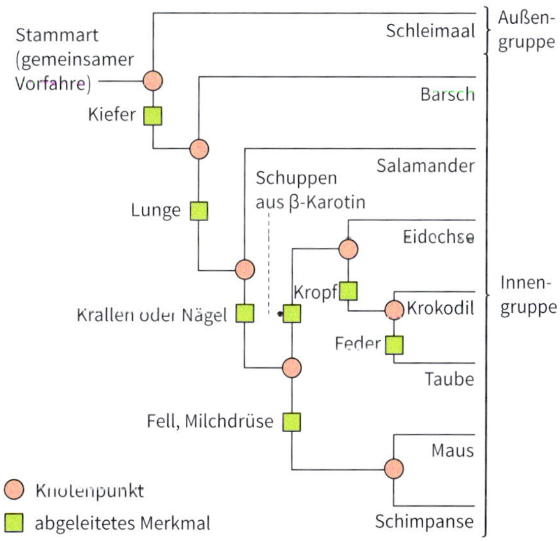

Abb. 10.22: Stammbaum der Wirbeltiere anhand abgeleiteter Merkmale

Belege aus der Paläontologie

gr. *palaios* = alt; *ontos* = das Seiende; *logos* = Lehre

Die Paläontologie beschäftigt sich mit den Lebensformen der Erdgeschichte. Dokumente dieser erdgeschichtlichen Lebensformen sind **Fossilien**. Organismen werden nach ihrem Tod meist sehr schnell durch mechanische, biologische und chemische Vorgänge zerstört. Die Bildung von Fossilien ist folglich eher eine seltene Ausnahme.

Voraussetzung für die Fossilisation ist die rasche Einbettung in ein Medium, das Zerstörungen weitgehend verhindert. Selten findet man vollständige **Körperfossilien**, wie zum Beispiel Insekten, die als **Einschlüsse** in Bernstein erhalten sind. Ausgetrocknete Mumien und tiefgefrorene Mammuts sind weitere Beispiele. Die meisten Fossilien bestehen jedoch nur aus Resten von Hartteilen wie Schalen oder Knochen.

Fossilien besonderer Bedeutung

- **Leitfossilien**: Hierbei handelt es sich um Fossilien, die für bestimmte Abschnitte eines Erdzeitalters charakteristisch sind. *Beispiel:* Trilobiten (Dreilappenkrebse) für das Devon und spätere Phasen des Erdaltertums.
- **Lebende Fossilien**: Dies sind heute vorkommende (rezente) Lebensformen, die in entlegenen Gebieten wie der Tiefsee oder auf Inseln eine stabilisierende Selektion erfahren haben und daher im Wesentlichen unverändert geblieben sind. *Beispiele:* Quastenflosser *Latimera* mit knöchernen Flossen, Ginkgobaum als ursprünglicher Vertreter der Nacktsamer.
- **Brückentiere (Mosaikformen)**: Hierunter versteht man Tiere, die Merkmale verschiedener Tiergruppen tragen und somit mosaikartig zusammengesetzt sind. *Beispiele:* Urvogel Archaeopteryx mit Merkmalen von Reptilien und solchen von Vögeln; Schnabeltier als Brückentier zwischen Reptilien und Säugern. Es legt Eier, nährt die Jungen aber aus Brust- und Bauchdrüsen.

Methoden der Altersbestimmung

Um den Verlauf der Evolution mithilfe von Fossilien nachvollziehen zu können, muss deren Alter bekannt sein. Man unterscheidet dabei zwei Verfahren zur Altersbestimmung.

Relative Altersbestimmung

Das Alter eines Fossils wird hierbei anhand der geologischen Schicht abgeschätzt, in der man es gefunden hat. Dabei geht man von der Überlegung aus, dass Sedimentgesteine umso älter sind, je tiefer sie in einer bestimmten Schichtabfolge liegen. Meist arbeitet man mit Leitfossilien.

Absolute Altersbestimmung

Das eigentliche Alter eines Fossils wird anhand des Anteils radioaktiver Isotope bestimmt. Zwei Methoden werden besonders häufig angewendet.

- **Radiokarbonmethode**: Viele Elemente bestehen aus Atomsorten mit unterschiedlicher Neutronenzahl. Beim Element Kohlenstoff ist neben dem stabilen Isotop mit der Massenzahl 12 (^{12}C) auch das instabile ^{14}C-Isotop mit der Massenzahl 14 bekannt. Es zerfällt unter Abgabe von radioaktiver Strahlung. Nach 5740 Jahren ist die Hälfte aller ursprünglichen Atome zerfallen (**Halbwertszeit**). Neubildung und Zerfall von ^{14}C stehen in der Atmosphäre in einem stabilen Gleichgewicht. Während der Fotosynthese nehmen Pflanzen $^{14}CO_2$ auf. Mit der Nahrung gelangt das ^{14}C-Isotop auch in tierische Körper. Nach dem Tod des Lebewesens beginnt die Kohlenstoffuhr zu ticken: Es wird kein $^{14}CO_2$ mehr aufgenommen, das vorhandene ^{14}C zerfällt jedoch fortlaufend. Aufgrund der kurzen Halbwertszeit ist die Radiokarbonmethode nur für die Datierung relativ kurzer Zeiträume (ca. 50 000 Jahre) geeignet.

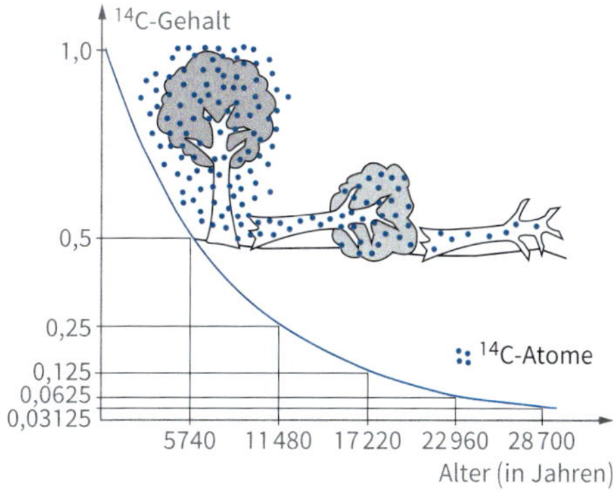

Abb. 10.23: Radiokarbonmethode

- **Kalium-Argon-Methode**: Für weiter zurückliegende Zeiträume benutzt man die Kalium-Argon-Methode. Bei ihr wird nicht das Alter des Fossils direkt bestimmt, sondern das der Gesteine, in dem das Fossil gefunden wurde. Das Element Kalium ist Bestandteil vieler Gesteine. ^{40}K zerfällt mit einer Halbwertszeit von 1,3 Milliarden Jahren. Dabei entstehen Calcium 40 (^{40}Ca) und Argon 40 (^{40}Ar). Argon entweicht bei der Gesteinsbildung aus flüssiger Lava vollständig, sodass sämtliches Argon, das man später misst, aus dem Zerfall von ^{40}K stammen muss. Mit dem Erstarren der Lava beginnt die Kalium-Argon Uhr zu ticken. Das Verhältnis $^{40}Ar/^{40}K$ ist zu diesem Zeitpunkt Null. Je älter das Gestein, desto mehr Argon enthält es. Aus dem Verhältnis $^{40}Ar/^{40}K$ wird das Alter des Gesteins und damit auch indirekt das Alter des Fossils ermittelt, das in der entsprechenden Gesteinsschicht gefunden wurde.

Durch die technischen Weiterentwicklungen sind Altersbestimmungen in den letzten Jahren immer genauer und zuverlässiger geworden. Dennoch nimmt man nach Möglichkeit mehrere Messungen vor, um Fehlerquellen gering zu halten.

10.3 Belege für die Evolution

Morphologie, Embryologie, Molekularbiologie und Paläontologie

1 MORPHOLOGIE UND ANATOMIE

→ Homologie
= Ähnlichkeit aufgrund von Übereinstimmung im Grundbauplan; unterschiedliche Umwelt kann zu unterschiedlichen Funktionen bei gleichem Grundbauplan führen (divergente Entwicklung)

→ Homologiekriterien:
- Kriterium der Lage
  Beispiel: Vorderextremitäten der Wirbeltiere
- Kriterium der spezifischen Qualität
  Beispiel: Primäres Kiefergelenks der Fische und Gehörknöchelchen der Säuger
- Kriterium der Kontinuität
  Beispiel: Hautzähne der Haie und Zähne der Säuger

→ Analogie
= Ähnlichkeit als Folge der Anpassung an ähnliche Umweltbedingungen bei unterschiedlichen Grundbauplänen (konvergente Entwicklung)

→ Rudimente
= funktionslose, zurückgebildete Organe; Beispiel: Reste des Oberschenkelknochens bei Walen

→ Atavismen
= Wiederauftreten eines im Laufe der Evolution verschwundenen Merkmals; Beispiel: Ganzkörperbehaarung

2 EMBRYOLOGIE

→ Biogenetisches Grundgesetz:
Die Individualentwicklung (Ontogenese) ist die kurze Wiederholung seiner Stammesgeschichte (Phylogenese); heute: Biogenetische Regel, da keine vollständigen Organe stammesgeschichtlicher Vorfahren in der Embryonalphase entstehen

3 MOLEKULARBIOLOGIE

→ Molekulare Homologien = Ähnlichkeiten von DNA- und Aminosäuresequenzen bei verschiedenen Arten sind ein Beleg für ihre gemeinsame Abstammung.

→ Alignment = gegenseitige Ausrichtung der verglichenen Sequenzen bis zur optimalen Übereinstimmung.

4 PALÄONTOLOGIE

→ Leitfossilien = für bestimmte Erdzeitalter typische Fossilien
Beispiel: Trilobiten

→ Lebende Fossilien = heutige Lebensformen, die im Wesentlichen unverändert geblieben sind
Beispiel: Quastenflosser

→ Brückentiere = Tiere, die Merkmale verschiedener Tiergruppen tragen
Beispiel: Urvogel Archaeopteryx

10.4 Evolution des Menschen

Primaten

Menschen gehören zusammen mit Affen, Halbaffen und Menschenaffen zur Säugetierordnung der Primaten.
Grundlage dieser Einordnung sind die typischen **Primatenmerkmale**:

- fünfstrahlige Greifhände und Greiffüße mit abspreizbaren Daumen und Großzehen
- nach vorn gerichtete Augen, die räumliches Sehen ermöglichen
- große Gehirne
- geringe Nachkommenzahl und lange Abhängigkeit der Jungen von der Mutter
- meist ein Paar Brustdrüsen
- komplexe Sozialstukturen

Nicht jedes dieser Merkmale kennzeichnet alle Primaten. So fehlen Menschen etwa die typischen Greiffüße der baumlebenden Arten. Dennoch lassen sich Menschen aufgrund ihrer übrigen Merkmale eindeutig den Primaten zuordnen.

Die Ordnung der Primaten wird in zwei Unterordnungen unterteilt: Die Feuchtnasenaffen und Trockennasenaffen. Zu den Feuchtnasenaffen zählen etwa die Lemuren Madagaskars. Namensgebend ist der feuchte Schleimhautbezirk um die Nasenöffnung, der Nasenspiegel. Trockennasenaffen sind etwa die Koboldmakis Südostasiens, die Neuweltaffen sowie die Altweltaffen, zu denen auch die Menschenaffen und der Mensch gehören.

„Alte Welt“ = Eurasien und Afrika

Innerhalb der Unterordnung der Altweltaffen wird die Überfamilie der **Hominoidae** abgegrenzt. Sie umfasst die Gibbons und die Familie der **Großen Menschenaffen**, zu denen in der biologischen Systematik auch der Mensch zählt.

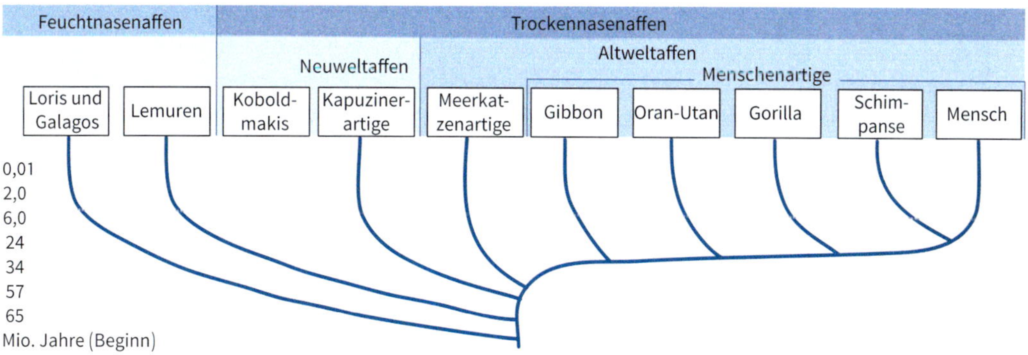

Abb. 10.24: Stammbaum der rezenten Primatengruppen

Die Familie der Menschenaffen wird als **Hominidae** bezeichnet. Darin bilden Gorilla, Schimpanse und Mensch die Unterfamilie der **Homininae**. Diese umfasste die heute lebenden Arten Gorilla, Schimpanse und Mensch sowie deren Vorfahren. Als **Hominini** im engeren Sinne werden alle Arten der Gattung Homo und deren menschliche Vorläufer zusammengefasst, also der heute lebende Mensch sowie seine allesamt ausgestorbenen Vorfahren.

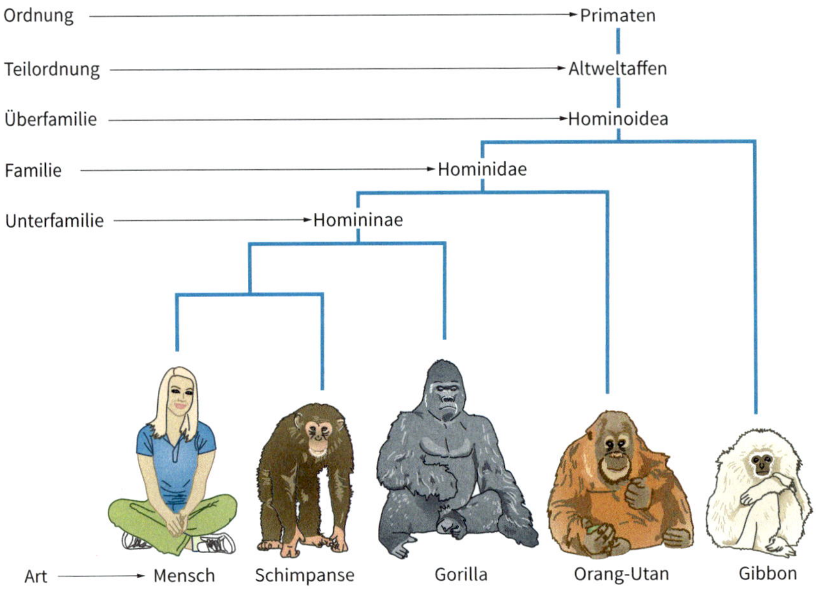

Abb. 10.25: Systematik von Menschen und Menschenaffen

Vergleich von Menschen und Menschenaffen

Menschen und Menschenaffen weisen eine enge Verwandtschaft auf. Dies belegen zahlreiche gemeinsame anatomisch-morphologische und molekulare Merkmale. Daneben finden sich Unterschiede. Sie sind beim Menschen Ausdruck des aufrechten Ganges und der Fortbewegung auf zwei Beinen (Bipedie).

Gemeinsame anatomisch-morphologische Merkmale

- Der verbreiterte Brustkorb und die zum Rücken verbreiterten Schulterblätter ermöglichen eine größere Beweglichkeit der Arme und sind Voraussetzung für die Fortbewegung als **Hangelkletterer**.
- Ein Schwanz fehlt, ein Steißbein wird ausgebildet.
- Die Zahnformeln stimmen überein, Backenzähne zeigen das charakteristische Muster mit fünf Höckern **(Dryopithecus-Muster)**.
- Ähnlichkeiten bei inneren Organen, etwa das Vorhandensein eines Blinddarms.

Anatomisch-morphologische Unterschiede

- Der **Schädel** des Menschen ruht direkt auf der senkrecht stehenden Wirbelsäule. Das Hinterhauptsloch liegt etwa in der Mitte der Schädelbasis. Bei den Menschenaffen mit ihrer vornübergebeugten Körperhaltung muss der Schädel durch starke Nackenmuskulatur gehalten werden, das Hinterhauptsloch liegt weiter hinten.
- Die **Schädelform** zeigt beim Menschenaffen die typischen kräftigen Überaugenwülste, die weit vorspringende Schnauze (**Prognathie**) und ein fliehendes Kinn.
- Das **Gewicht des Gehirnschädels** des Menschen übertrifft mit 1450 g das der Menschenaffen (Schimpanse 400 g, Gorilla 500 g).
- Die **Zahnreihen** stehen beim Menschenaffen in U-Form und zeigen in jedem Kiefer die sogenannte Affenlücke (**Diastema**). Sie bietet beim Schließen des Kiefers Platz für die kräftigen Eckzähne. Dem Menschen fehlen überragende Eckzähne und Zahnlücke. Die Zahnreihe gleicht einer Parabel.
- Das **Becken** des Menschen ist stark verbreitert und verkürzt und bildet die Eingeweideschüssel. Sie gibt den inneren Organen Halt. Durch die Lage der Gelenkpfanne können Becken und Oberschenkel und damit der gesamte Oberkörper eine senkrechte Linie bilden.
- Die **Wirbelsäule** ist beim Menschen am oberen Beckenrand scharf nach hinten geknickt. Eine zweite und dritte federnde Einbiegung im Brust- und Halsbereich ermöglichen erst dem Menschen die vollkommene Aufrichtung des Oberkörpers.
- Der **Fuß** eines Menschen zeigt nicht mehr den typischen Greiffuß der Affen, sondern einen Standfuß, der das gesamte Körpergewicht trägt.
- Die **Hände** des Affen werden beim Hangeln zum Haken gekrümmt; der kurze Daumen ist funktionslos. Der menschliche Daumen kann jedem anderen Finger gegenübergestellt werden (**Präzisionsgriff**).

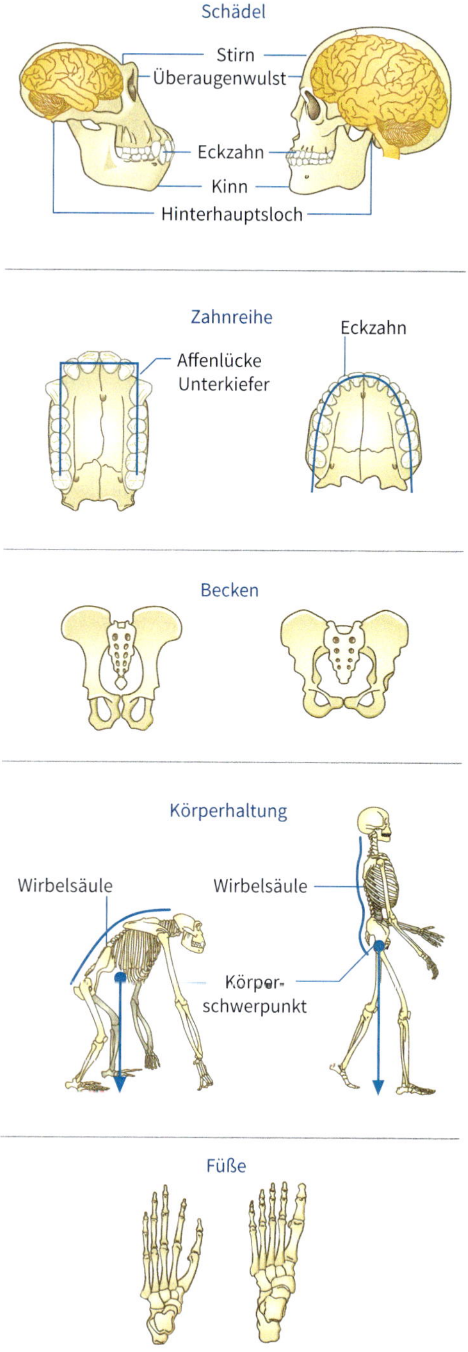

Abb. 10.26: Schimpanse und Mensch im Vergleich

Sozialverhalten der Primaten

Nahezu alle Primaten zeigen ein komplexes Sozialverhalten:

- Nur etwa ein Drittel aller Arten von Primaten sind reine **Einzelgänger**. Bei den vorwiegend einzeln lebenden Orang Utans treffen sich Männchen und Weibchen nur zur Fortpflanzung. Die Weibchen leben hier eine Zeit zusammen mit den Jungtieren in Mutterfamilien. Andere Arten wie die Gibbons leben in langjährigen monogamen Beziehungen.
- Die Mehrzahl der Primatenarten lebt in **Gruppen**. Hierbei kann es sich wie bei Gorillas um **Haremsgruppen** handeln, die aus einem dominanten erwachsenen Männchen, zahlreichen Weibchen, Jungtieren und jüngeren Männchen besteht. Ein anderes Sozialsystem bilden Schimpansen und Bonobos. Sie leben in gemischten **Mehrmännchen-/Mehrweibchengruppen**, in denen mehrere geschlechtsreife Männchen und Weibchen zusammenleben. In den Großgruppen der Schimpansen sind die Männchen dominant, bei den Bonobos, einer Zwergschimpansenart, werden die Gruppen häufig von Weibchen angeführt.

Kosten und Nutzen des Gruppenlebens

Das Zusammenleben in einer Gruppe wirkt sich direkt auf den Überlebens- und Fortpflanzungserfolg der Population aus und ist mit Kosten und Nutzen verbunden.

Zu den **Kosten** zählen:

- Konkurrenz um begrenzte Ressourcen wie etwa Nahrung oder Fortpflanzungspartner
- gesteigertes Risiko, von Parasiten und Krankheitserregern befallen zu werden
- erhöhter Stress

Das Zusammenleben in einer Gruppe bietet folgenden **Nutzen**:

- Schutz vor Raubtieren
- größerer Erfolg beim Nahrungserwerb
- leichterer Zugang zu Sexualpartnern
- Unterstützung bei der Jungenaufzucht

Der Umfang des Nutzens sowie der Kosten hängen von der Gruppengröße ab. So nimmt etwa die Konkurrenz um Nahrung mit wachsender Gruppengröße zu. Die optimale Gruppengröße ist jeweils artspezifisch und wird von der Körpergröße der Individuen, ihrer Ernährung, der Anzahl der Feinde und ihrem Fortpflanzungsverhalten bestimmt. Wie bei anderen Merkmalen führt die natürliche Selektion auch beim Gruppenleben zu Angepasstheiten an Umweltbedingungen. So bietet etwa eine große Gruppe bei hohem Raubdruck mehr Schutz als eine kleine Gruppe. Bei geringem Raubdruck ist der Nutzen einer großen Gruppe hingegen gering.

Paarungssysteme

Im Laufe der Evolution haben Primaten Verhaltensstrategien entwickelt um ihren Fortpflanzungserfolg zu erhöhen. Sie werden unter dem Begriff **Paarungssysteme** zusammengefasst und charakterisieren die möglichen sexuellen Beziehungen zwischen den Geschlechtern:

- **Monogamie**. Hierbei gehen zwei Individuen dauerhaft oder zeitlich begrenzt eine sexuelle Beziehung ein. Der Nutzen für Männchen und Weibchen besteht darin, das beide nur einmal Energie bei der Partnersuche investieren müssen. Zu den Kosten der Monogamie zählt die geringere genetische Variabilität des Nachwuchses.
- **Polygynie**. Bei diesem System paart sich ein Männchen mit mehreren Weibchen seiner Gruppe. Das Männchen kann so seine Gene an eine Vielzahl von Nachkommen weitergeben, muss sich aber gegen andere Männchen behaupten. Für das Weibchen kann das System vorteilhaft sein, wenn es so Zugang zu Ressourcen erhält, die für die Aufzucht der Nachkommen benötigt werden.
- **Polgynandrie** oder **Promiskuität**. Bei diesem System paaren sich Männchen und Weibchen mit mehreren Geschlechtspartnern. Die Männchen steigern hierbei ihre reproduktive Fitness durch die Vielzahl der Sexualkontakte. Der Nutzen für die Weibchen besteht in der hohen Sicherheit befruchtet zu werden und gegebenenfalls auch durch mehrere Männchen bei der Aufzucht der Nachkommen unterstützt zu werden.

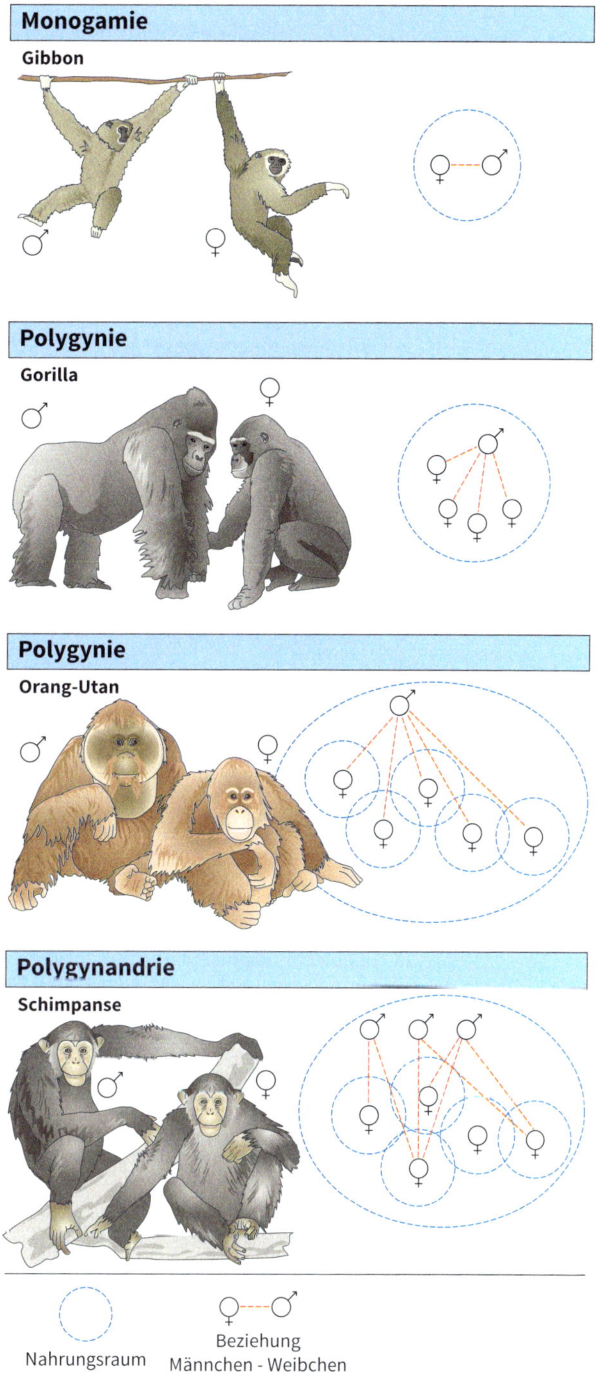

Abb. 10.27: Paarungssysteme verschiedener Primatenarten

Stammesgeschichte des Menschen

Anhand von Fossilfunden versucht man, die Entwicklung von frühen, vormenschlichen Lebewesen bis zum heutigen Menschen zu rekonstruieren. Zu den ältesten Vorfahren, deren Fossilfunde ein Mosaik von Merkmalen des Menschen und des Affen erkennen lassen, zählen:

- *Ardipithecus ramidus* – Fundort Äthiopien, Alter knapp 5 Mio. Jahre
- *Orrorin turgensis* – Fundort Kenia, Alter 6 Mio. Jahre
- *Sahelanthropus tchadensis* – Fundort Tschad, Alter etwa 7 Mio. Jahre.

Der aufrechte Gang

Wesentliches Merkmal der frühen Hominini war der aufrechte Gang, wodurch sie sich grundsätzlich von Menschenaffen unterscheiden. Der Übergang vom vierfüßigen Knöchelgang zum aufrechten zweibeinige Gang war ein Schlüsselmerkmal in der menschlichen Evolution, das zu einer adaptiven Radiation führte. So gab es vor etwa fünf bis zwei Millionen Jahren in Afrika etwa 12 unterschiedliche Varianten aufrecht gehender Hominini. Fossilfunde belegen, dass sie genauso gut aufrecht gehen wie in Bäumen klettern konnten.

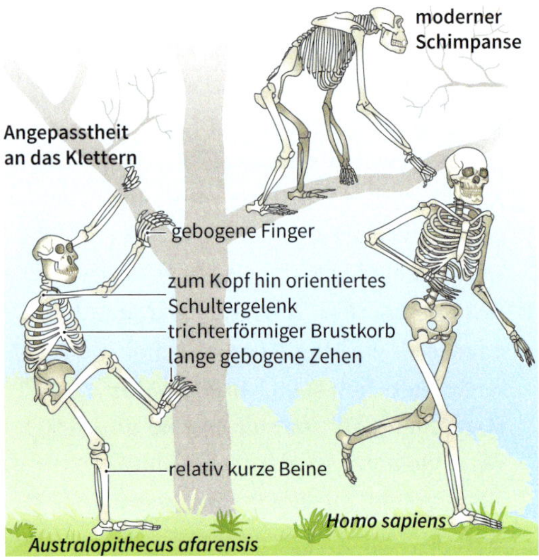

Abb. 10.28: Entwicklung des aufrechten Gangs

Vorteile des aufrechten Ganges sind:

- Im Vergleich zur vierbeinigen Fortbewegung wird beim aufrechten Gang weniger Energie verbraucht.
- Die Wärmeregulierung ist einfacher, da die Sonne hierbei nur eine geringe Fläche bestrahlen kann.
- Der aufrechte Gang bietet die Möglichkeit, Nahrung, Werkzeuge oder Kleinkinder mit den Händen zu tragen.
- Durch das Aufrichten konnten Raubfeinde aus größerer Entfernung entdeckt werden.
- Das Freiwerden der Hände ermöglichte den Beginn einer Werkzeugkultur.

Die Entstehung des aufrechten Ganges versuchen verschiedene Hypothesen zu erklären:

- **Savannnenhypothese**. Klimaveränderungen in Ostafrika vor etwa sieben bis acht Millionen Jahren sorgten nach dieser Hypothese dafür, dass frühe Formen der Hominini während einer Zeit trockenen Klimas die zurückgehenden tropischen Regenwälder verließen und zu einem Leben am Boden übergingen. Gegen diese Hypothese spricht jedoch, dass frühe Fossilfunde aufrecht gehender Hominini in Gegenden gemacht wurden, die damals noch bewaldet waren.
- **Wasseraffentheorie**. Nach dieser Vorstellung lebten frühe Hominini teilweise im Wasser. Hier waren sie gezwungen, sich aufzurichten und auf den Hinterbeinen zu gehen.

Beide Theorien gelten heute als widerlegt. Welcher Selektionsdruck für die Entwicklung des aufrechten Ganges letztendlich verantwortlich war, ist weiterhin Gegenstand der wissenschaftlichen Diskussion.

Entwicklung des Gehirns

Die Gehirnvolumina der frühen Hominini unterschieden sich zunächst nur geringfügig von denen späterer Vertreter. Erst vor etwa zwei Millionen Jahren kam es zu einer enormen Zunahme des Gehirnvolumens. Mögliche Ursachen hierfür sind:

- Wechsel der Ernährung hin zu eiweißreicher tierischer Nahrung
- Verwendung von Feuer, die zur besseren Nahrungsverwertung führte
- Kognitive Herausforderungen durch das Leben in sozialen Gruppen begünstigten die Gehirnentwicklung.

Gattung *Australopithecus*

Vor vier bis zwei Millionen Jahren besiedelt eine Gruppe von Hominini Ost- und Südafrika, die als Gattung *Australopithecus* zusammengefasst werden. Merkmale der Australopithecinen sind:

- aufrechter Gang, wobei Skelettmerkmale zeigen, dass einige Vertreter noch gut an das Klettern in Bäumen angepasst waren
- geringes Hirnvolumen von 400 bis 500 cm^3 wie bei heutigen Menschenaffen
- wahrscheinlich noch keine Steinwerkzeuge

Bekannte Vertreter der Australopithecinen:

- *Australopithecus anamensis* – Alter mehr als 4 Mio. Jahre, Verbreitung Ostafrika
- *Australopithecus afarensis* („Lucy“) – Alter 3,9 bis 3,0 Mio. Jahre, Verbreitung Ostafrika, ausgeprägter Geschlechtsdimorphismus
- *Australopithecus africanus* – Alter ca. 2,3 Mio. Jahre; Verbreitung Südafrika

Aus Australopithecinen entwickelten sich vor etwa drei Millionen Jahren robuste Arten der Gattung *Paranthropus*. Sie starben vor einer Million Jahren aus.

Gattung *Homo*

Aus einer der Australopithecus-Arten entwickelten sich vor etwa 2,5 Mio. Jahren in Ostafrika erste Vertreter der Gattung *Homo*. Merkmale dieser Gattung sind:

- größeres Hirnvolumen im Vergleich zu den Australopithecinen
- Gebrauch von Steinwerkzeugen
- Aasfresser

Während sich die Australopithecinen als evolutionäre Sackgasse erwiesen, führte bei der Gattung *Homo* erneut eine adaptive Radiation zur Entstehung verschiedener Arten:

lat. *habilis* = geschickt, begabt
griech. *ergaster* = Arbeiter, Handwerker

- *Homo rudolfensis* – Alter: 2,5 – 1,9 Mio. Jahre; Fundort: am Rudolfsee (heute: Turkana-See) in Kenia
- *Homo habilis* – Alter: 2,1 – 1,5 Mio. Jahre
- *Homo ergaster*– Alter: 1,9 – 1,4 Mio. Jahre
- *Homo floresiensis* („Hobbit") – Alter: 95 000 bis 12 000 Jahre; knapp ein Meter Körpergröße, aufrechter Gang, Gehirnvolumen von etwa 500 cm^3, lebte auf der indonesischen Insel Flores
- *Denisova Mensch* – Alter: 200 000 bis 40 000 Jahre; weit entfernte Schwestergruppe des Neandertalers, lebte in Ostasien
- *Homo neanderthalensis* – Alter: 200 000 bis 30 000 Jahre; Körpergröße 1,65 Meter, kräftige Statur, Gehirnvolumen 1500 cm^3, lebte in Europa und im Nahen Osten
- *Homo sapiens* – Alter: 300 000 Jahre bis heute; Gehirnvolumen bis 1400 cm^3, Werkzeugkultur, abstraktes Denken, differenzierte Sprache, große genetische und phänotypische Vielfalt, besiedelt alle Kontinente

Stammbusch des Menschen

Die Entwicklung des modernen Menschen wird heute weniger als geradliniger Stammbaum, sondern eher als „Stammbusch" mit zahlreichen Seitenästen und Auswüchsen beschrieben.
Grund hierfür sind die Erkenntnisse der modernen Genetik, wonach sich verschiedene frühe Vertreter der Hominini untereinander gekreuzt und somit zum Genpool des modernen Menschen beigetragen haben. Es gibt also keine durchgehende Entwicklungslinie, sondern stattdessen verschiedene geografische und zeitliche Varianten, die gleichzeitig gelebt haben.

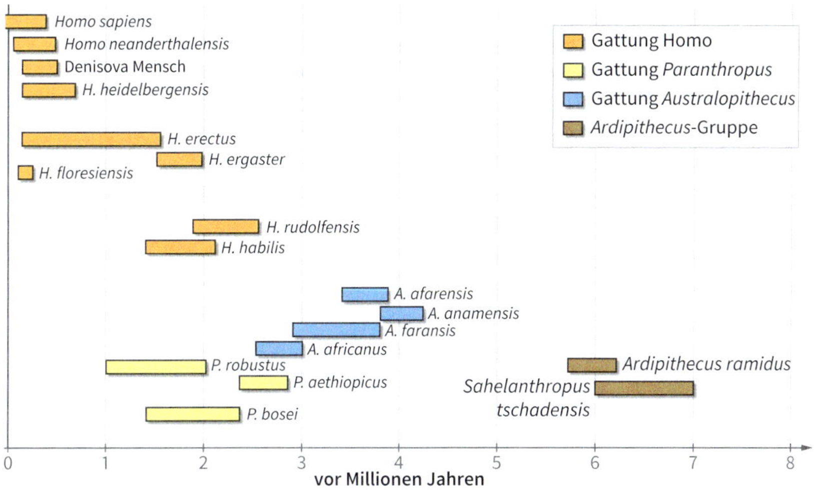

Abb. 10.29: Stammbusch der Hominini

Herkunft des modernen Menschen

Homo ergaster/erectus breitete sich vor ca. 2,5 Mio. Jahren von Afrika über die Alte Welt aus, von Europa über den Vorderen Orient bis nach Neu Guinea. Nach diesem Exodus folgten weitere Auswanderungswellen, die jeweils ihren Ursprung in Afrika hatten. Es bildeten sich regionale Gründerpopulationen. Zur später folgenden Entwicklung des modernen Menschen gibt es zwei unterschiedliche Theorien, die Out-of-Africa-Theorie und die multiregionale Theorie:

Out-of-Africa-Theorie

- Entwicklung von *Homo sapiens* vor 200 000 Jahren in Afrika
- nur einmalige Bildung des modernen Menschen aus *Homo ergaster/erectus*
- Verdrängung aller regionalen Populationen von *Homo ergaster/erectus*
- Neandertaler nicht als Vorfahre des modernen Menschen

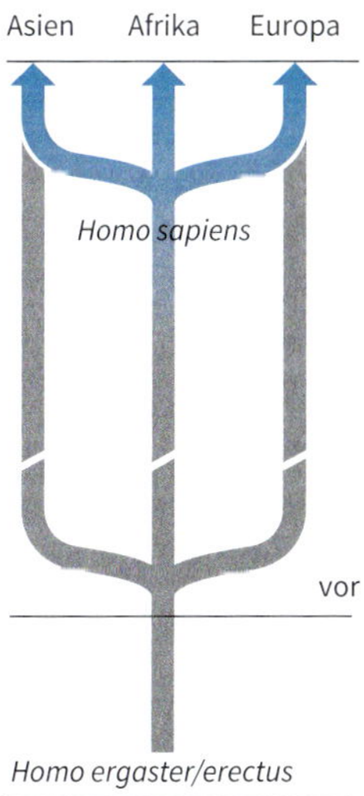

Abb. 10.30: Out-of-Africa-Modell

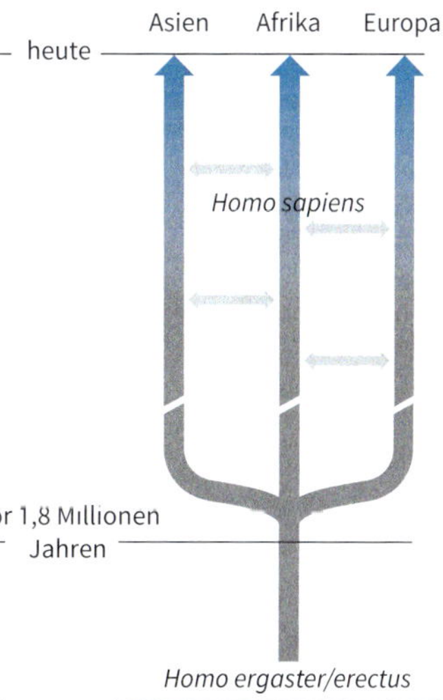

Abb. 10.31: Multiregionales Modell

Multiregionale Theorie

- Entwicklung von *Homo sapiens* vor wenigstens einer Million Jahren
- mehrfache unabhängige Bildung des modernen Menschen in vielen Teilen der Erde aus regionalen Abkömmlingen von *Homo ergaster/erectus*
- Erklärung der großen genetischen Ähnlichkeit verschiedener Menschengruppen mit gelegentlichen Kreuzungen zwischen benachbarten Populationen.

Die Out-of-Africa-Theorie wird durch viele Fossilfunde und genetische Analysen gestützt und ist die heute allgemein akzeptierte Theorie.

Vielfalt des modernen Menschen

Die heute lebenden Menschen verschiedener Regionen der Erde unterscheiden sich in ihrem äußeren Erscheinungsbild, etwa der Hautfarbe und Kopfform. Die Unterschiede sind das Ergebnis von Anpassungen an die jeweiligen Besiedlungsgebiete und die dort herrschenden Umweltbedingungen. Lange hielt man die morphologischen Unterschiede für so bedeutsam, dass man die Menschen in verschiedene Rassen unterteilte. Molekulargenetische Untersuchungen zeigten aber, dass es für die Unterteilung in verschiedene Rassen keine biologischen Kriterien gibt. Zwar können zwischen verschiedenen Bevölkerungsgruppen genetische Unterschiede festgestellt werden (→ Abb. 10.32), doch ist die genetische Variation zwischen den Individuen nur gering ausgeprägt und zudem gleitend. Das aus dem 20. Jahrhundert übernommene Rassenkonzept ist also völlig überholt und ungeeignet, die individuelle und geografische Vielfalt des Menschen zu erklären.

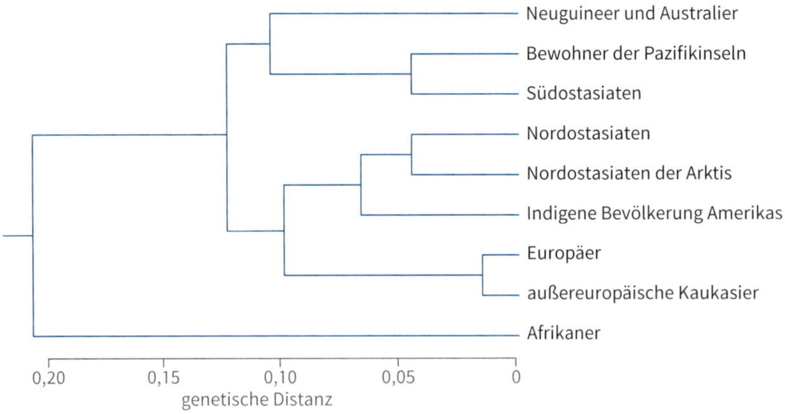

Abb. 10.32: Genetische Distanz verschiedener geografischer Menschengruppen

Evolution des Menschen

10.4

Systematik und Stammesgeschichte

1 PRIMATEN

Merkmale:

- großes Gehirn
- nach vorne gerichtete Augen, gutes Sehvermögen
- Extremitäten mit meistens fünf Fingern und Zehen
- lange Schwangerschaft mit wenigen Jungen
- späte Geschlechtsreife der Jungtiere
- oft in Gruppen lebend, komplexes Sozialverhalten

Systematik:

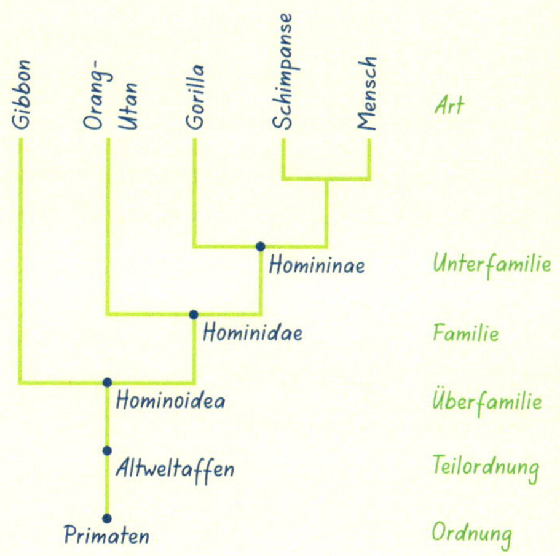

Vergleich Mensch - Menschenaffen

Mensch mit

- zentralem Hinterhauptsloch
- verbreitetem Becken
- Wirbelsäule doppelt S-förmig
- Standfuß und Hand mit Präzisionsgriff
- größeres Gehirnvolumen

2 SOZIALVERHALTEN DER PRIMATEN

Gruppen:

- selten Einzelgänger (Orang Utan), mehrheitlich entweder Haremsgruppen (Gorilla) oder Mehrmännchen/Mehrweibchengruppen (Schimpansen, Bonobos)

Paarungssysteme:

- Monogamie (Gibbons)
- Polygynie = ein Männchen paart sich mit mehreren Weibchen seiner Gruppe (Gorilla, Orang Utan)
- Polygynandrie = Männchen und Weibchen paaren sich mit mehreren Geschlechtspartnern (Schimpansen, Bonobos)

10.4 Evolution des Menschen

3 STAMMESGESCHICHTE DES MENSCHEN

Aufrechter Gang

- geringerer Energieverbrauch
- einfachere Wärmeregulierung, da Sonne nur eine geringe Fläche bestrahlt
- Nahrung, Werkzeuge oder Kleinkinder können mit den Händen getragen werden
- Raubfeinde können aus größerer Entfernung entdeckt werden

Zunahme des Gehirnvolumens

- Beginn vor 2 Mio. Jahren
- Wechsel der Ernährung hin zu eiweißreicher tierischer Nahrung als mögliche Ursache
- kognitive Herausforderungen durch das Leben in sozialen Gruppen begünstigten die Gehirnentwicklung

Frühe Hominini

- Fundorte Afrika
- Mosaik aus Merkmalen des Menschen und des Affen
- Angepasstheiten an das Leben in Bäumen und am Boden
- Beispiele: Sahelanthrophus tschadensis, Ardipithecus rami

Gattung Australopithecus

- erstmals vor 4 Mio. Jahren in Afrika
- aufrechter Gang
- geringes Hirnvolumen
- Beispiel: Australopithecus afarensis (Lucy)

Gattung Homo

- erstmals vor 3,5 Mio. Jahre in Ostafrika
- Werkzeuggebrauch
- großes Gehirnvolumen
- Beispiele: Homo errectus/ergaster/neanderthalensis/sapiens

4 HERKUNFT DES MODERNEN MENSCHEN

Out-of-Africa-Theorie:

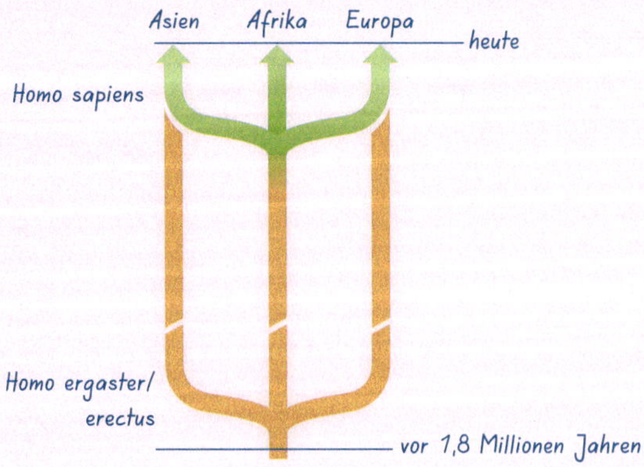

AAM: Abkürzung für „angeborener auslösender Mechanismus“; besteht aus Reizfilter + Verrechnungseinheit; → Erbkoordination

abiotischer Umweltfaktor: Faktor der unbelebten Umwelt wie beispielsweise Licht oder Temperatur, dem ein Lebewesen ausgesetzt ist

Acetylcholin: überwiegend erregend wirkender Neurotransmitter, u. a. im ZNS und an neuromuskulären Synapsen der Wirbeltiere

Acetylcholinesterase: Enzym, das die Spaltung von Acetylcholin zu Cholin und Acetat katalysiert

Adaptation: Anpassung eines Rezeptors oder Sinnesorgans an unterschiedliche Reizintensitäten oder Reizdauer

adaptive Radiation: Aufspaltung einer Art in mehrere neue Arten unter Anpassung an verschiedene ökologische Bedingungen

adäquater Reiz (passender Reiz): Reiz, für den ein Rezeptor eine große Empfindlichkeit besitzt

afferentes Neuron: Nervenzelle, die Informationen von Sinneszellen zum ZNS leitet

Aktionspotenzial: kurzzeitig in den positiven Bereich hinein erfolgende Veränderung des Ruhepotenzials mit charakteristischem Verlauf; Ablauf nach → Alles-oder-Nichts-Gesetz

aktive Immunisierung: durch kontrollierten Antigenkontakt hervorgerufene Immunität

aktiver Transport: Stofftransport durch eine Biomembran unter Energiezufuhr gegen einen Konzentrations- oder elektrochemischen Gradienten

Alignment: paarweiser Vergleich einzelner Positionen von Nucleotid- oder Aminosäuresequenzen mit dem Ziel, die Sequenzen so auszurichten, dass sie in möglichst vielen Positionen identisch besetzt sind

Allel: eine von mehreren Zustandsformen (Schalterstellungen) eines Gens

ALLEN'sche Regel: Regel, nach der gleichwarme Tiere kalter Klimazonen kleinere Körperanhänge besitzen als verwandte Arten in warmen Klimazonen

Alles-oder-Nichts-Gesetz der Erregung: eine Erregung, die das Schwellenpotenzial überschreitet, löst stets die Bildung eines Aktionspotenzials mit immer gleicher Intensität aus

Allianz: Form der Symbiose ohne lebenswichtige Bedeutung für beide Partner

allopatrische Artbildung: Artbildung als Folge der geografischen Isolation von Populationen einer Ausgangsart

Altruismus: „selbstloses“ Verhalten, bei dem die direkte Fitness des Altruisten verringert wird

ALZHEIMER-Krankheit (ALZHEIMER-Demenz): Erkrankung des Gehirns; tritt vorwiegend im Alter auf; zunächst fortschreitender Gedächtnisverlust, später auch Verlust anderer geistiger Fähigkeiten; → Amyloid-Plaques

Amnesie: Bezeichnung für einen teilweisen oder totalen Gedächtnisverlust, der beispielsweise nach Unfall oder Krankheit auftreten kann

Amyloid-Plaques: Ablagerungen zwischen den Nervenzellen im Gehirn, die vorwiegend aus dem Protein Amyloid bestehen; ihr gehäuftes Vorkommen ist typisch für die → ALZHEIMER-Krankheit

Analogie: Funktionsgleichheit von Merkmalen bei unterschiedlicher stammesgeschichtlicher Herkunft

Anticodon: Basentriplett der tRNA, das zum Codon der mRNA komplementär ist

Antigen: körperfremder Stoff, der die Bildung von Antikörpern auslöst

Antikörper: Proteine, die als Bestandteil der spezifischen Immunabwehr Antigene binden

apomorphe Merkmale: abgeleitete Merkmale, die erstmals bei einer gemeinsamen Stammart auftraten und nur bei deren Nachkommen in abgeleiteter Form vorkommen

Apoptose: Bezeichnung für den genetisch (vor)programmierten Zelltod

Art (Spezies): eine sich wirklich oder potenziell fortpflanzende Population, die von anderen Populationen reproduktiv isoliert ist (biologischer Artbegriff)

Artenschutz: Konzept, um dem Verlust an Biodiversität entgegenzuwirken; beinhaltet verschiedene Ansätze zur Bewahrung der Vielfalt an Pflanzen und Tieren

Assimilation: Umwandlung aufgenommener körperfremder Stoffe in körpereigene Stoffe

Atavismus: Wiederauftreten von Merkmalen eines Vorfahren

Autoradiografie: Nachweis radioaktiv markierter Stoffe durch Schwärzung eines Röntgenfilms

Autosomen: sämtliche Chromosomen einer Zelle mit Ausnahme der Geschlechtschromosomen

Autotrophie: Synthese von energiereichen organischen Stoffen aus energiearmen anorganischen Stoffen

Bahnung: Erhöhung des Wirkungsgrades gleich starker Reize durch strukturelle Veränderungen an wiederholt benutzten Nervenbahnen

Bakteriophage: → Phage

Behaviorismus: Richtung der Verhaltensbiologie, die das gesamte Verhalten auf einfache Reiz-Reaktions-Muster (insbesondere Konditionierung) reduziert

Benthal: Bodenzone eines Gewässers; im See gegliedert in → Litoral und → Profundal

BERGMANN'sche Regel: Regel, nach der gleichwarme Tiere kälterer Klimazonen größer sind als verwandte Arten in warmen Klimazonen

binäre Nomenklatur: Auf CARL VON LINNÉ zurückgehende Regel, nach der jede Art durch einen lateinischen Gattungsnamen und Artnamen gekennzeichnet wird (z. B.: *Canis lupus* = Wolf)

Bioakkumulation: Anreicherung eines Stoffes in einem Organismus durch Aufnahme aus dem umgebenden Medium oder über die Nahrung; in der Nahrungskette nimmt die Konzentration des Stoffes von Trophiestufe zu Trophiestufe zu

Biodiversität: Vielfalt in der Natur; umfasst genetische Vielfalt, Artenvielfalt und Vielfalt der Ökosysteme

biogenetisches Grundgesetz: Von ERNST HAECKEL vertretene Hypothese, nach der die Keimesentwicklung (Ontogenese) eine verkürzte Wiederholung der Stammesentwicklung (Phylogenese) ist

Bioindikator: → Zeigerart, Zeigerorganismus

Biokapazität: produktive Fläche in → gha, die zur Verfügung steht, um den Ressourcenbedarf des Menschen zu decken

biotischer Umweltfaktor: Faktor, dem ein Lebewesen in seiner Umwelt durch den Kontakt mit anderen Lebewesen ausgesetzt ist (z. B. ein Räuber oder Parasit)

Biotop: Lebensraum der Organismen eines Ökosystems

Biozönose: Lebensgemeinschaft aller Organismen eines Biotops

Brückentier: Bezeichnung für eine Übergangsform, die Merkmale verschiedener Tiergruppen in sich vereint

Bruttoprimärproduktion: Gesamtmenge der von autotrophen Lebewesen pro Zeit- und Flächeneinheit gebildeten Biomasse

B-Zelle: Lymphozyt mit Rezeptoren für Antigene; nach Stimulierung durch T-Helferzelle wird daraus eine Plasmazelle

C3-Pflanzen: Pflanzen, deren erstes Produkt der CO_2-Fixierung ein C_3-Körper (3-Phosphoglycerat) ist

C4-Pflanzen: Pflanzen, deren erstes Produkt der CO_2-Fixierung ein C_4-Körper (Oxalacetat) ist

CAM-Pflanzen: Pflanzen, die nachts CO_2 fixieren und dieses in der Vakuole in Form des C_4-Körpers Äpfelsäure speichern

Carnivore: Bezeichnung für Lebewesen, die sich hauptsächlich von Fleisch ernähren; Synonym: Fleischfresser

Carotinoide: gelb oder rot gefärbte Hilfs- oder Antennenpigmente in den Chloroplasten

Chiasma: Im Lichtmikroskop sichtbare Überkreuzung zweier homologer Chromatiden

Chorionzottenbiopsie: Methode der pränatalen Diagnostik, bei der Plazentagewebe entnommen wird

Chromatid: Chromosomen-Spalthälfte

Codogen: Basentriplett der DNA, das die Information für eine Aminosäure enthält

Codon: Basentriplett der mRNA, das die Information für eine Aminosäure enthält

Cofaktoren: Organische Moleküle oder Metall-Ionen, die zur Funktion bestimmter Enzyme notwendig sind

CRISPR/Cas-Methode: biochemische Methode, um DNA gezielt zu schneiden und anschließend zu verändern

crossing-over: Vorgang in der Meiose, bei dem homologe Chromatidenstücke ausgetauscht werden (→ intrachromosomale Rekombination)

Cyanobakterien: Gruppe von Bakterien, die zur Fotosynthese befähigt sind

Demenz: fortschreitende, krankhafte Einschränkung der geistigen Leistungsfähigkeit; insbesondere mit dem Verlust des Gedächtnisses verbunden

Dendrogramm: grafische Darstellung verwandtschaftlicher Beziehungen in einem Stammbaum

deklaratives Gedachtnis: Inhalte des Langzeitgedächtnisses, deren Wiedergabe bewusst und verbal erfolgt; u. a. generalisiertes Wissen, persönliche Erinnerungen

Depolarisation: Veränderung des Membranpotenzials einer erregbaren Zelle vom negativen Wert des Ruhepotenzials hin zu einem weniger negativen oder sogar positiven Wert

Destruenten: Lebewesen, die totes organisches Material abbauen und zu Mineralstoffen reduzieren (→ Detritusfresser und → Mineralisierer)

Detritus: totes organisches Material, wie etwa tote Pflanzen und Tiere oder Laub und Kot

Detritusfresser (Saprophage): Lebewesen, das totes organisches Material frisst

Dissimilation: Umwandlung körpereigener energiereicher Stoffe in körperfremde energiearme Stoffe unter Freisetzung von Energie

diurnaler Säurezyklus: Bei → CAM-Pflanzen erfolgende regelmäßige Änderung des Säuregehaltes im Tag-Nacht-Wechsel. Nachts sinkt der pH-Wert durch Bildung von Äpfelsäure, tagsüber steigt er an, da die Äpfelsäure wieder zerlegt wird

DNA-Methylierung: Form der epigenetischen Genregulation, bei der Methylgruppen zumeist auf die Base Cytosin übertragen werden

efferentes Neuron: Nervenzelle, die Informationen vom ZNS zu den Effektoren leitet (z. B. Motoneurone); Teil des peripheren Nervensystems

Elektrophorese: Verfahren zur Trennung von Molekülen in einem elektrischen Feld aufgrund ihrer Ladung und Größe

endemisch: Bezeichnung für Lebewesen, die nur in einem bestimmten Gebiet vorkommen

Endplattenpotenzial (EPP): das postsynaptische Potenzial einer motorischen Endplatte

Engramm: stoffliche Gedächtnisspur im → Zentralnervensystem

Enhancer: Regulationssequenz bei Eukaryoten, die die Transkriptionsgeschwindigkeit eines Gens erhöht

Epigenetik: Teilgebiet der Genetik, das sich mit vererbbaren Änderungen der Genaktivität beschäftigt, die nicht auf Änderungen der DNA-Sequenz beruhen

Epilimnion: obere Wasserschicht im See; im Sommer wärmer und damit leichter als das darunter liegende → Hypolimnion; von diesem durch das → Metalimnion getrennt

Epitop: Bereich auf einem Antigen, das von einem Antikörper erkannt wird

Erbkoordination (instinktive Endhandlung): genetisch fixierte, durch einen → Schlüsselreiz über einen AAM ausgelöste, starre, komplexe, artspezifische Verhaltensweise

Erregungsschwelle: Potenzial, bis zu dem die Membran erregbarer Zellen depolarisiert werden muss, damit ein Aktionspotenzial ausgelöst wird

Eukaryot: Ein- oder vielzelliges Lebewesen, das sich durch den Besitz eines Zellkerns sowie weiterer Organellen von Prokaryoten unterscheidet

euryöke Organismen: Organismen, die große Schwankungen lebenswichtiger Umweltfaktoren vertragen; sie können daher in unterschiedlichen Lebensraumen vorkommen

eurypotent: Bezeichnung für Arten mit großer ökologischer Potenz

eutrophe Gewässer: Gewässer mit hohem Nährstoffgehalt

Eutrophierung: „Überdüngung"; Anreicherung von Nährstoffen in einem Gewässer, häufig infolge des Eintrags durch den Menschen

Exocytose: Freisetzung von Substanzen in den extrazellulären Raum durch Verschmelzung von Vesikeln mit der Zellmembran

Exon: codierender DNA-Abschnitt eines Eukaryotengens, das exprimiert wird

exponentielles Wachstum: Bezeichnung für das kontinuierliche Wachstum einer Population, das nicht durch die Populationsdichte begrenzt wird

F-Faktor (Fertilitätsfaktor): Bestandteil eines Plasmids, das Bakterien in die Lage versetzt, bei der Konjugation Gene zu übertragen

Filtrierer: Tiere, die schwebende Nahrungspartikel aus dem freien Wasser einfangen

Fitness: Maß für die relative Anzahl an Allelen, die ein Individuum durch eigene Fortpflanzung *(direkte Fitness)* oder durch Verwandtenunterstützung *(indirekte Fitness)* in den Genpool der nächsten Generation einbringt

Flechten: symbiotische Lebensgemeinschaft zwischen einem Pilz und Grünalgen oder Cyanobakterien

Fossil: Bezeichnung für erhaltene Reste oder Spuren ausgestorbener Lebewesen vergangener Erdzeitalter

Fotolyse: lichtinduzierte Spaltung von Wasser in Sauerstoffmoleküle, Protonen und Elektronen im Verlauf der Fotosynthese

Fotophosphorylierung: Bildung energiereicher ATP-Moleküle im Zuge der Primärreaktionen der Fotosynthese

Fotosystem: funktionelle Gruppe von Pigmenten und ihren Reaktionszentren in der Thylakoidmembran von Chloroplasten, die Lichtenergie in chemische Energie wandeln

Fruchtwasserpunktion (Amniozentese): Verfahren der pränatalen Diagnostik, bei dem Fruchtwasser mithilfe einer Nadel aus der Fruchtblase entnommen wird

Ganglion: eine Ansammlung von Nervenzellkörpern im peripheren Nervensystem

gap junction: porenbildende Proteinkomplexe zwischen zwei Zellen, die die direkte Verbindung zwischen dem Plasma beider Zellen herstellen

Gedächtnis: Fähigkeit des Gehirns, Informationen zu speichern, zu katalogisieren und wieder abzurufen; Erinnerungsvermögen; Gesamtheit aller → Engramme

Gedächtniszelle: Lymphozyt, der erst nach einem zweiten Antigenkontakt Antikörper produziert

Gen: in der klassischen Genetik Bezeichnung für den Abschnitt eines Chromosoms, der ein Merkmal bestimmt. In der molekularen Genetik versteht man hierunter die Kombination von DNA-Abschnitten, die zusammen die Information für ein Polypeptid oder eine RNA codieren

Gendrift: Veränderungen von Genhäufigkeiten im Genpool einer Population durch zufällige Auswahl von Genotypen z. B. als Folge von Katastrophen

Generalisation: Übertragung einer ursprünglich an einen bestimmten Reiz gekoppelten Reaktion auf ähnliche Reize

Genexpression: Umsetzung der genetischen Information durch Transkription und Translation

Genfluss: Bezeichnung für den ungehinderten Austausch von Genen zwischen zwei Populationen

Genom: Gesamtheit der Erbinformation eines Virus, einer Zelle oder eines Organismus

Genomeditierung: Sammelbegriff für molekularbiologische Techniken zur zielgerichteten Veränderung von DNA

Genpool: Bezeichnung für die Gesamtheit der Gene einer Population

gha: globaler Hektar; ein Hektar mit weltweit durchschnittlicher biologischer Produktivität

Gliazellen: Begleitzellen von Nervenzellen, die die Nährstoffversorgung der Neurone sichern und die Myelinscheide bilden

Gonosomen: Chromosomen, die das Geschlecht eines Individuums festlegen; sie werden auch als Geschlechtschromosomen bezeichnet

Grüne Gentechnik: Anwendung gentechnischer Verfahren im Bereich der Pflanzenzüchtung

Gruppenselektion: überholte Vorstellung, nach der die Selektion Merkmale begünstigt, die dem Erhalt der Art oder Gruppe dienen (gegensätzliche Vorstellung: → Individualselektion)

Habitat: Aufenthaltsbereich einer Art in einem → Biotop

Habituation („Gewöhnung"): Abschwächung der Reaktionsstärke bei längerer gleichbleibender Reizeinwirkung oder bei wiederholt auftretenden unbedeutenden Reizen

haploid: Bezeichnung für den einfachen Chromosomensatz; haploide Zellen entstehen in der Meiose aus diploiden Zellen

hemizygot: Allele, die bei heterozygoten Individuen nur einmal vorkommen; beim Mann liegen sämtliche Allele des X-Chromosoms hemizygot vor

Herbivore: Pflanzenfresser; Konsument, der sich von Produzenten (v. a. Pflanzen) ernährt

Hfr-Zelle: Bakterienzelle, die den → F-Faktor in ihr Chromosom eingebaut hat und somit häufig Rekombination zeigt

Hippocampus: zentrale Schaltstation des limbischen Systems im Gehirn, die u. a. an der Abspeicherung im Langzeitgedächtnis beteiligt ist

Histon: basische Proteine, die im Zellkern von Eukaryoten vorkommen

Histonmodifikation: Form der epigenetischen Genregulation, bei der Histone des Chromatins durch Acetylgruppen oder Phosphatgruppen chemisch modifiziert werden

homoiotherm: Bezeichnung für Tiere, die ihre Körpertemperatur selbst regulieren können; Synonyme: gleichwarm; endotherm

Homologie: Ähnlichkeit von Merkmalen aufgrund gemeinsamer Abstammung und damit ähnlicher genetischer Ausstattung

Humifizierung: Umwandlung von → Detritus in → Huminstoffe

Huminstoffe: organische Makromoleküle, die beim Abbau von → Detritus entstehen; sie besitzen eine hohe → KAK und werden von Mikroben nur langsam zersetzt

humorale Immunantwort: Immunantwort, die durch Antikörper erfolgt

Hybrid: Lebewesen, das durch Kreuzung von Eltern verschiedener Zuchtlinien, Rassen oder Arten hervorgegangen ist

Hydrophyten: Bezeichnung für Pflanzen, die ganz oder teilweise unter Wasser leben; Synonym: Wasserpflanzen

Hygrophyten: Bezeichnung für Pflanzen, die dauerhaft an feuchten Standorten vorkommen; Synonym: Feuchtpflanzen

Hyperpolarisation: Herbeiführung eines Membranpotenzials, das negativer ist als das Ruhepotenzial

hypertrophe Gewässer: Gewässer mit extrem hohem Nährstoffgehalt

Hypolimnion: Gleichmäßig kalte Wasserschicht in der Tiefe des Sees; durch das → Metalimnion vom → Epilimnion getrennt

Individualselektion: Theorie, nach der die Selektion Merkmale fördert, die dem Fortpflanzungserfolg des Individuums dienen (gegensätzliche Vorstellung: → Gruppenselektion)

Infantizid: Bezeichnung für das Töten von Nachkommen (Embryonen, Jungtieren) durch die Eltern, Stiefeltern oder andere artgleiche Tiere; Synonym: Kindstötung

Insertion: Einbau einer Base oder Basensequenz in die DNA

interchromosomale Rekombination: Durchmischung des Erbgutes als Folge der zufälligen Anordnung und Paarung homologer Chromosomen im Verlauf der Meiose

Interneuron: Nervenzelle, die ganz innerhalb des Zentralnervensystems verläuft

Interphase: Teil des Zellzyklus, in dem die Verdopplung der Erbinformation stattfindet

interspezifisch: Zwischen Angehörigen verschiedener Arten

intrachromosomale Rekombination: Durchmischung des Erbgutes als Folge von *crossing-over* im Verlauf der Meiose

intraspezifisch: zwischen Angehörigen derselben Art

Intron: nicht codierender Abschnitt eines eukaryotischen Gens, der zwar transkribiert, nicht aber translatiert wird

Isolation: Evolutionsfaktor, der den Genfluss zwischen Individuen oder Populationen einer Art verhindert

IVF (In-vitro-Fertilisation): Bezeichnung für die Befruchtung von Eizellen „im Reagenzglas" (d. h. in künstlichem Nährmedium)

KAK (Kationenaustauschkapazität): Fähigkeit, positiv geladene Pflanzennährstoffe reversibel zu binden

Kapazität: Bezeichnung für die unter gegebenen Umweltbedingungen maximal mögliche Populationsdichte einer Art

Karyogramm: nach Chromosomengröße und -bänderung geordnete Darstellung von Metaphase-Chromosomen einer Zelle

KASPAR-HAUSER-Experiment: Bezeichnung für Experimente, bei denen Tiere isoliert und damit unter Erfahrungsentzug aufgezogen werden

Kipppunkt: kritischen Grenzwert, an dem eine kleine zusätzliche Störung zu einer qualitativen Veränderung im System führen kann

klassische Ethologie: vergleichende Verhaltensforschung, die vor allem angeborene Komponenten und Mechanismen von Verhalten untersucht; weist der → Gruppenselektion große Bedeutung bei der Entwicklung von Verhalten zu

Klimax: stabiles Endstadium einer → Sukzession

Klon: Bezeichnung für genetisch identische Individuen oder Zellen

kompetitive Hemmung: Hemmung, bei der ein Hemmstoff oder Inhibitor aufgrund seiner Strukturähnlichkeit mit dem Substrat um das aktive Zentrum eines Enzyms konkurriert

Konkurrenzausschlussprinzip: Konkurrenz zweier Arten um dieselben Ressourcen schließt deren längere Koexistenz im selben Lebensraum aus

Konvergenz: Anpassungsähnlichkeiten bei verschiedenen Arten als Folge vergleichbarer Umweltbedingungen; → Analogie

Kreationismus: religiös geprägte Vorstellung, nach der Lebewesen durch göttliche Schöpfung entstanden sind

Krebs: bösartiger, maligner Primärtumor, der in das Gewebe hineinwächst und schädigt

Kriechstrom: Strom geringer Größe, der unter Abschwächung an der Grenzschicht zwischen unterschiedlich geladenen Räumen fließt

K-Strategen: Lebewesen, die zumeist die Umweltkapazität K erreichen, da sie auf geringe Vermehrungsraten, lange Generationsdauer und Betreuung der Nachkommen setzen

Langzeitpotenzierung: lang andauernde Verstärkung der Signalübertragung an Synapsen von Nervenzellen durch vielfache oder intensive Stimulation des präsynaptischen Neurons

Leitfossilien: Fossilien, die für bestimmte Erdzeitalter charakteristisch sind und sich daher zur Altersbestimmung von Gesteinsschichten eignen

Lerndisposition: die durch genetische Veranlagung und erfahrungsbedingte Komponenten bestimmten individuellen Rahmenvorgaben eines Lebewesens für den Lernprozess

Leukozyten: weiße Blutkörperchen, zu denen Lymphozyten, Monozyten und Granulozyten zählen

Lichtkompensationspunkt: Lichtintensität, bei der sich CO_2-Abgabe durch Atmung und CO_2-Aufnahme durch Fotosynthese entsprechen

Litoral: lichtdurchfluteter Uferbereich eines Gewässers

logistisches Wachstum: Populationswachstum, das durch abiotische und biotische Faktoren begrenzt wird und die Umweltkapazität erreicht

Makrophage: bewegliche Fress-Zelle, die zur Phagozytose befähigt ist und an der Antigenpräsentation beteiligt ist

Mangelmutante: Lebewesen, das die Fähigkeit zur Synthese einer bestimmten essentiellen Substanz verloren hat

Metalimnion („Temperatursprungschicht"): mittlere Wasserschicht im See; Grenzschicht zwischen → Epilimnion und → Hypolimnion

Metastase: Sekundärtumor

Mikroplastik: feste, unlösliche Kunststoffpartikel < 5 mm; sie werden Industrieprodukten gezielt zugesetzt *(primäres M.)* oder sind Abfallprodukt bei der Zersetzung größerer Kunststoffe *(sekundäres M.)*

Mimese: Nachahmung eines Gegenstandes oder eines anderen Tieres zur Tarnung; Tarntracht

Mimikry: eine harmlose Art ahmt Gestalt, Muster, Farbe oder Bewegung einer ungenießbaren, wehrhaften oder giftigen Art nach; Synonym: Scheinwarntracht

Mineralisierer: Gruppe der → Destruenten, die organische Stoffe zu anorganischen abbaut; vor allem Bakterien und Pilze

Minimalmedium: Medium, das nur die zum Überleben eines Lebewesens notwendigen Bestandteile enthält

Minimum-Gesetz: von LIEBIG formuliertes Gesetz, nachdem das Wachstum einer Pflanze durch die knappste Ressource begrenzt wird; Verallgemeinerung: Der im Minimum vorliegende Umweltfaktor bestimmt das Gedeihen einer Art.

Modifikation: umweltbedingte Änderung des Phänotyps, die nicht vererbt wird, da das Erbgut hierbei nicht verändert wird

Monogamie: zwei Individuen gehen dauerhaft oder zeitlich begrenzt eine sexuelle Beziehung ein

monophyletische Gruppen: systematische Einheit, die den letzten gemeinsamen Vorfahren und alle seine Nachfahren enthält

Monosomie: Chromosomenanomalie, bei der ein bestimmtes Chromosom nur einmal vorhanden ist

Motoneuron (motorisches Neuron): Nervenzelle, die von ZNS zu den Muskeln führt und die Kontraktion eines Muskels steuert

motorische Endplatte: Kontaktstelle zwischen → Motoneuron und Skelettmuskelfaser

mRNA-Prozessierung: Veränderung der prä-mRNA zur reifen RNA bei der Proteinbiosynthese von Eukaryoten

multiregionale Hypothese: Hypothese, nach der der Übergang vom *Homo erectus* zum anatomisch modernen Menschen in verschiedenen Regionen der Welt mehrfach unabhängig voneinander stattgefunden hat

Myelinscheide: Hülle aus Myelin, welche die Axone markhaltiger Nervenzellen umgibt und isoliert; Bildung durch spezialisierte Gliazellen

Mykorrhiza: Symbiose zwischen den Wurzeln von Samenpflanzen und Pilzhyphen

Nahrungskette: Bezeichnung für die Weitergabe organischer Substanz von den Produzenten auf die Konsumenten 1., 2. und 3. Ordnung

Nahrungsnetz: Bezeichnung für das komplexe Gefüge der Nahrungsbeziehungen innerhalb einer Biozönose bzw. eines Ökosystems

Natrium-Kalium-Pumpe: Membranprotein, das unter Verbrauch von ATP in einem gekoppelten Transportprozess drei Na^+-Ionen aus der Zelle und zwei K^+-Ionen in die Zelle transportiert

Nekton: Aktiv schwimmende Tiere im → Pelagial (z. B. Fische, Meeressäuger); ihre Bewegung ist von Wasserströmungen unabhängig

Nerv: Bündel von Nervenfasern, das von einer Bindegewebshülle umschlossen ist

Nettoprimärproduktion: Gesamtmenge der von Produzenten gebildeten organischen Substanz abzüglich des durch Zellatmung von den Pflanzen wieder verbrauchten Anteils

neuromuskuläre Synapse: Kontaktstelle zwischen Nervenzelle und Muskelzelle; → motorische Endplatte

Neurotransmitter: chemischer Überträgerstoff an Synapsen

nichtkompetitive Hemmung: Mechanismus, bei dem ein Hemmstoff oder Inhibitor außerhalb des aktiven Zentrums an einem Enzym bindet und dadurch die Substratumsetzung behindert

NIPT: nichtinvasiver Pränataltest

Nondisjunction: fehlende Trennung homologer Chromosomen oder Schwesterchromatiden während der Meiose

Nucleosid: Baustein des Nucleotids, bestehend aus Base und Zucker

Nucleotid: Baustein der Nukleinsäuren, der aus Base, Zucker und Phosphat-Gruppe besteht

numerische Chromosomenanomalie: Veränderung der Chromosomenanzahl als Folge einer Mutation

OKAZAKI-Fragment: kurzes DNA-Fragment, das bei der diskontinuierlichen Replikation der DNA gebildet wird

ökologische Nische: Gesamtheit der ökologischen Potenzen und Toleranzen und der daraus resultierenden Umweltansprüche einer Art; auch als „Beruf" einer Art bezeichnet

ökologischer Fußabdruck: produktive Fläche in → gha, die benötig wird, um den Ressourcenbedarf des Menschen zu decken

Ökosystemdienstleistungen: direkte und indirekte Beiträge der Natur zum menschlichen Wohlergehen

oligotrophe Gewässer: Gewässer mit geringem Nährstoffgehalt

Ontogenese: Bezeichnung für die Individualentwicklung, also die Entwicklung des einzelnen Lebewesens von der befruchteten Eizelle zum erwachsenen Lebewesen

Operator: DNA-Abschnitt eines Operons, an dem der Repressor bindet

Operon: Oberbegriff für die Funktionseinheit aus Promotor, Operator und Strukturgenen

Out-of-Africa-Hypothese: Hypothese, nach der der anatomisch moderne Mensch seinen Ursprung in Afrika hatte

Paarungssystem: Verhaltensstrategien von Primaten, mit denen sie ihren Fortpflanzungserfolg erhöhen

Paläontologie: Lehre von den Lebewesen der geologischen Vorzeit; Forschungsgegenstand sind die Fossilien

Panmixie: theoretischer Fall, in dem alle geschlechtsreifen Individuen einer Population die gleiche Paarungswahrscheinlichkeit untereinander haben

Parasitismus: Beziehung zwischen zwei Arten zum Nutzen der einen und zum Schaden der anderen Art

Parasympathicus: Teil des vegetativen Nervensystems; Gegenspieler ist der → Sympathicus

passive Immunisierung: Herbeiführen einer Immunität durch Zufuhr von Antikörpern

PBT-Stoffe: Umweltchemikalien, die → persistent (P), → bioakkumulierend (B) und → toxisch (T) für Menschen oder andere Organismen sind

PCR (Polymerase Chain Reaction): Methode zur schnellen Vervielfältigung von DNA-Sequenzen

Pelagial: Freiwasserzone eines Sees oder Meeres, in der sich → Nekton und → Plankton aufhalten

Peptidbindung: Bindung, die bei der Verknüpfung von zwei Aminosäuren unter Wasserabspaltung entsteht

peripheres Nervensystem: Teil des Nervensystems, der nicht dem → Zentralnervensystem zuzurechnen ist; umfasst das → vegetative Nervensystem und die → afferenten sowie → efferenten Neurone

persistent: schwer abbaubar

Phagen: Viren, die Bakterien befallen

Pheromon: Signalsubstanz, die außerhalb des Körpers wirkt und das Verhalten und den Stoffwechsel von Artgenossen beeinflusst

Phylogenese: stammesgeschichtliche Entwicklung der Arten

Phytoplankton: pflanzliches → Plankton; besteht aus fotoautotrophen Organismen (z. B. Algen)

PID (Präimplantationsdiagnostik): Verfahren zur Überprüfung und Auswahl von Eizellen oder Embryonen im Zuge der → IVF; in Deutschland nur in engen Grenzen erlaubt

Pilus: Zellfortsatz von Bakterien, über den Bakterien miteinander in Kontakt treten

Plankton: alle Schwebeorganismen im → Pelagial; ihre Bewegungsrichtung wird von der Wasserströmung bestimmt

Plaques: → Amyloid-Plaques

Plasmazelle: Antikörper produzierende Zelle, die aus aktivierten B-Zellen hervorgegangen ist

Plasmid: Bezeichnung für ringförmige, extrachromosomale DNA-Moleküle in Bakterien

plesiomorphe Merkmale: ursprüngliche Merkmale, die bereits bei einer sehr frühe Stammart aufgetreten und daher bei allen nachfolgenden Arten vorhanden sind

poikilotherm: Bezeichnung für Tiere, die ihre Körpertemperatur nicht selbst regulieren können; Synonyme: wechselwarm, ektotherm; Gegenteil: endotherm

Polygynandrie: Paarungssystem, bei dem sich Männchen und Weibchen mit mehreren Geschlechtspartnern der Gruppe paaren

Polygynie: Paarungssystem, bei dem ein Männchen sich mit mehreren Weibchen seiner Gruppe paart

Population: Gruppe artgleicher Individuen, die in einem Gebiet leben und eine Fortpflanzungsgemeinschaft bilden

postzygote Isolation: Form der reproduktiven Isolation, bei der noch eine Befruchtung stattfindet, die Nachkommen jedoch nicht lebensfähig, steril oder benachteiligt sind

Prädisposition (Genetik/Medizin): „Vorprägung"; genetisch bedingte Empfänglichkeit bzw. Veranlagung für eine Erkrankung

Prädisposition (Evolutionsbiologie): „Anpassung im Voraus": Entstehung von zunächst eher unauffälligen Eigenschaften und Merkmalen, die unter veränderten Umweltgegebenheiten für die Lebewesen von Vorteil sind; Synonym: Präadaptation

Prägung: einmaliger und in der Regel irreversibler Lernvorgang, der nur in bestimmten sensiblen Entwicklungsetappen möglich ist

präzygote Isolation: Form der reproduktiven Isolation, bei der die Paarung potenzieller Sexualpartner unterbunden ist

Primer: Bezeichnung für kurze Starter-Moleküle, an deren 3′-Ende von einer Polymerase Nucleotide gebunden werden können

Priming („Vorprägung"): erleichtertes Identifizieren von bereits einmal erlebten Situationen oder Reizen bzw. von solchen, die den bereits erlebten ähnlich sind

Prinzip der doppelten Quantifizierung: Grundprinzip der Verhaltenssteuerung, wonach die Intensität und die Häufigkeit von Verhalten durch innere und äußere Faktoren bestimmt werden

Produzent: Lebewesen, das mithilfe der Chemosynthese oder Fotosynthese neue organische Substanz aufbaut

Profundal: lichtloser Bodenbereich im tiefen Teil eines Sees

Prokaryoten: Lebewesen wie Bakterien und Cyanobakterien, deren Erbmaterial nicht von einer Membran umhüllt ist

Promotor: DNA-Abschnitt, an den die RNA-Polymerase bindet

Proto-Onkogene: Gene, deren Produkte das normale Zellwachstum steuern

prozedurales Gedächtnis (nichtdeklaratives Gedächtnis): der Begriff beschreibt die Inhalte des Langzeitgedächtnisses, deren Wiedergabe unbewusst und nicht verbal erfolgt; u. a. motorische Fertigkeiten, Automatismen

Radiokarbonmethode: Methode zur Altersbestimmung von Fossilien, die den Zerfall des radioaktiven Kohlenstoffisotops ^{14}C nutzt

Reaktionsspezifität: Eigenschaft von vielen Enzymen, nur bestimmte Typen chemischer Reaktionen zu katalysieren

Reaktionszentrum: Chlorophyll-Moleküle in der Thylakoidmembran, die Elektronen auf ein höheres Energieniveau befördern können und diese dann an ein Akzeptor-Molekül abgeben

Refraktärzeit: kurzer Zeitraum nach einem Aktionspotenzial, in dem die Membran eines Axons nicht erregbar ist

Regulatorgen: Gen, dass die Information zur Bildung des Repressor-Proteins enthält

Reizschwelle: Energiewert, den ein Reiz überschreiten muss, um im Organismus eine Erregung, Empfindung oder Reaktion auszulösen

rekombinante DNA: DNA, die aus verschiedenen Fragmenten neu kombiniert wurde

Renaturierung: Maßnahmen zur Rückführung einer zuvor von Menschen genutzten Fläche oder eines Gewässer in einen naturnahen Zustand

Replikation (Reduplikation): Vorgang in der Interphase des Zellzyklus, die zur genetisch identischen Verdopplung der DNA führt

Repolarisation: Wiederherstellung des Ruhepotenzials an einer erregten Nervenzelle

Repressor: Protein, das an den Operator bindet und so die Transkription unterbindet

reproduktive Isolation (Fortpflanzungsisolation): Form der Isolation, bei der sich Individuen zweier Populationen nicht mehr paaren, obwohl sie im gleichen Verbreitungsgebiet leben

Resistenz-Faktor: Erbinformation auf bakteriellen Plasmiden, die die Resistenz gegenüber Antibiotika bedingt

Restriktionsenzym: Enzym, das die Erbinformation an einer genau definierten Basensequenz schneidet

reuptake: Wiederaufnahme von Neurotransmittern bzw. deren Spaltprodukten in das Endknöpfchen durch spezielle Transmitterpumpen

reverse Transkriptase: Enzym, das die Erbinformation der RNA in DNA umschreibt

rezent: Bezeichnung für heute vorkommende Lebewesen

Rezeptor (Cytologie, Neurobiologie): Proteinmolekül, an dessen Bindungsstelle beispielsweise Neurotransmitter oder Hormone andocken und dadurch Effekte auslösen

Rezeptor (Sinnesphysiologie; sensorischer Rezeptor oder Sensor): Zellen, Zellorganellen oder Moleküle, die Reize aus der Umwelt oder dem Inneren eines Lebewesens aufnehmen

Rezeptorpotenzial (Sensorpotenzial): Potenzialänderung an einer Rezeptorzelle (Sinneszelle), die durch einen Reiz hervorgerufen wird; amplitudenmoduliertes Potenzial

RFLP (Restriktionsfragment-Längenpolymorphismus): beim Schneiden unterschiedlicher DNA-Moleküle mit dem gleichen Restriktionsenzym entstehen aufgrund von Mutationen im Bereich der Schnittstelle des Enzyms unterschiedlich lange Fragmente

RGT-Regel (Reaktionsgeschwindigkeit-Temperatur-Regel): die Erhöhung der Temperatur um 10 °C beschleunigt die Geschwindigkeit einer Stoffwechselreaktion auf das Zwei- bis Dreifache

RNA-Interferenz: Form der Genregulation, bei der kurze RNA-Moleküle an mRNA-Moleküle binden und diese dadurch zerstören

Rote Gentechnik: Anwendung gentechnischer Verfahren im Bereich der Tierzüchtung

r-Strategen: Lebewesen, die auf eine hohe Vermehrungsrate *r* mit kurzer Generationsdauer setzen; sie erreichen folglich selten die Kapazitätsgrenze

Rudimente: Bezeichnung für völlig oder teilweise funktionslose Organe, die nur noch als Reste vorhanden sind

Ruhepotenzial: Membranpotenzial, welches erregbare Zellen im nicht erregten Zustand aufweisen

saltatorische Erregungsleitung: Weiterleitung von Aktionspotenzialen in myelinisierten markhaltigen Nervenfasern; das Aktionspotenzial „springt" dabei von Schnürring zu Schnürring

Schlüsselreiz: Reiz, der über den AAM eine → Erbkoordination auslöst; heute umstrittener Begriff aus der → klassischen Ethologie

SCHWANN'sche Zellen: spezielle Form der Gliazellen bei einigen Krebsarten sowie den Wirbeltieren; sie übernehmen hier die Myelinisierung der peripheren Nervenzellen (→ Myelinscheide) und wickeln sich dabei als Ganzes mehrere Male um deren Axon

second messenger (sekundärer Botenstoff): chemischer Stoff, der das Signal nicht membrangängiger Botenstoffe ins Zellinnere überträgt; wird im Zellinneren gebildet, nachdem ein Hormon bzw. Neurotransmitter an einen Rezeptor in der Zellaußenmembran angedockt hat; Beispiele: cAMP, IP_3, NO

Sedimentfresser: Tiere, die am Gewässergrund ein Gemisch aus Nahrungspartikeln und mineralischen Stoffen aufnehmen

Sekundärreaktion: Reaktionsfolge der Fotosynthese, bei der die Produkte der Primärreaktion zur Bildung von Glucose aus CO_2 verwendet werden; Synonym: lichtunabhängige Reaktionen

Selektion: Veränderung der Genhäufigkeiten einer Population als Folge unterschiedlicher Fitness bestimmter Individuen in einer gegebenen Umweltsituation

Sexualdimorphismus: Unterschiede zwischen den Geschlechtern einer Art, die die sekundären Geschlechtsmerkmale betreffen

sexuelle Selektion: Evolutionsmechanismus, der auf individuell unterschiedlichem Erfolg im Zugang zu Sexualpartnern beruht

Somatolyse: Form der Tarnung durch optische Gestaltsauflösung („Verschmelzen mit der Umgebung")

soziale Attraktion: Anziehungskraft, die von Artgenossen bzw. Sozialpartnern ausgeht und die Mitglieder einer Gruppe zusammenführt und zusammenhält

Spleißen: Bezeichnung für das Herausschneiden der Introns aus der prä-mRNA im Verlauf der Transkription

Stammzelle: Zelle, die noch nicht vollständig differenziert und determiniert ist

stenöke Organismen: Organismen, die nur geringe Schwankungen lebenswichtiger Umweltfaktoren vertragen; sie können daher nur in bestimmten Lebensräumen vorkommen

stenopotent: Bezeichnung für Arten mit geringer ökologischer Potenz

STR (short tandem repeat): Bezeichnung für kurze, sich wiederholende DNA-Sequenzen im nicht codierenden Bereich der DNA, die für den genetischen Fingerabdruck genutzt werden

Stressor: Reiz oder Situation, die eine Stressreaktion auslöst

Stressreaktion: physiologische Reaktion, die durch die Wahrnehmung einer unangenehmen oder bedrohlichen Situation verursacht wird

strukturelle Chromosomenanomalie: Veränderungen der Chromosomengestalt als Folge einer Mutation

Strukturgen: Gen, das für eine mRNA und ein Protein codiert und kein Regulatorgen ist

Substratspezifität: Eigenschaft vieler Enzyme, nur ein bestimmtes Substrat umzusetzen

Sukzession: zeitliche Abfolge verschiedener Lebensgemeinschaften in einem Ökosystem

Summation: *zeitliche Summation* = mehrere kurz hintereinander gegebene unterschwellige Reize lösen die Reaktion aus; *räumliche Summation* = mehrere in enger räumlicher Nachbarschaft gegebene unterschwellige Reize lösen die Reaktion aus

Symbiose: Beziehung zwischen artverschiedenen Lebewesen zum wechselseitigen Nutzen

Sympathicus: Teil des vegetativen Nervensystems, Gegenspieler ist der → Parasympathicus

sympatrische Artbildung: Artbildung, bei der es ohne vorherige geografische Isolation zur → reproduktiven Isolation kommt

Synapse (chemische): Kontaktstelle zwischen Neuron und nachfolgender Zelle; der Signaltransfer erfolgt über Neurotransmitter

Synapse (elektrische): Kontaktstelle zwischen Neuron und nachfolgender Zelle; über → gap junctions können elektrische Impulse direkt übertragen werden

TATA-Box: Nucleotidsequenz aus Adenin und Thymin in der eukaryotischen Promotorregion

Tetrade: Bezeichnung für die vier Chromatiden eines homologen Chromosomenpaares in der Metaphase der Meiose

T-Helferzelle: Lymphozyt, der im Thymus reift und T-Zell-Rezeptoren besitzt

Thylakoid: Membransystem im Inneren von Chloroplasten, das in gestapelte Grana- und nicht gestapelte Stromathylakoiden unterschieden wird

Ti-Plasmid: Tumor induzierendes Plasmid, das für den Gentransfer in Pflanzen genutzt wird

toxisch: giftig

Transduktion (sensorische): Umwandlung der Reizenergie in ein lokales Rezeptorpotenzial

Transduktion: Übertragung genetischen Materials zwischen Bakterien durch Phagen

Transformation (sensorische): Umwandlung eines Rezeptorpotenzials in Aktionspotenziale

Transformation: Übertragung isolierter DNA in eine Zelle

transgener Organismus: Organismus mit fremder Erbinformation

Transkription: Überschreibung der Basensequenz der DNA in die der mRNA im Verlauf der Proteinbiosynthese

Transkriptionsfaktor: Element der eukaryotischen Genregulation

Translation: Übersetzung der in der Basensequenz der mRNA vorliegenden Information in die Aminosäuresequenz eines Proteins

Treibhauseffekt: Erhöhung der globalen Mitteltemperatur infolge der Absorption von Wärmestrahlung durch in der Atmosphäre enthaltene Treibhausgase (u. a. Kohlenstoffdioxid)

Triplett: eine aus drei Nucleotiden bestehende Einheit, die eine Aminosäure codiert

tRNA (Transfer RNA): Nukleinsäure, die die freien Aminosäuren zu den Ribosomen transportiert und dort mit ihrem Anticodon an dem spezifischen Codon der mRNA bindet

Trophieebene (Trophiestufe): Stufe in einem Nahrungsnetz, die alle Lebewesen mit ähnlicher Ernährung umfasst; Einteilung der Lebewesen eines Ökosystems anhand ihrer Ernährung in Produzenten, Konsumenten und Destruenten

Tumor: Gewebewucherung

Tumor-Suppressorgene: Gene, deren Produkte zu den Wachstumsinhibitoren gehören

vegetatives Nervensystem: Teil des peripheren Nervensystems, das nicht willentlich kontrolliert wird; es steuert die Tätigkeit der inneren Organe und untergliedert sich in → Sympathicus, → Parasympathicus und Darmnervensystem

Vektor: Plasmid oder Virus, das als „Gentaxi“ zum Transfer von DNA in Zellen dient

Verwandtenselektion: Förderung der indirekten Fitness eines Individuums durch Förderung der Fortpflanzung Verwandter

Verwandtschaftskoeffizient: Maß für genetische Übereinstimmung; Anteil gemeinsamer Allele zwischen Verwandten

Weidegänger: Tiere, die pflanzliche Nahrung abweiden

Wildtyp: Bezeichnung für die in einer Population am häufigsten vorkommende Form bzw. das häufigste Allel eines Gens

Wirkungsspezifität: Eigenschaft von Enzymen, jeweils nur eine spezifische Wirkung auf ihr Substrat zu haben; → Reaktionsspezifität

Xerophyten: Pflanzen, die an sehr trockene Standorte angepasst sind; Synonym: Trockenpflanzen

Zeigerart (Indikatorart): Art mit enger Kopplung an einen bestimmten Umweltfaktor; ihr Vorkommen oder Fehlen weist auf bestimmte Standorteigenschaften hin (z. B. Stickstoffreichtum); kann ggf. auch als Anzeiger für bestimmte Umweltbelastungen (Bioindikator) dienen

zelluläre Immunantwort: Immunantwort, die von T-Zellen durchgeführt wird

Zentralnervensystem (ZNS): der übergeordnete Teil des Nervensystems mit zentraler Verarbeitungs-, Speicher- und Steuerfunktion

Zerkleinerer: Tiere, die größere Pflanzenteile (auch Falllaub) in kleinere Teile zerlegen

Zooplankton: tierisches → Plankton; besteht aus heterotrophen Organismen, die sich direkt oder indirekt vom Phytoplankton ernähren

Zygote: Bezeichnung für die diploide befruchtete Eizelle

Stichwortverzeichnis

Bildquellenverzeichnis

2 & 3d design Renate Diener, Wolfgang Gluszak, Düsseldorf: bearbeitet von imprint 182.1, 182.2, 200.1. | Atelier tigercolor Tom Menzel, Scharbeutz/Klingberg: 54.2, 94.1, 155.1; bearbeitet von imprint 17.2, 24.1, 26.1, 49.1, 72.2, 101.1, 116.1, 129.1, 137.1, 138.1, 146.1, 153.1, 158.2, 158.3, 159.1, 160.1, 183.1, 205.2, 216.1, 218.1, 223.1, 224.2, 225.1, 230.1, 232.1, 238.1, 240.1, 241.1, 248.1, 251.1, 258.1, 261.1, 263.1, 265.1, 267.1. | Biermann-Schickling, Birgitt, Hannover: bearbeitet von imprint 89.1. |Domke, Franz-Josef, Wunstorf: bearbeitet von imprint 164.1. | fotolia.com, New York: Mossop, Abe 236.1. |Gall, Eike, Enkirch: 187.1; bearbeitet von imprint 93.1, 113.1, 133.1, 133.2, 149.1, 201.1, 205.1, 214.1, 219.1, 234.1, 235.1, 243.1. | Grabowski, Yvonne, Wuppertal: bearbeitet von imprint 100.1. |Herzig, Wolfgang, Essen: 12.3, 12.4; bearbeitet von imprint 37.1, 37.2, 37.3, 65.1, 66.1, 67.1, 69.1, 70.1, 71.1, 79.1, 82.1, 82.2, 118.1, 151.1, 152.1, 156.1, 278.1, 286.1, 287.1. | Imago Editorial, Berlin: Hartl, A. 220.1. | imprint, Zusmarshausen: 9.2, 10.1, 10.2, 10.3, 11.1, 11.2, 11.3, 12.1, 12.2, 13.1, 15.1, 16.1, 16.3, 23.1, 27.1, 29.3, 30.1, 30.3, 30.4, 33.1, 35.1, 39.1, 40.1, 40.2, 40.3, 40.4, 42.1, 43.2, 47.1, 50.1, 53.1, 57.1, 60.1, 62.1, 64.1, 84.1, 84.2, 84.3, 86.1, 90.1, 91.1, 92.1, 102.2, 103.1, 103.2, 103.3, 103.4, 103.5, 103.6, 104.1, 107.1, 109.1, 114.1, 115.1, 117.1, 119.1, 120.1, 121.1, 121.2, 125.1, 128.1, 128.2, 131.1, 131.2, 134.1, 134.2, 135.1, 139.1, 140.1, 143.1, 166.2, 171.1, 174.1, 179.1, 180.2, 185.1, 186.1, 186.2, 186.3, 188.1, 190.1, 196.1, 198.1, 199.1, 201.2, 203.1, 204.1, 204.2, 206.2, 209.1, 210.1, 213.1, 228.1, 250.1, 250.2, 253.1, 261.2, 271.1, 275.1, 277.1. | iStockphoto.com, Calgary: ababil12 2.3; Colin_Davis Titel, 2.2; Dimension Aesthetic 2.4; DragonImages 1.2; Halfpoint 2.1; peshkov 1.1; stephankerkhofs 122.1. | Karnath, Brigitte, Wiesbaden: 185.2; bearbeitet von imprint 9.1, 17.1, 18.1, 20.1, 20.2, 20.3, 21.1, 21.2, 21.3, 22.1, 29.1, 29.2, 30.2, 31.1, 31.2, 34.1, 35.2, 41.1, 43.1, 44.1, 45.1, 46.1, 50.2, 51.1, 52.1, 54.1, 55.1, 56.1, 72.1, 80.1, 105.1, 123.1, 136.1, 137.2, 142.1, 144.1, 148.1, 166.1, 167.1, 171.2, 180.1, 181.1, 192.1, 195.1, 249.1, 259.1, 260.1, 266.1, 270.1, 270.2, 279.1, 281.1, 282.1, 285.2, 288.1. | Lüddecke, Liselotte, Hannover: bearbeitet von imprint 106.1, 112.1, 158.1, 165.1, 262.1, 268.1. | Mall, Karin, Berlin: bearbeitet von imprint 14.1, 16.2, 17.3, 27.2, 28.1, 28.2, 32.1, 32.2, 36.1, 42.2, 48.1, 58.1, 59.1, 59.2, 61.2, 63.1, 64.2, 68.1, 73.1, 74.1, 75.1, 78.1, 78.2, 81.1, 96.1, 193.1, 193.2, 197.1, 202.1, 206.1, 211.1, 212.1, 221.1. | mauritius images GmbH, Mittenwald: Steve Bloom Images 176.1. | OKAPIA KG - Michael Grzimek & Co., Frankfurt/M.: Hartl, Andreas 220.2; imageBROKER/Schreiter, Ottfried 219.3; Miklins, Colin 219.2; NAS/Phillips, Mark D. 61.1; Nuridsany, Claude/Pérennou, Marie 252.1. | Shutterstock.com, New York: Hhelene 219.4; Kaentian Street 224.1. | stock.adobe.com, Dublin: guentermanaus 207.1. | Wildermuth, Werner, Würzburg: bearbeitet von imprint 102.1, 272.1, 273.1, 285.1.